目で見る

改訂新版

庭のロープワーク

右田順三 編著
龍居庭園研究所 監修

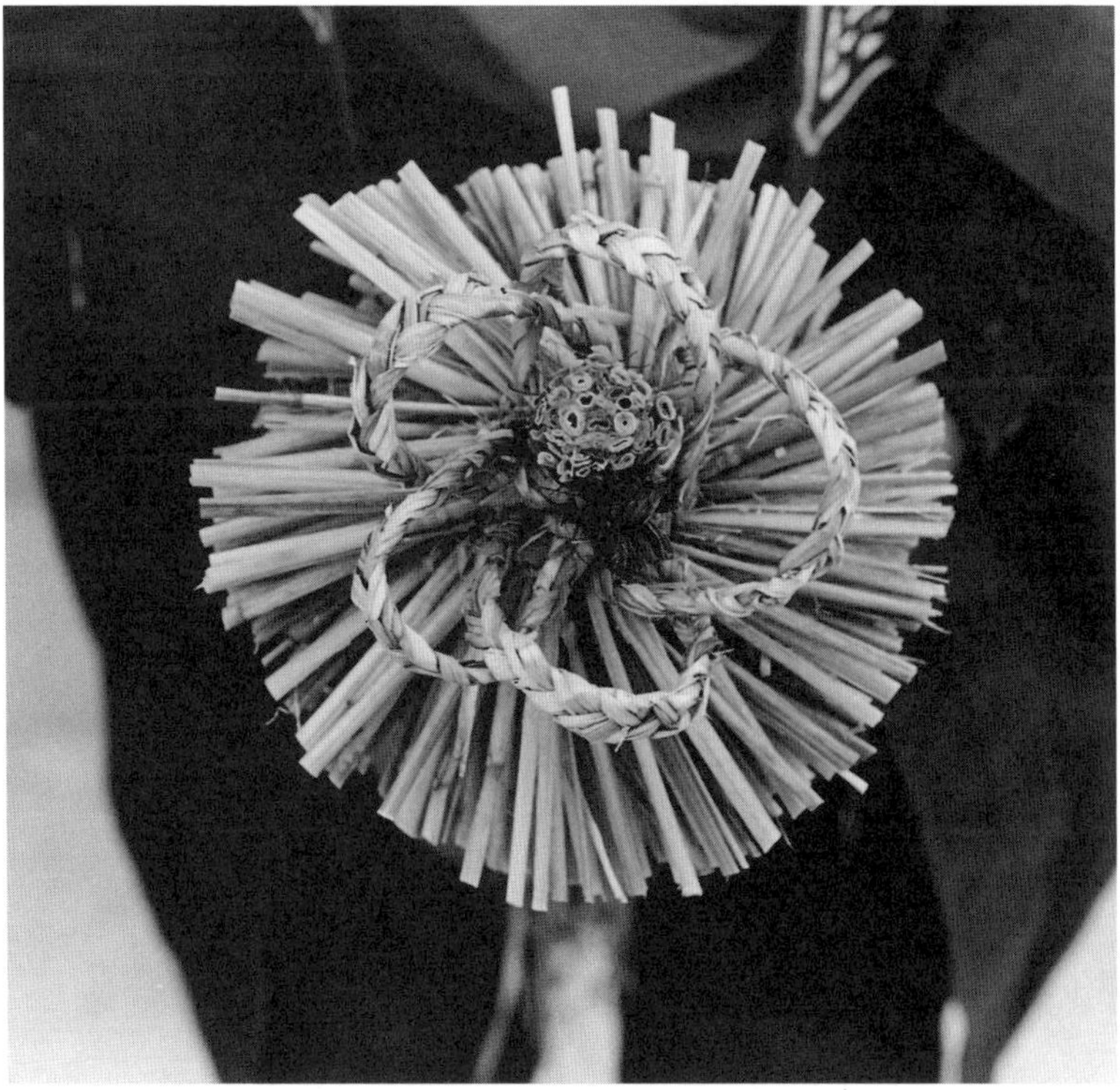

建築資料研究社

改訂新版 目で見る 庭のロープワーク――目次

第二章　ロープの基本的な結び……23

第三章 柵と垣根のロープワーク……61

第四章 冬のロープワーク……143

●写真＝信原 修・右田順三
●カラーイラスト＝小西由紀子●本文イラスト＝右田順三
●カバーデザイン・本文レイアウト＝岩黒永興

はじめに

『目で見る庭のロープワーク』、いつの間にか二十八歳になっていました。当時、目で見るシリーズものは少なく、造園で使う結びをどのように表したら良いか悩み、庭師の方々に手ほどきを受け、その過程をイラストと写真で表しました。今のようにデジカメが無い当時、現像からプリントと確認できるまで数日かかり泣かされました。実際にイラストを見ながら結ぶと少し変だなと感じるでしょう。写真映りの良いロープだからです。実際、シュロ・ワラ・麻のロープでは太さも柔かさも異なり材料に合った結びを見付けてください。

パソコンを誰でも使える今、動画の方が分かりやすいと思いますが、現場では見開いたページに結び方の始めから完成までの状態が一目で見られ、両手を作業に使いながら、何度も見ることの出来る本書が役に立ちます。

本書では飾り結びも紹介していますのでぜひ、チャレンジしてみてください。また、自分のトレードマークとして得意な結びをそっと垣根の一部に組み込む遊び心としてぜひ生かしてください。

平成二十年三月

右田順三

冬の庭を引き締めるワラボッチ＝石正園(東京)制作＝大沢邸の庭

冬の風物詩

兼六園の雪吊り

日本を代表する名園の一つ、兼六園の雪景色を彩る雪吊り

青空を背景にワラの直線が引き立ち、凛とした風情を醸し出す雪吊り

雪吊りの仕方

協力＝植松・植松造園

丸太の長さに合わせてワラ縄を揃える

雪吊り唯一の道具「ひっかけ」で、
吊り縄をたぐり寄せる

吊り縄を束ね、飾り結びの
「トンボ」をつくる

雪国、金沢では吊り縄を直接、
枝に結び付ける

庭の冬景色を演出 ワラボッチ

掃き清めた庭を引き締めるワラボッチ
＝石正園作庭＝青田邸の庭

霜除け用のワラボッチは、敷き松葉と共に
冬の風物詩＝石正園作庭＝大沢邸の庭

季節感を増幅させるワラボッチは、冬のアイテム＝石正園作庭＝丸山邸の庭

ワラボッチのつくり方

協力＝石正園

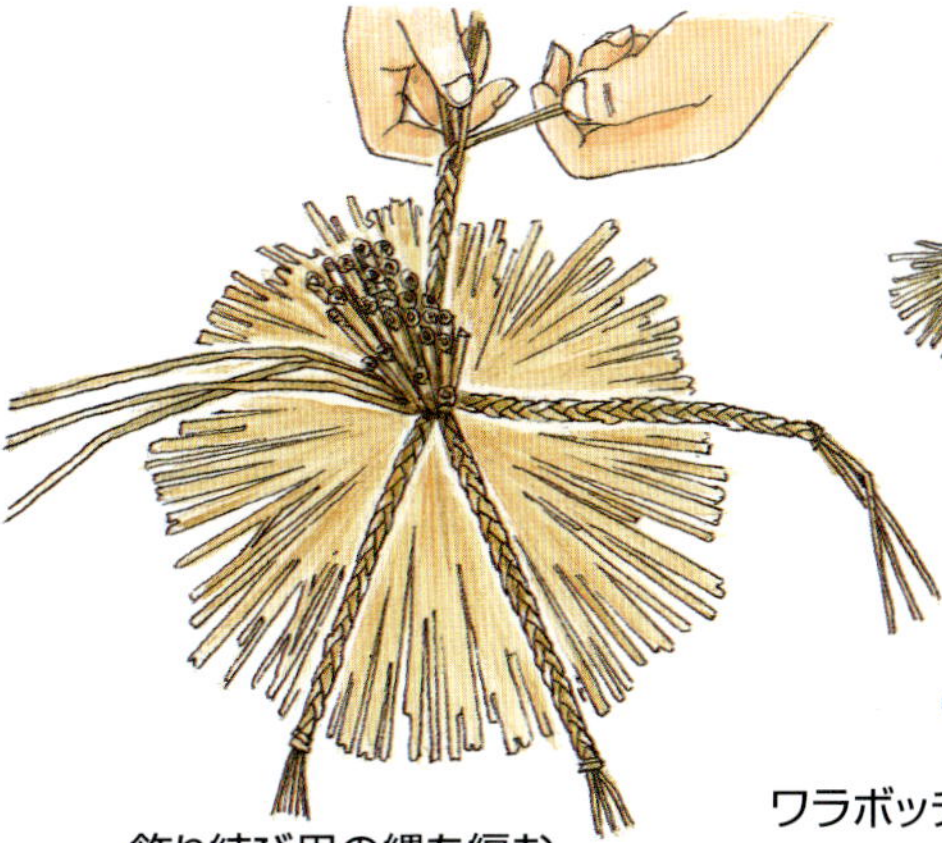

飾り結び用の縄を編む

ワラボッチは、手入れ先の現場でつくる

丸い輪を芯に結び付ける

竹を半割りしたものに竹を
十文字に差し込み、結束

芯(骨組)をつくる

ワラボッチの完成

できたワラボッチを芯に被せた
「あんこ」の上に載せる

日本の庭の冬を彩り、引き締めるワラボッチと敷き松葉＝石正園作庭＝大沢邸の庭

第一章 ロープのいろいろ

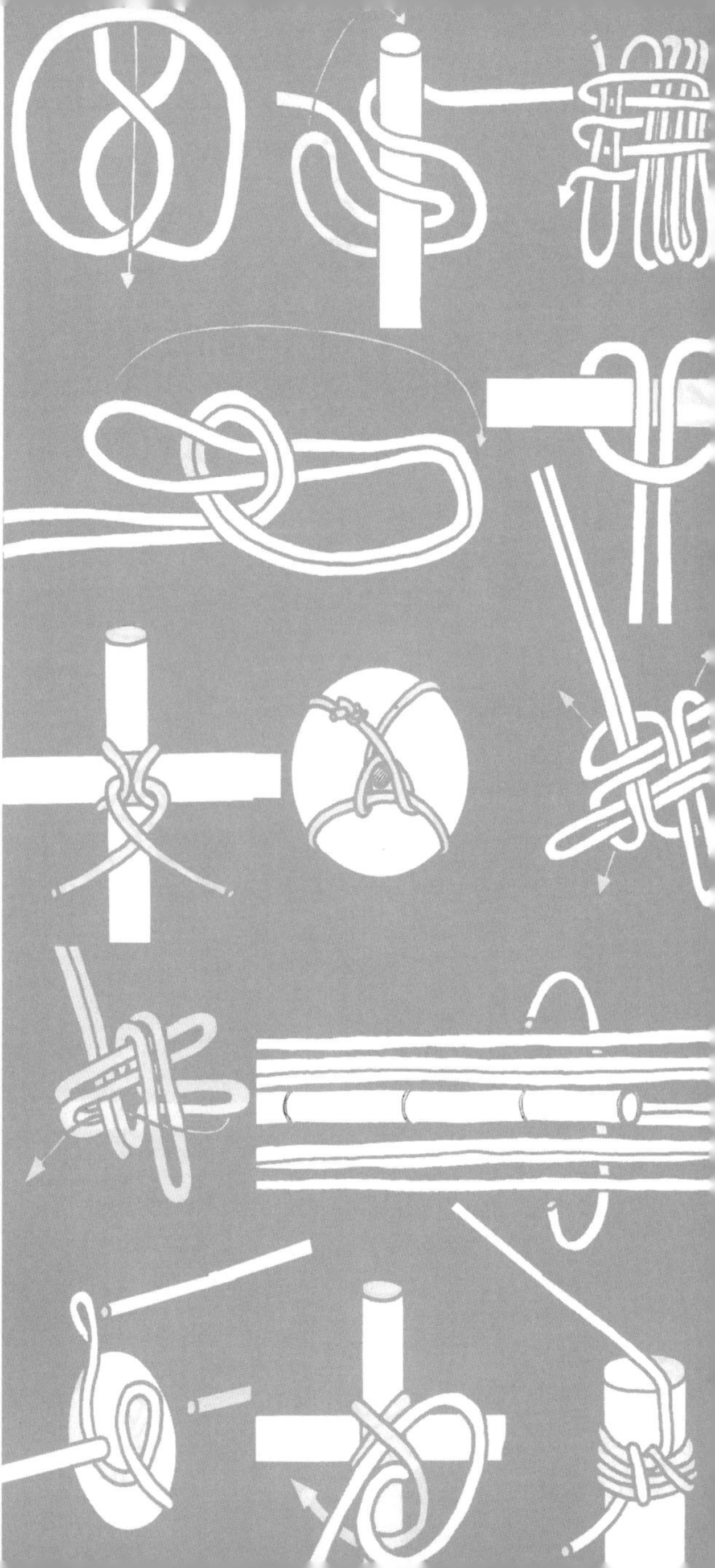

「結び」の要素

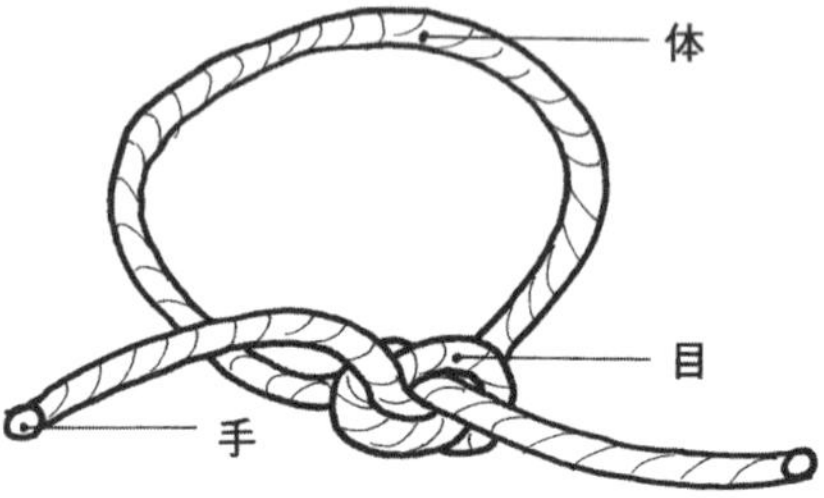

「結び」は、「目」と「体」と「手」の三つの要素から成立しています。

「目」の発達したものは、各種の「花結び」や竹垣の「飾り結び」です。「目」を縦横に連続させ、組み合わせたものが、編物・刺しゅう・組ヒモ・マクラメなどのロープワークです。

「体」の発達したものは、足場結び、荷造りの結びのように、くり返し巻き付ける結びです。樹木を保護する幹巻きや、日本刀の柄に巻き付けた装飾のヒモも「体」が発達したものです。

「手」の発達したものは、各種の水引きや飾り房、女性の結びあげなどです。また「手」は「端」とも呼ばれています。

19ページの右上の写真は「目」の発達した「菊結び」、右下の写真はマクラメ、左上の写真は「手」の短い「飾りイボ」、左下の写真は「体」の部分を巻き付けた結びです。

飾りイボ

菊結び

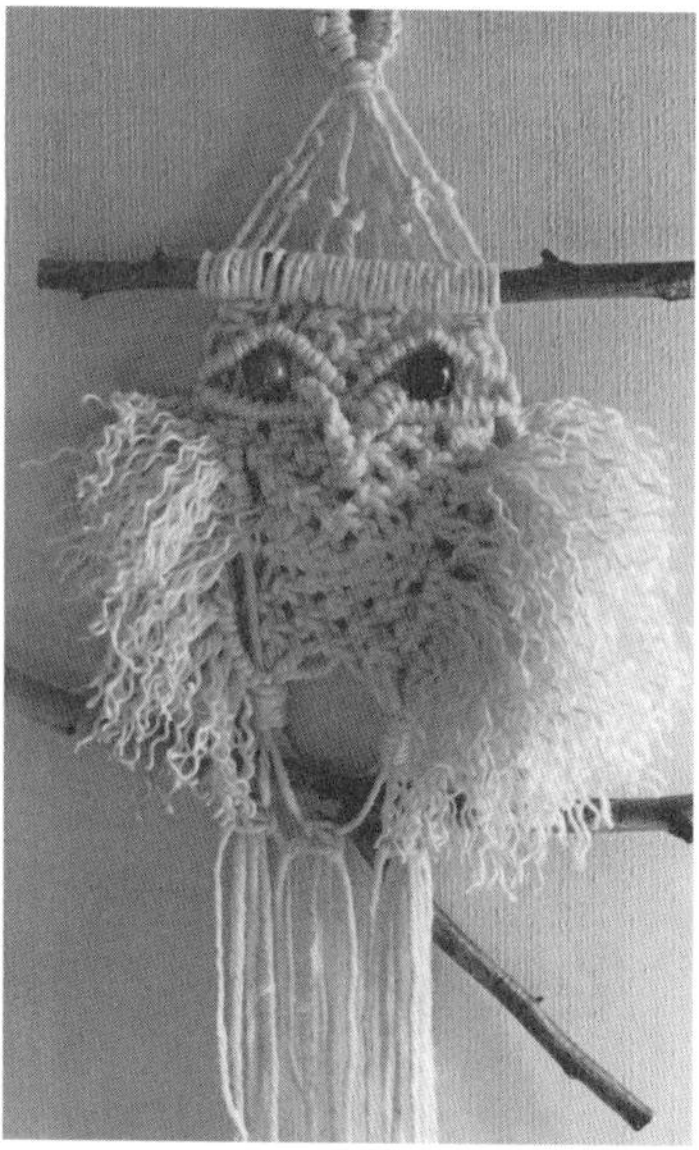

マクラメ

「結び」の分類

「結び」は、その形状、働き、用いる目的などから分類してみますと、結節、結合、結着、結縮、絞様、結束の六つに分類できます。

結節は、ロープの一端にコブをつくるものです。ロープの撚りが戻るのを防いだり、ロープが滑るのを防いだりするときに用いる結びです。一重結び、クラウン・ノットなどです。結合は、もっとも一般的な結びで、ロープとロープをつなぐときに用います。機《はた》結び、本結び、テグス結びです。

結着は、ロープの一方の端を杭、柵、樹木などに縛り付けたり、ものを吊るときに用います。もやい結び、てこ結びなどがあります。

結縮は、ロープの中ほどを縮めたり、ロープの弱い部分の補強に用いる結びです。シープ・シャンク、積荷のロープ掛けです。絞様は、装飾に用いる結びです。各種の花結び、竹垣の飾り結びなどです。結束は、ロープでものを縛る方法です。巻縛り、筋交《すじか》い縛りなどです。

結　束

結　着

結　合

ロープ各部の名称

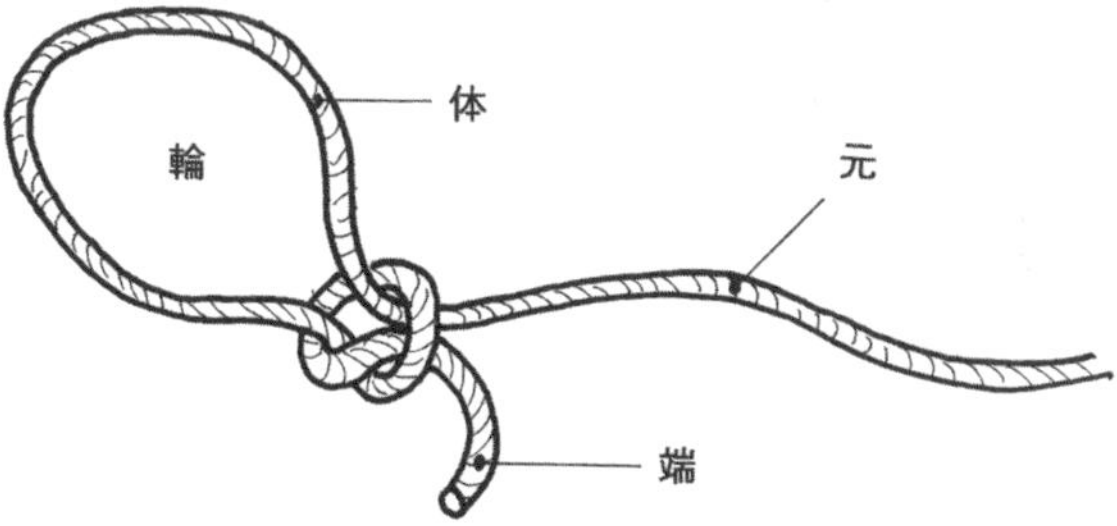

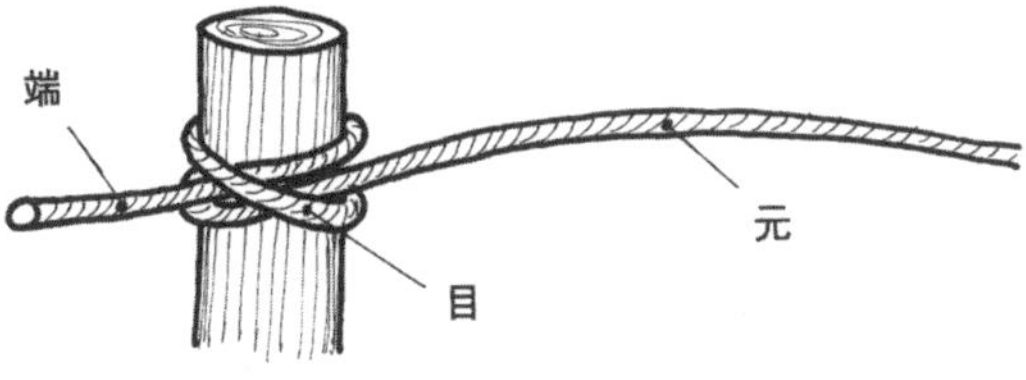

ロープの種類

庭で使うロープにもシュロ（棕櫚）縄・ワラ（藁）縄の植物繊維とナイロン・ビニロンの化学繊維や針金・ワイヤーロープの金属などがあります。庭仕事でこれらのロープの扱いは次章の後で紹介します。

針　金

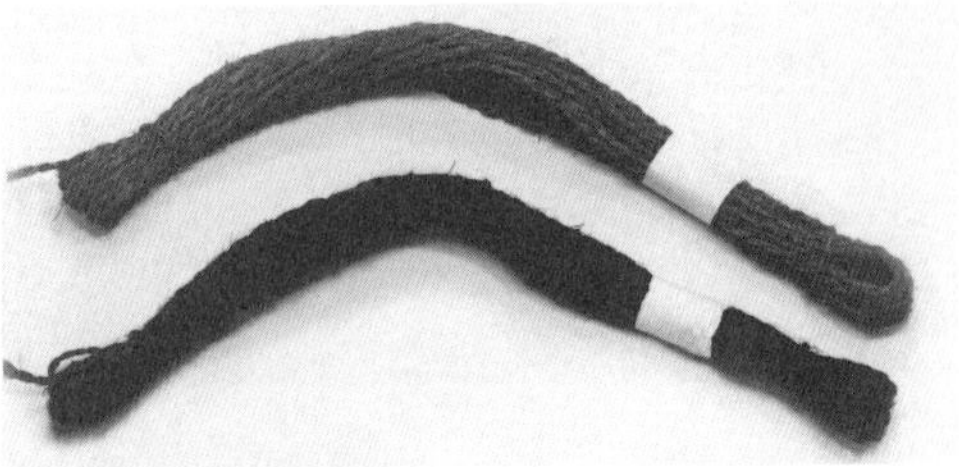

シュロ縄

ロープ

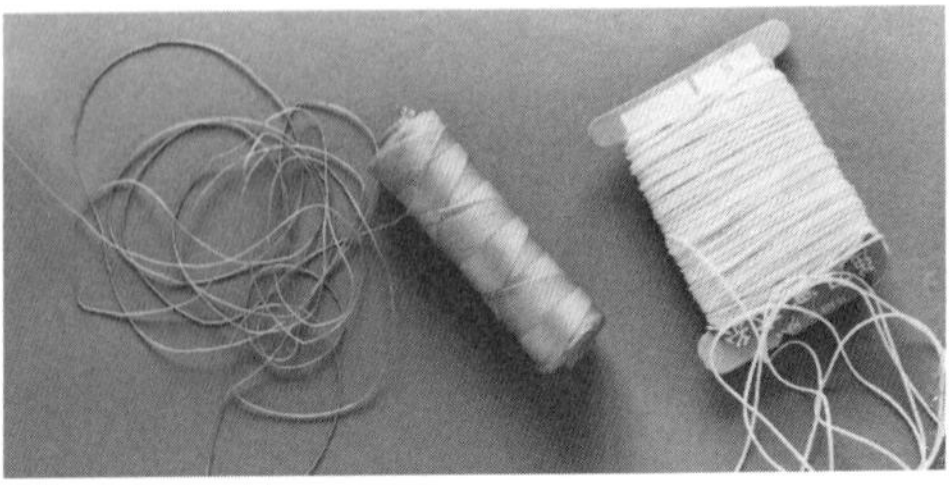

水　糸

第二章

ロープの基本的な結び

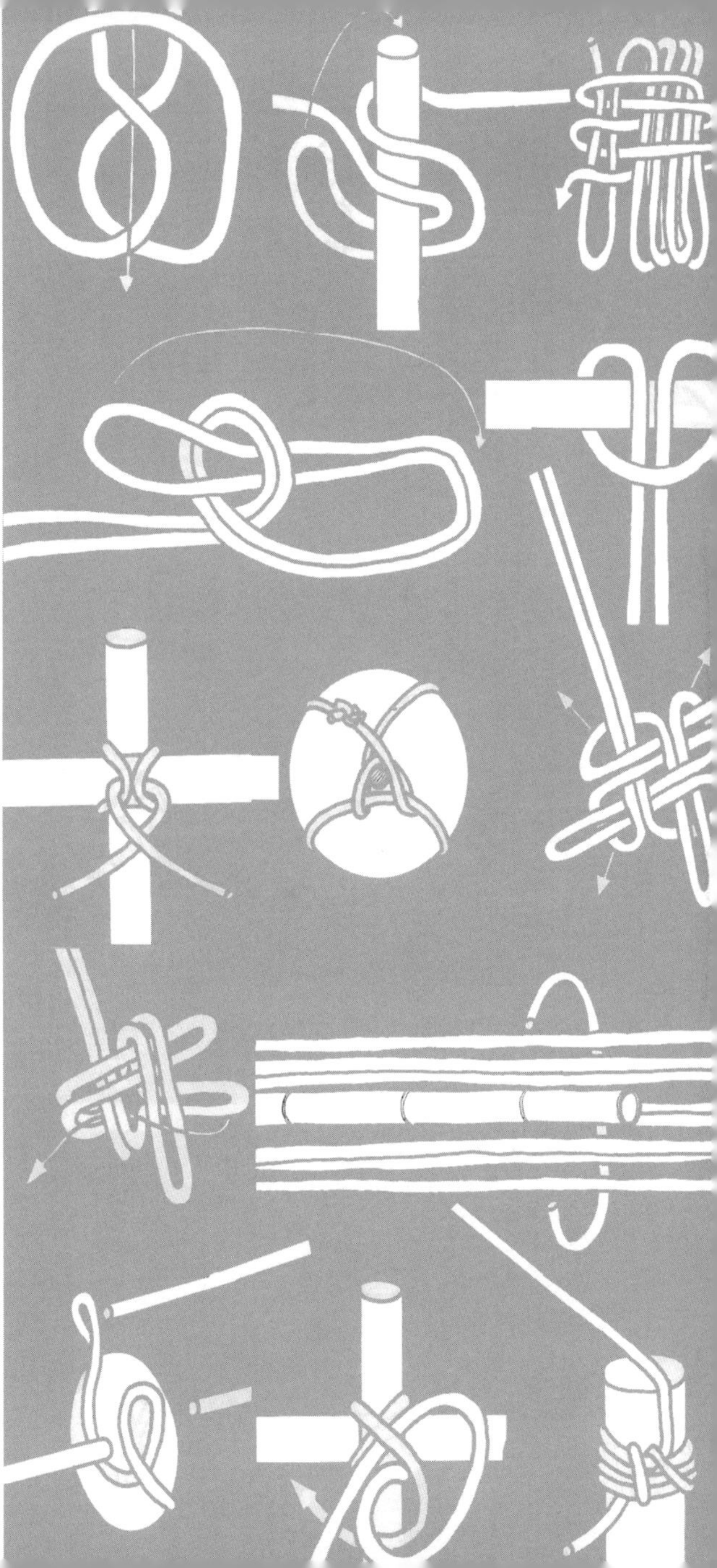

うのくび結び その1

庭仕事で一番よく使われる結びの一つで、巻き結びともいわれます。この結びは、両端に同じ強さの力が加わる場合に使い、結びやすく解きやすいので早く作業ができます。

三脚のトラナワ、木の枝吊り、竹垣の押縁の締めなど応用範囲の広い結びです。

しかし、うのくび結びだけですと、長い間には解けてしまうので、長期間の結着、結束には、この結びの上に男結びや本結びをします。

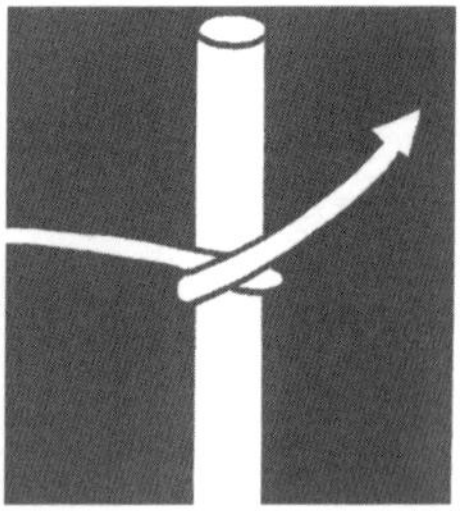

❶

❷

❸

❹

裏側

うのくび結び その2

うのくび結びは、ロープの途中にも簡単につくることができます。下の写真のように輪を二つつくり、その輪を重ねます。できあがった輪を結びたい杭や枝に掛け、ロープの両端を引っ張ればうのくび結びのできあがりです。

ロープの途中にいくらでも結べ、ロープ柵や縄ばしごなどに使われます。また、解くときは、ロープを少し緩め、幹や枝から引き抜けばもつれることなく、回収できます。

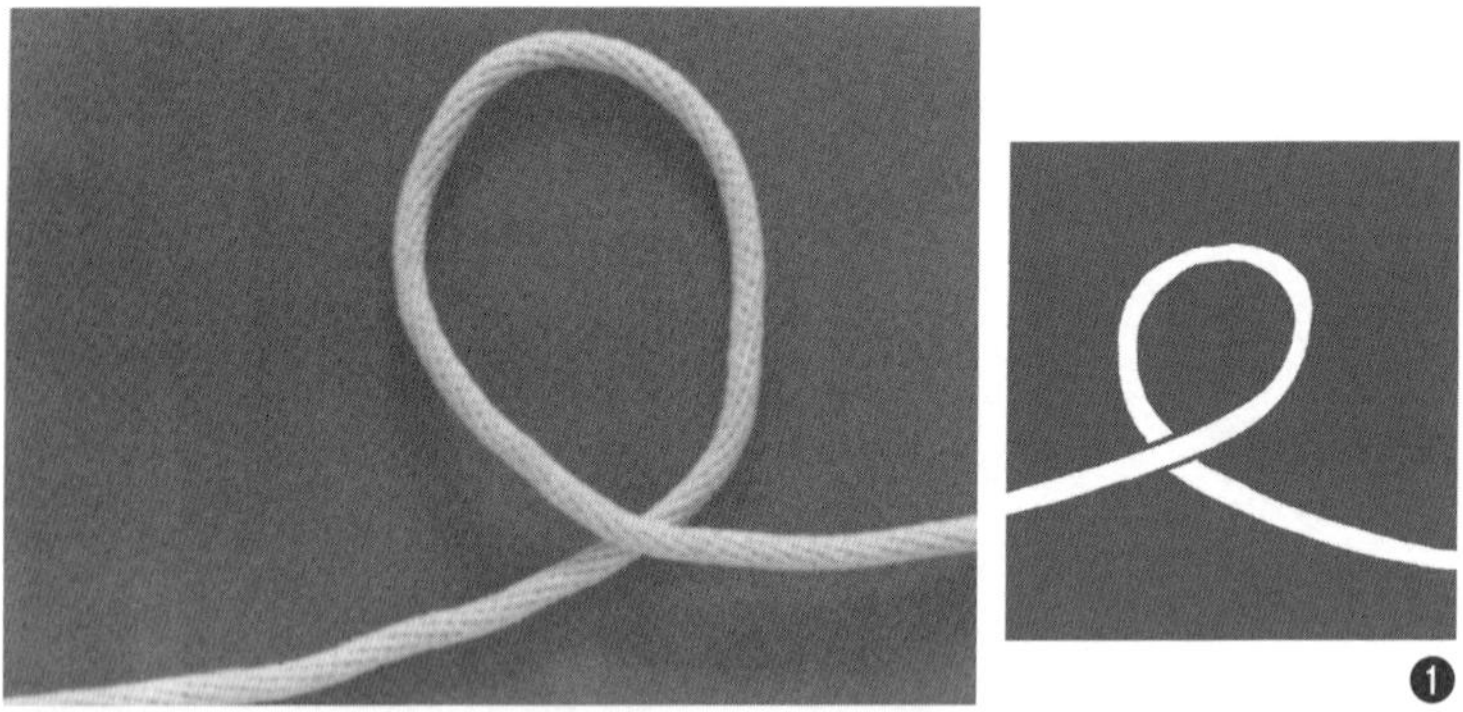

❶

❷

❸

❹

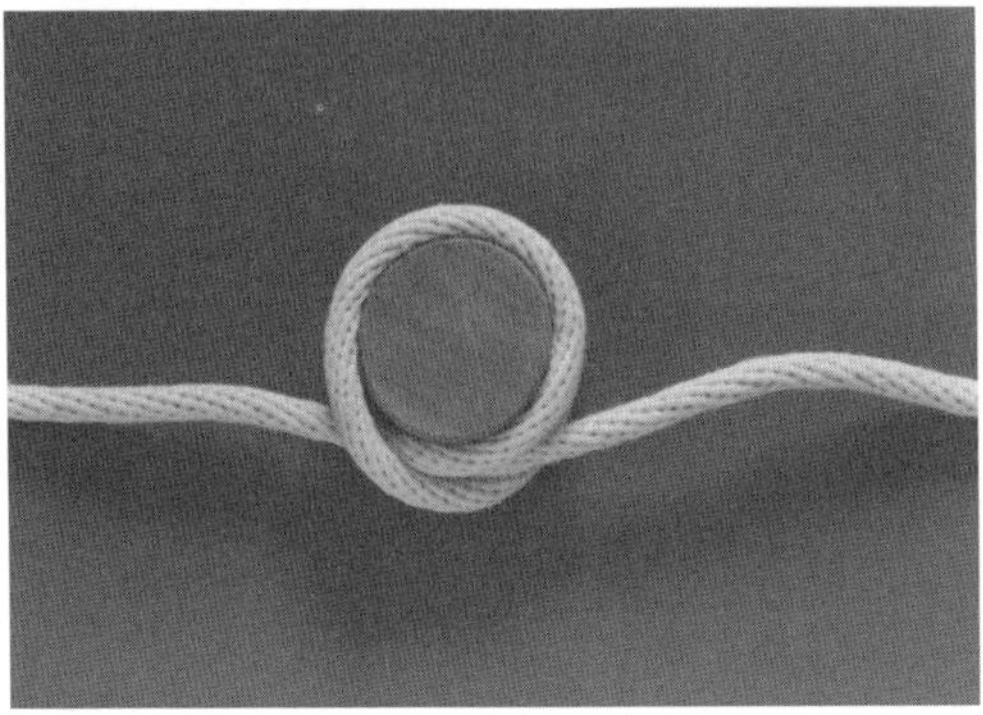

より結び

この結びは、結びやすく解きやすい結びです。ロープの端に力が加わっている限り、比較的安全で確実な結び方です。

ロープに加わっている力がなくなると、結びが緩むようになっていますので、簡単に結び目は解けます。丸太材の引き上げとか、樹木の吊り上げのように、一時的な作業に適した結びです。

❶

❷

❸

❹

平　面

引き解けより結び

造園作業でロープの結び目が解けず、時間が経つのはいやなものです。ロープの結び目を早く解くことも大切です。そのために考え出されたのが「引き解け」です。ロープを押すことはたやすくありませんが、引くことは誰にでもできます。

「引き解け」の結びには、「かたわな結び」「もろなわ結び」「引き解け結び」などがあります。これらの結びは、ロープの端を二重にして

❶

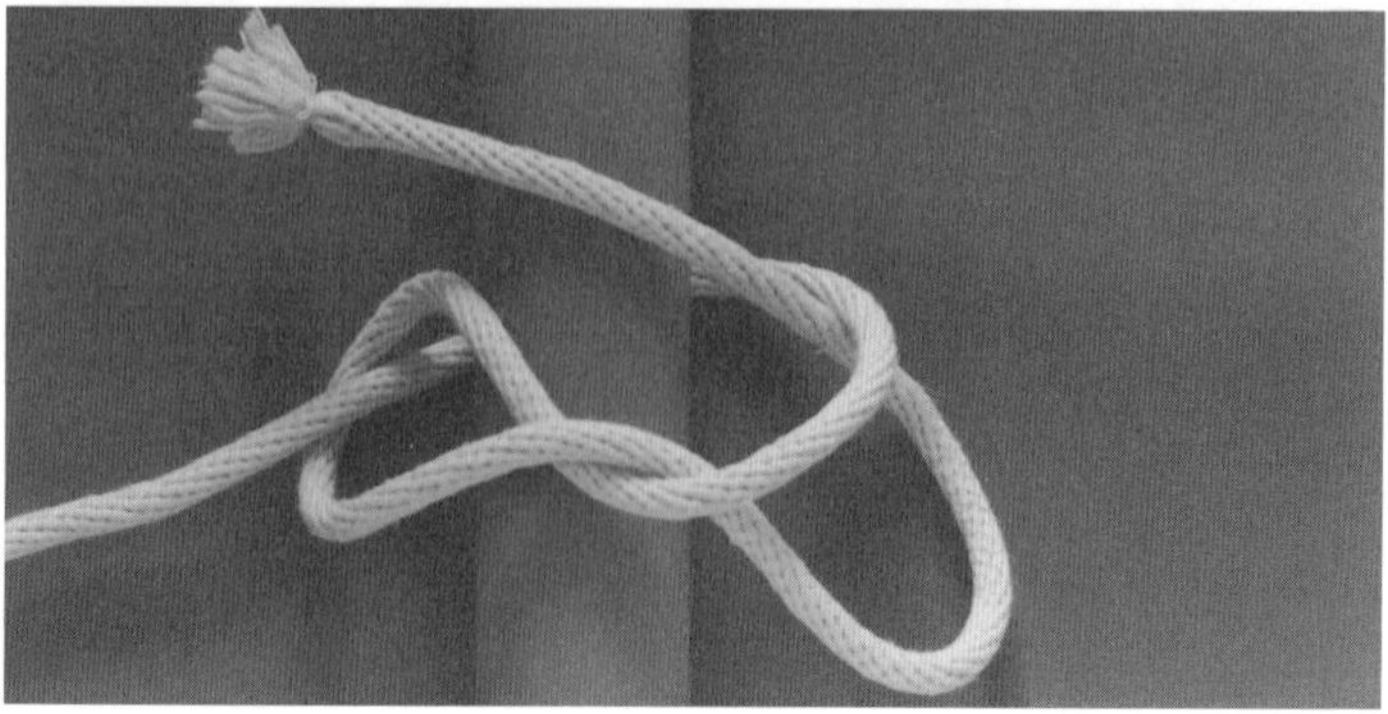

❷

「目」をつくった結び方です。

「引き解けより結び」も下の写真のように端を二重にして結んだものです。

作業を安全なものにするためには正しい結びをつくらなければなりません。

❸

平　面

引かせ結び

この結びは、ロープとロープをつなぐときに使います。特に太さの異なるロープをつなぐときに用います。結ぶときは、太いロープを二重に固定し、細いほうのロープを結んでいきます。

また、機糸が切れたとき、すばやく結びつなぐために工夫された結びで「機《はた》結び」「つなぎ結び」とも呼ばれています。応用範囲の広い、大切な結び方です。

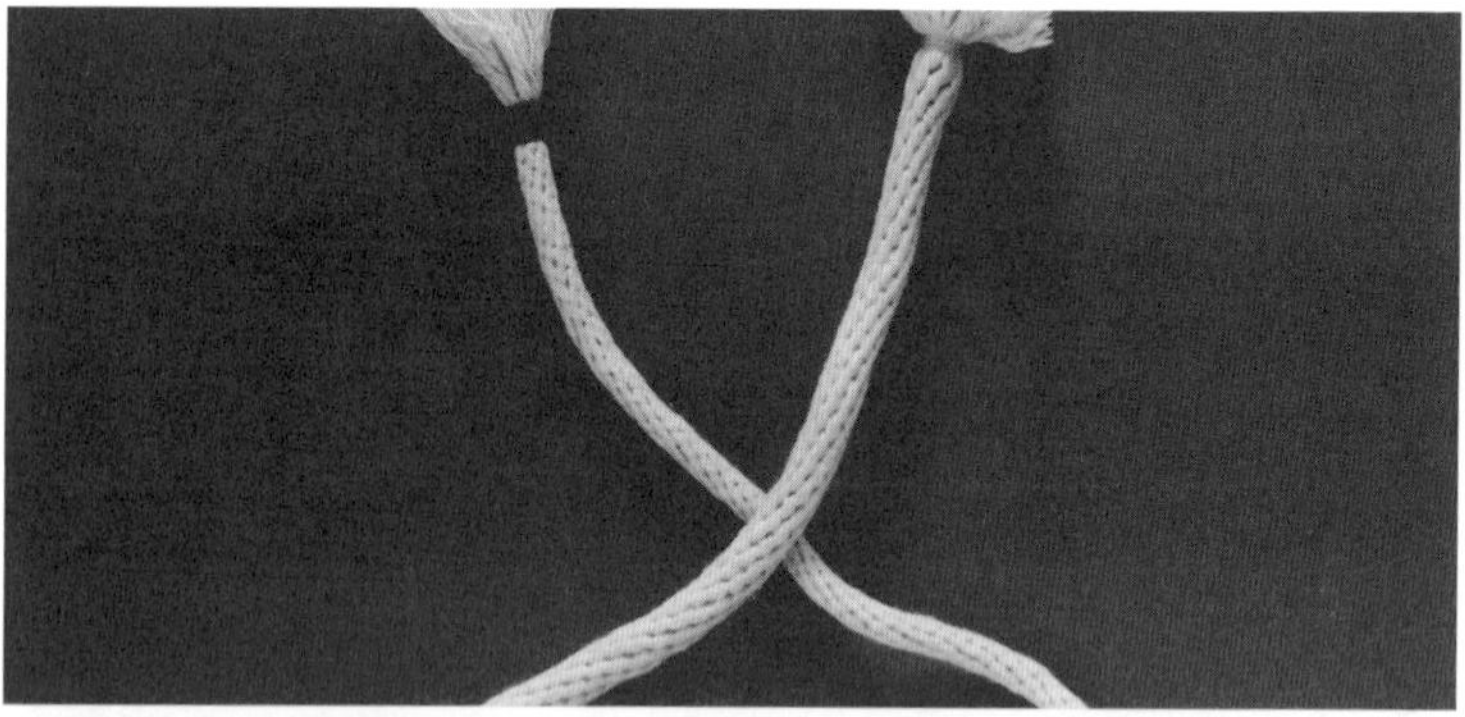

❶

❷

❸

❹

二重引かせ結び

結びを安全にする方法はいろいろあります。「二重引かせ結び」も、その一つの方法です。これは、「引かせ結び」の巻きの回数を2回にしたものです。回数を増すことによって、ロープどうしの摩擦を大きくし、結び目を丈夫にするのです。

これは目を解きにくくしているので、使い方に注意しなければ作業にてこずり逆効果となります。

❶

❷

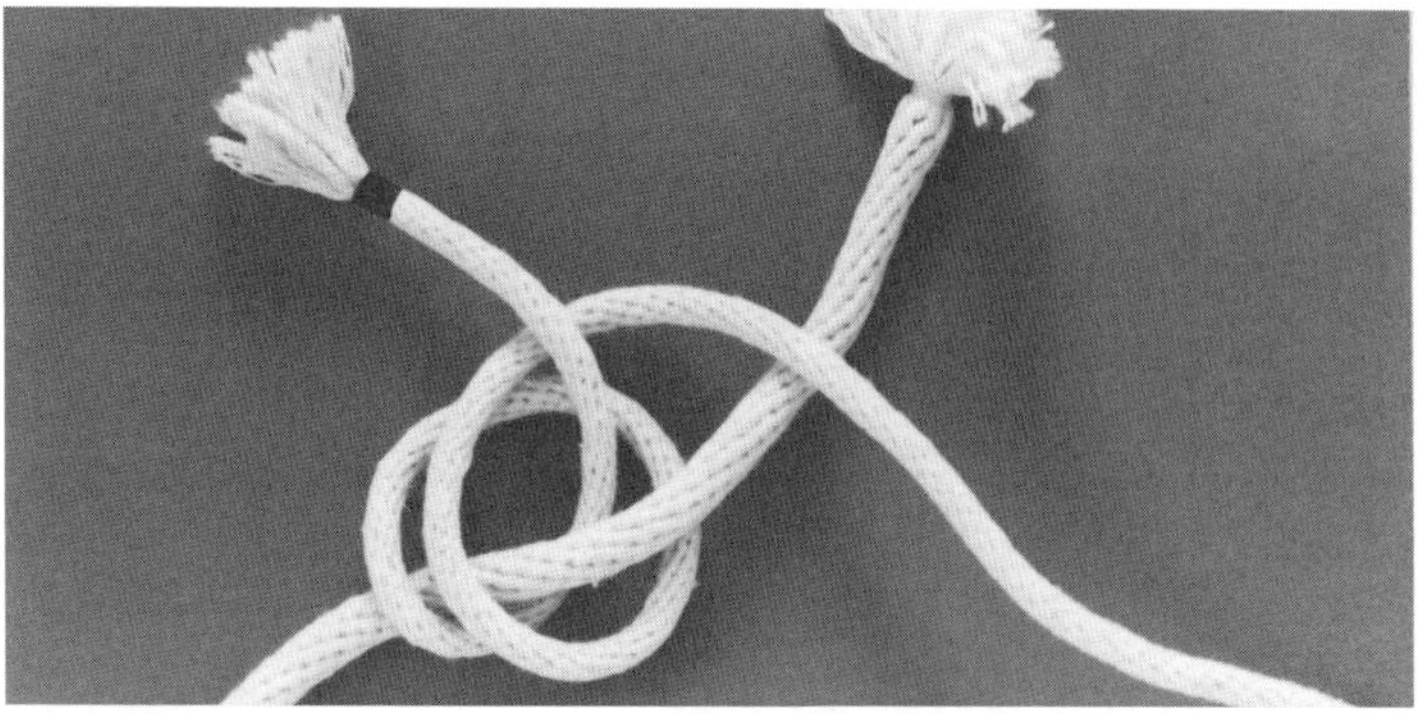
❸

❹

❺

本結び

　この結びは、太さが同じロープの場合に使います。太さが違うと結び目が滑り解けてしまいます。ロープとロープをつなぐときや、ものを縛ったときの止め、または装飾用としても用います。

　ロープの結び、組み、編みの最も基本的な結びです。別名「こま結び」「ま結び」とも呼ばれています。この結びの「手」を重ね巻きにしたものが帯締めの結びです。

❶

❷

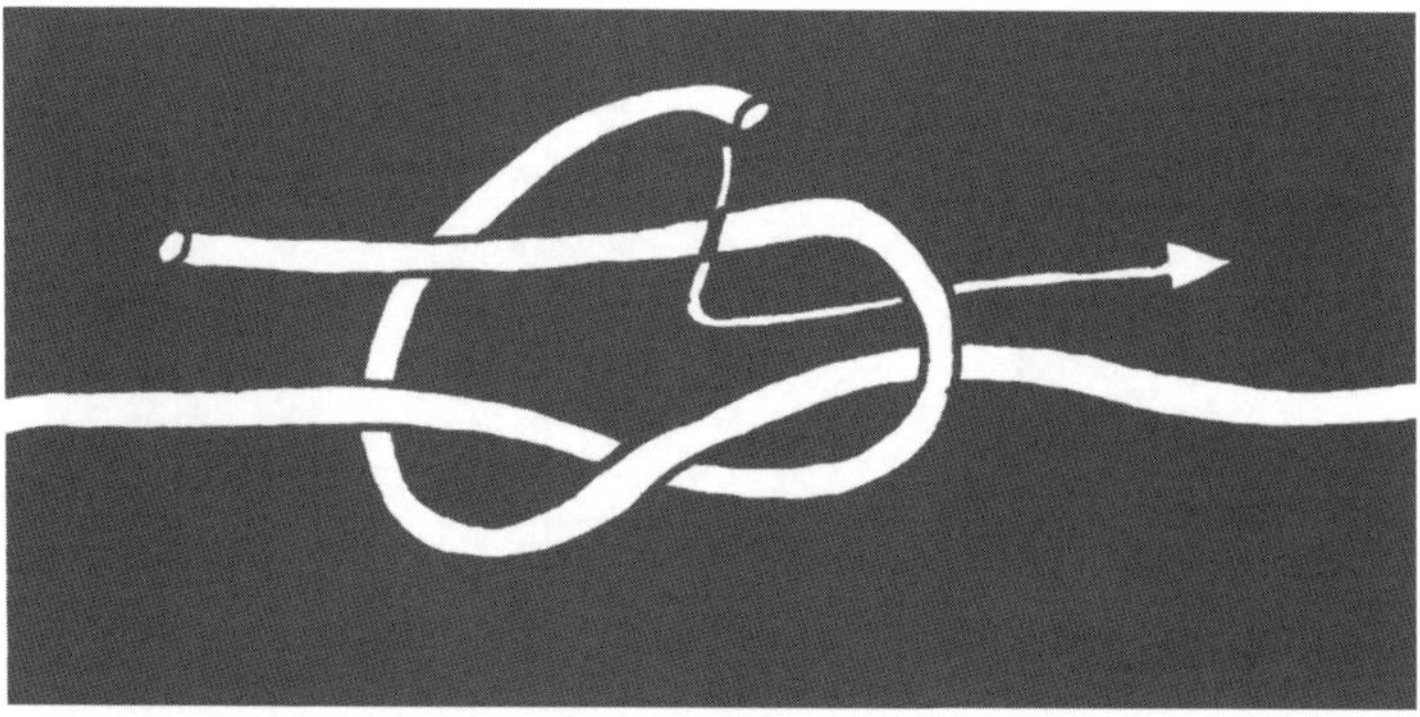

❸

❹

❺

引き解け結び

この結びはロープの途中にもつくれます。ものを束ね縛るときは図❷→図3へと進みます。図❹は輪を杭に掛けるときの結びで、引けば締まるので「すごき結び」とも呼ばれています。

3

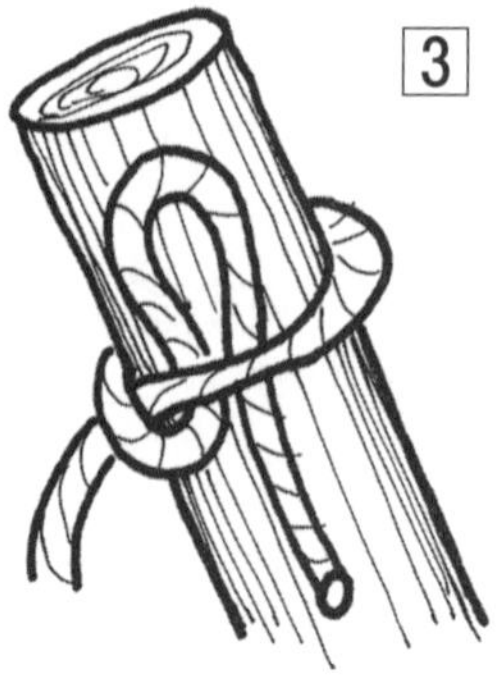

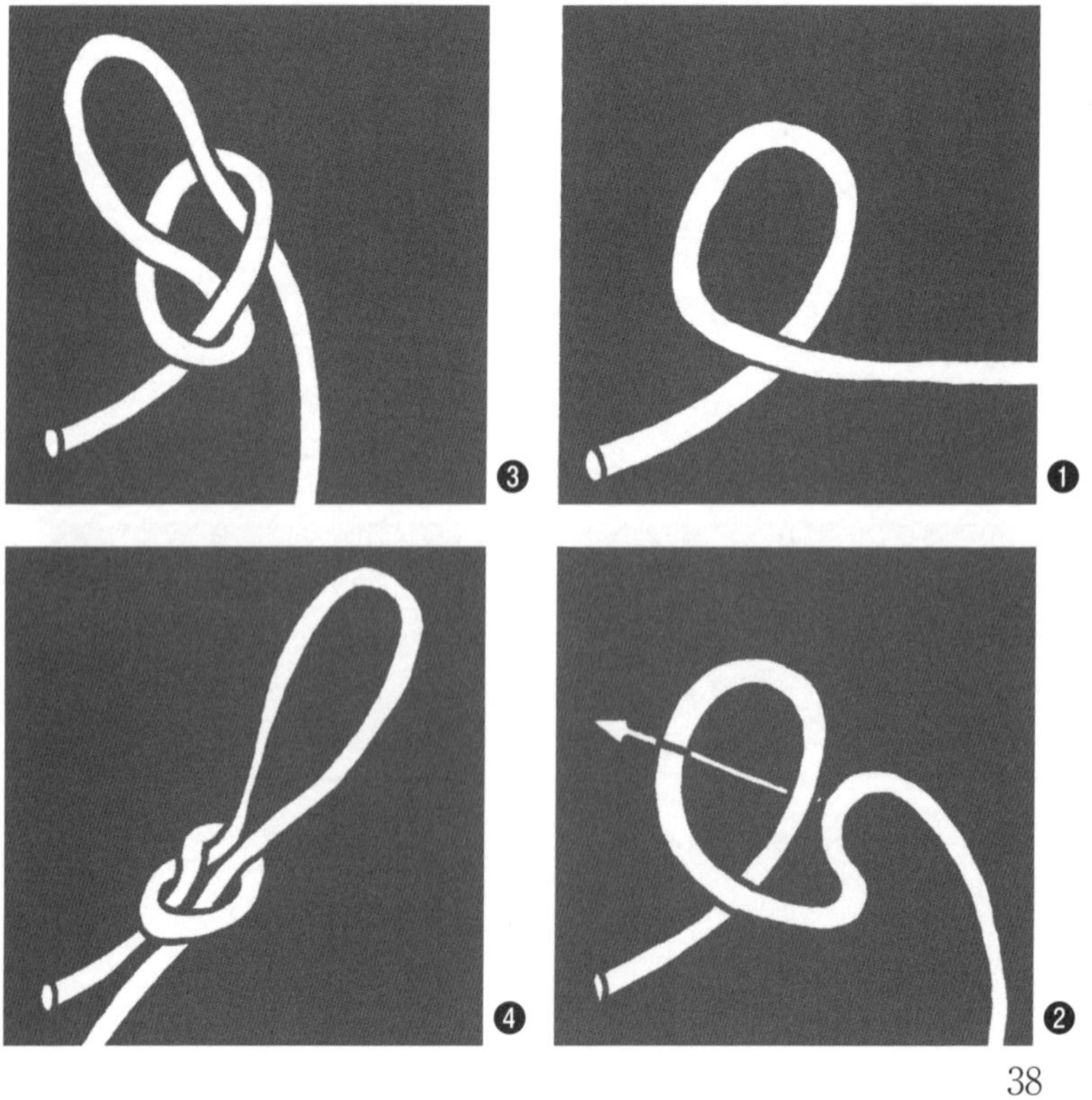

てこ結び

この結びは、ロープの端を仮に棒などに止めておく場合に使ったり、ロープを強く引きたいときに、短い棒を通して引きやすくするときなどに使います。ロープの途中でも結べ、縄ばしごの結びとしても使えます。

「てこ結び」は「引き解け結び」と似ています。「引き解け結び」の「体」の部分が、「てこ結び」では「目」の部分になっています。このように、結びの「目」「体」「手」をいろいろ働きに応じて使い分けると、一つの結びが別の働きをすることになります。

❶

❷

❸

よろい結び

この結びは、ロープの途中で輪をつくり、人が肩を入れて引きやすくした結びです。結び目をきつく締めると安全です。

❶

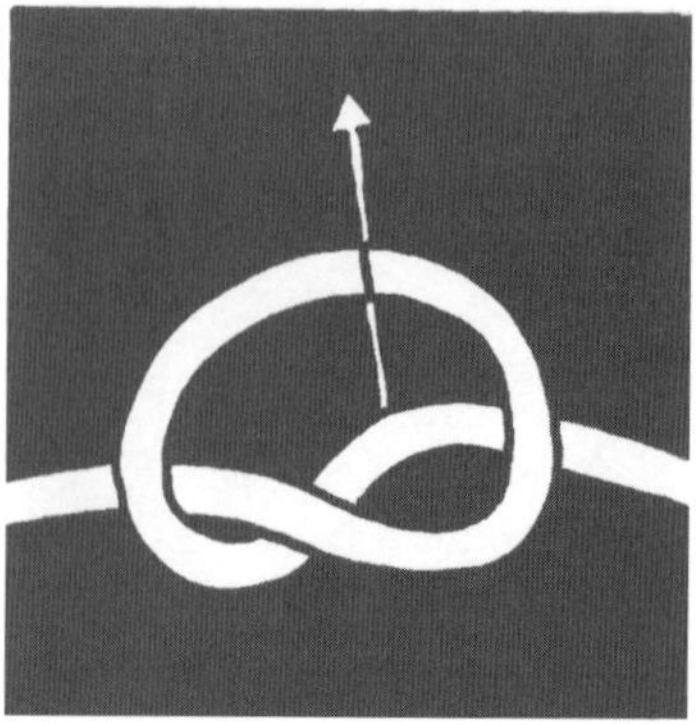

❷

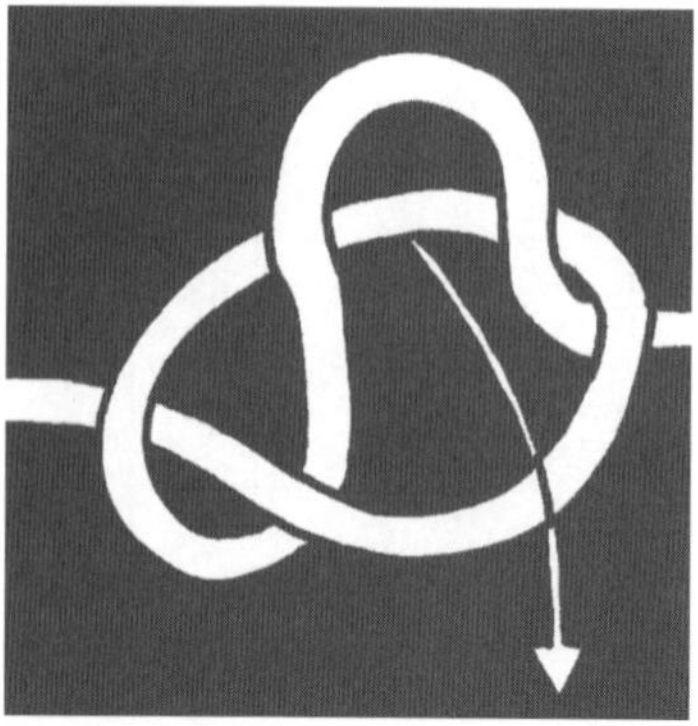

❸

❹

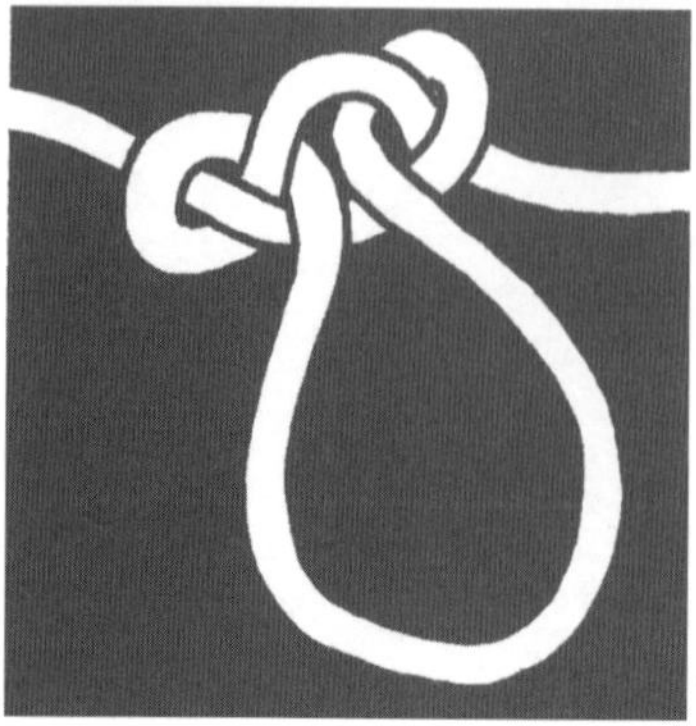

❺

ひばり結び

この結びは、ロープの両端に同じような力が加わるときに使います。力を加えるほど結びはよく締り、加わっている力をなくすと結びが緩み、すぐ解けます。この結びをつくるのも簡単なため、工事現場などでよく使われます。丸太や石などを吊り上げるとき、下図のように、ロープの両端を「本結び」や「引かせ結び」でつなぎ、輪として使うと作業がはかどり、また、安全です。

❶

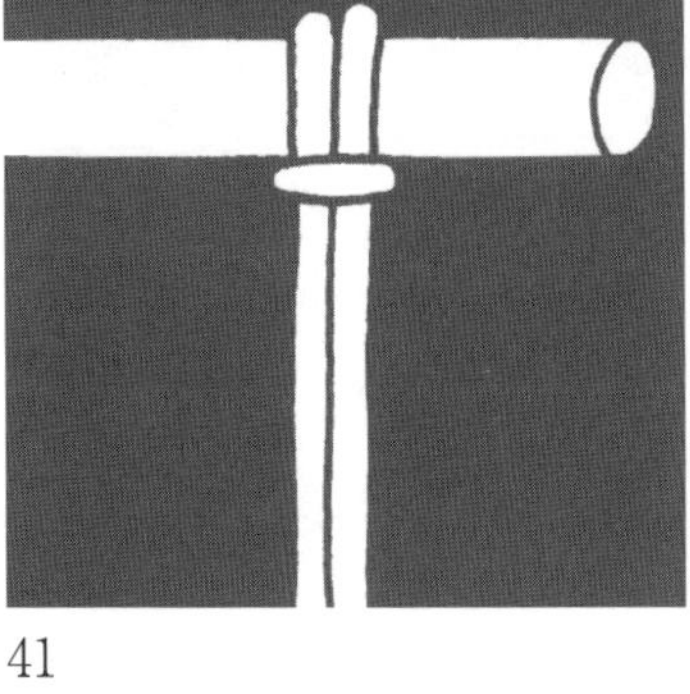

❷

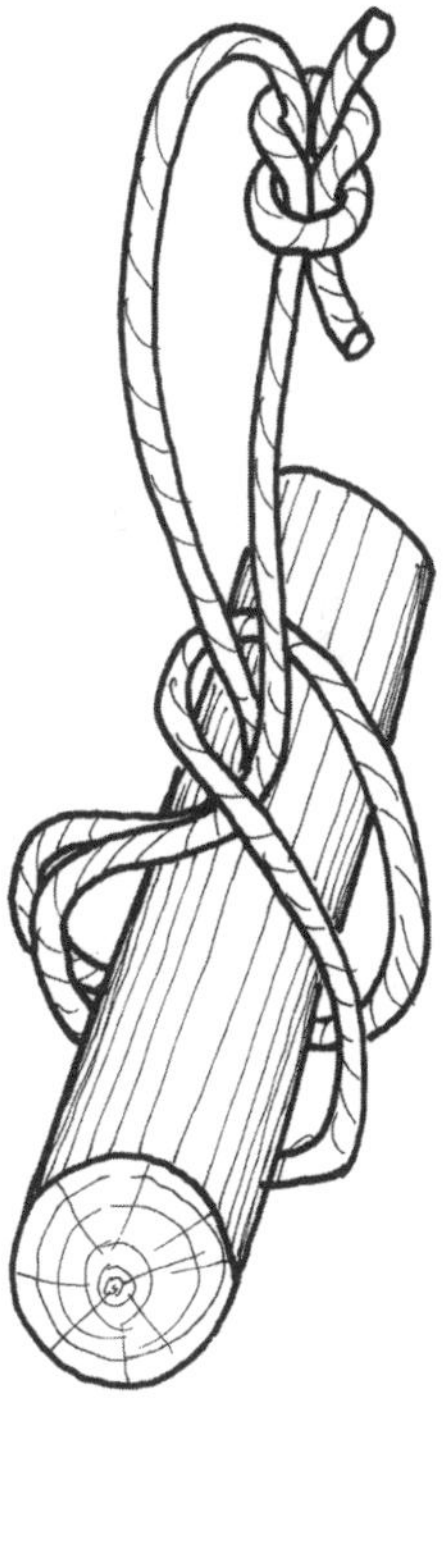

テグス結び

この結びは、魚釣りのテグス糸の結びです。細いロープ、ビニールヒモなどは結び目が滑り抜けやすいものです。このようなロープ、ビニールヒモ、水糸などをつなぐときに用います。

また、太さの違うロープのつなぎにも利用されます。

結び方は「一重結び」を二つ組み合わせたもので結びやすく、解くときは結びの「手」を引けば楽に解けます。

❶

❷

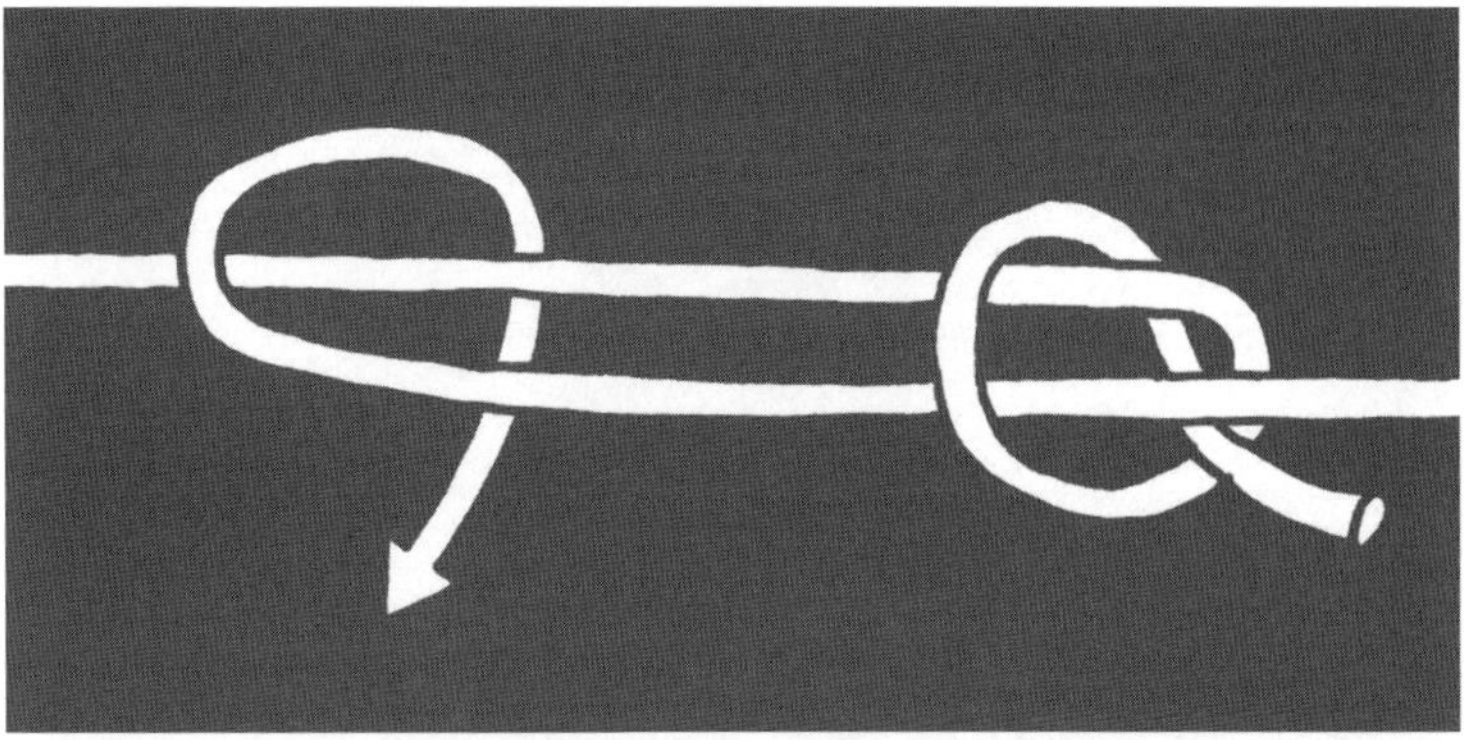

❸

❹

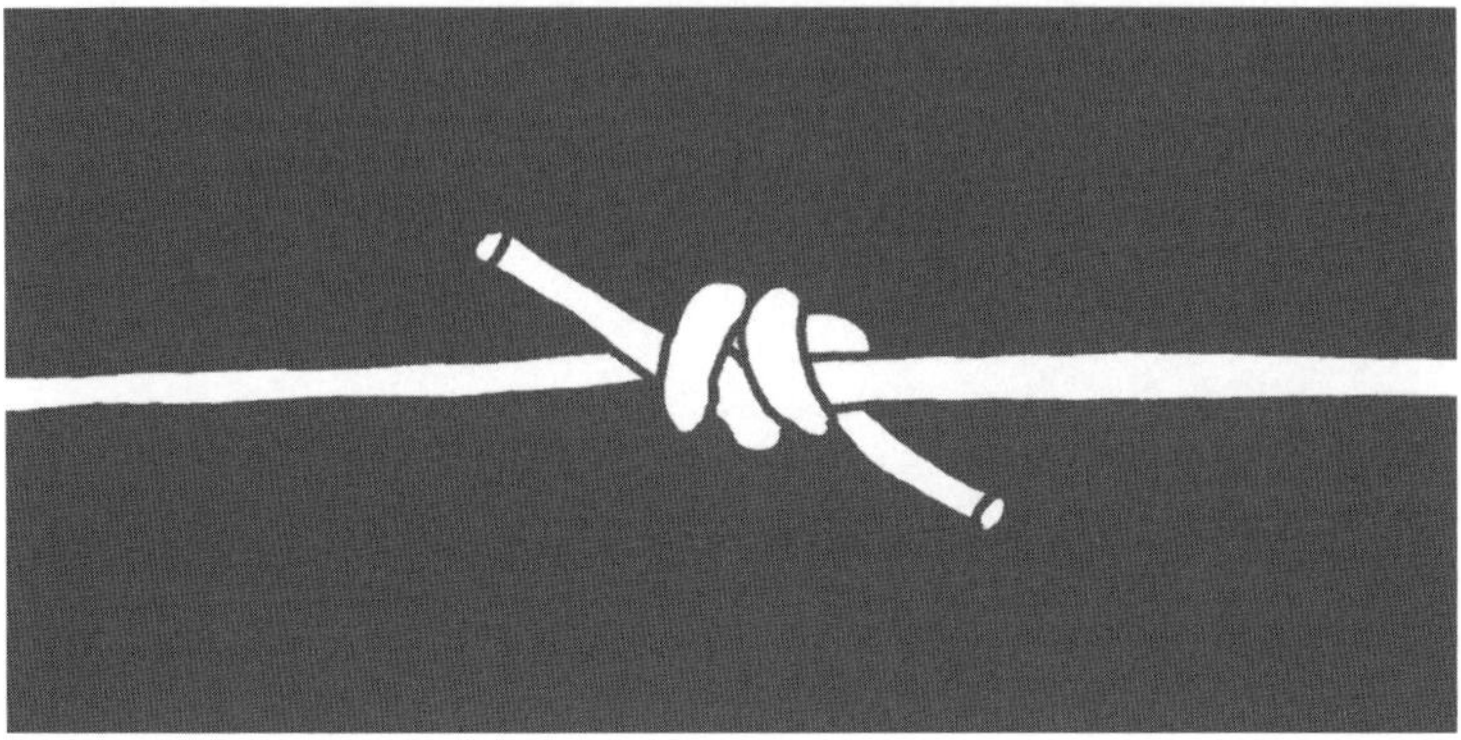

❺

二重テグス結び

この結びは、「テグス結び」の巻き部分を二重にしたものです。「テグス結び」より安全ですが、特に太さの違うロープのつなぎに使います。

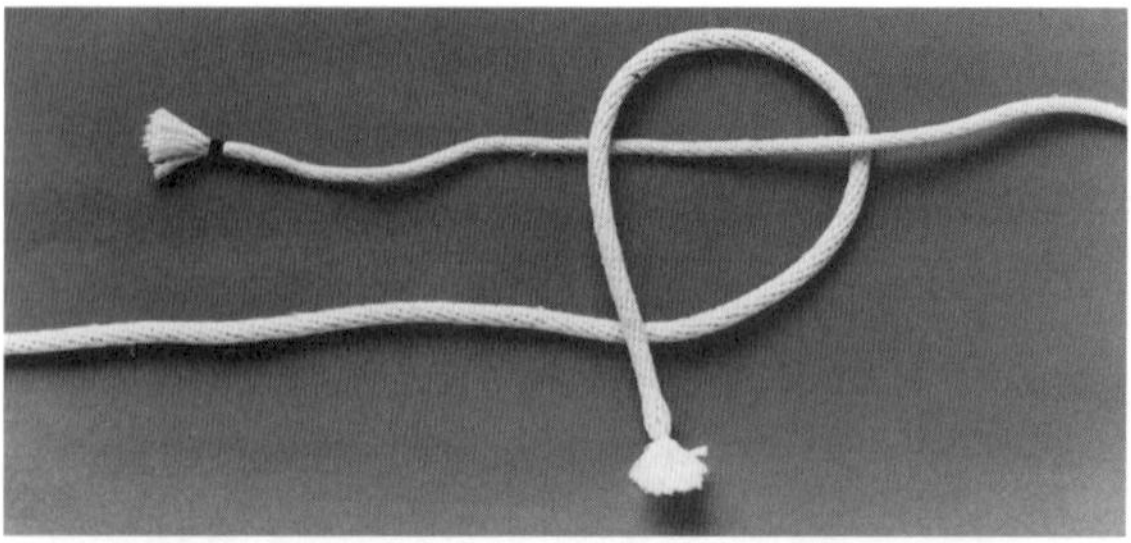

❶

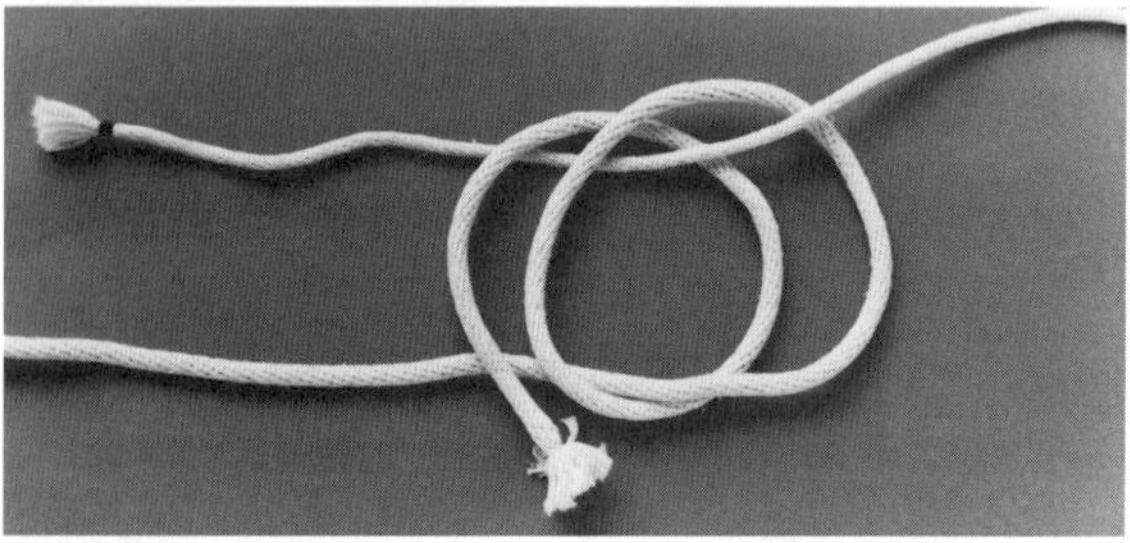

❷

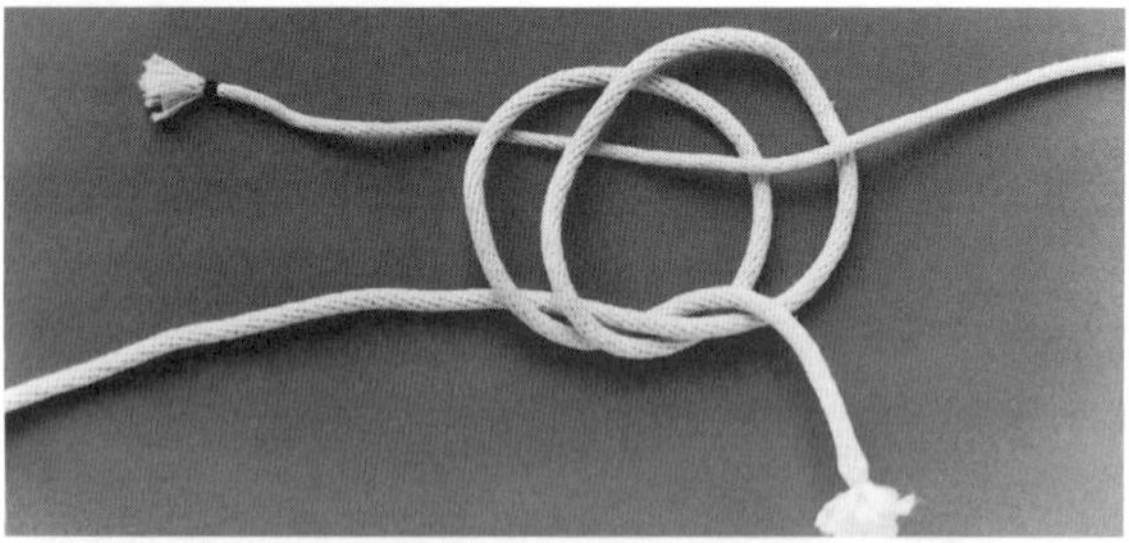

❸

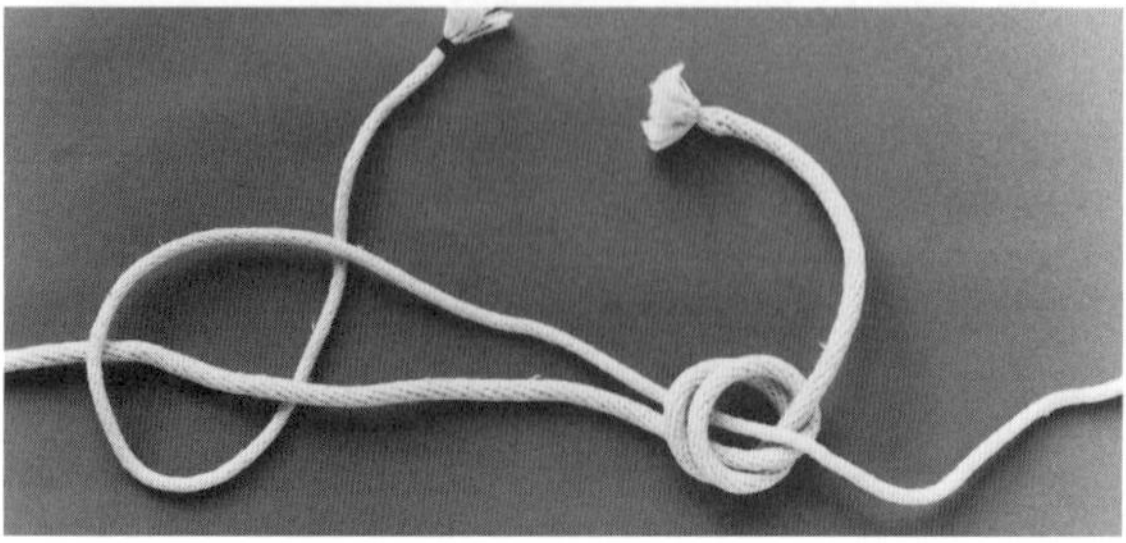

❹

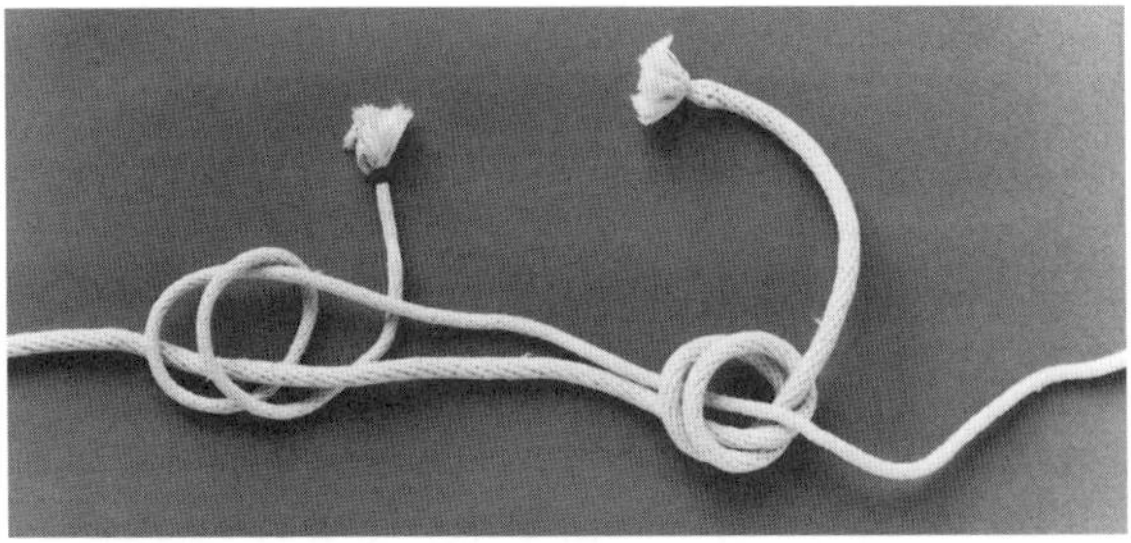

❺

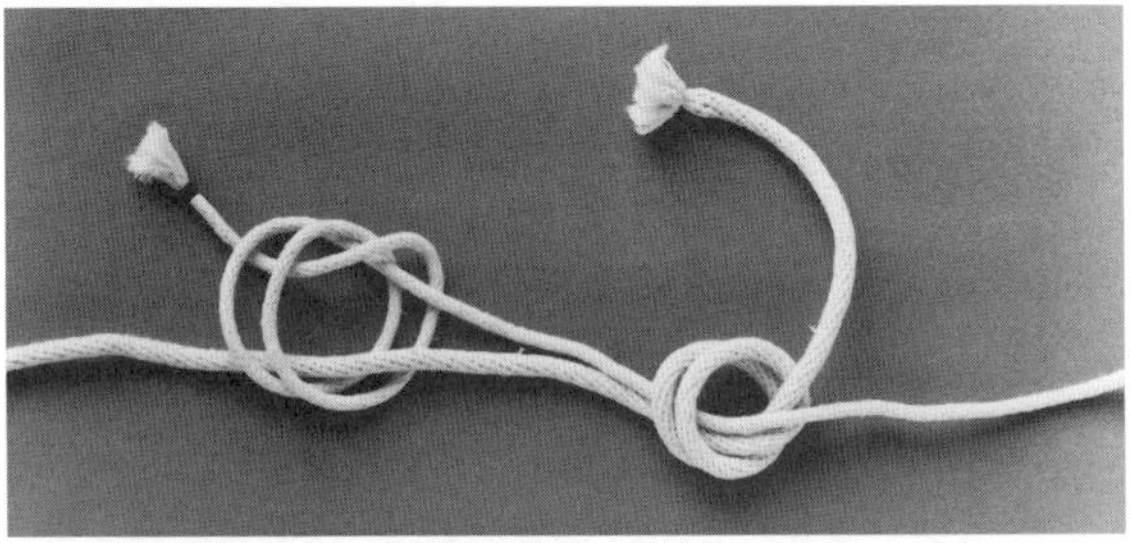

❻

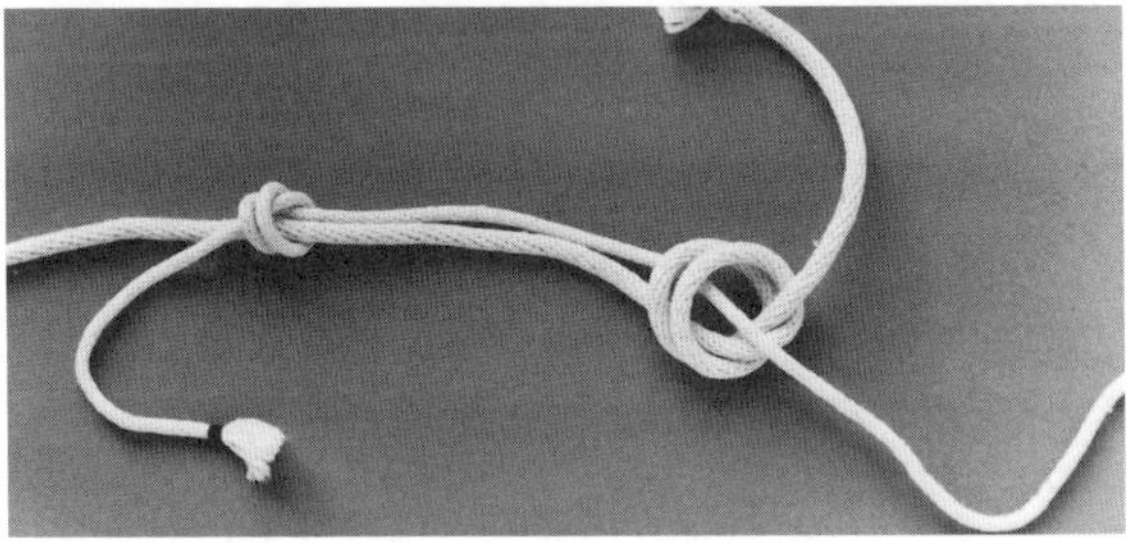

❼

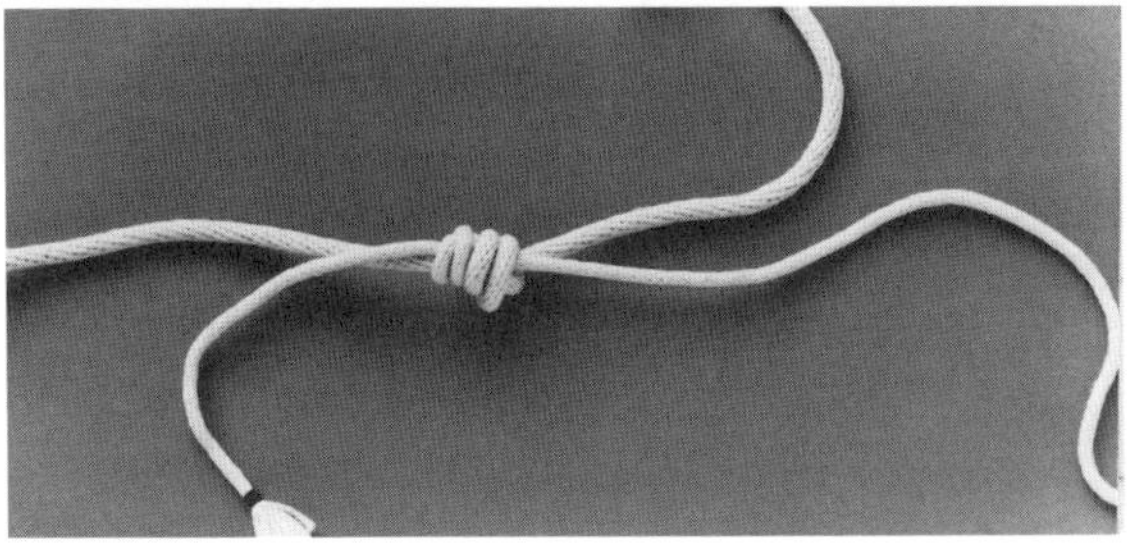

❽

あやすべり

この結びは、ビニールヒモ、細いロープ、水糸などのように滑りやすいロープをつなぐときに使います。「テグス結び」と共に結びやすいロープのつなぎ方の一つです。

また、太さの違うロープをつなぐときにも用います。太さの違うロープの結び目はとかく滑りやすいものですが「あやすべり」で結べば安全です。

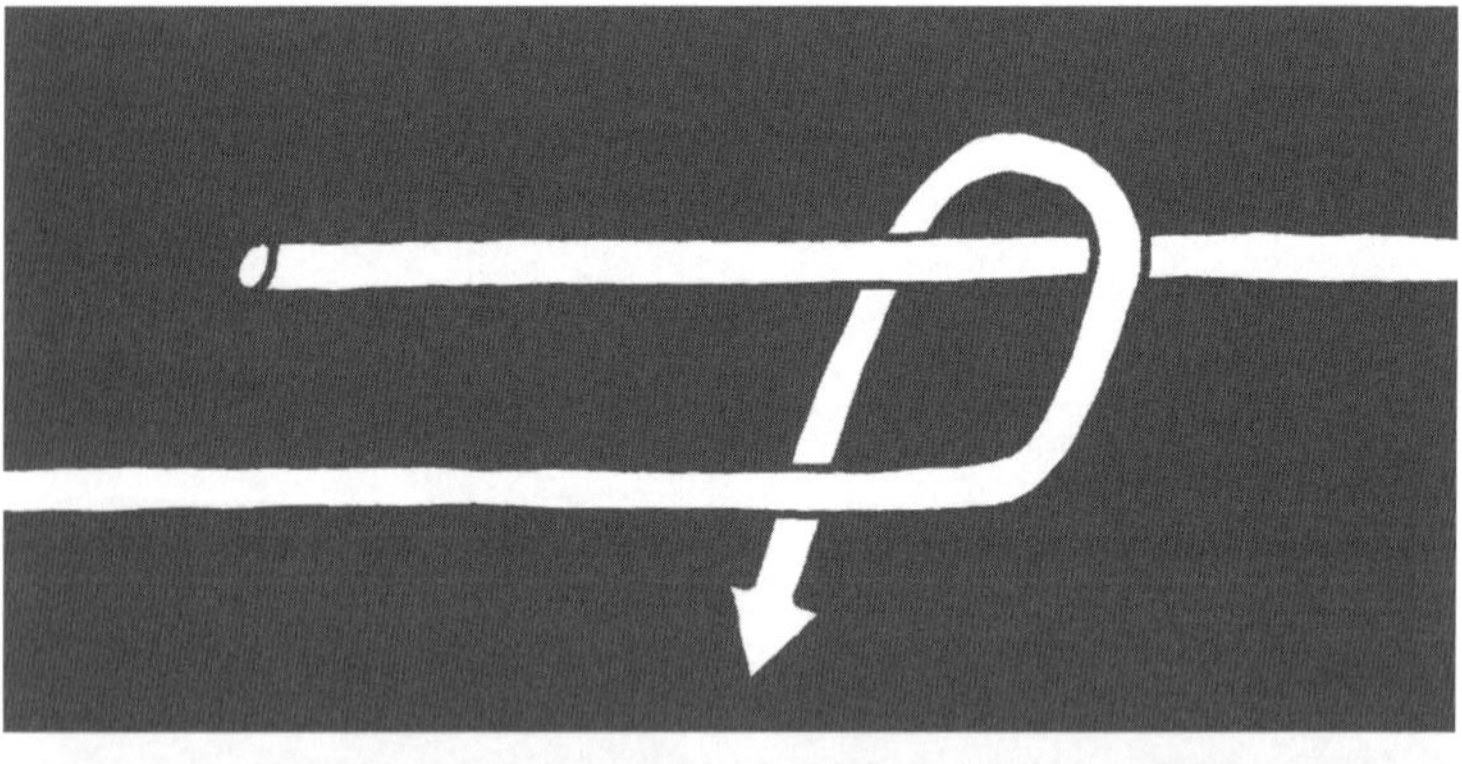
❶

❷

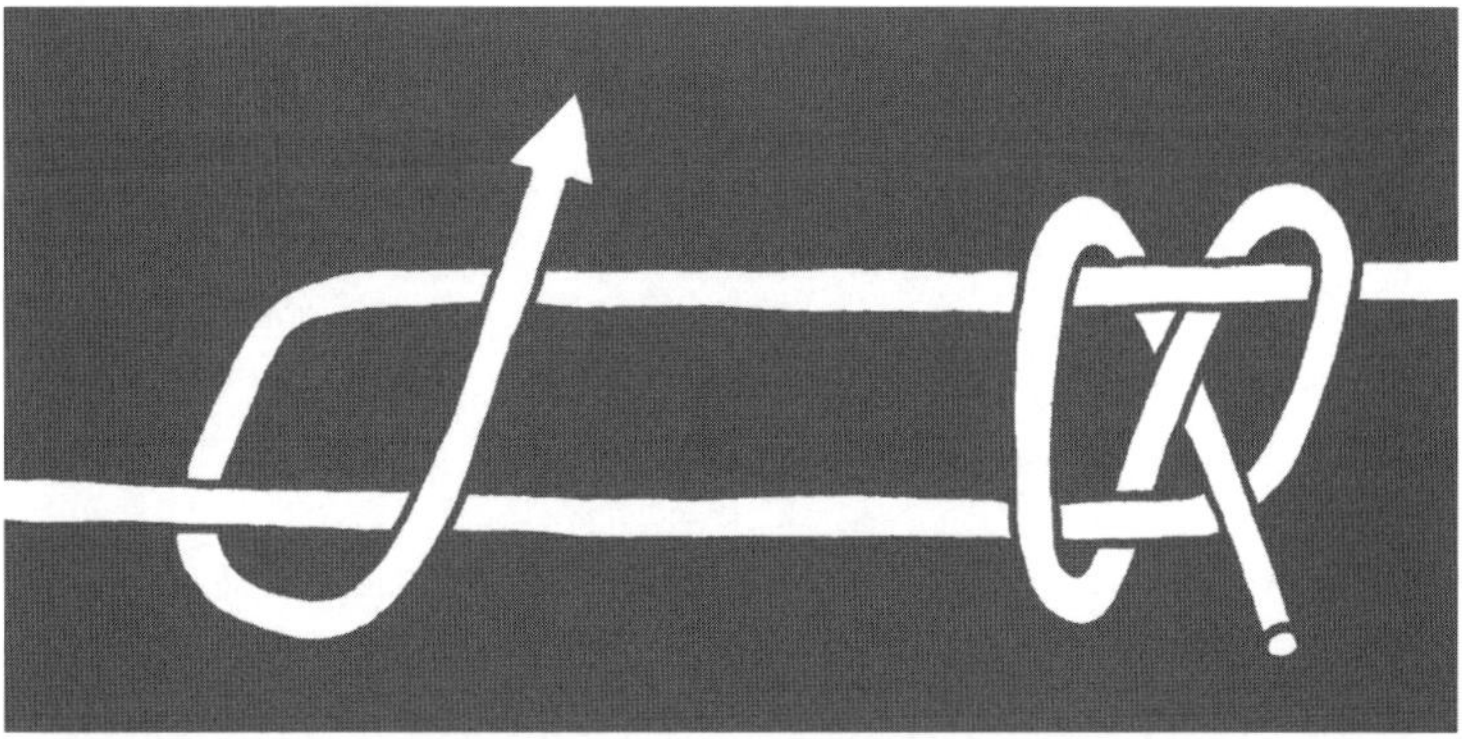

❸

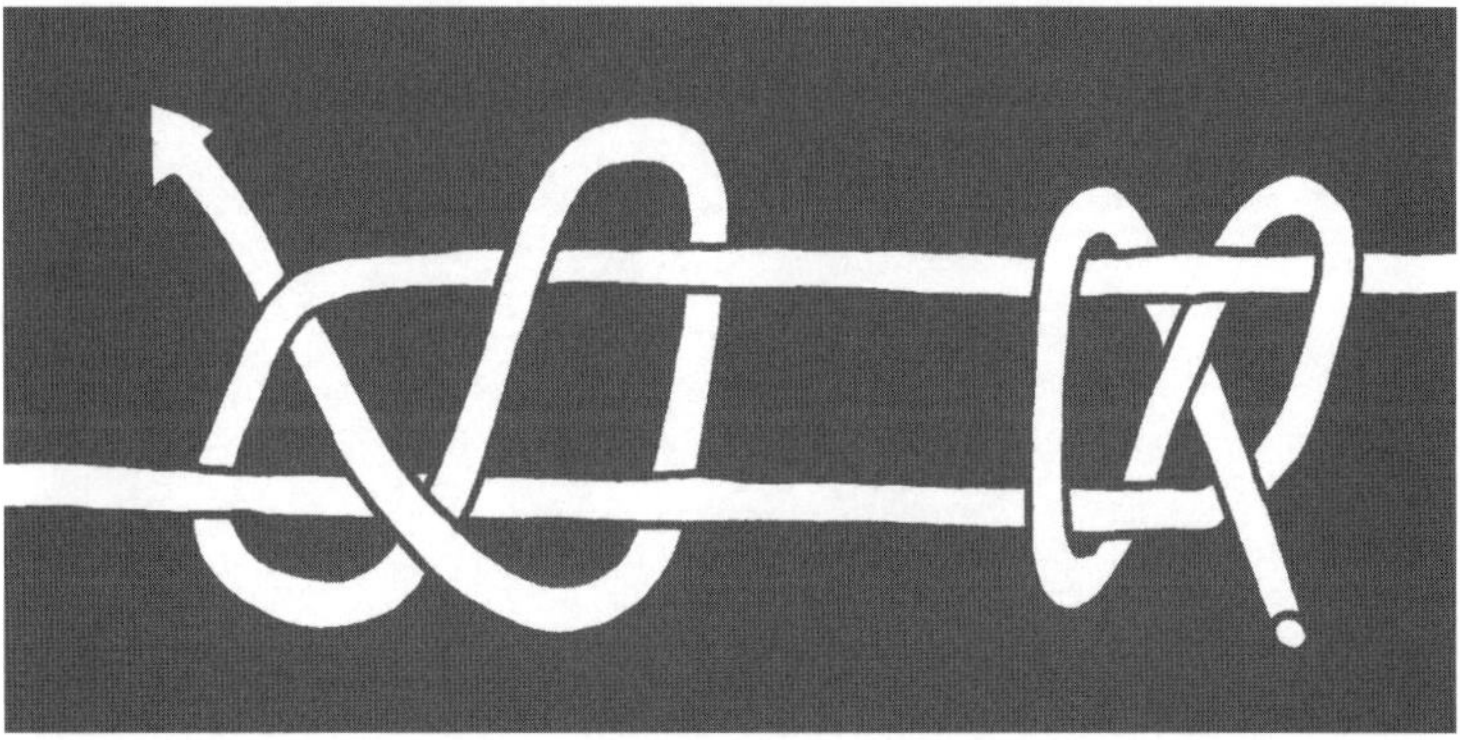

❹

❺

もやい結び

　ロープの先に輪をつくる方法にはいろいろありますが、この結びはその中でも特に安全で結びやすいものです。

　この結びでつくった輪は、大きくなったり、小さくなったりしないので、肩にロープを掛けて丸太や石などを引くときとか、人命救助で、人の体に巻き付けたりするときに使います。応用範囲の広い結びの一つです。

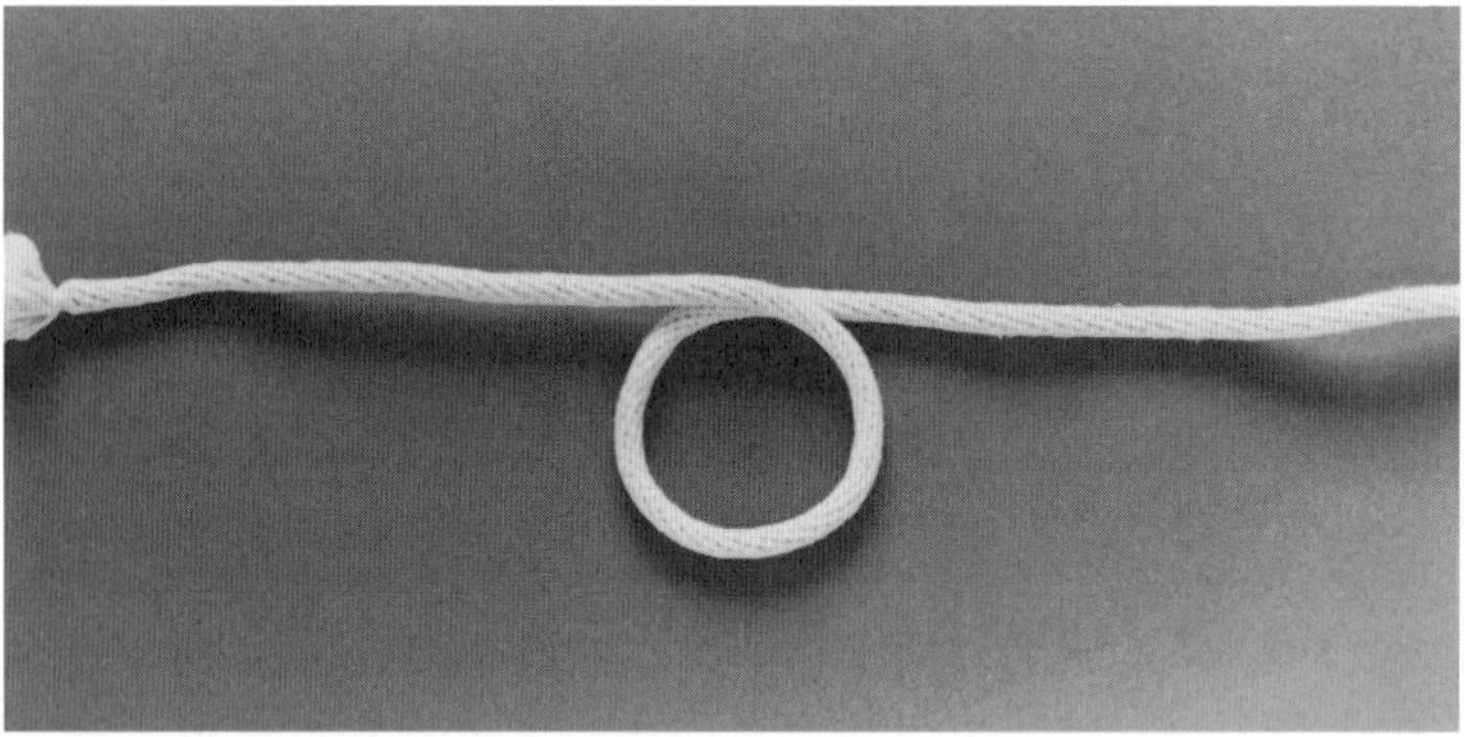

❶

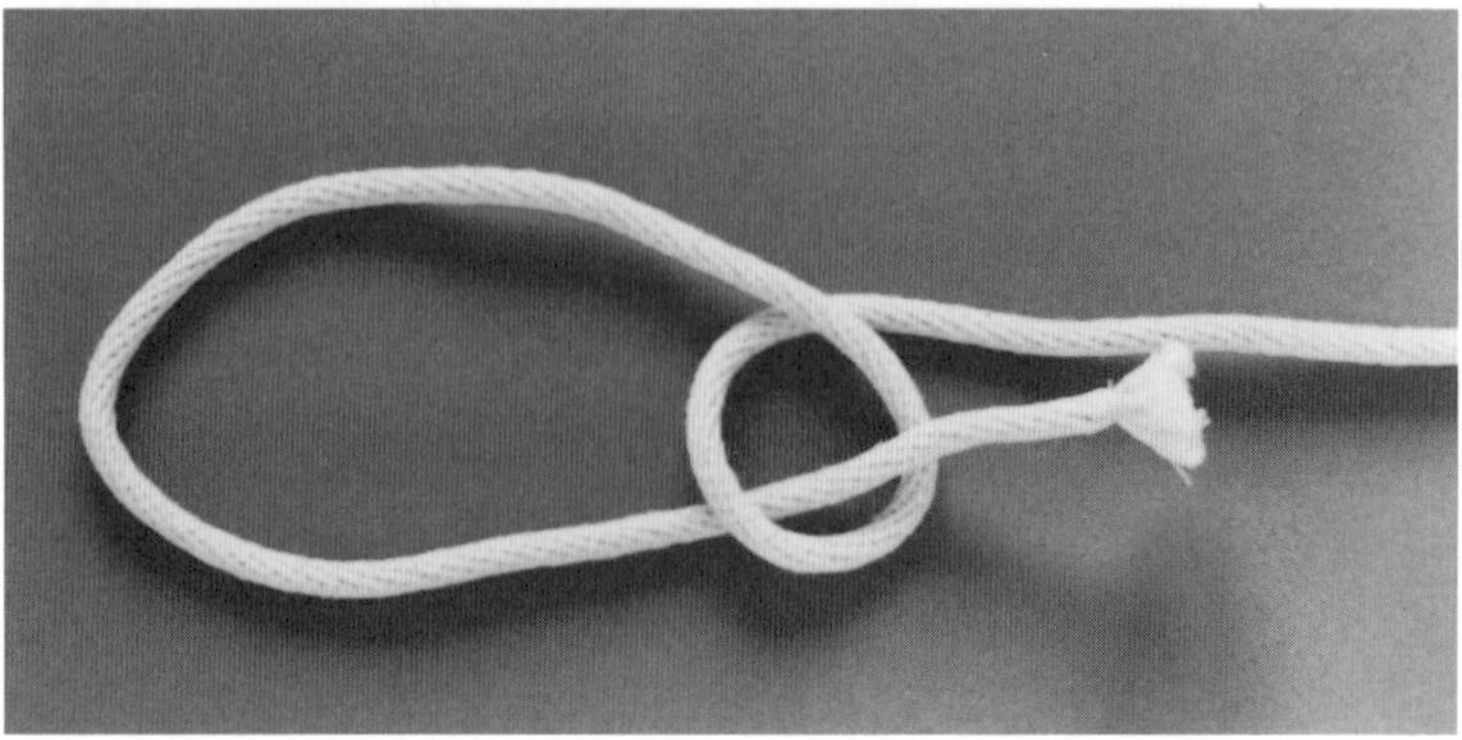

❷

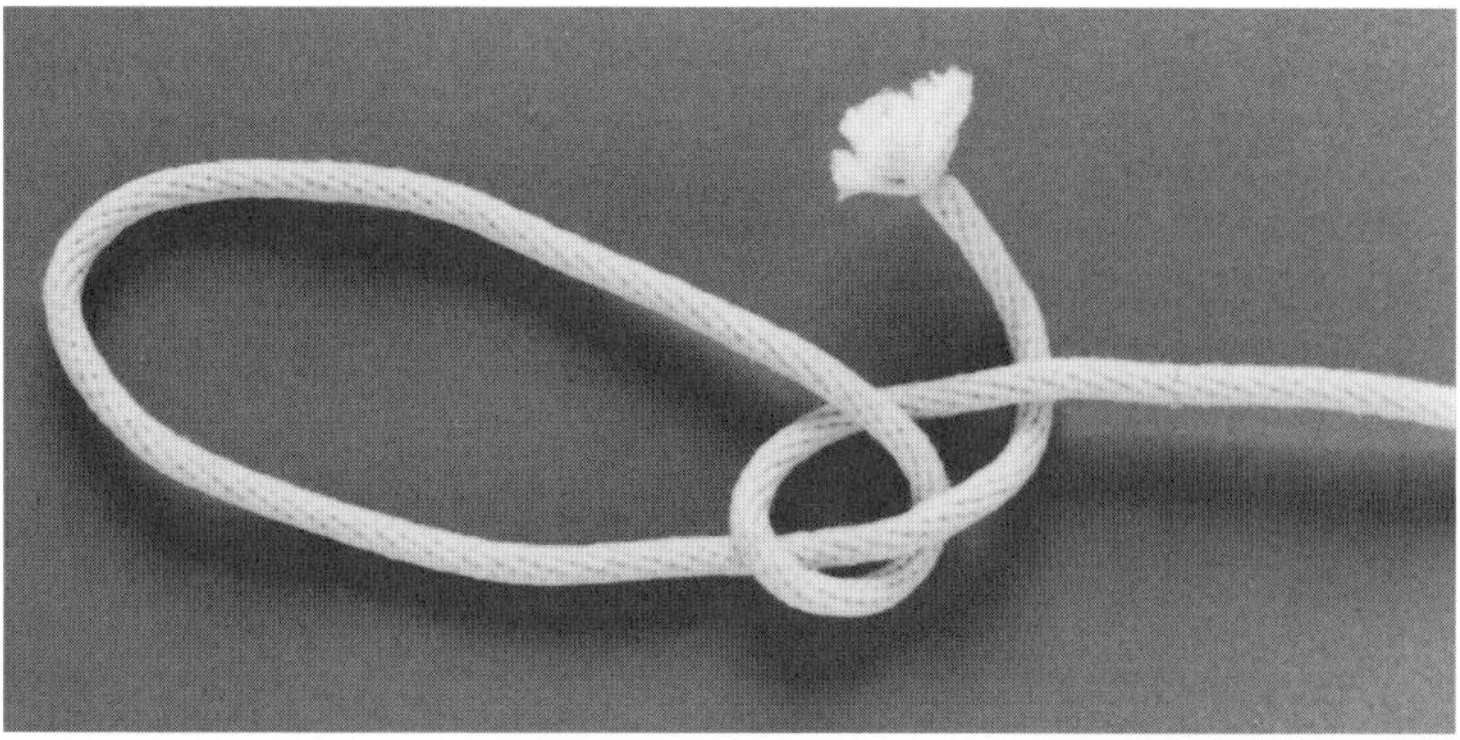

❸

❹

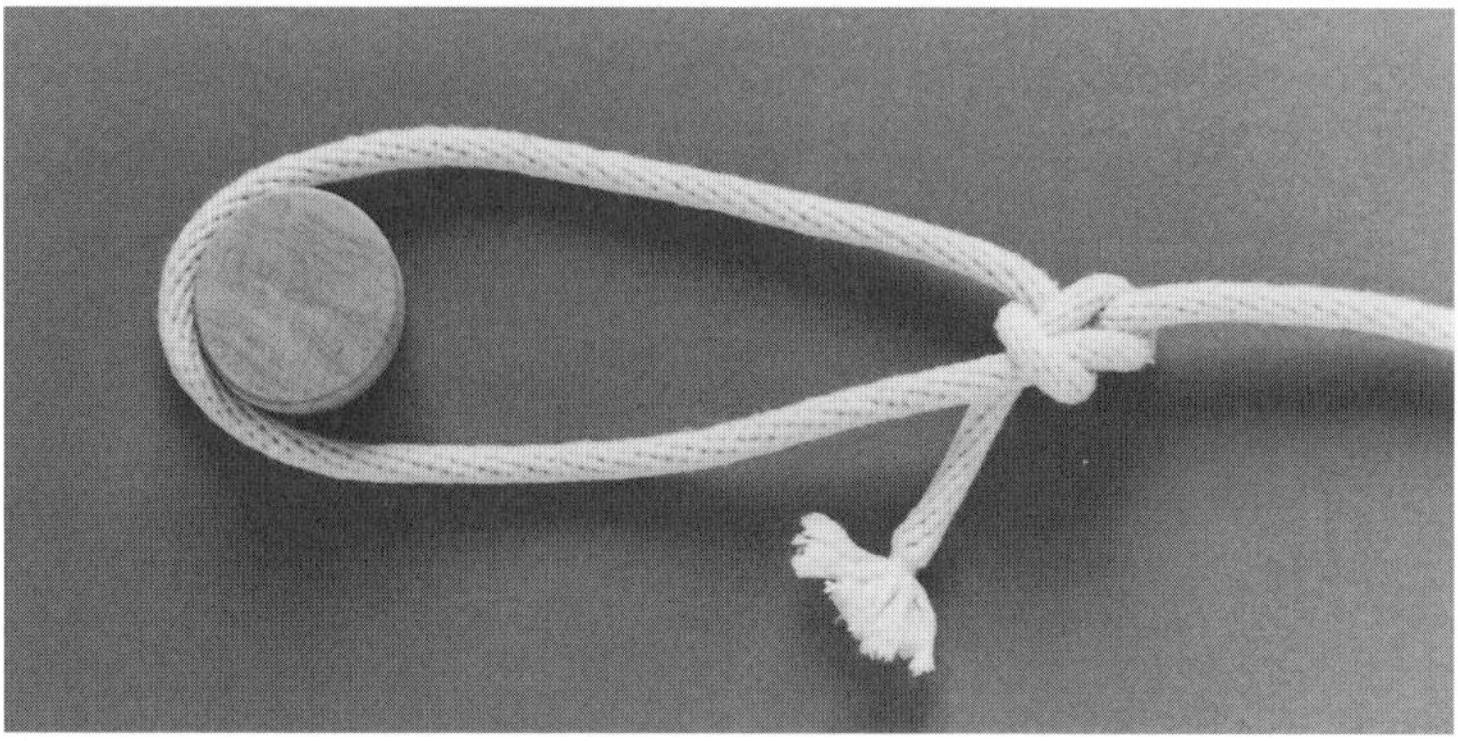

❺

腰掛け結び

この結びは、輪をつくるときに用います。ロープは二重使いとしていますので丈夫です。また、結びもしっかりしているので、輪が大きくなったり、小さくなったりしません。また、輪の部分を、大と小の二つの違った大きさの輪にすることができます。

高い所の枝切り作業の命綱としたり、登山や人命救助では、一つの輪に腰掛け、他方を体に回して使います。

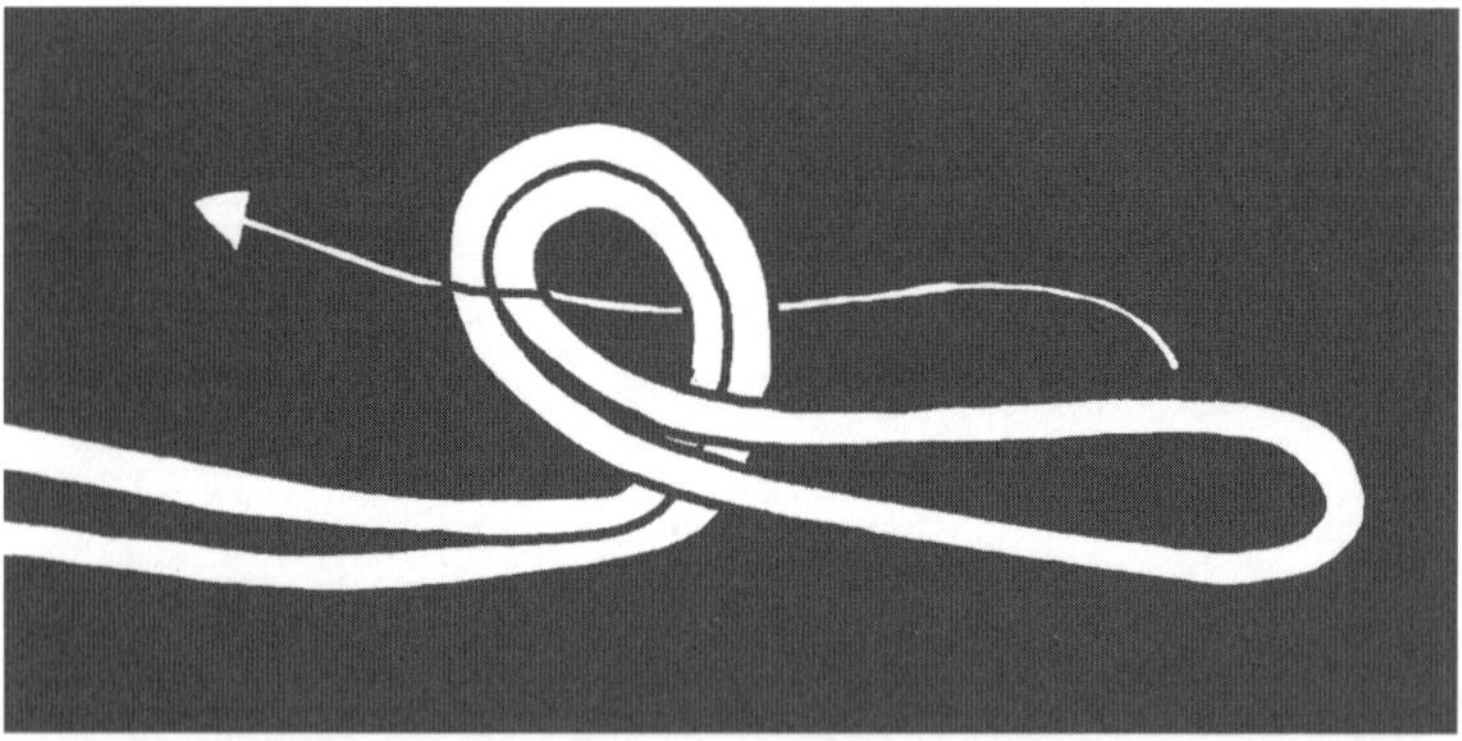

❶

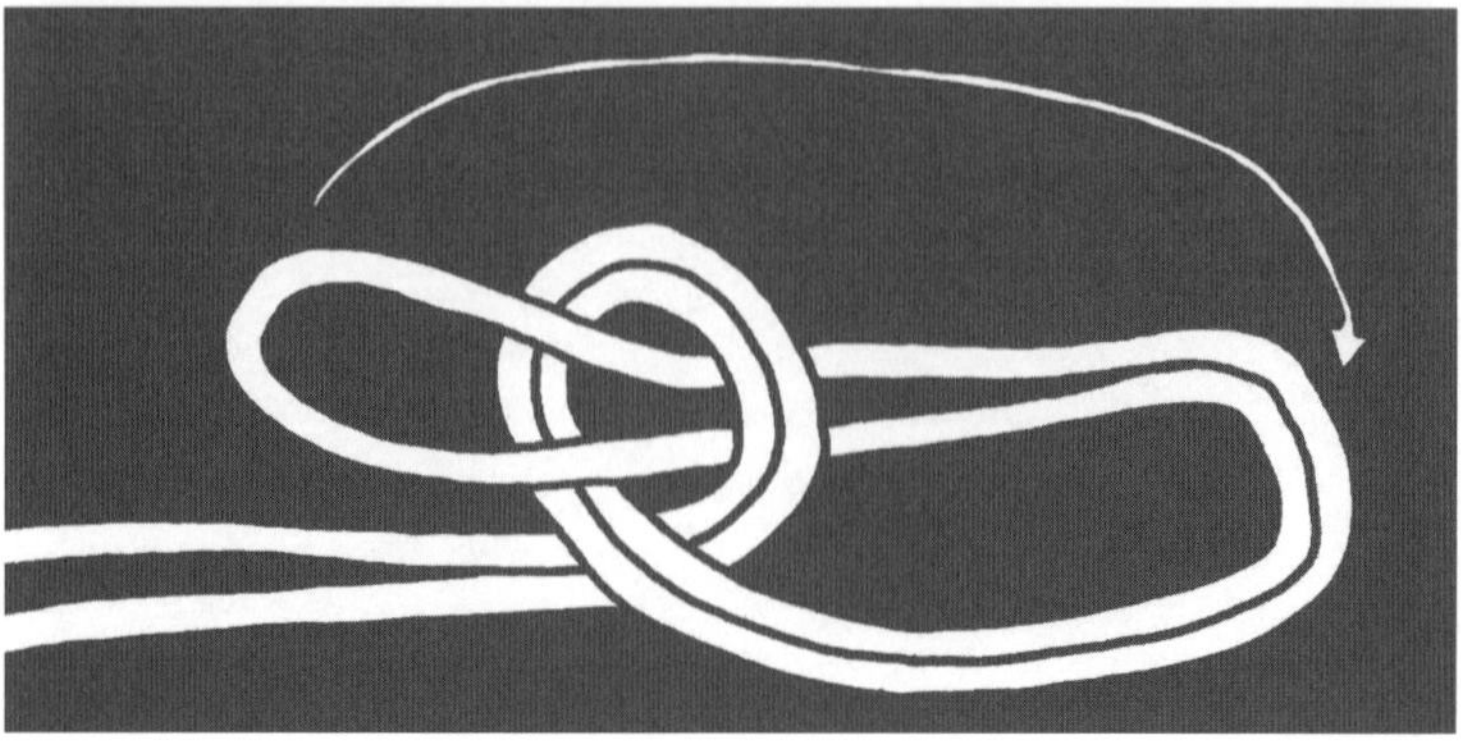

❷

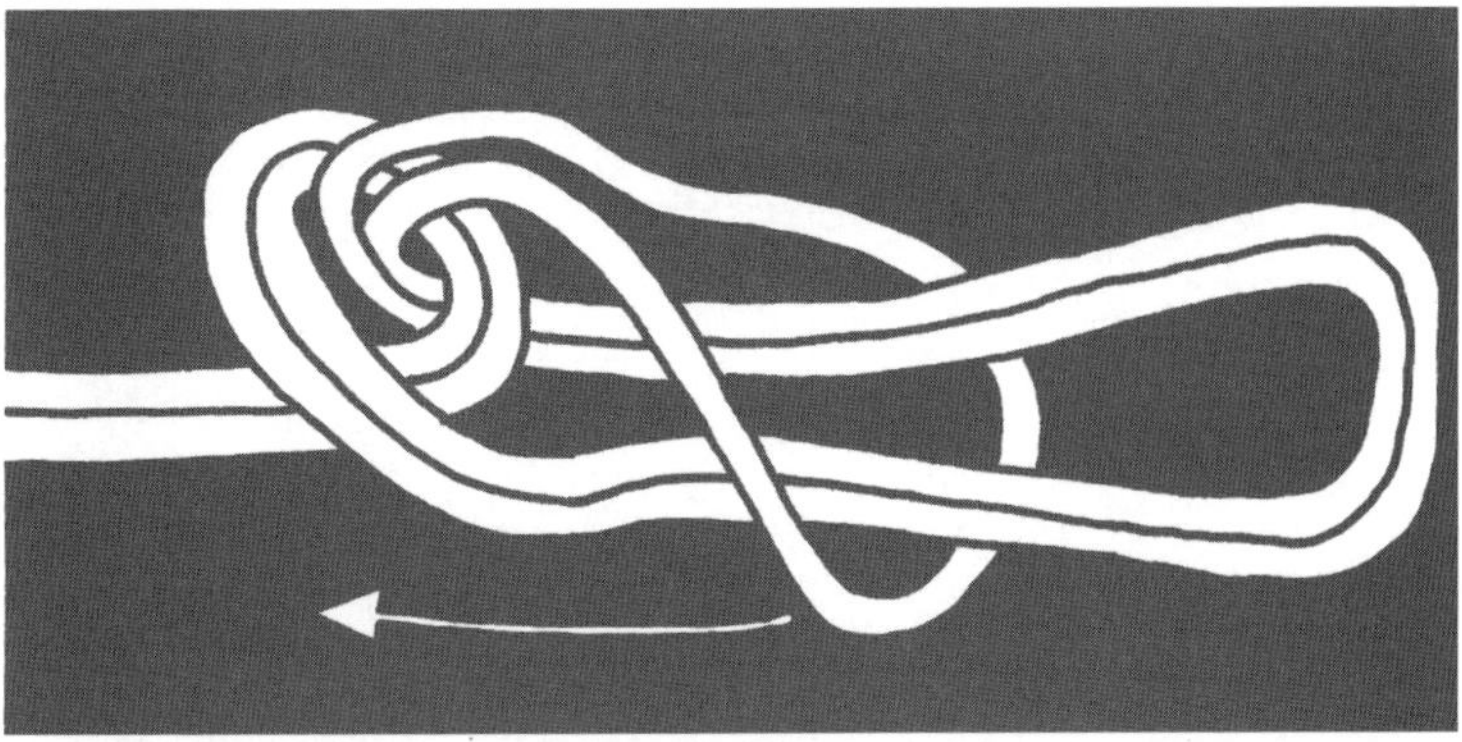

❸

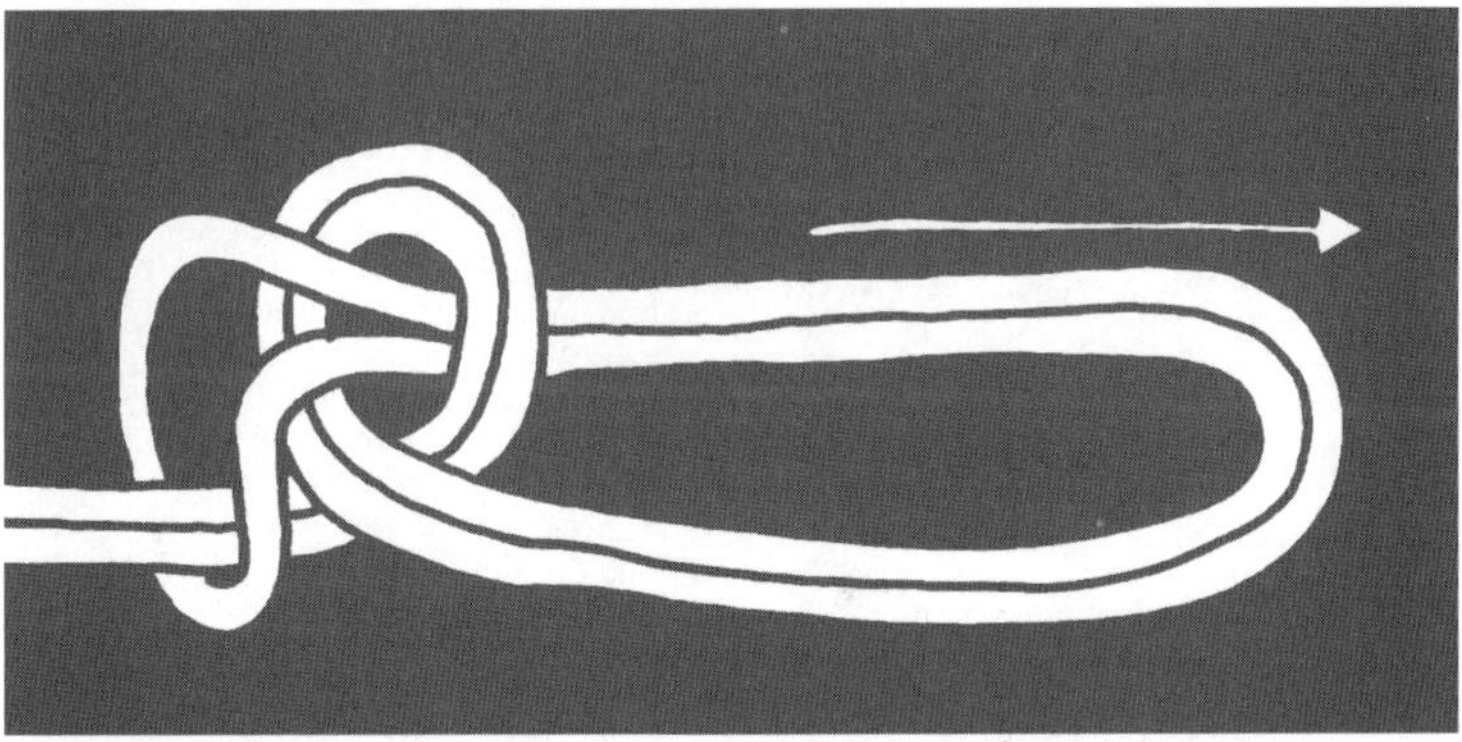

❹

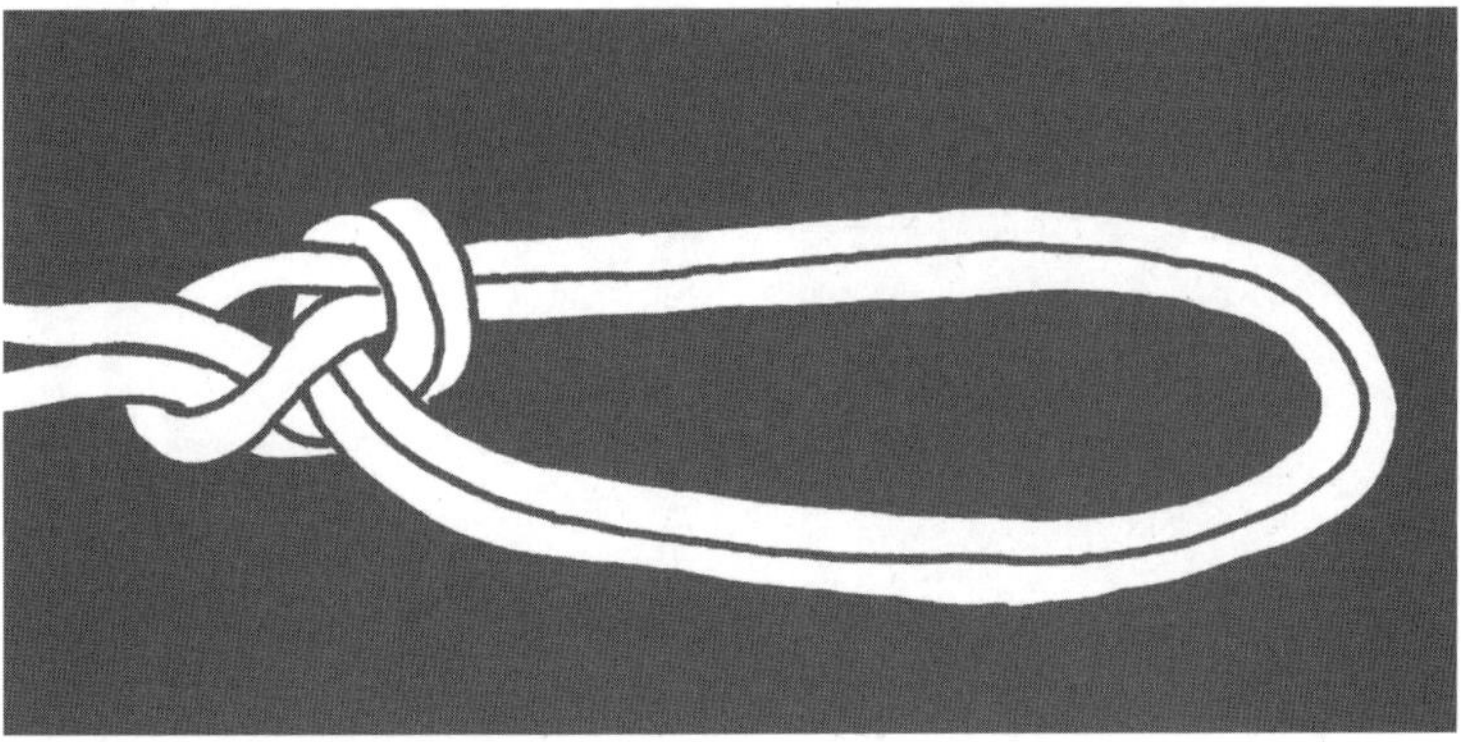

❺

二重結び

この結びは、ロープに輪をつくる最も簡単な方法です。下図のようにロープを二重に折り「一重結び」としたものです。固く締ると解きにくくなりますが輪は大きくなったり、小さくなったりせず安全な結びです。

輪を使って、ものに「ひばり結び」で止め、吊り上げたり、引いたりするときに使われます。また、ロープの途中にもつくれるので、二人でロープを引くこともできます。

❶

❷

❸

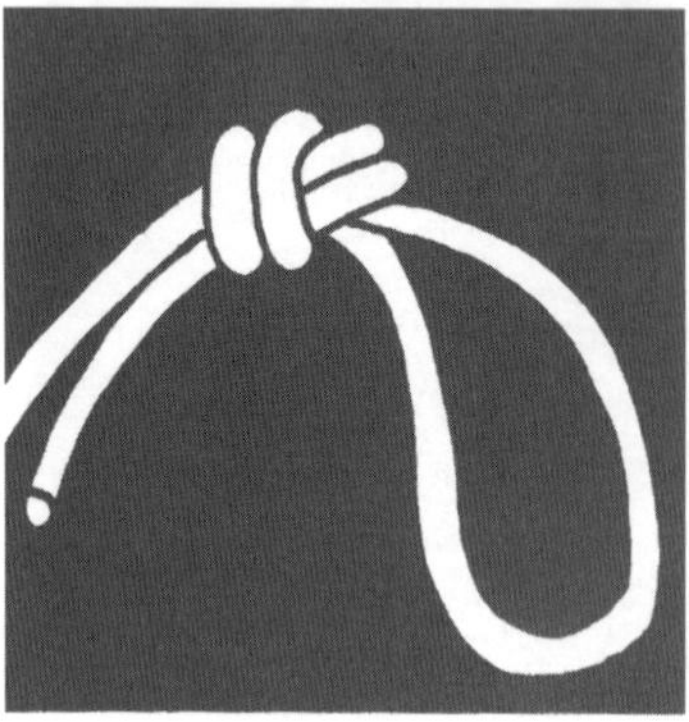
❹

ミッテル結び

この結びは、ロープの中間に輪をつくるときに用いる結びです。

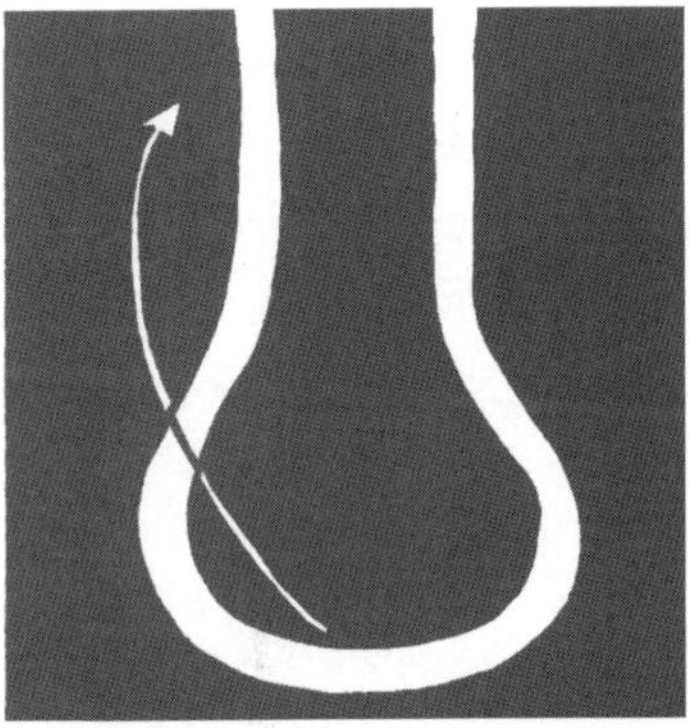
❶

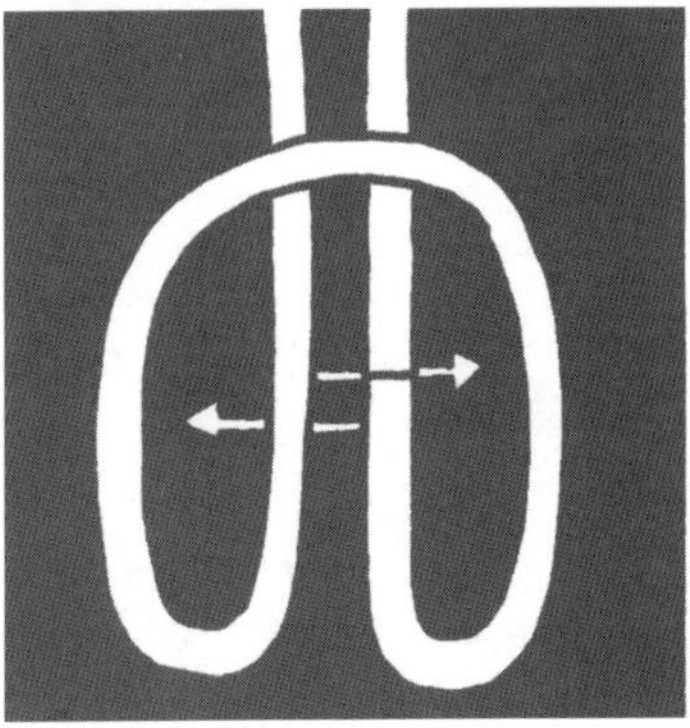
❷

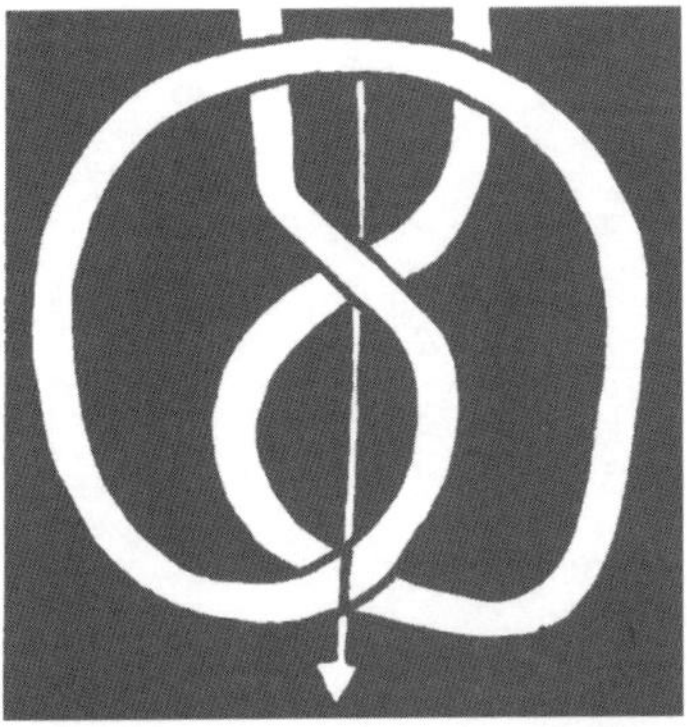
❸

❹

❺

からみ止め

この結びは、撚ったロープ、編んだロープの端を止めて解けないようにするときに使います。簡単に結べますが、解けにくいです。

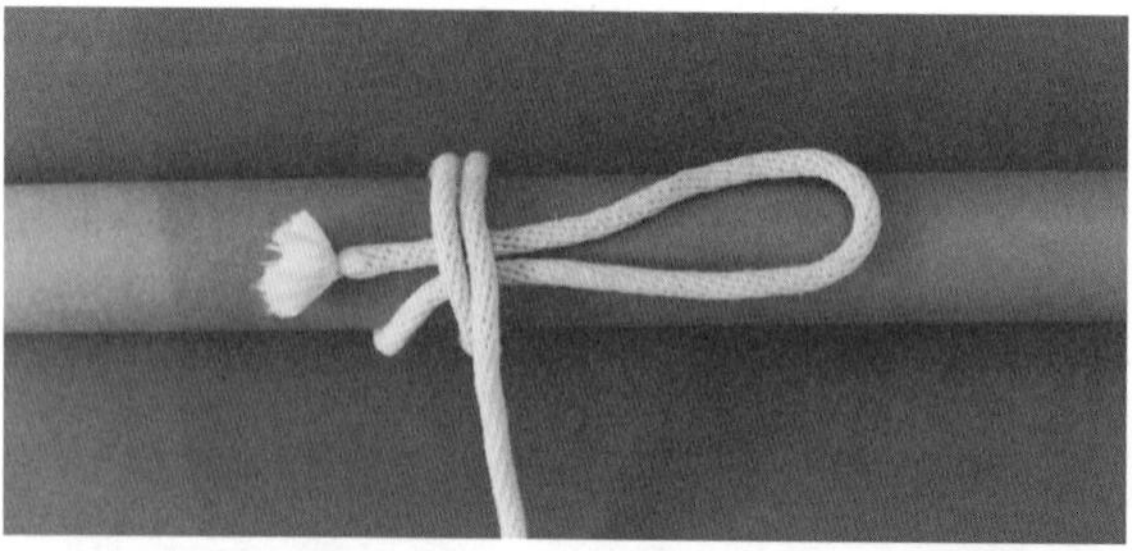

❶

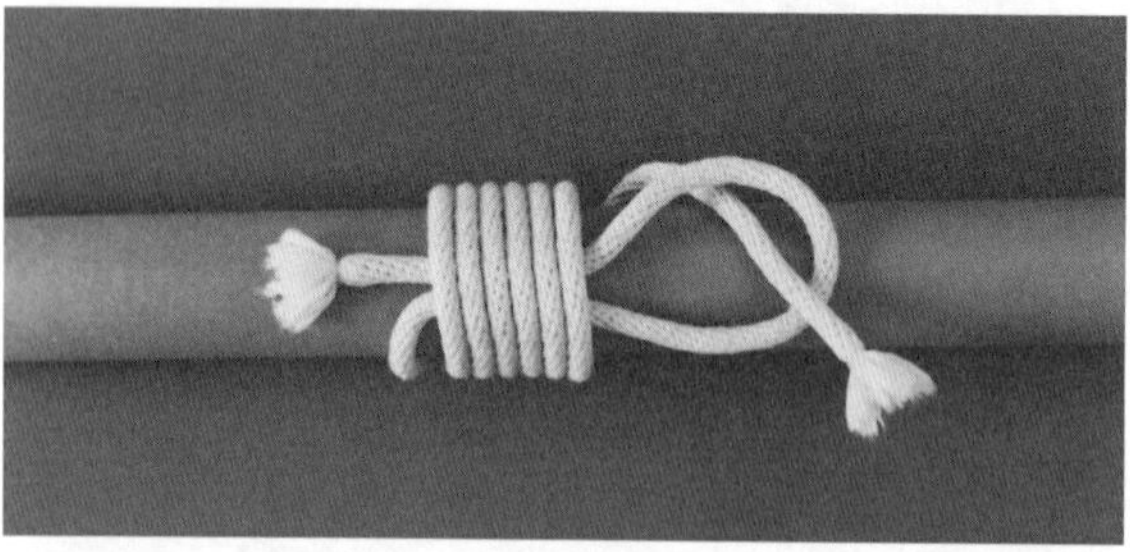

❷

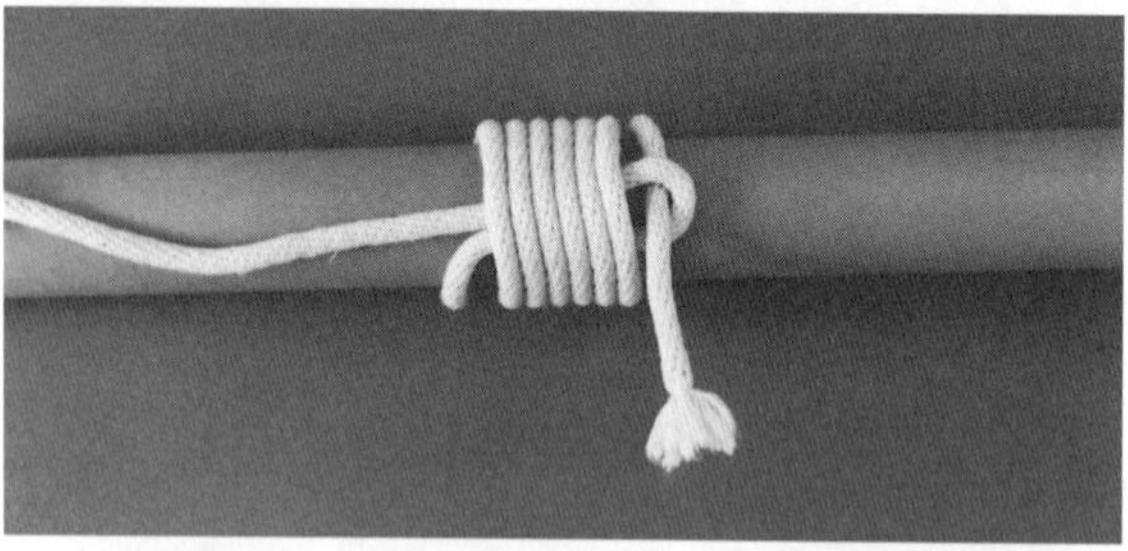

❸

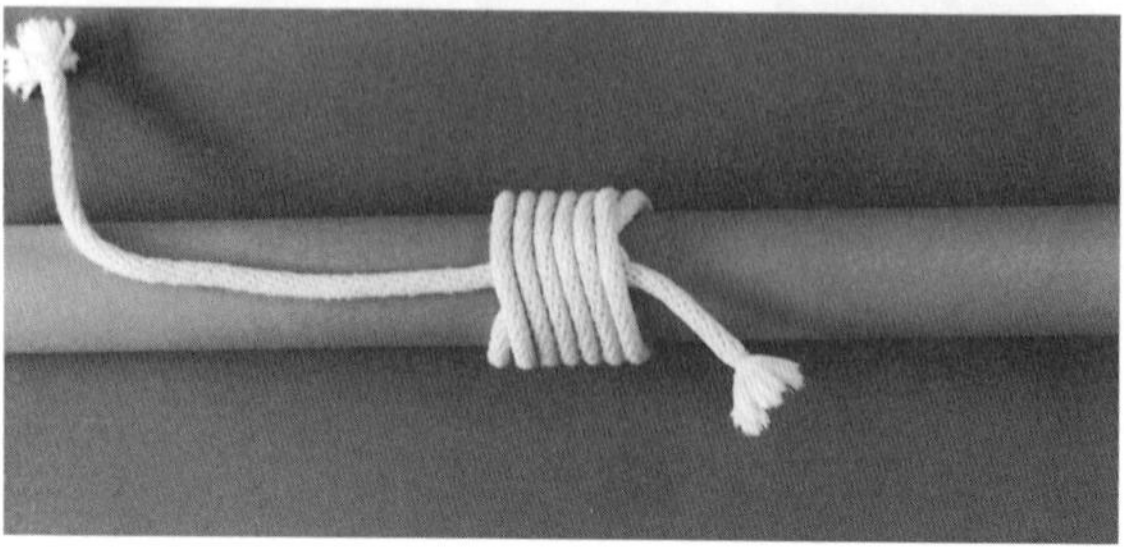

❹

ふた結び

この結びは、一時的にロープの端を止めるのに用いる結びです。ロープに力が加わっているときにも、確実に結び止めることができます。造園工事では「うのくび結び」「より結び」とペアで使われます。三脚に「うのくび結び」で止めたトラナワの元を杭に結び止めるときにふた結びで止めます。

図のようにふた結びの「目」は、「うのくび結び」です。

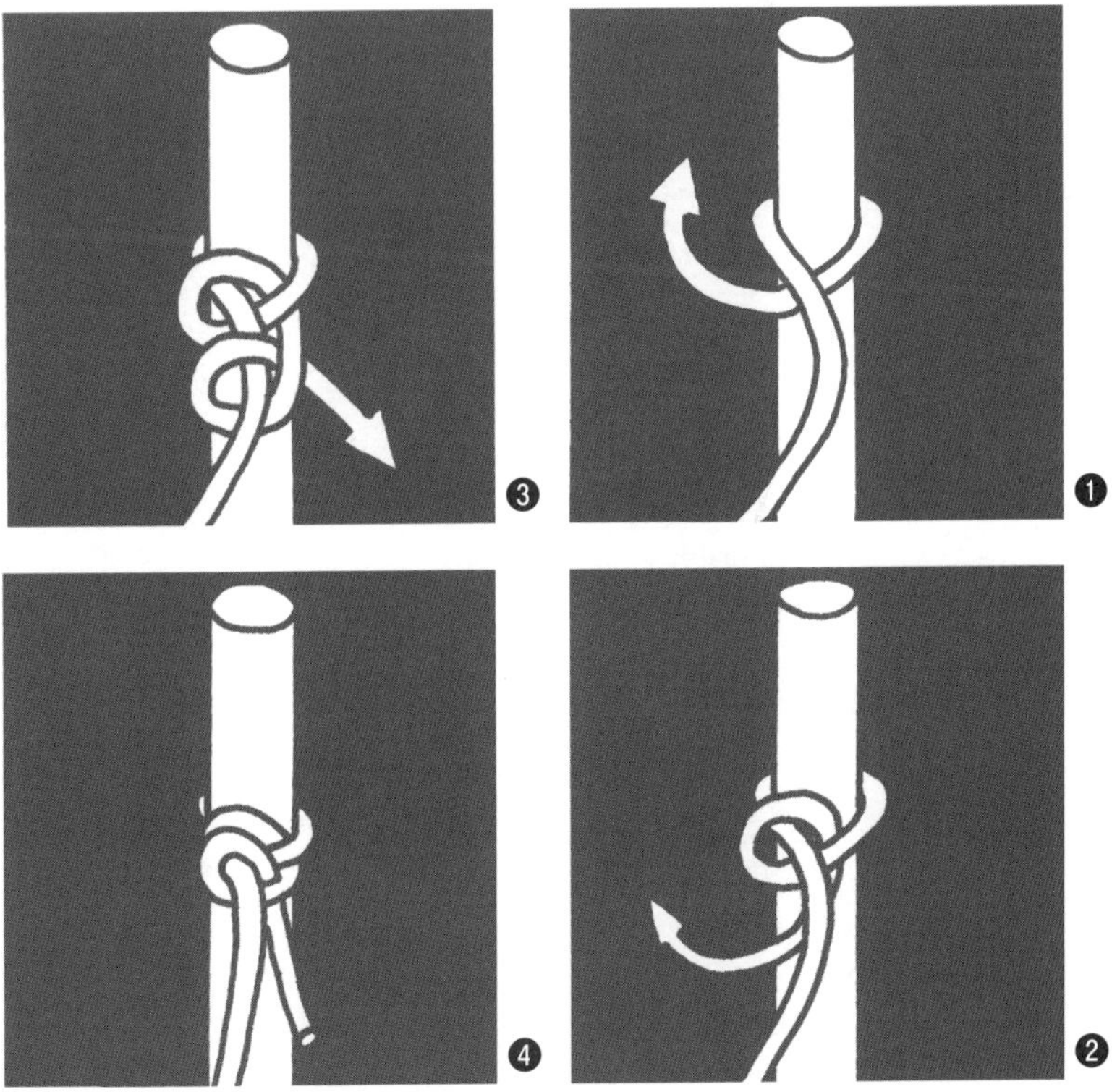

苗の束ね結び

この結びは「からみ止め」の巻の回数を少なくし、解きやすい「引き解け」としたものです。ワラで縛るのに適しています。

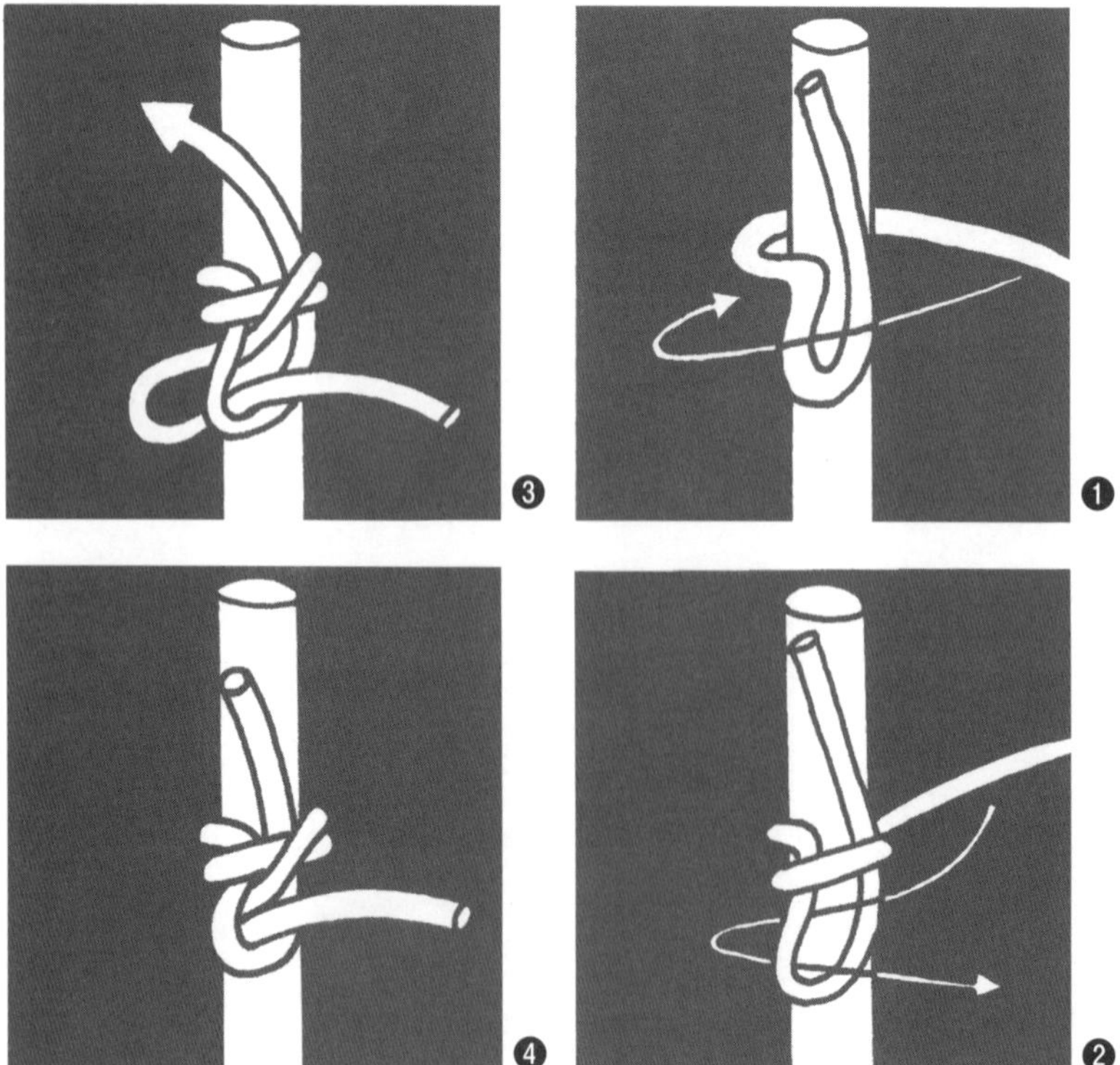

クラウン・ノット

この結びは、一時的に撚ったロープの端を止めておくのに用います。また、この結び方は、飾り結びなどに応用できます。

❶

❷

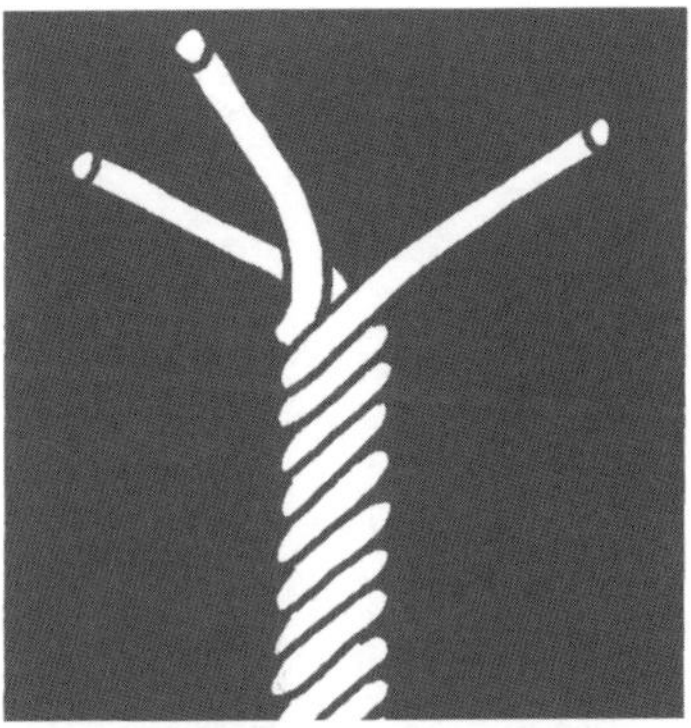

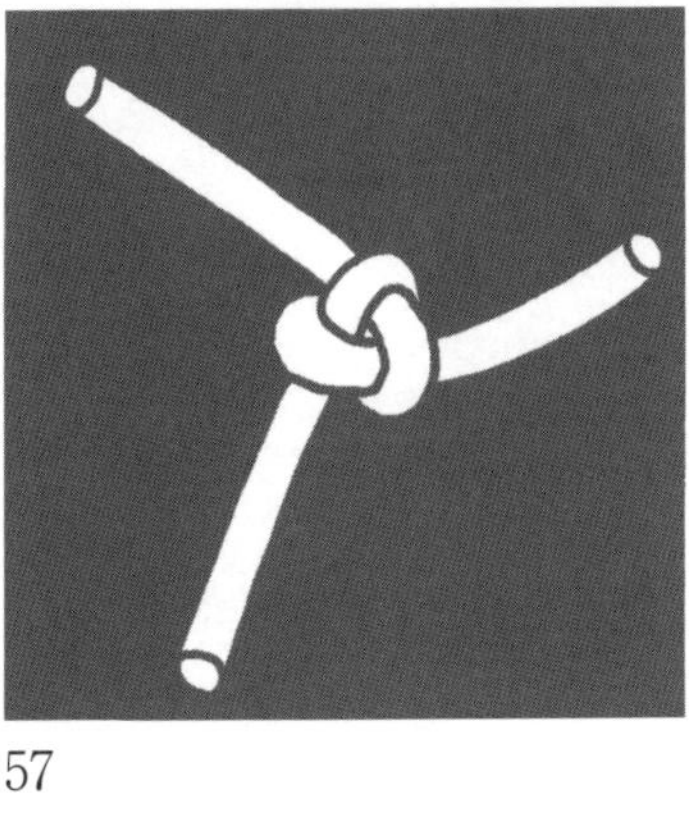
❸

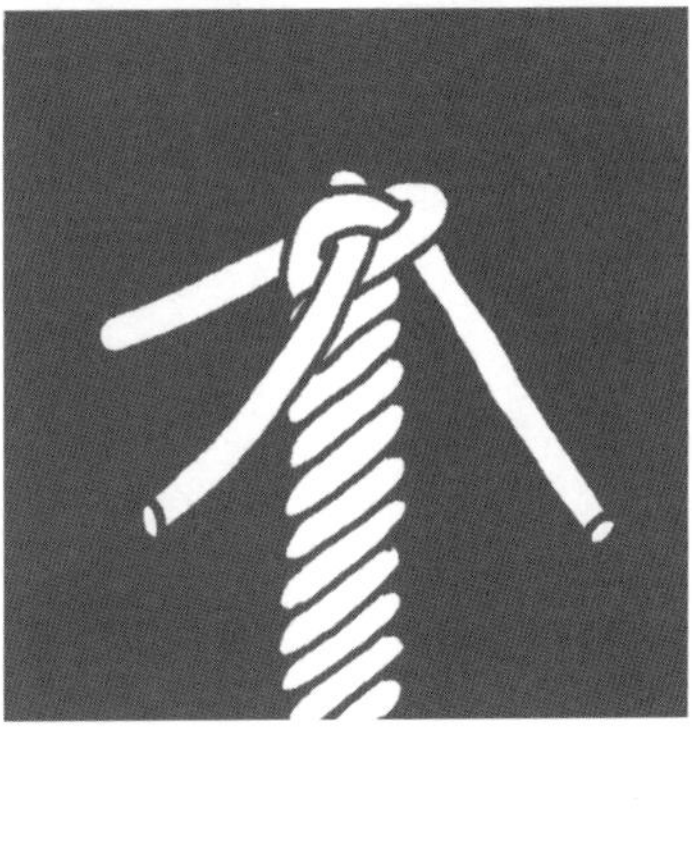

ロープの保存法

庭仕事で使用したロープは、土が付いたり、湿ったりします。このままにしておくと、ロープは早く傷みます。ロープを長持ちさせるには、汚れを落とし、乾燥させて保存しなければなりません。格納する場所も、植物性のロープやワイヤーロープは湿り気のない所に、化学製品は直射日光を避けた所に保存しましょう。

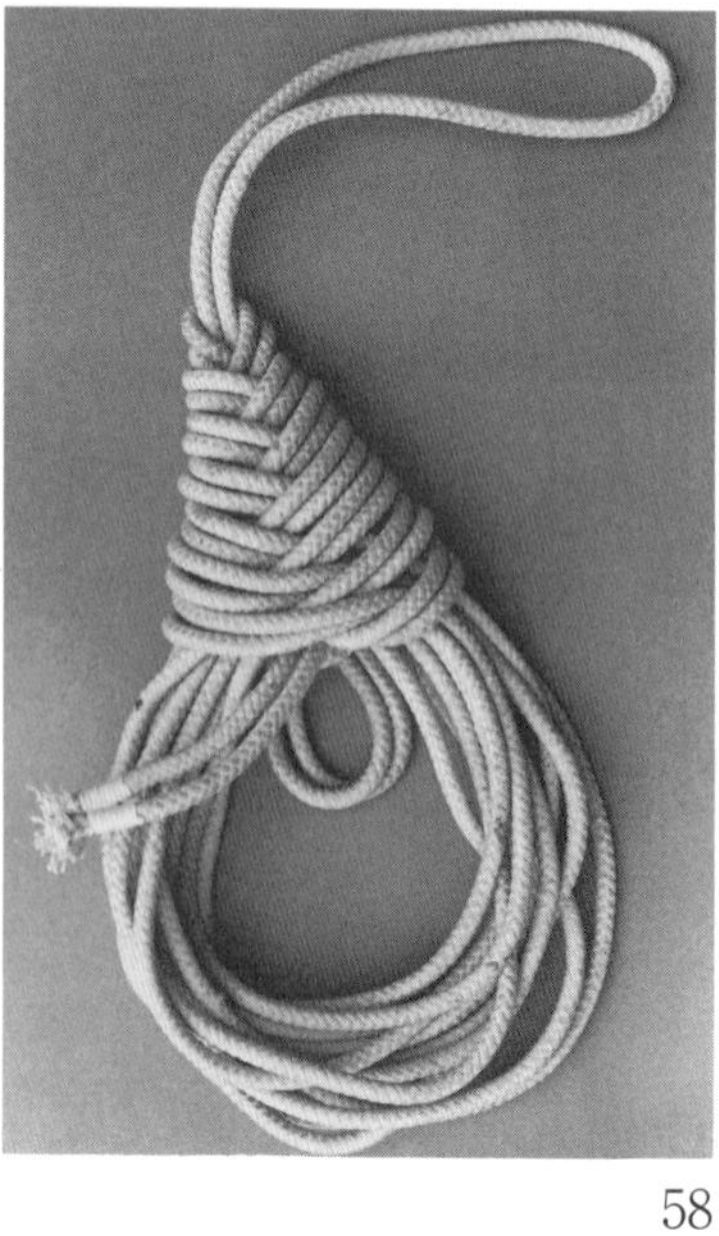

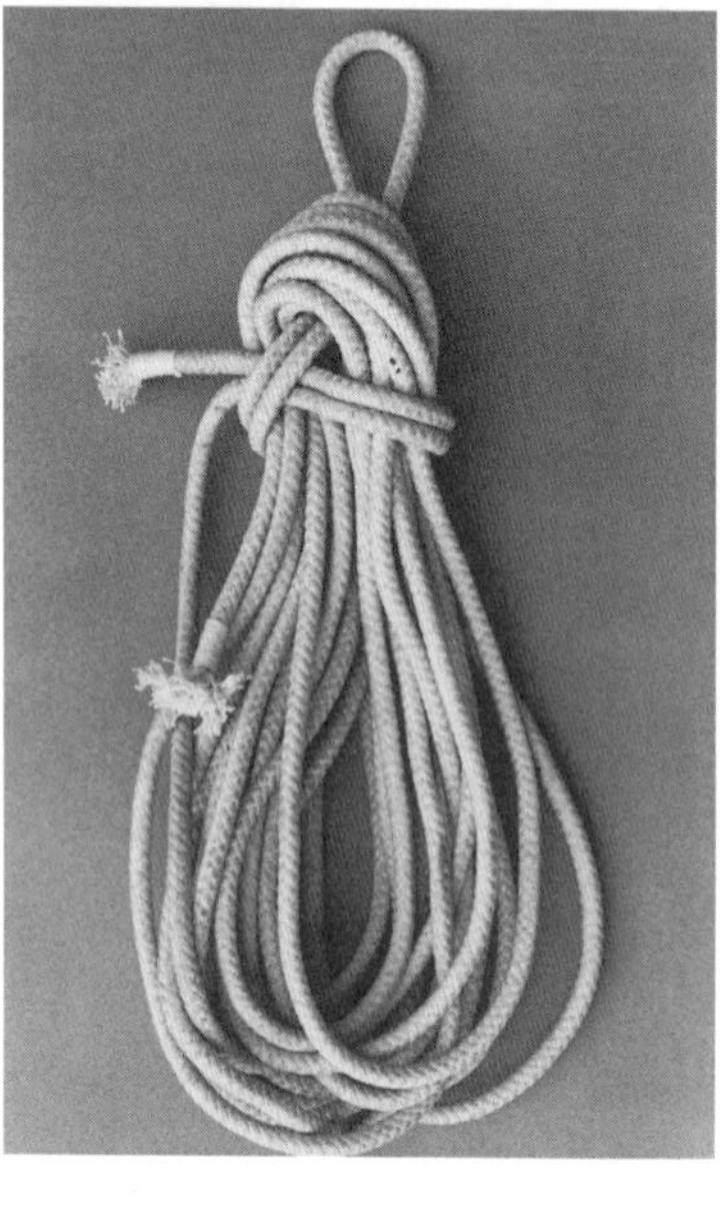

えび縛り

この縛り方は、ロープの保存法の一つです。ロープがからまらないよう、いろいろな保存法があります。

❶

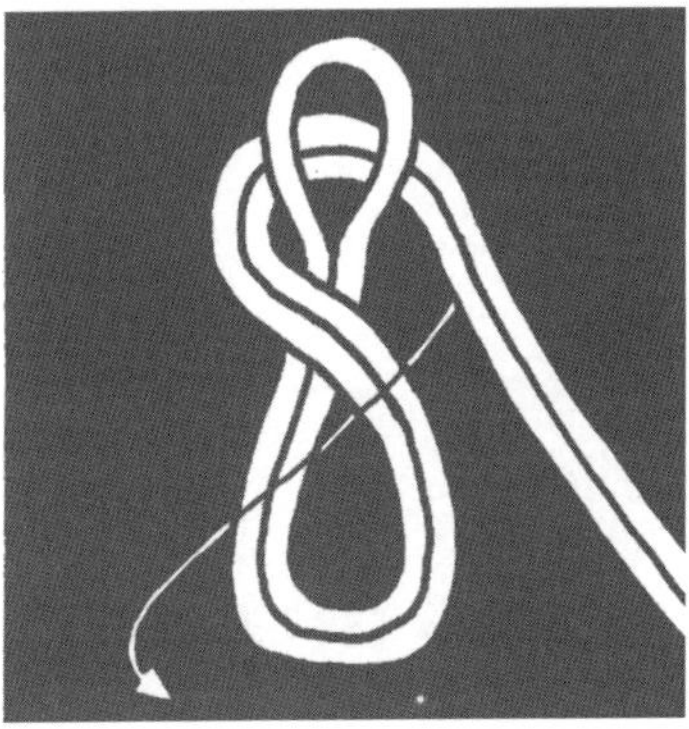

❷

❸

❹

❺

縦縛り

ロープの保存法の一つです。「縦縛り」「えび縛り」などは装飾的で、一般には、コイル状にして保存します。

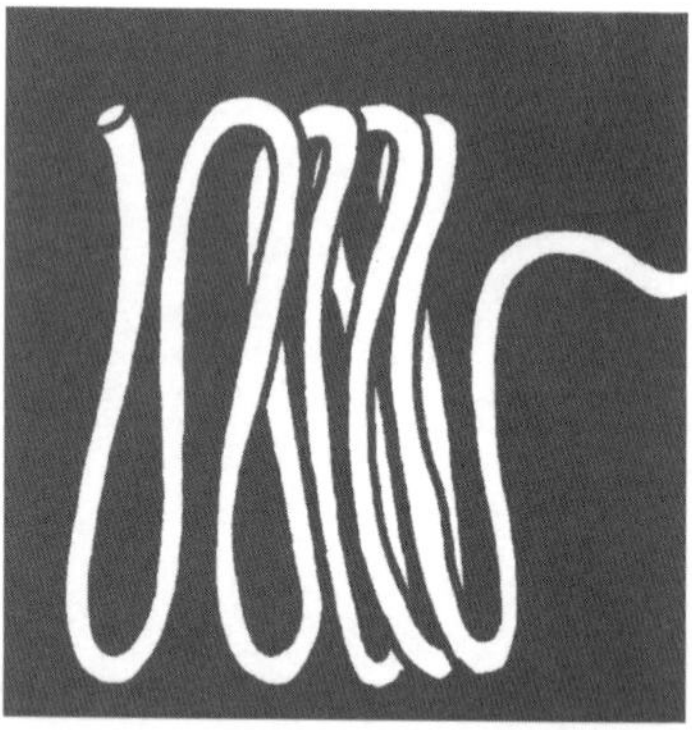

❶

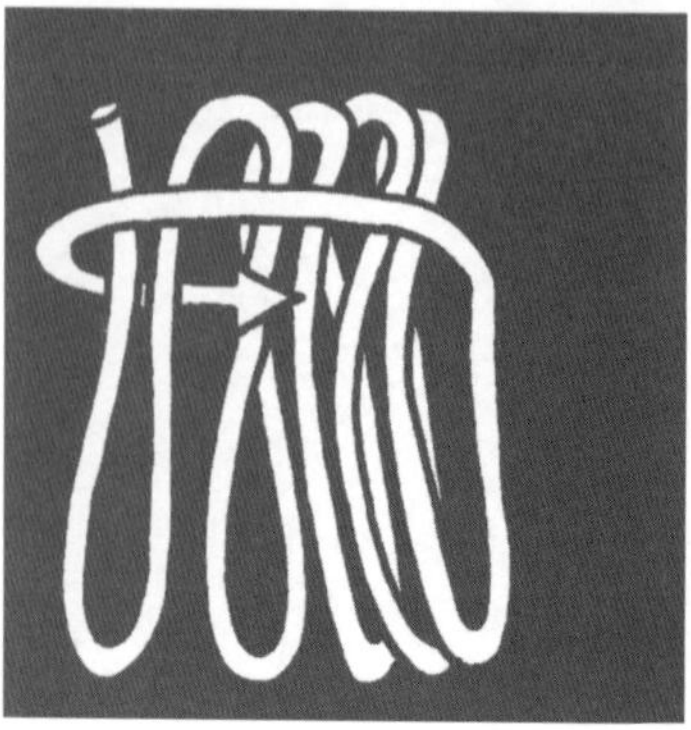

❷

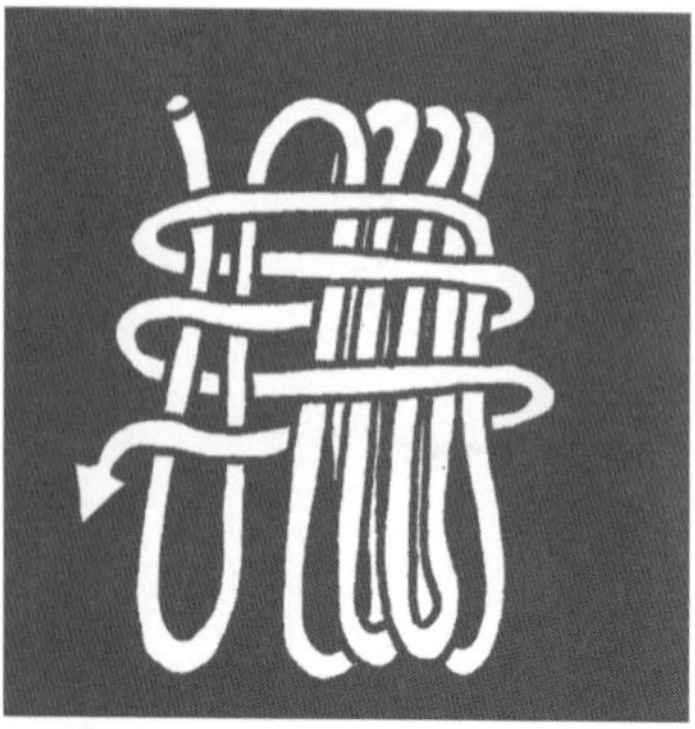

❸

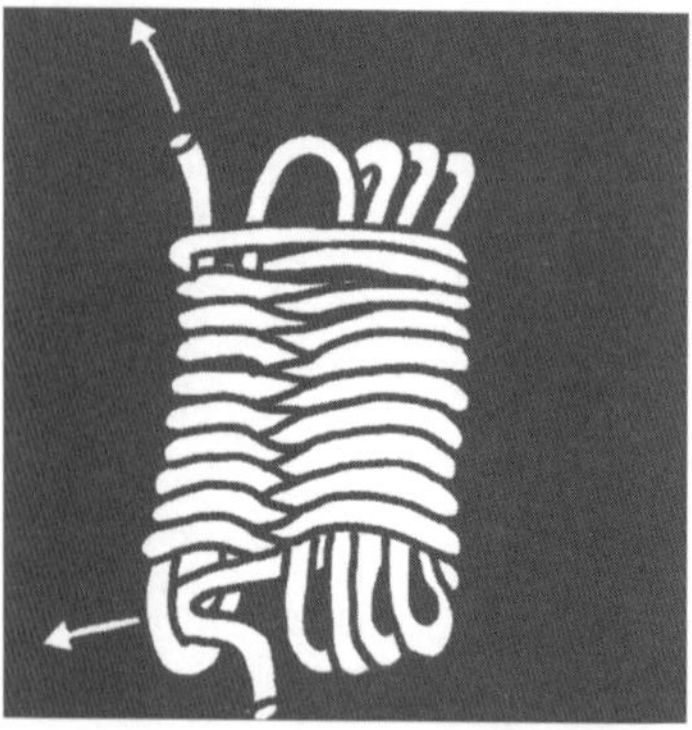

❹

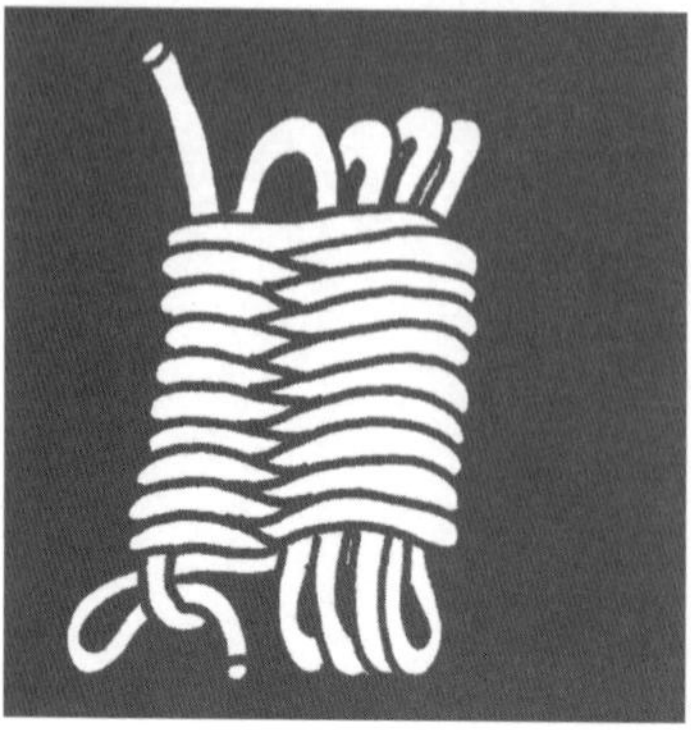

❺

第三章

柵と垣根のロープワーク

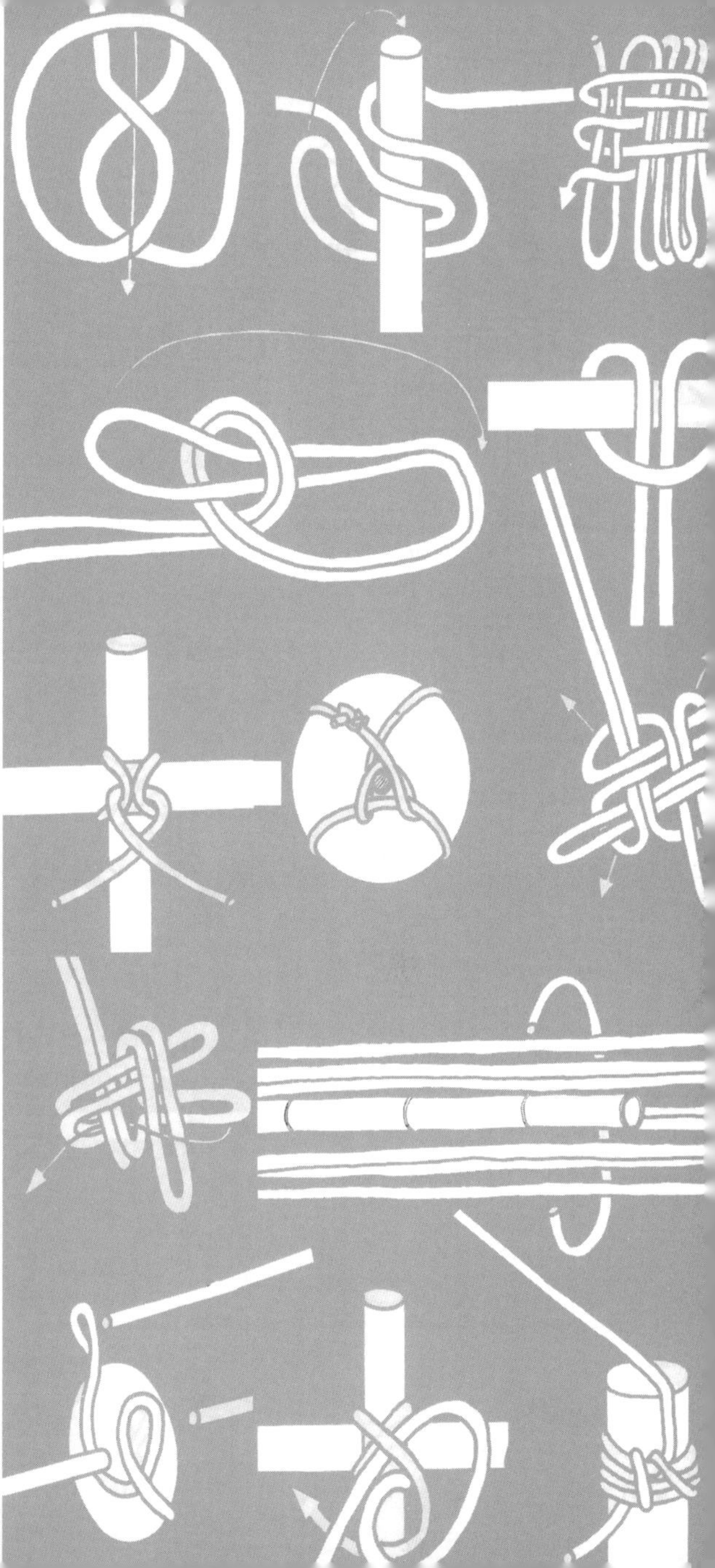

ロープ柵での扱い方

「縄張り」という言葉が残っているように昔、縄を張って土地の所有を決めていました。現在も工事現場などでよくロープ柵を見かけます。

敷地の境界、建築物の大きさや位置を示し池や石組の位置を示せます。

また、花壇の縁取りのように、庭のデザインとしても使われています。丸太、金属パイプ、擬木などの杭の材質を変えたり、ロープの色や種類を変えても楽しめます。

現場のロープ柵。うのくび結びで止めてあります

ロープを上に引き抜けば結びは解け、ロープの回収が楽にできます

ロープ柵結びいろいろ

工事現場のロープ柵は、長期的なものではなく、材料の搬入のときに取り外したり、また付けたりしなければなりません。そのためには、簡単に結べ、楽に取り外せる結びにしなければなりません。

ここで紹介する結びは、ロープを杭から引き抜くと結び目が解けるものです。したがってロープの端からだけでなく、ロープの途中からも解くことができる便利な結び方です。

スパー・ヒッチ

コンストリクター・ヒッチ

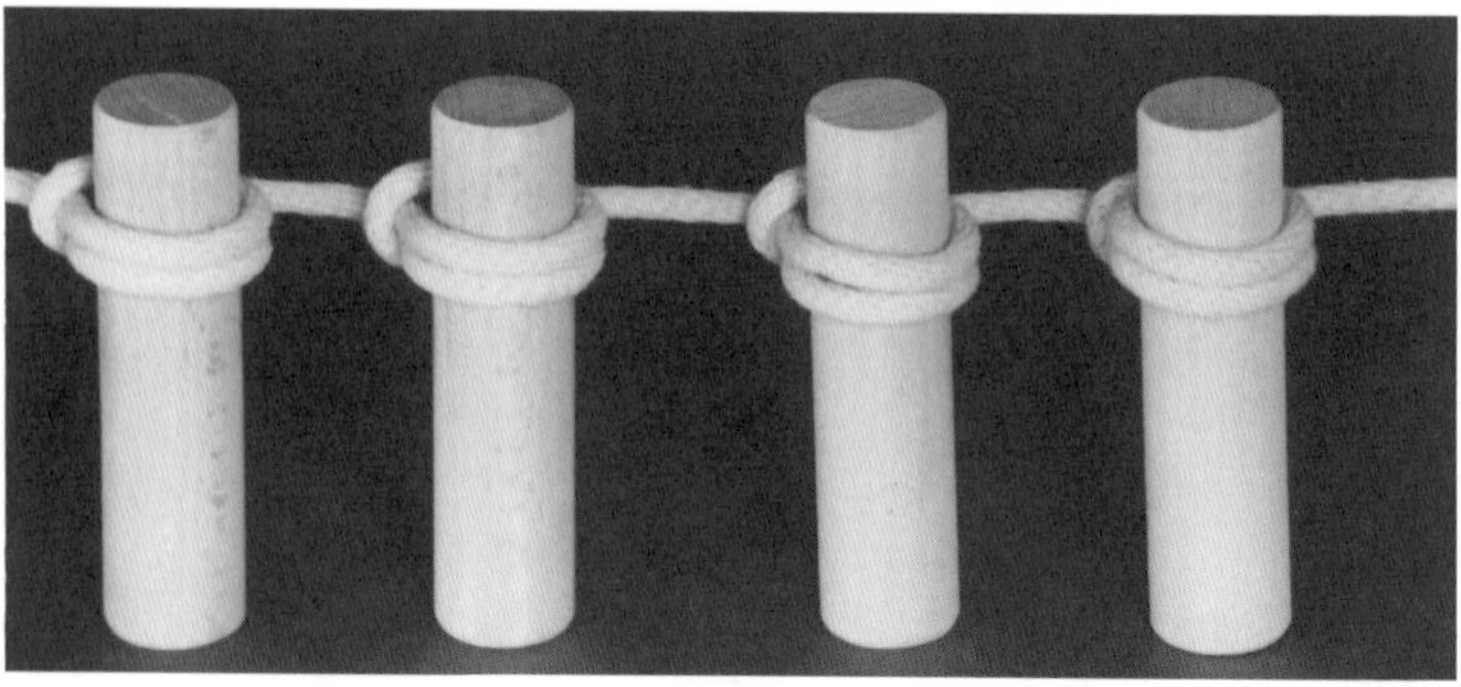

ひばり結び

うのくび結び

うのくび結び(裏側)

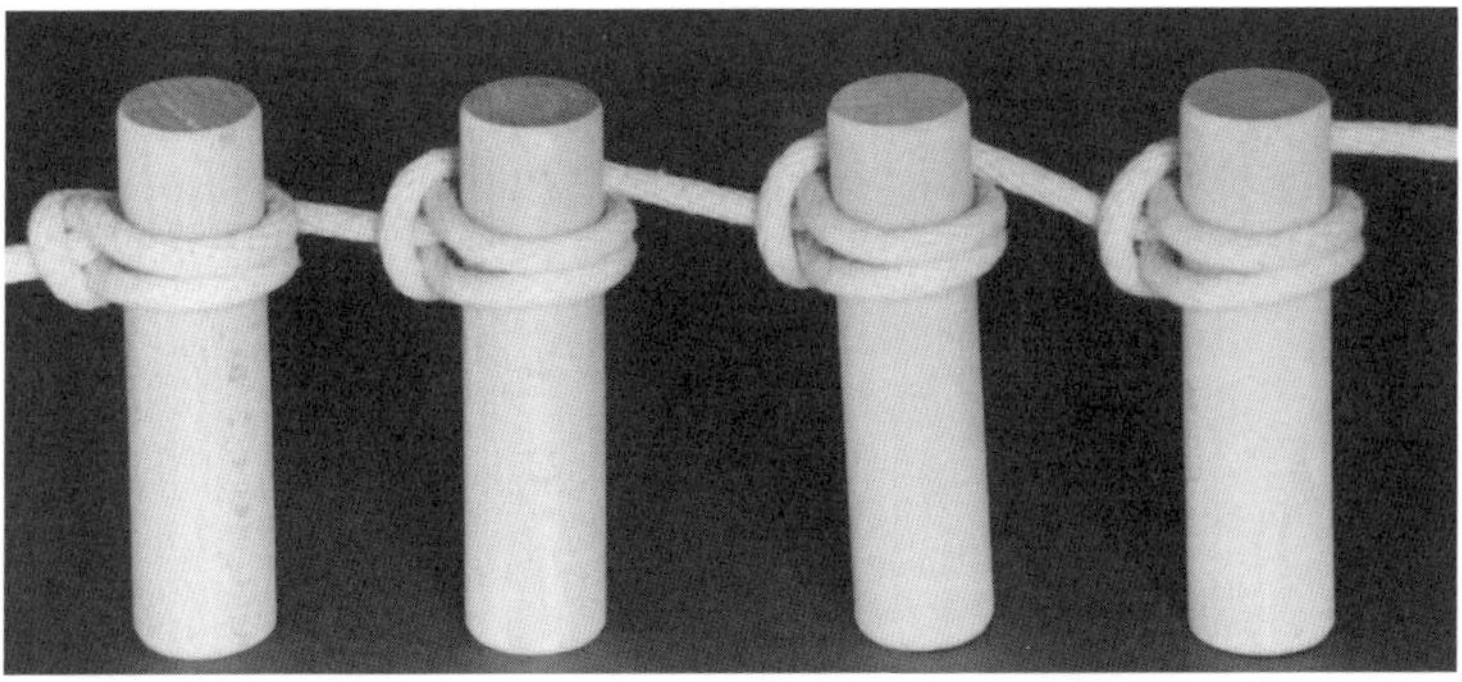

ジグザグ・ノット

ムーアリング・ヒッチ

ムーアリング・ヒッチ(裏側)

スパー・ヒッチ

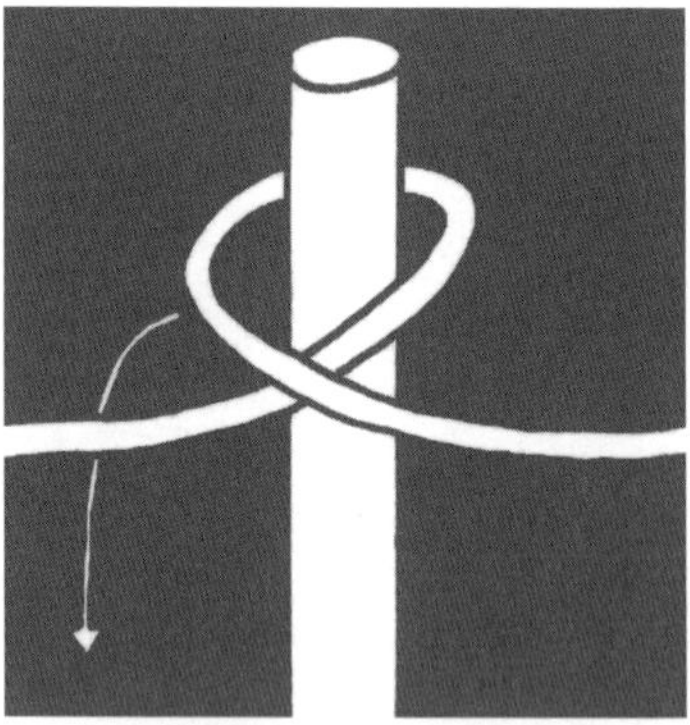

❶

❷

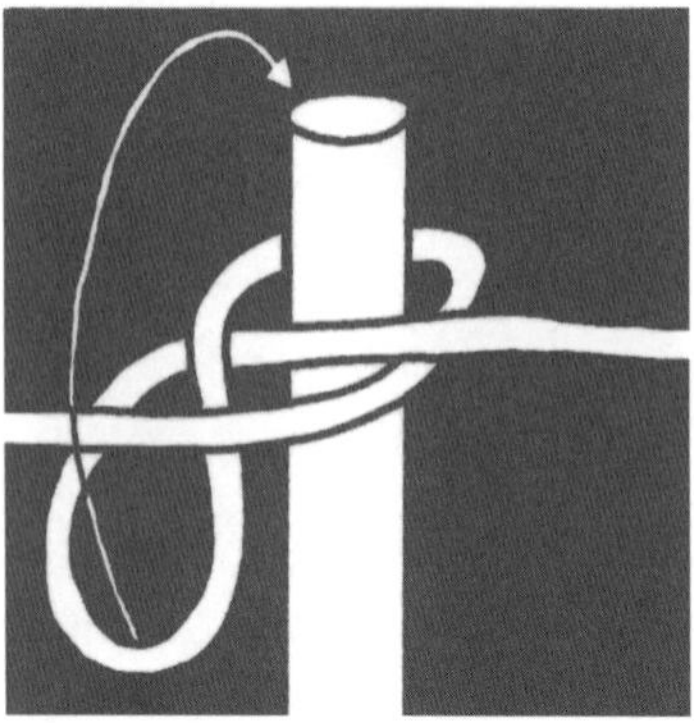

❸

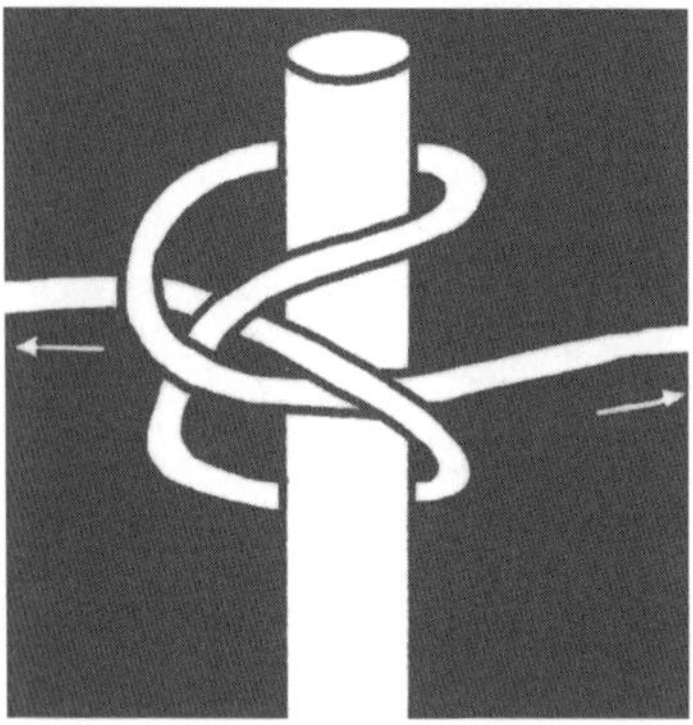

❹

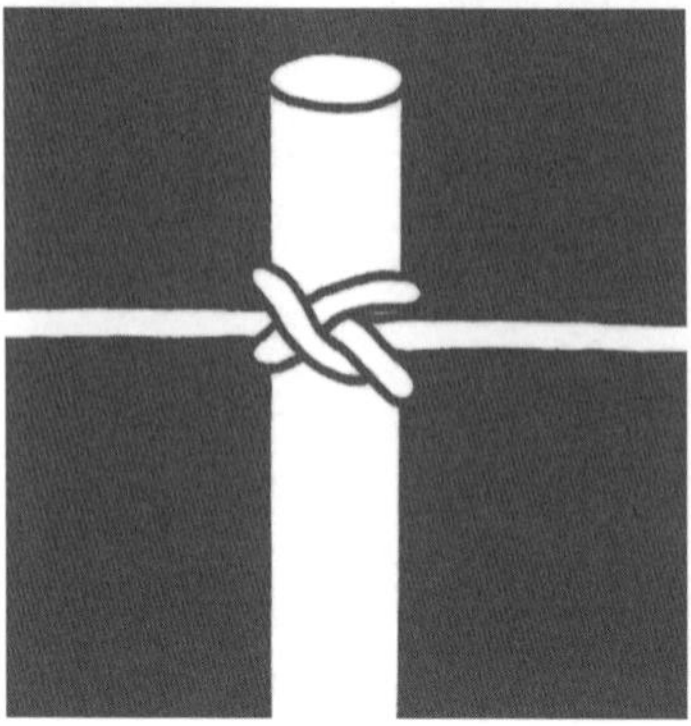

❺

コンストリックター・ヒッチ

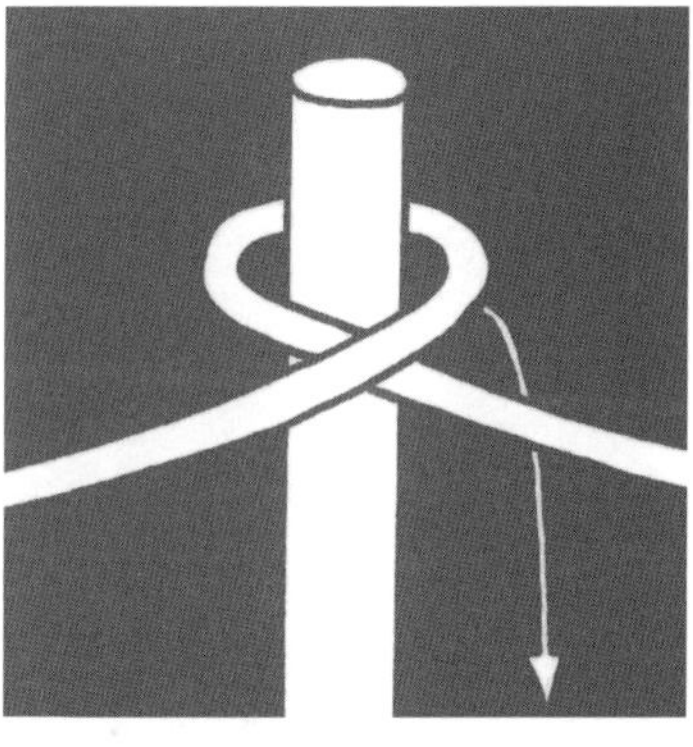

❶

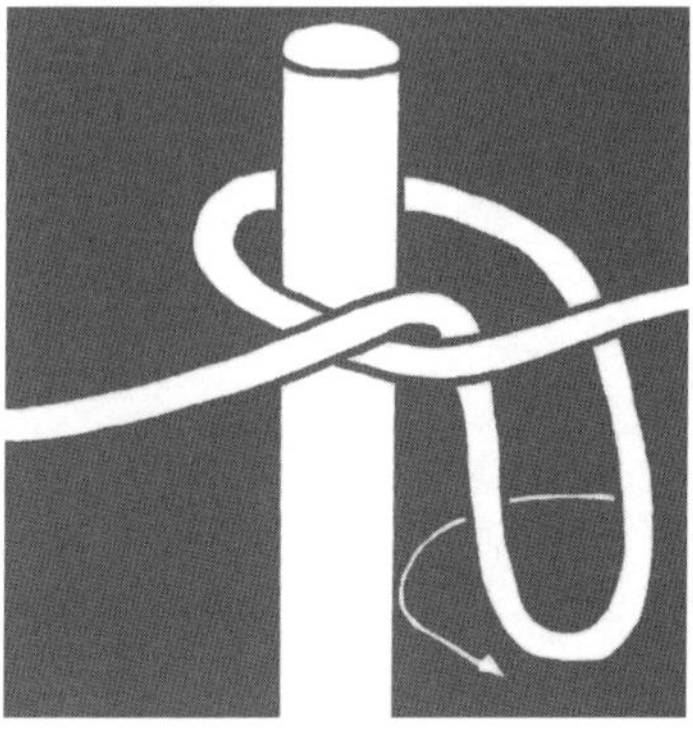

❷

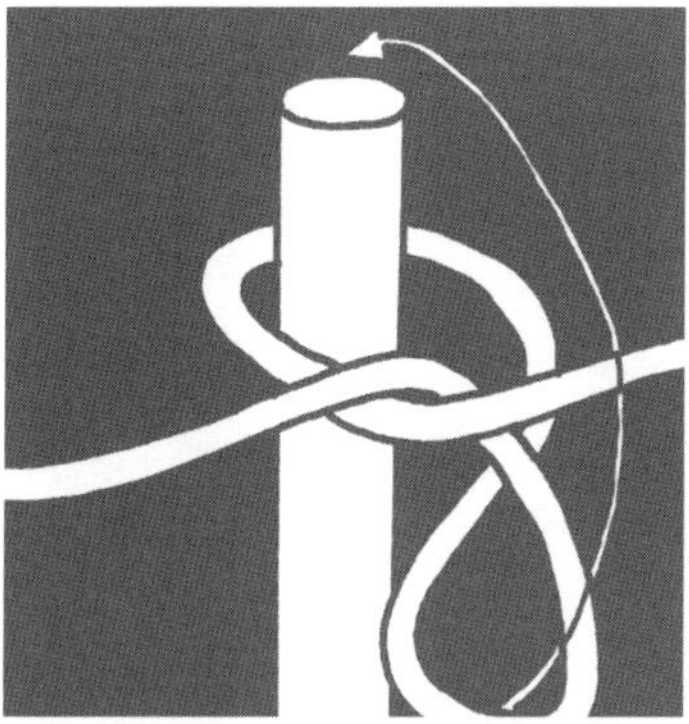

❸

❹

❺

ジグザグ・ノット

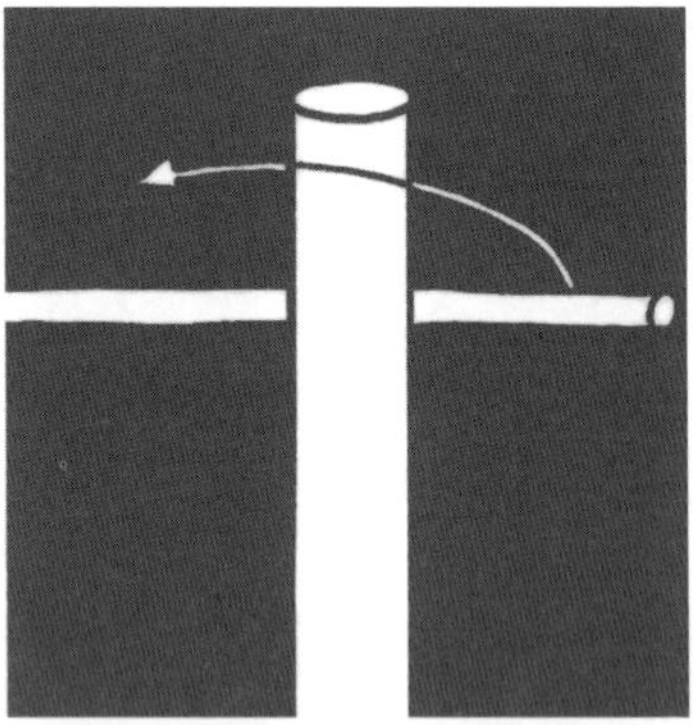
❶

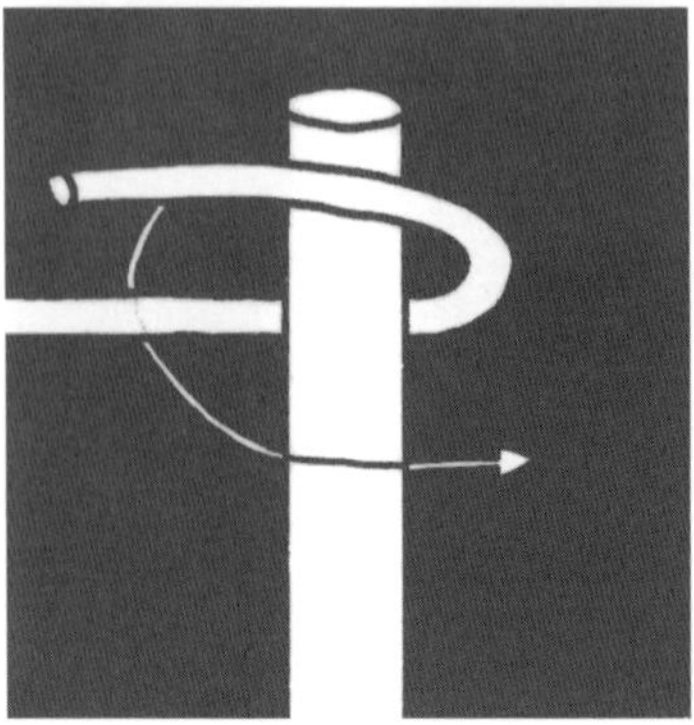
❷

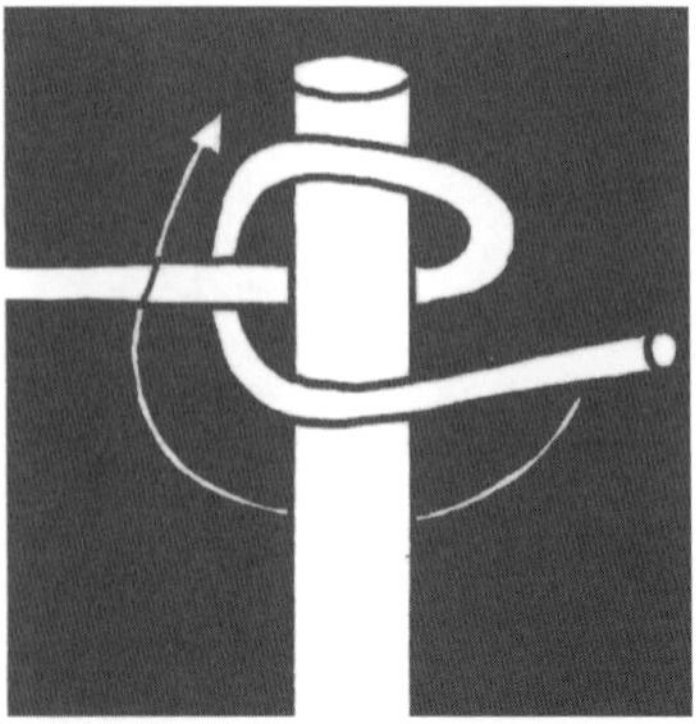
❸

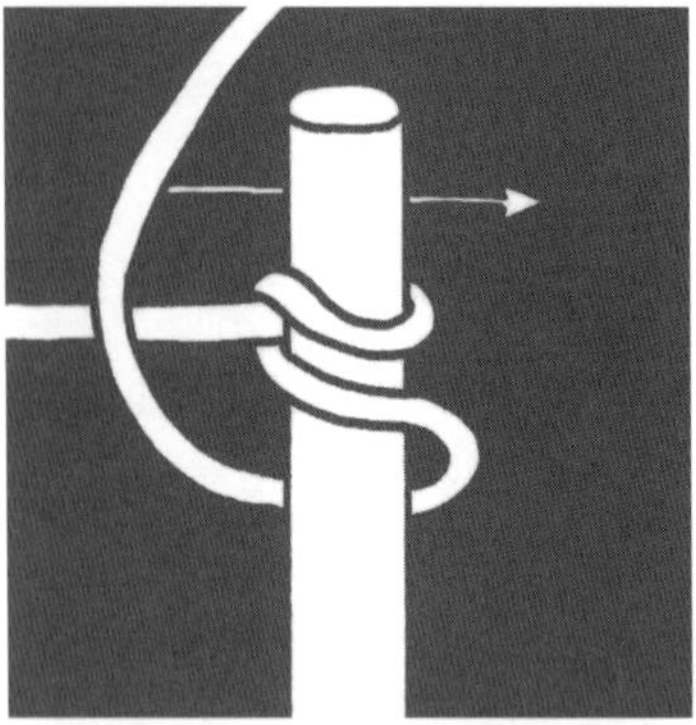
❹

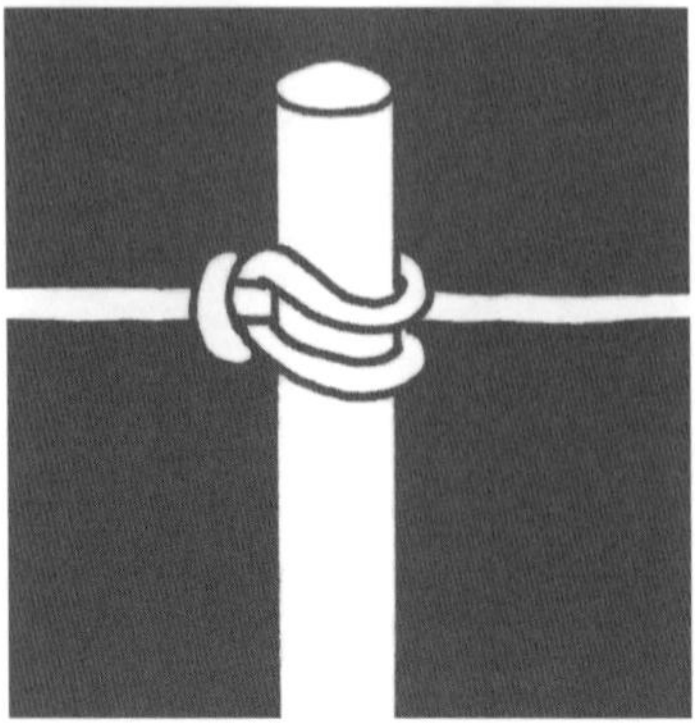
❺

ムーアリング・ヒッチ

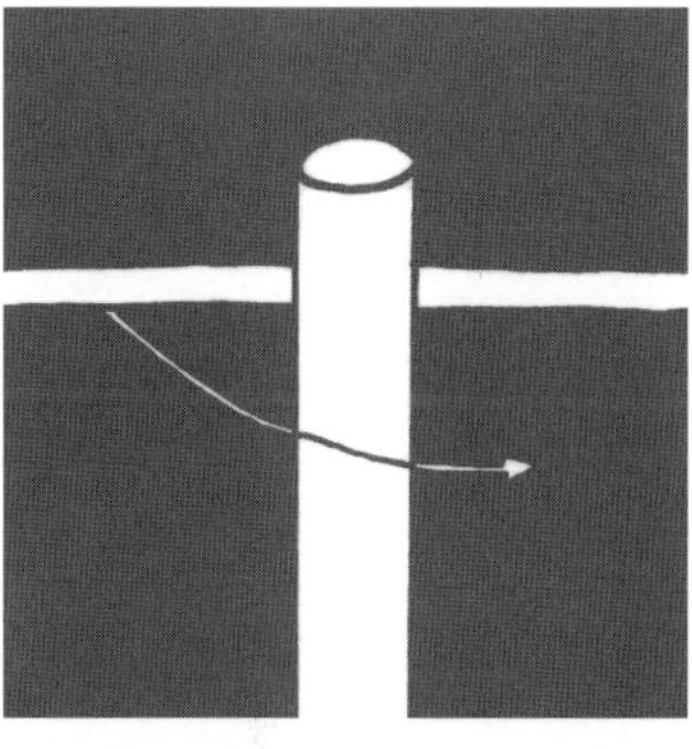

❶

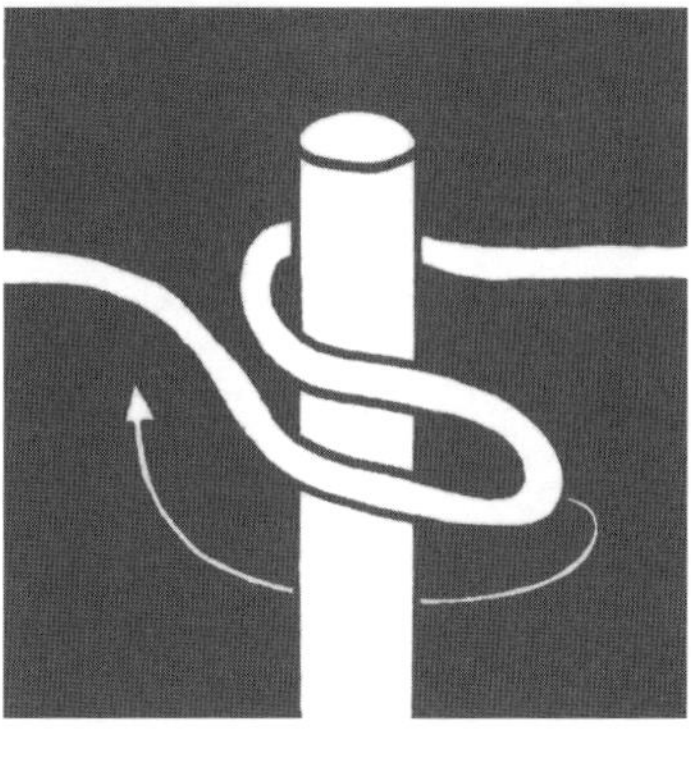

❷

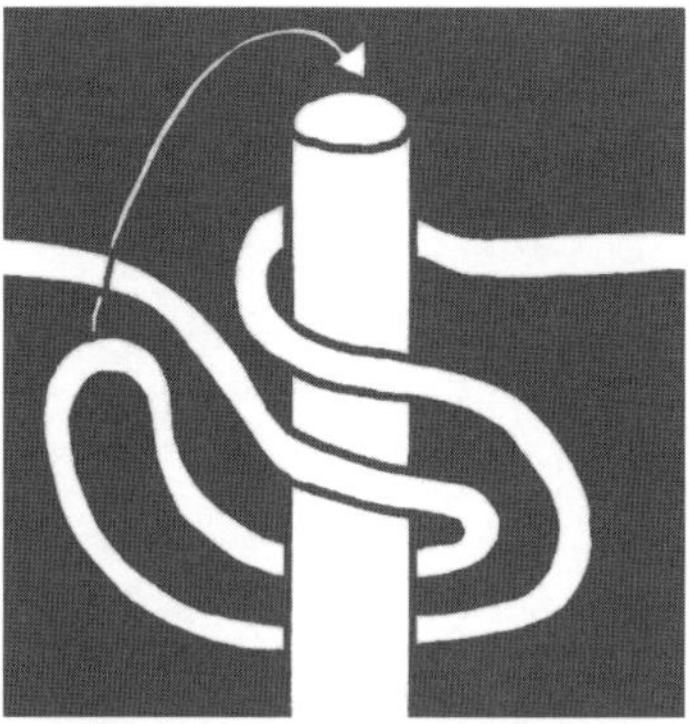

❸

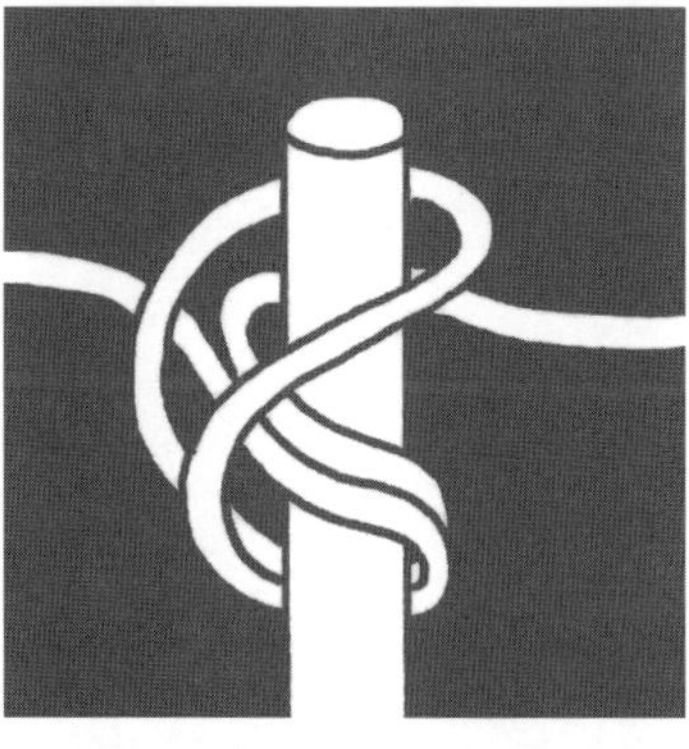

❹

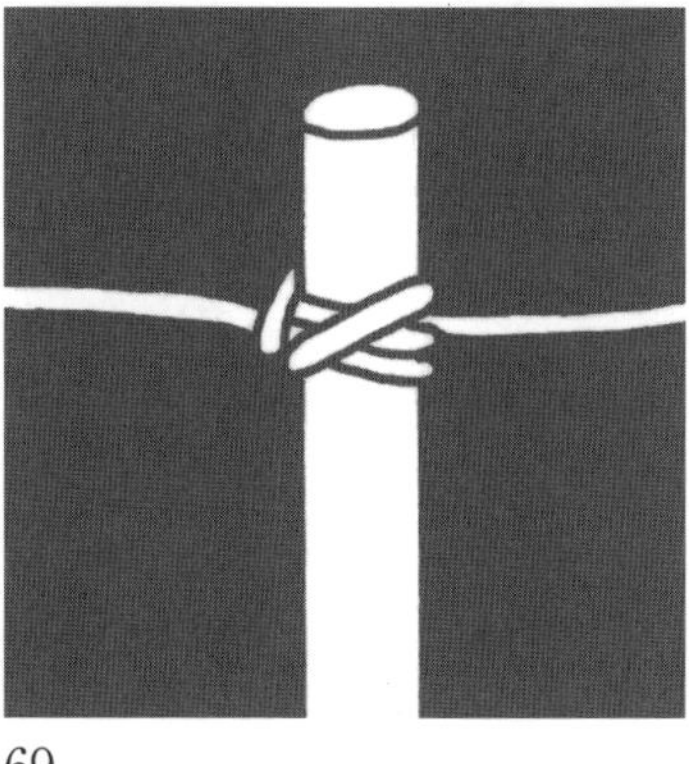

❺

四ツ目垣での扱い方

シュロ縄には「染ジュロ」と「赤」があります。「染ジュロ」は繊維を黒く染めたもので、竹垣の結びに使うものです。「赤」はシュロの繊維のままであり、重要でない部分や、目につかない部分の結びに、また、一時的に仮止めしたあとで切り放す場合などに使います。どちらのシュロ縄の長さも約27メートルあります。

シュロ縄は使う前に水に浸し柔らかくし、左図の手順でダマをつくり、ダマの中心にある縄の元口を引き出して使います。図③のBのように丸くすると転がり、使いにくいものです。

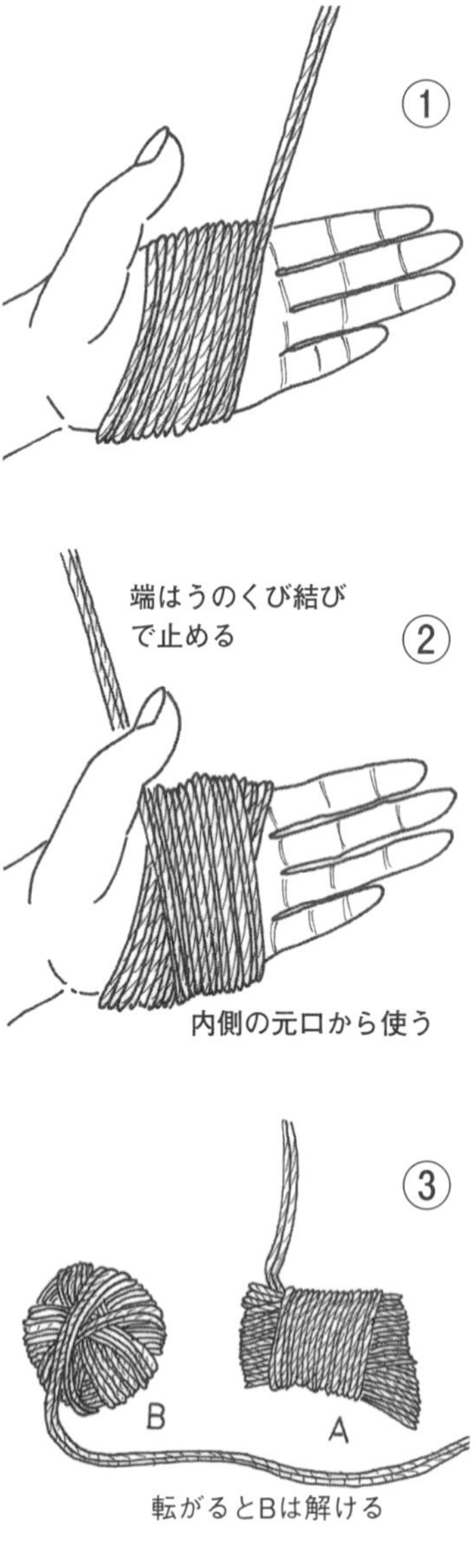
①
②
端はうのくび結びで止める
内側の元口から使う
③
B
A
転がるとBは解ける

水糸

竹垣や藤棚をつくったり、生垣の剪定などに用いるなくてはならないロープワークに水糸があります。

水糸を使わないでつくった竹垣や藤棚は、真っ直ぐにつくったつもりでも、少し離れて見ると曲がっていたり高さが違っていたりして正しくつくれないものです。たかが1本の糸と思われがちですが、出来栄えを良くするためには、

柱の垂直のチェックに使うふりさげ

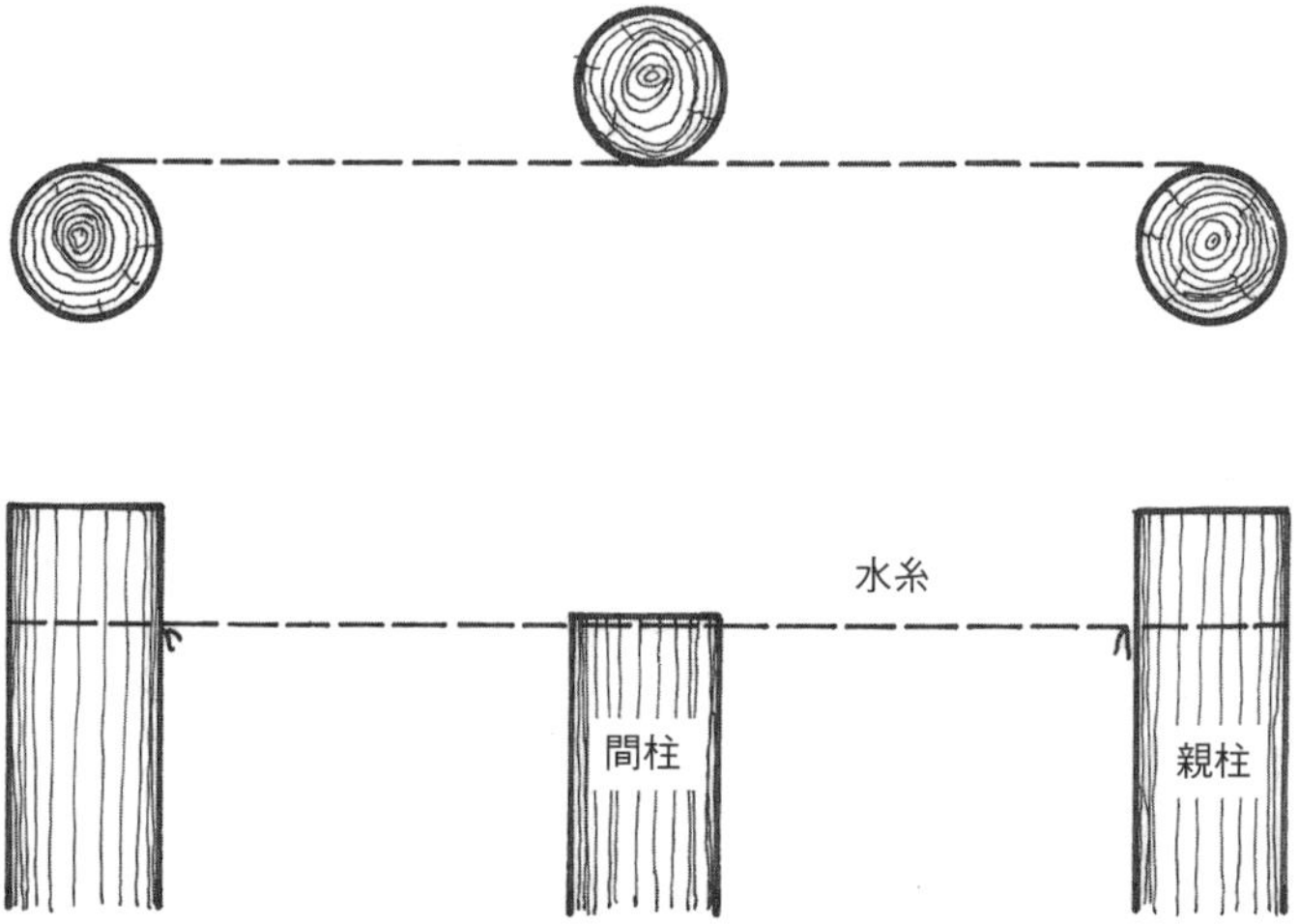

親柱の位置を決め、水糸を張り、間柱の位置を決めます

おろそかにできない重要な働きを持つ糸です。

　水糸は敷地に対して親柱の位置を決めるとき、親柱に対して間柱の位置を出すとき、あるいは胴縁や立子を決めるときなどに使います。

　水糸の張り方は四ツ目垣や竹垣のデザインによって違いますが、要は設計図面をよく見て、親柱と間柱の高さ関係とか、親柱と親柱の中心線に対する間柱の位置など、仕事がしやすいよう現場の空間に水糸を使って目で見える線を描くことです。

　水糸を使って四ツ目垣の位

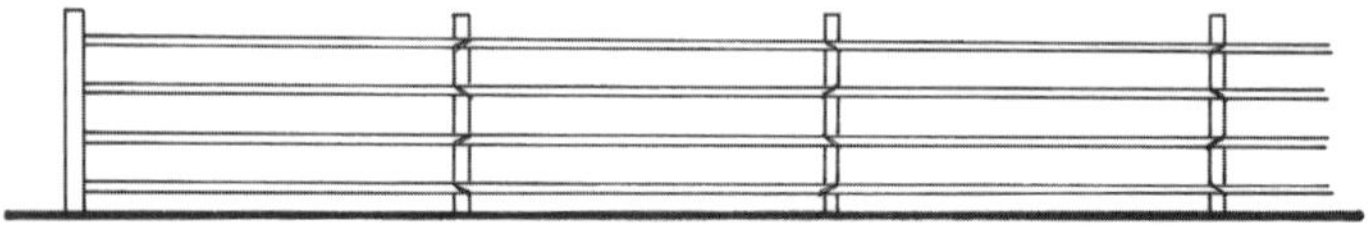

四ツ目骨組正面図

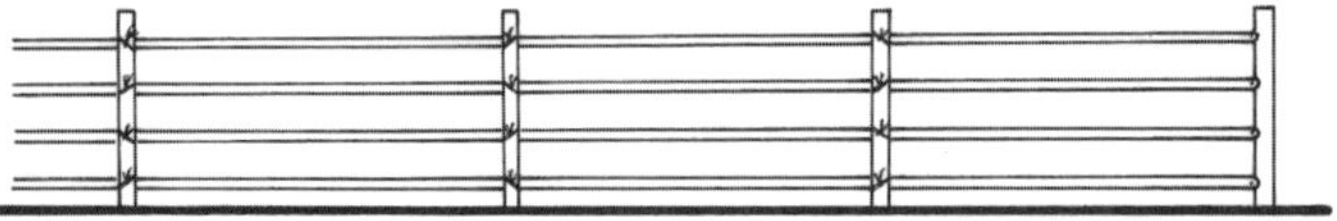

四ツ目骨組裏面図

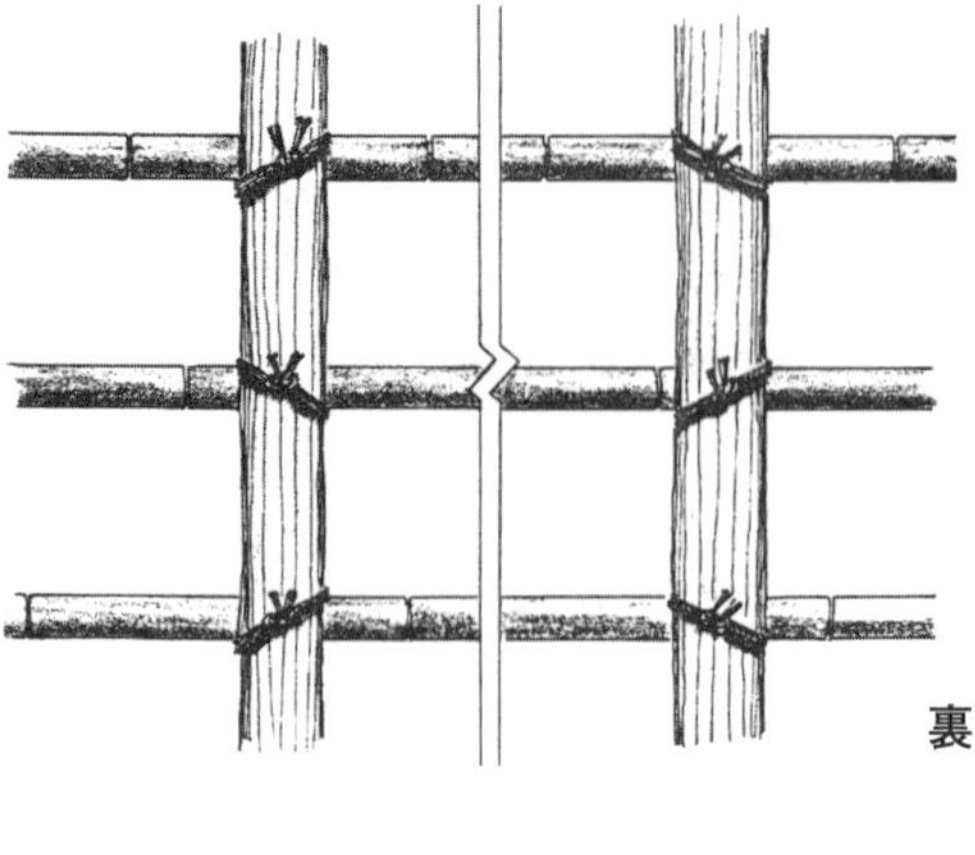

裏面拡大図

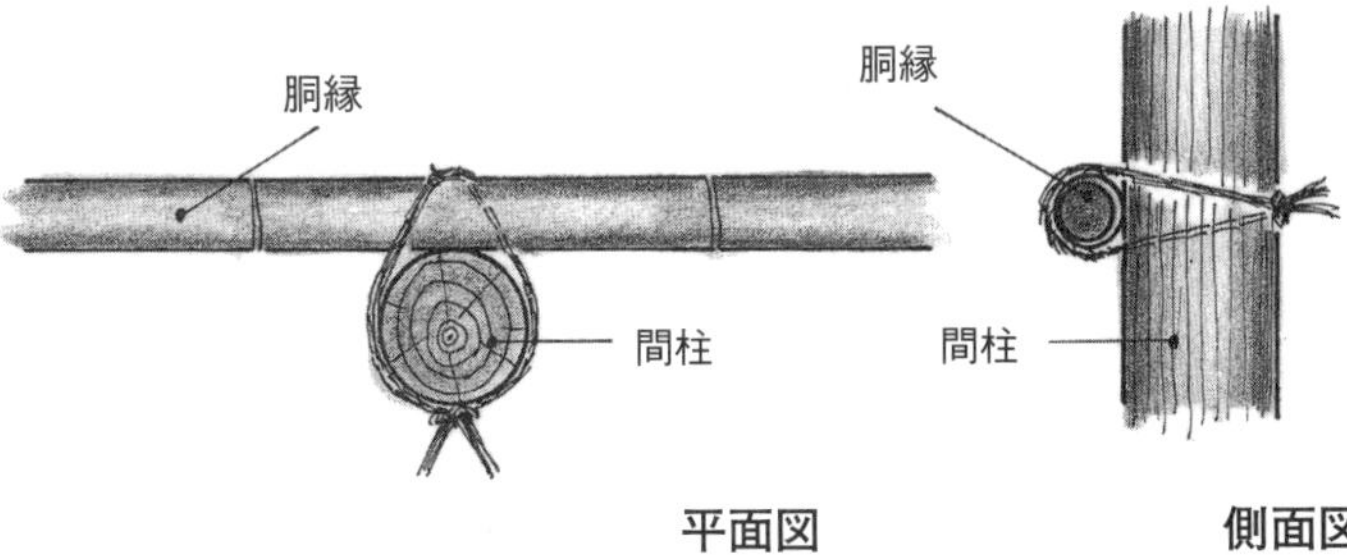
胴縁
間柱
平面図
胴縁
間柱
側面図

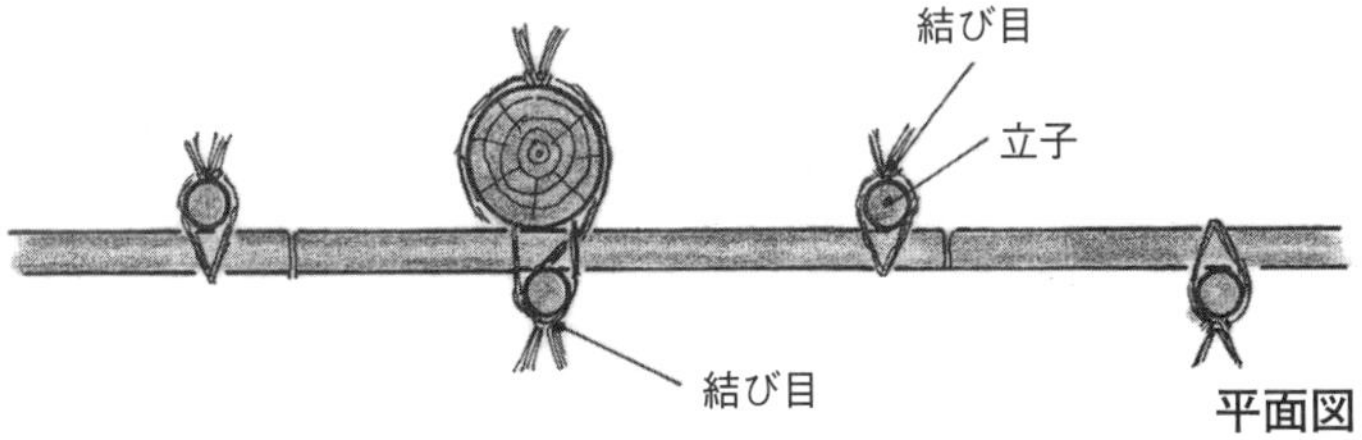
結び目
立子
結び目
平面図

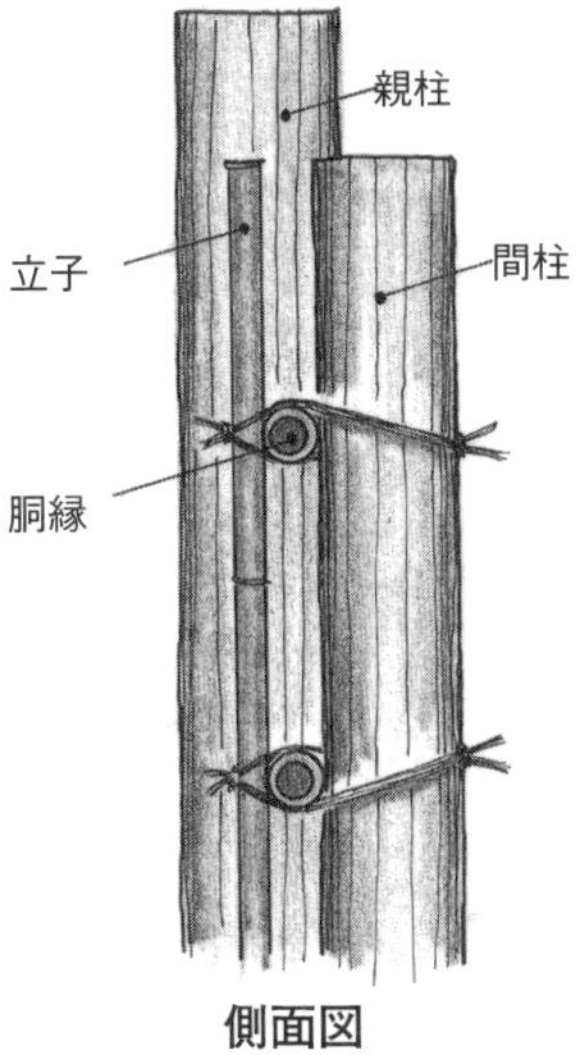
親柱
立子
間柱
胴縁
側面図

置が決まれば、それらの柱を垂直に立て、元口を地中に末口を地上に出すように埋め込み根元をかたく地かためします。

次に胴縁を親柱と間柱に釘止めとし、その上からシュロ縄二本使いで2度巻いて、裏側で結びます。

縄は図のように上下左右の結び箇所で反対に掛けていきます。次に立子を胴縁に等間隔に結び付けていきます。

水糸の張り方

図は水糸の張り方の手順です。

水糸を柱に打ち付けた釘に結んだり、糸をピンに結びそれを柱に刺す方法もあります。

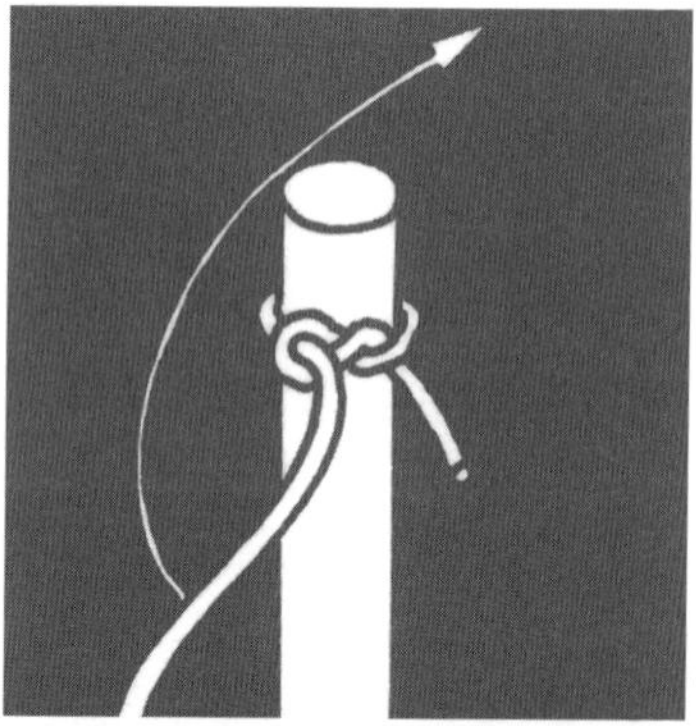
❶

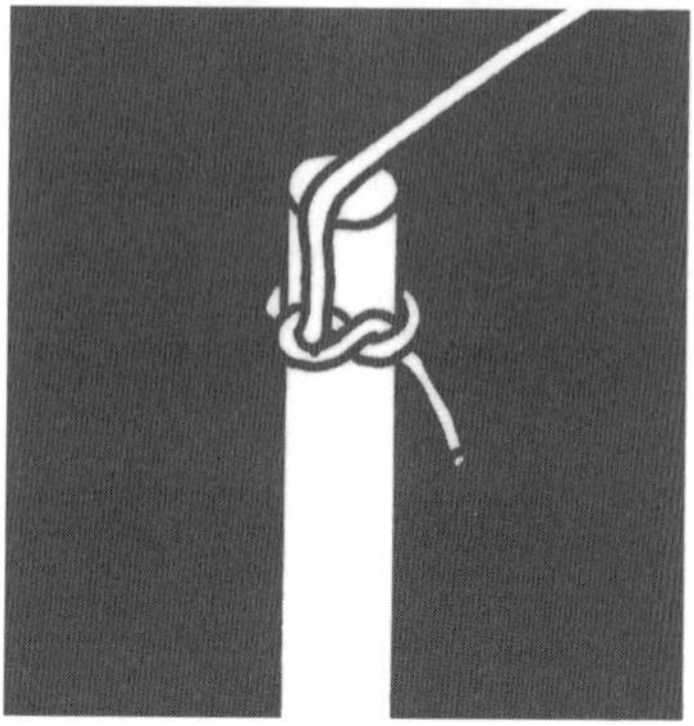
❷

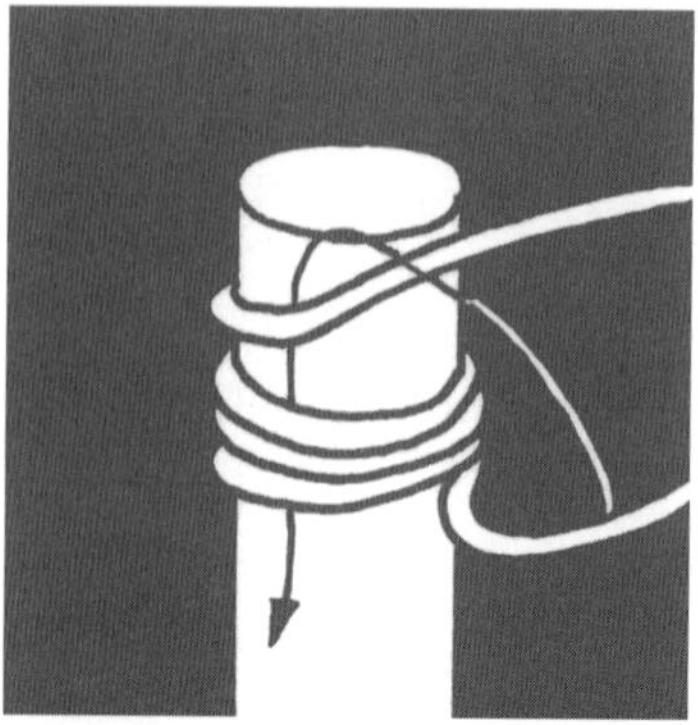
❸

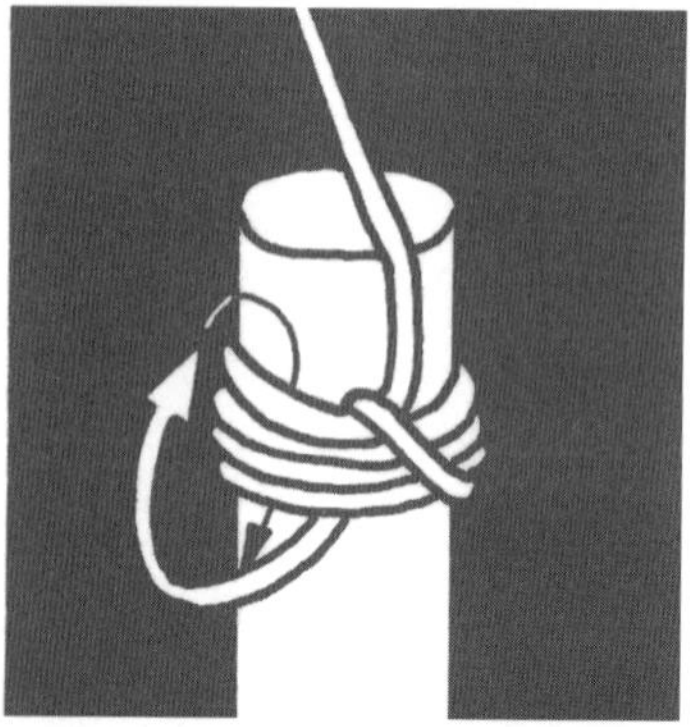
❹

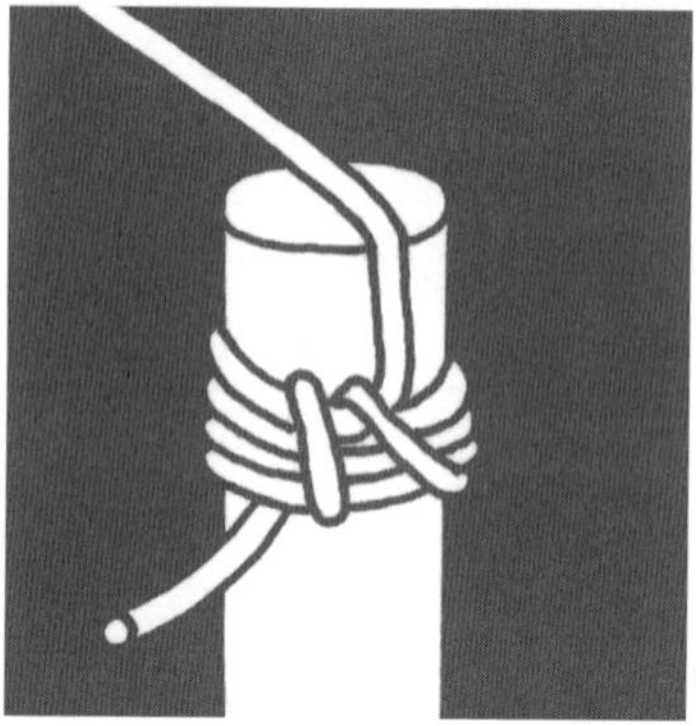
❺

裏十文字綾

四ツ目垣の立子と胴縁を縛るときや藤棚など、直交する竹をシュロ縄で縛るときに用います。よく引き締まる縛り方です。

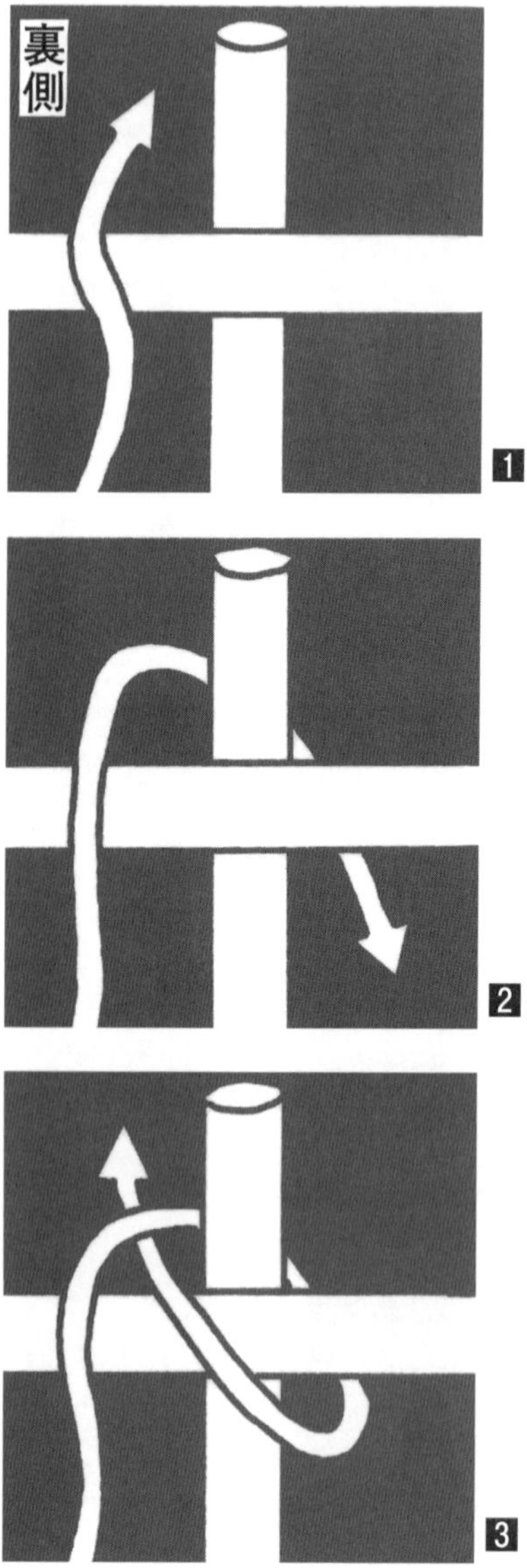
裏側
1
2
3

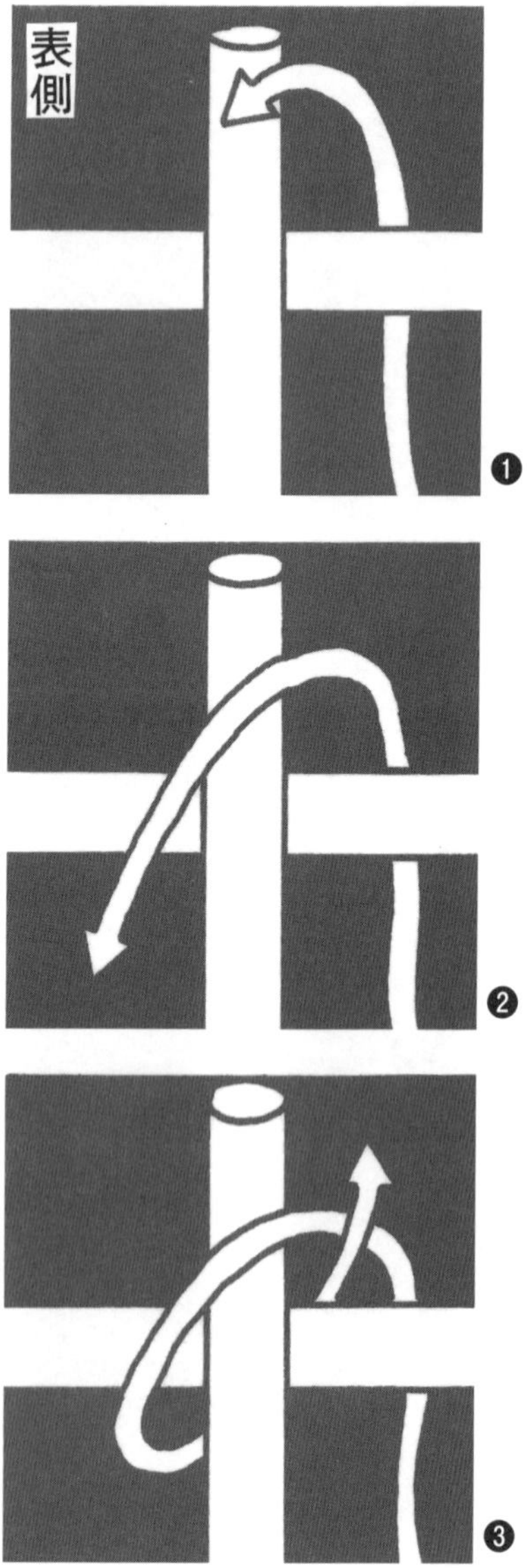
表側
❶
❷
❸

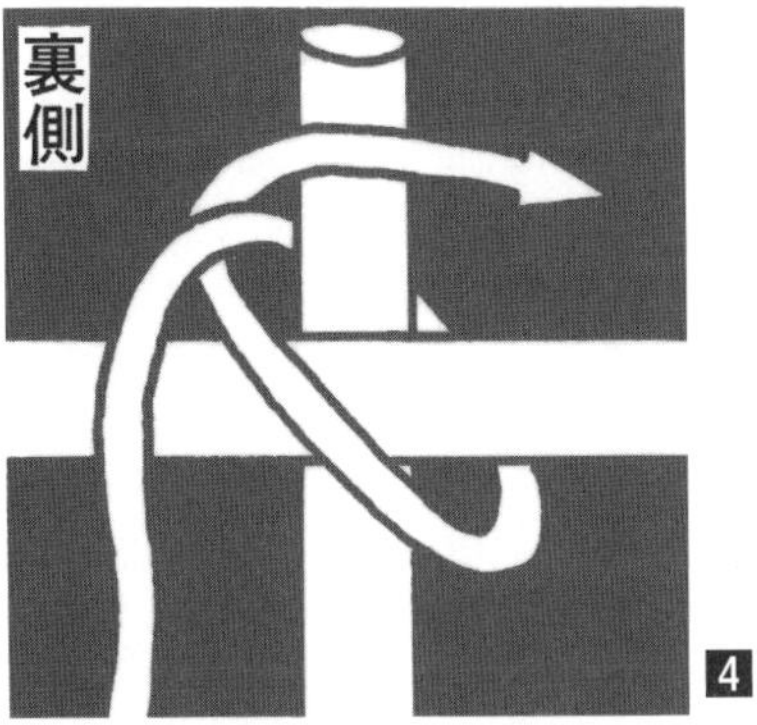
裏側
4

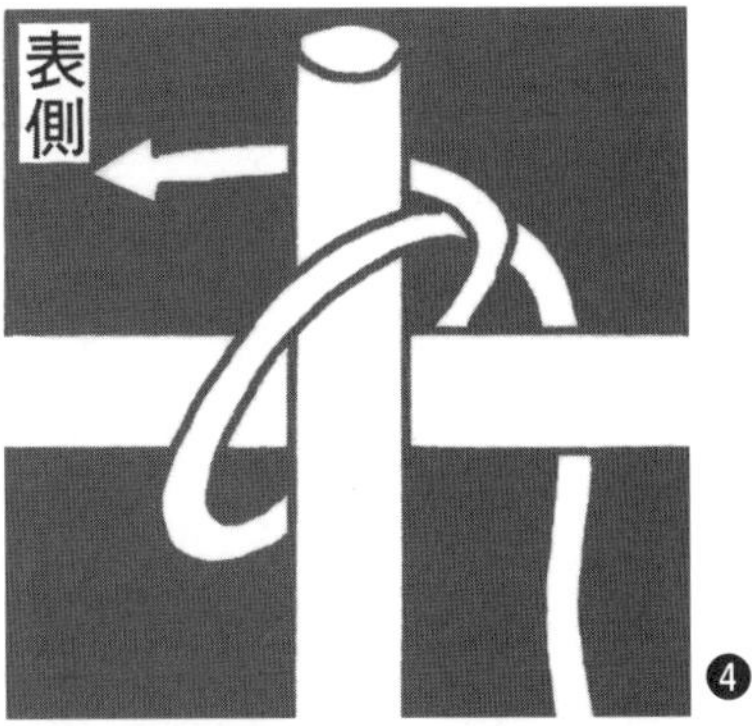
表側
❹

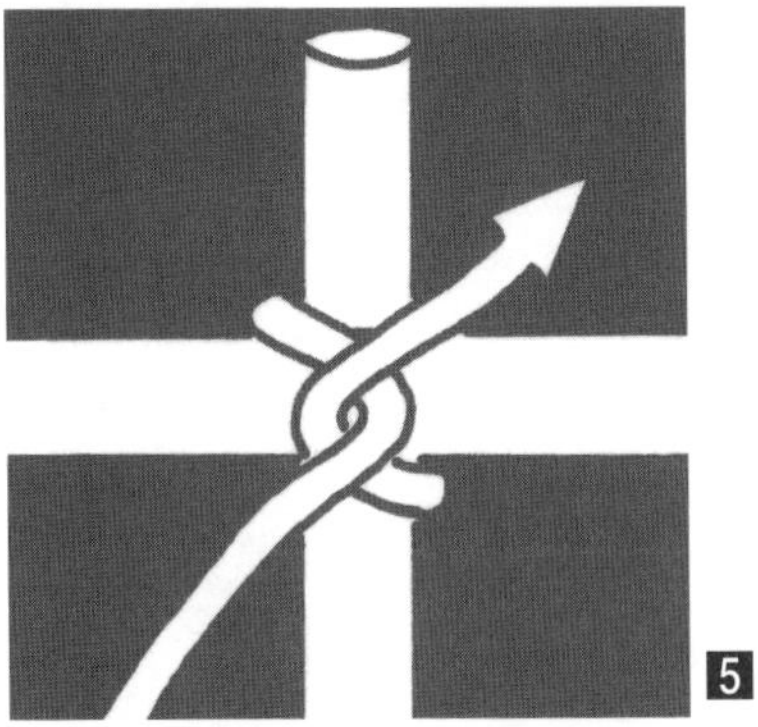
5

❺

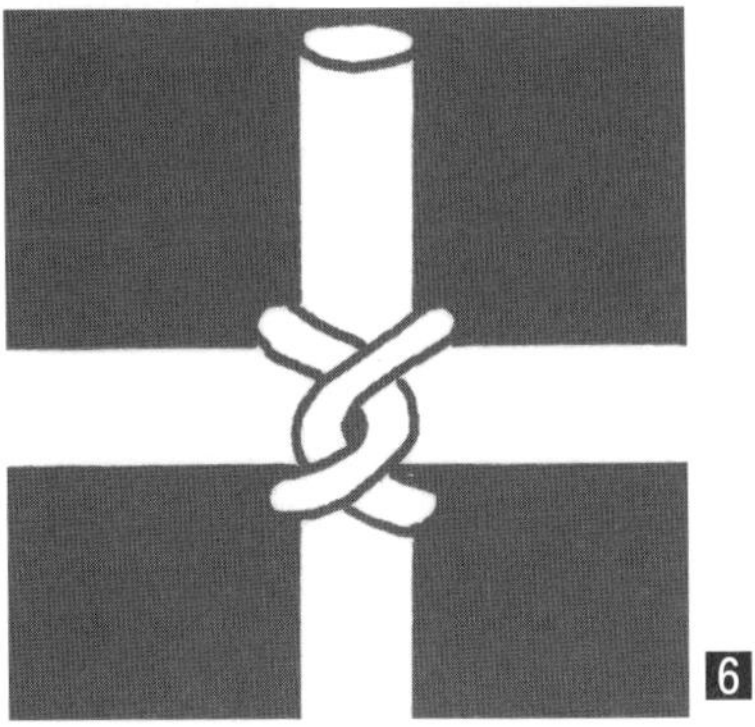
6

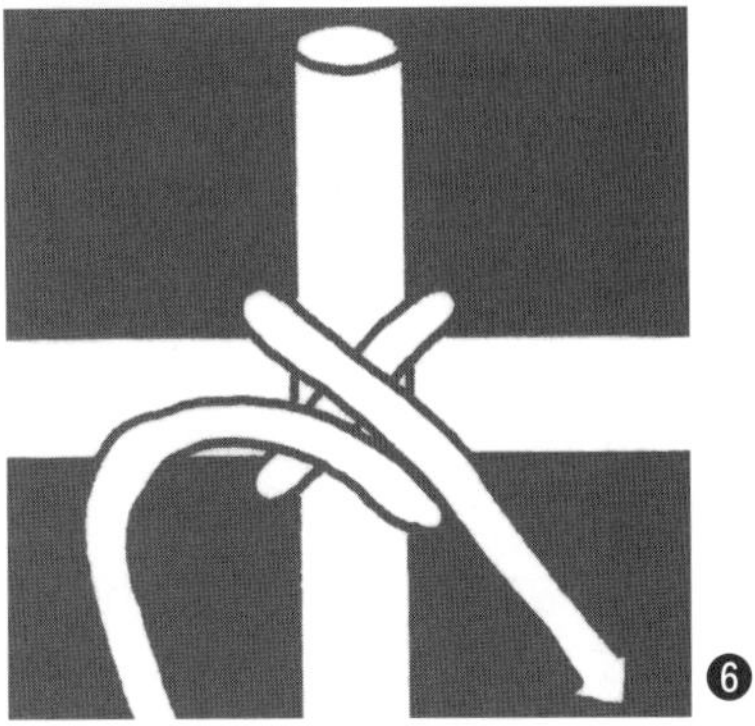
❻

裏二の字

この縛り方は、裏側に障害物があり「裏十文字綾」では縛れないときに用います。間柱の前に立子を縛り付けるときは「裏二の字」とします。

また、建仁寺垣根の胴縁と押縁の縛り付けにも使い、袖垣のように表裏のないものには「裏二の字」で縛り、表と裏にそれぞれ結び目をつくります。

表と裏とに結び目をつくれば、「裏十文字」よりもしっかりした縛りとなります。

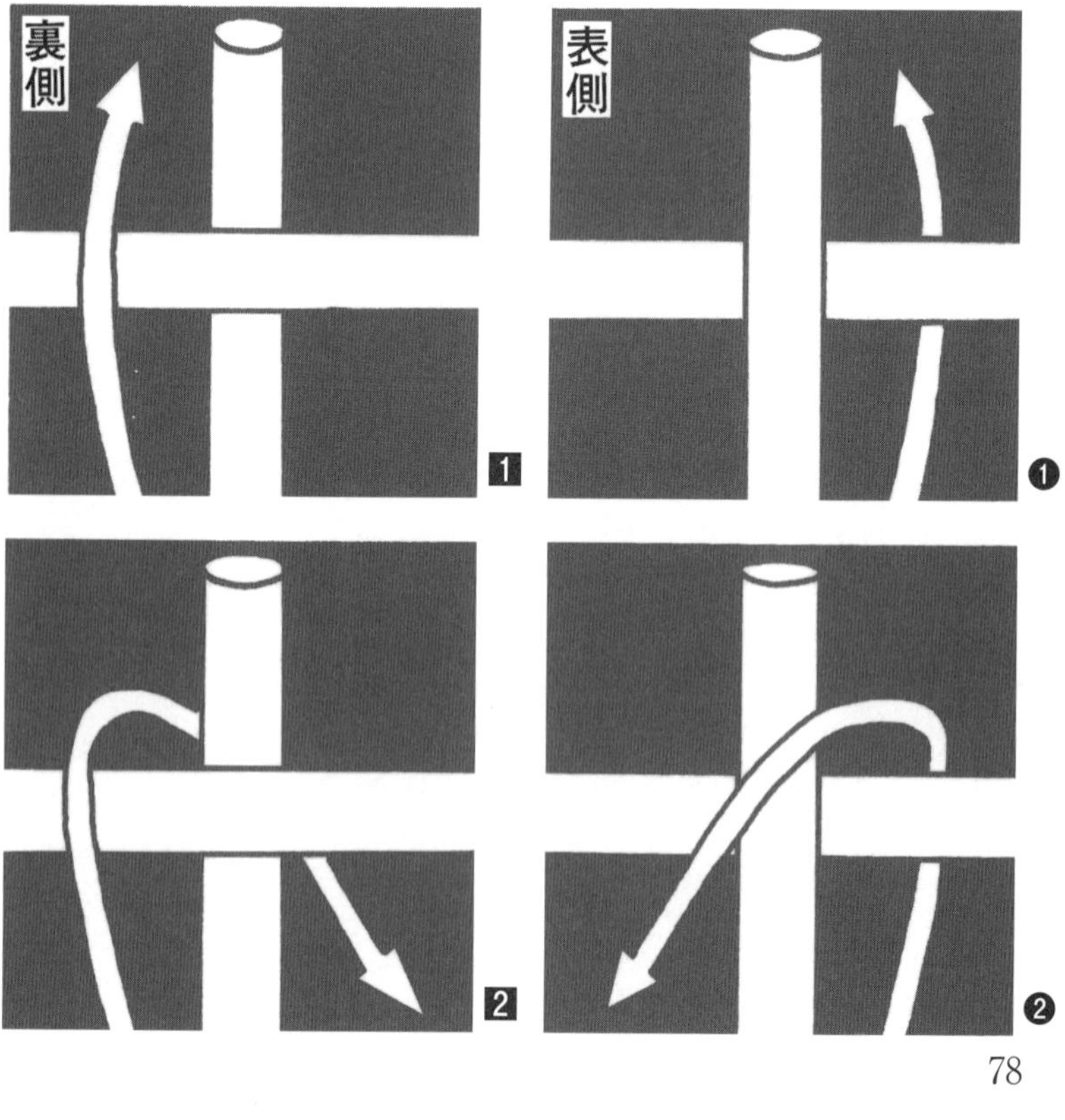

3

❸

4

❹

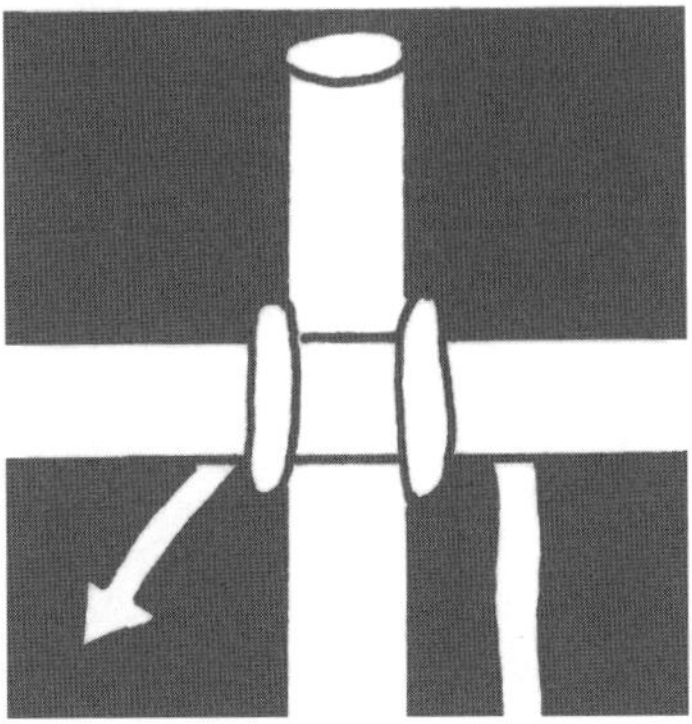
5

❺

男結び

この結びはシュロ縄やワラ縄を結ぶのに最も適した結び方です。「ツノ結び」「イボ」とも呼ばれています。

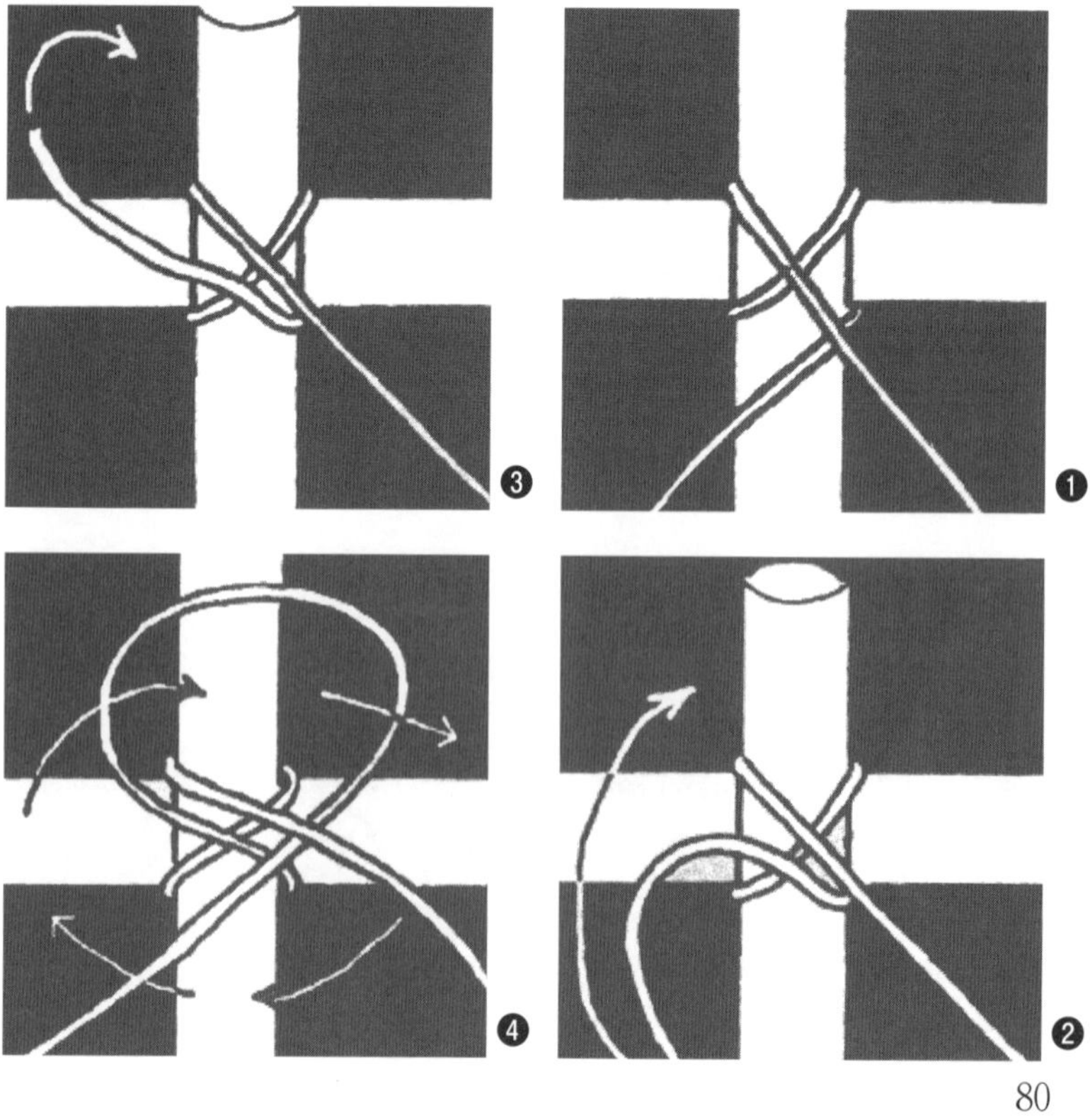

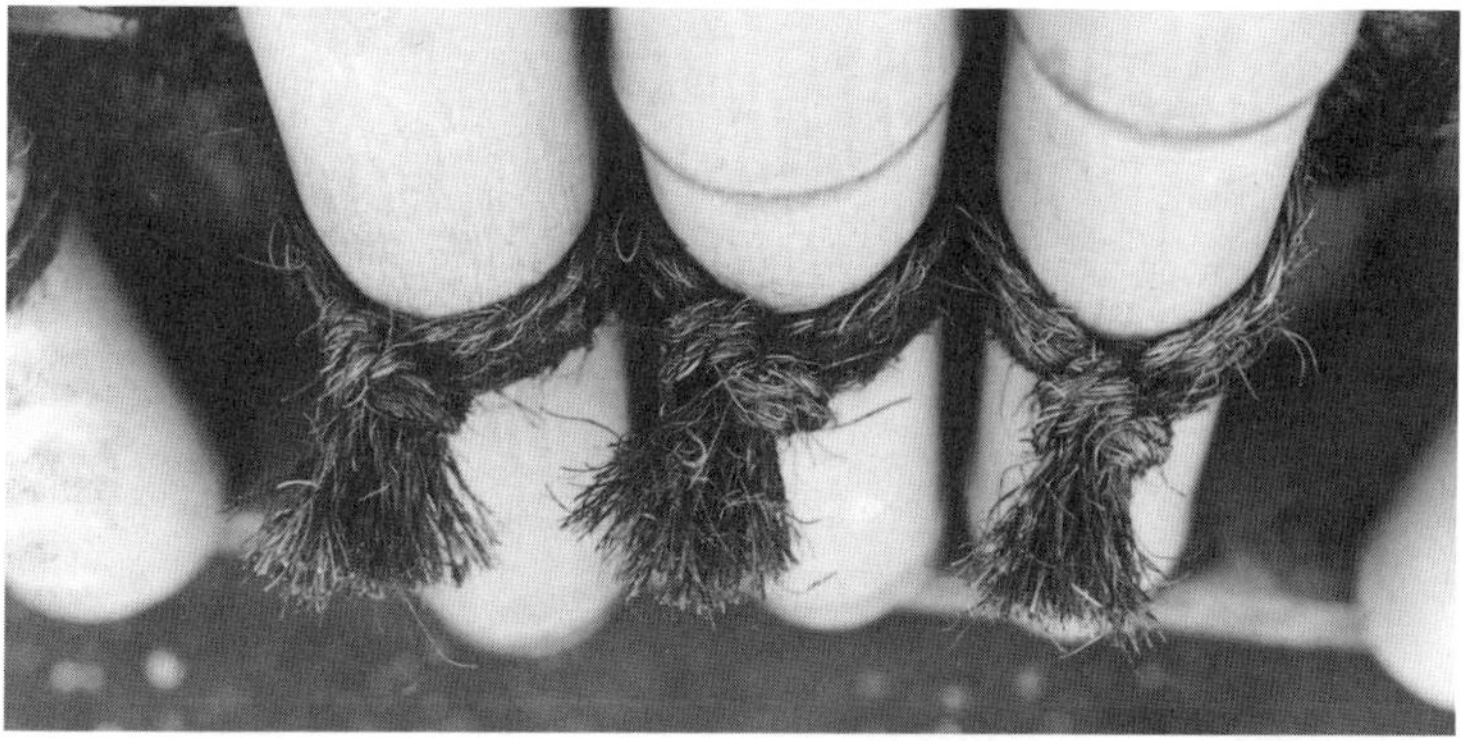

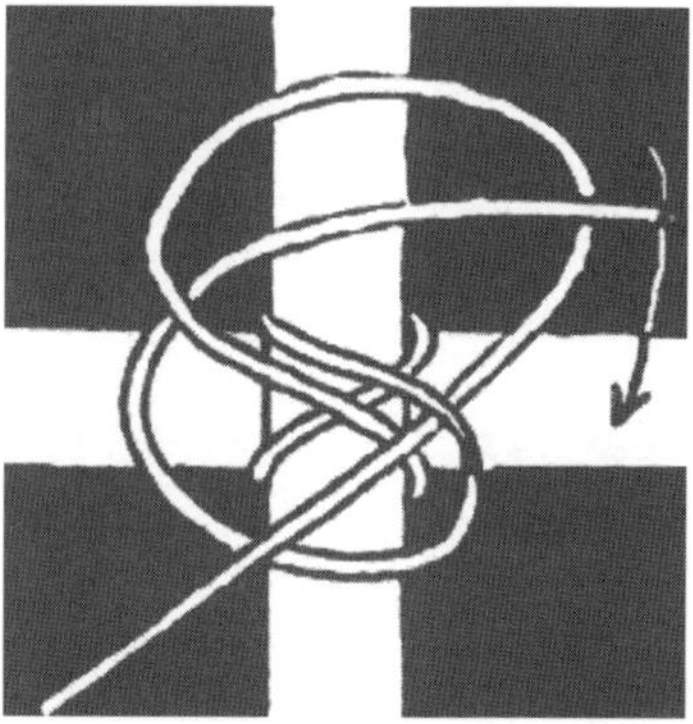

❺

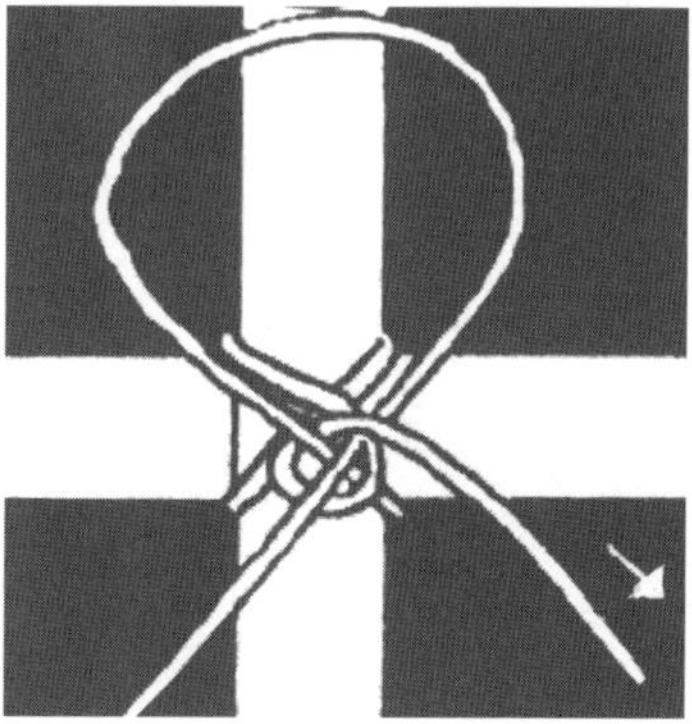

❻

❼

❽

裏二の字男結び

竹垣や袖垣のシュロ縄の黒い結び目は、胴縁と押縁との結束の働きもしますが、装飾的な面もあります。袖垣のように表裏のないものの両側に「男結び」や「飾り結び」をつくりたいときには、まず表側から「裏二の字」で縛り、次に裏から別のシュロ縄を使って結び目だけをつくります。

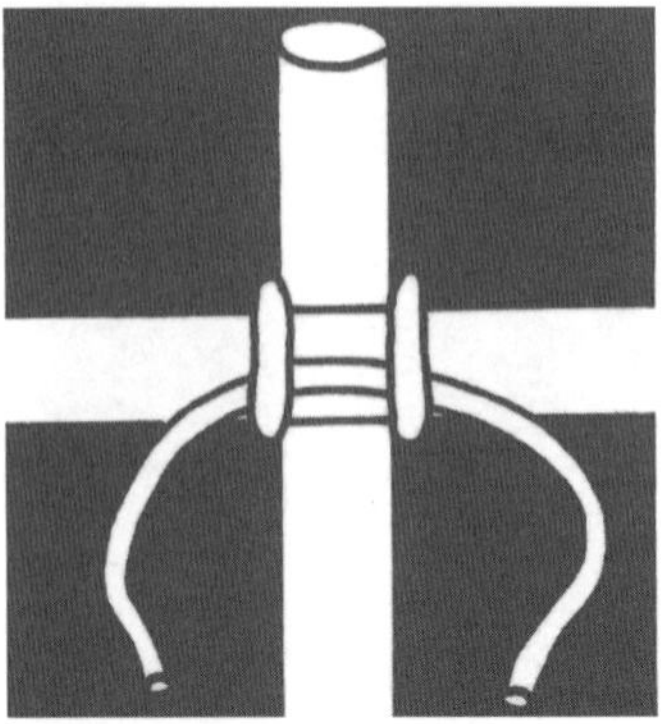

1

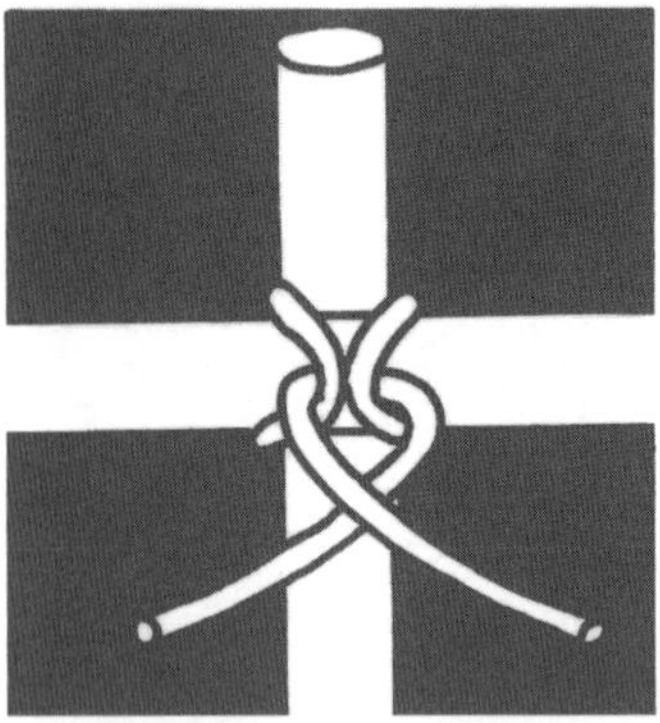

2

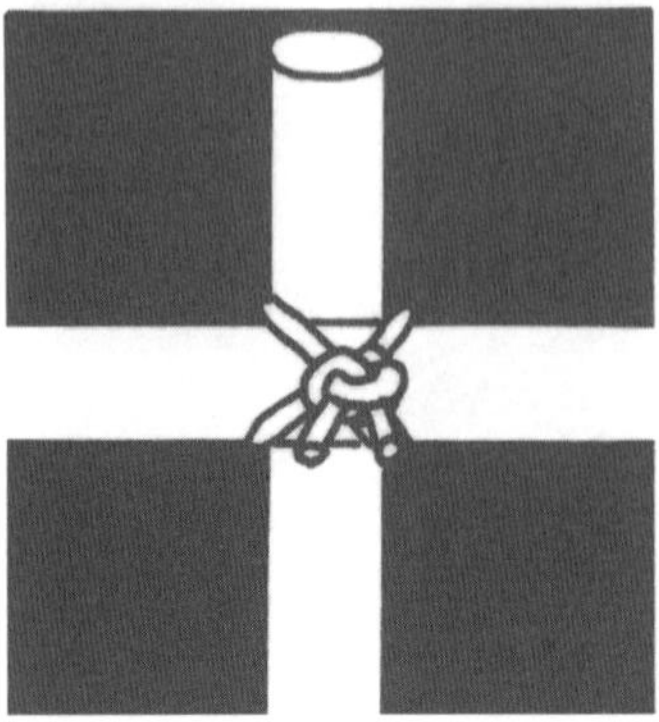

3

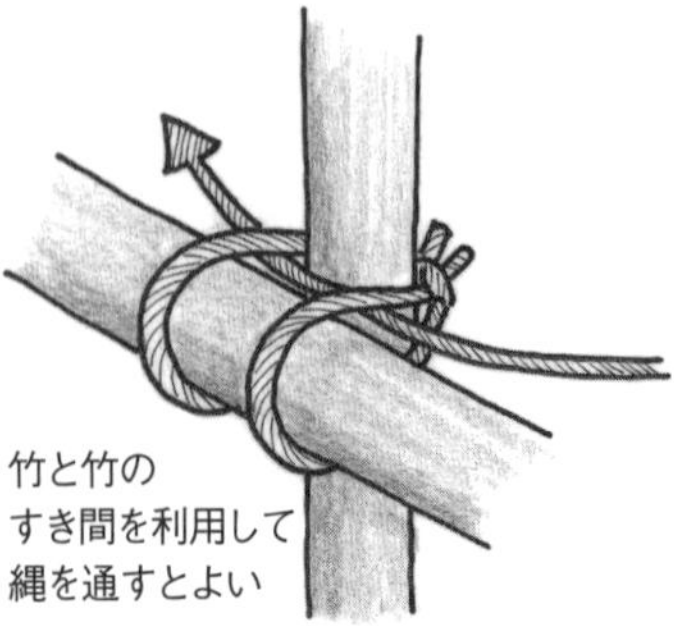

四ツ目がらみ

住宅街を歩けば、少し古くなった四ツ目垣の立子が傾いているのをよく見かけます。四ツ目垣の立子を胴縁にシュロ縄で単に結ぶだけでは、ものが当たったり、体が解れたときに、立子が傾くことがあります。「四ツ目がらみ」は、このような立子のずれを防ぐ方法です。からみ結びは、シュロ縄を胴縁と立子にからませるようにして横方向に締め付けていきます。したがって、結び目は最初と最後の二ヶ所だけで途中には「目」らしきものはできません。胴縁と立子を「男結び」のように結ばないため、作業は早くできますが、一ヶ所が切れると、全部解けてしまう欠点があります。

四ツ目がらみ—A

写真では向かって右側から、からみ始めていますが、左側から始めても結構です。シュロ縄が目立ちすぎるときは、上下の手順を入れ換え胴縁の下にシュロ縄がくるようにします。

❶

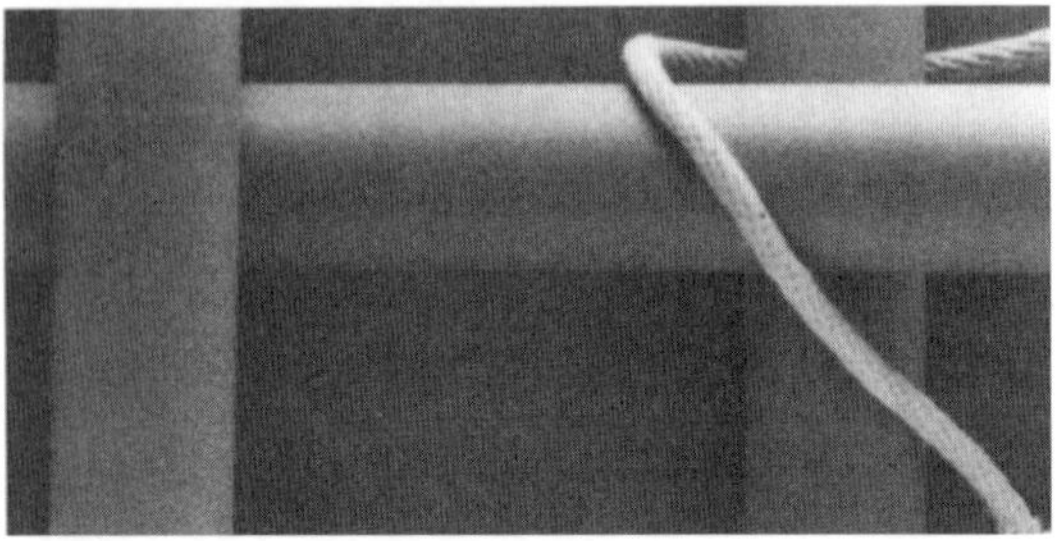

❷

❸

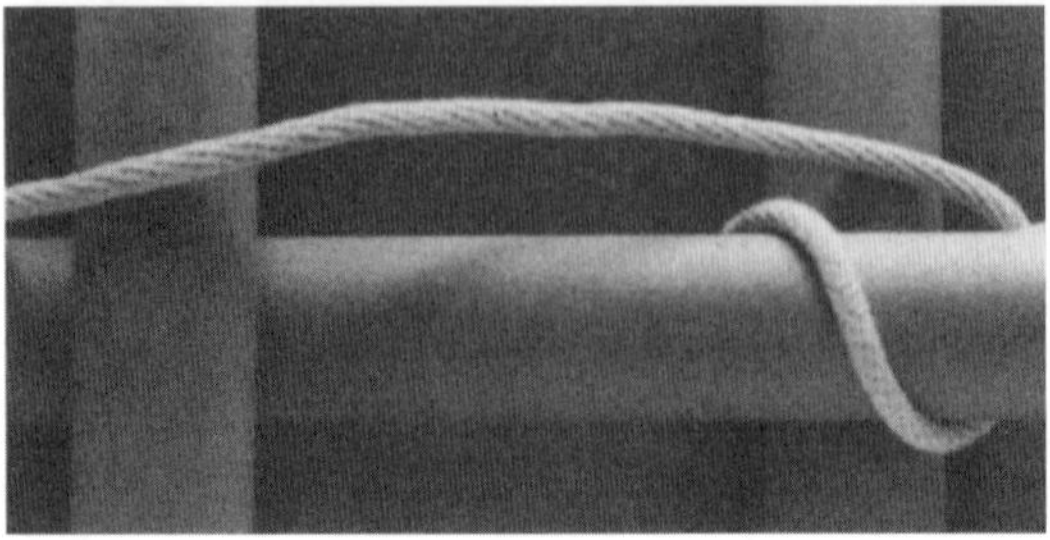

❹

❺

❻

❼

❽

四ツ目がらみ―B

立子と立子の間隔が大きい場合、シュロ縄がたるむので、胴縁に巻き付けて横に進んでいる例です。立子に巻き付ける回数を多くすればなお丈夫になります。

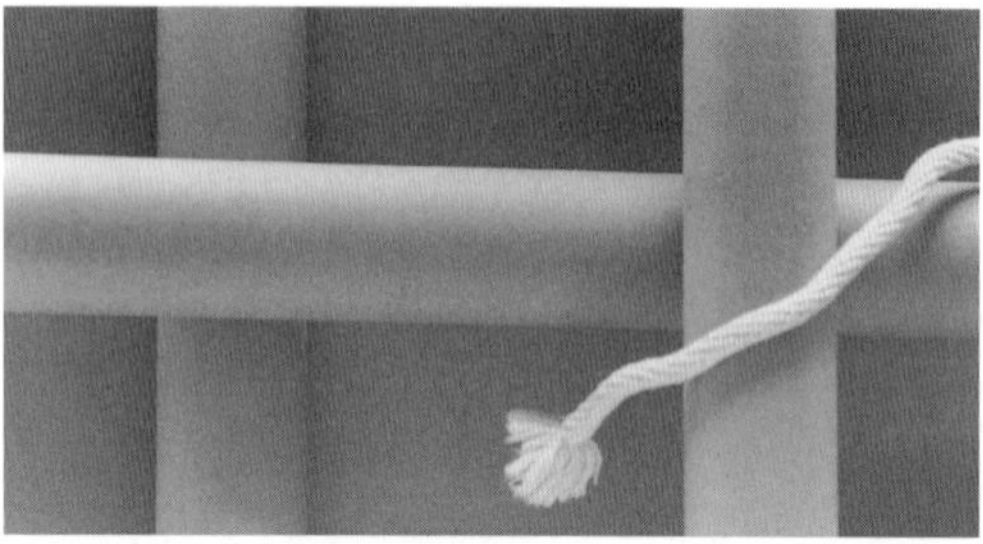

❶

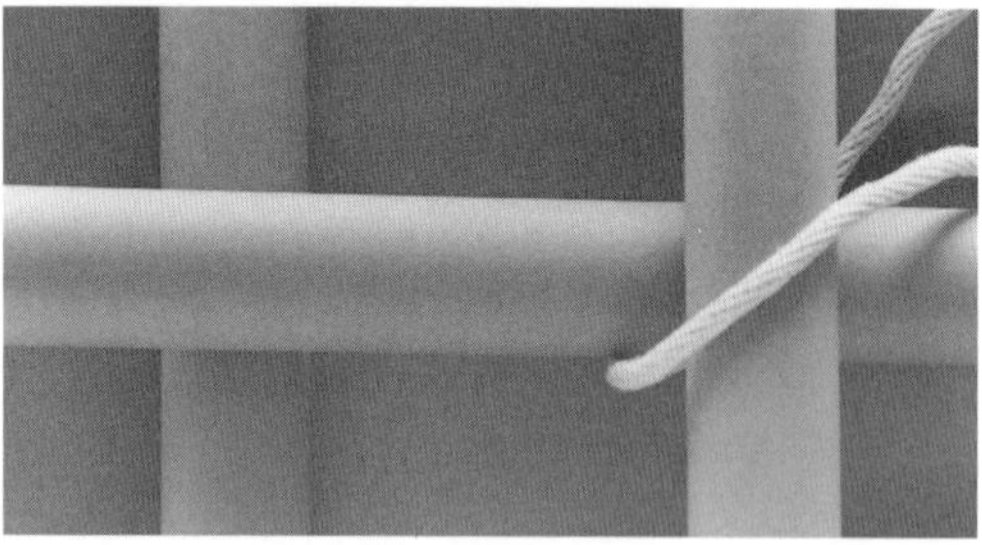

❷

❸

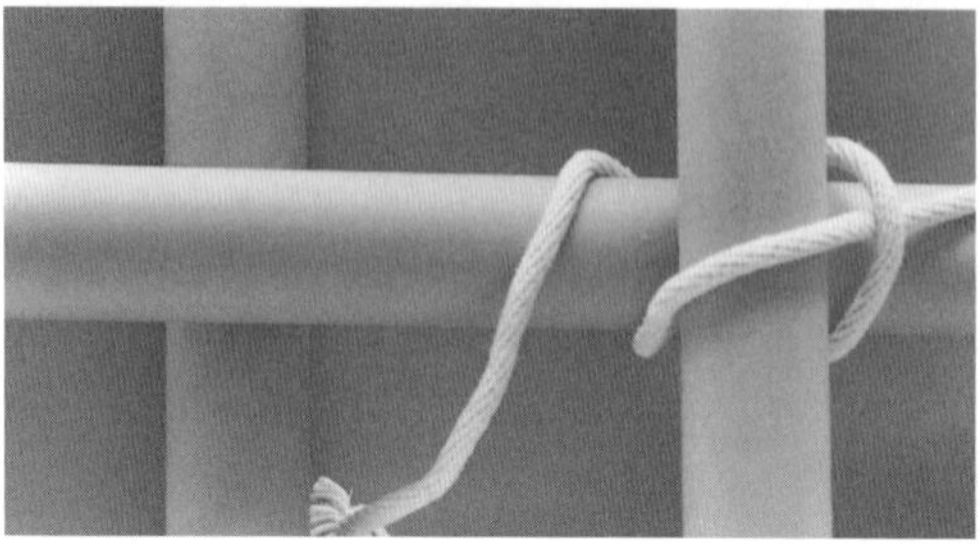

❹

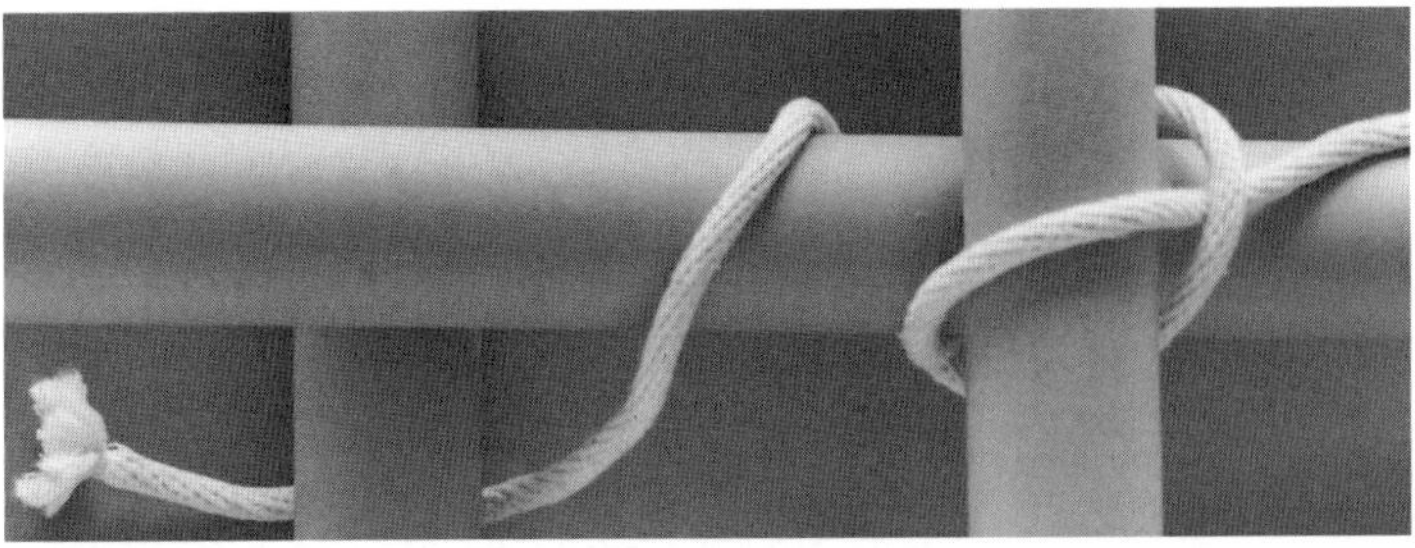

❺

❻

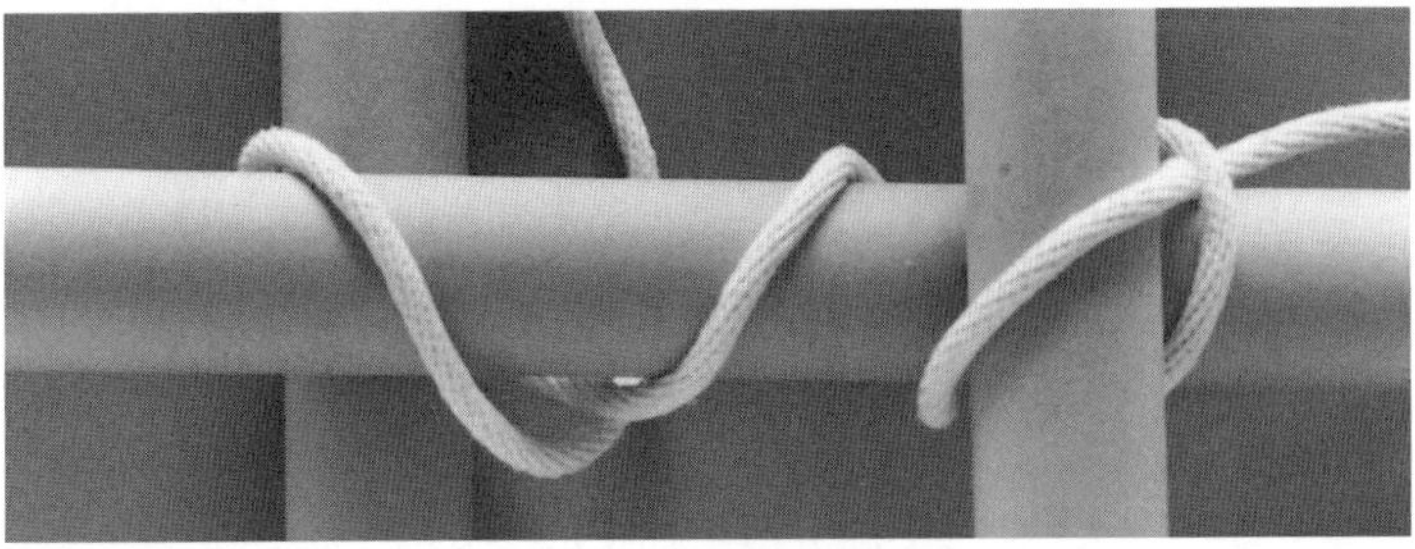

❼

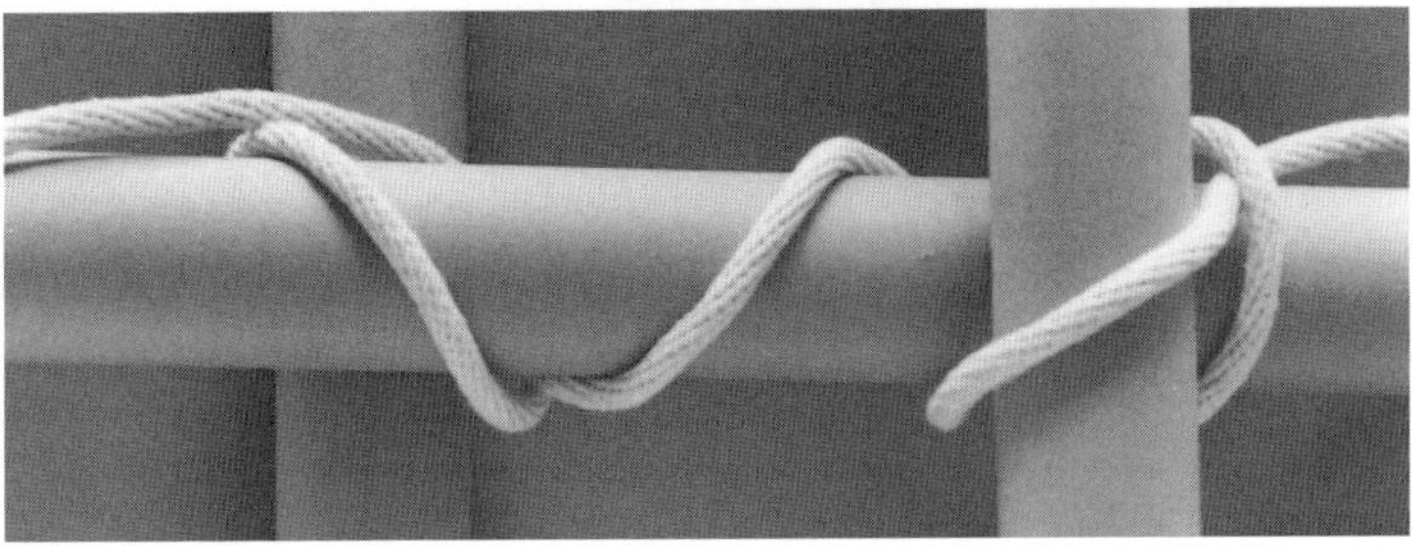

❽

建仁寺垣での扱い方

仕切垣にはいろいろありますが、ここではその中でも基本型とされている建仁寺垣のロープワークを見ていきましょう。

親柱、間柱、胴縁の位置の決め方は、四ツ目垣と同様にして、設計図を見ながら、水糸とふりさげを使って正しくつくります。

親柱と間柱が垂直かつ真っ直ぐに、決めた場所に設置できれば、半分できあがったのも同然です。

ここで、柱が傾いていないか、中心線からずれていないか確かめます。後の作業にはいってから修正するのは大変なことです。

次にシュロ縄で立子（割り竹）を胴縁にカキツケとし、押縁で固定していきます。

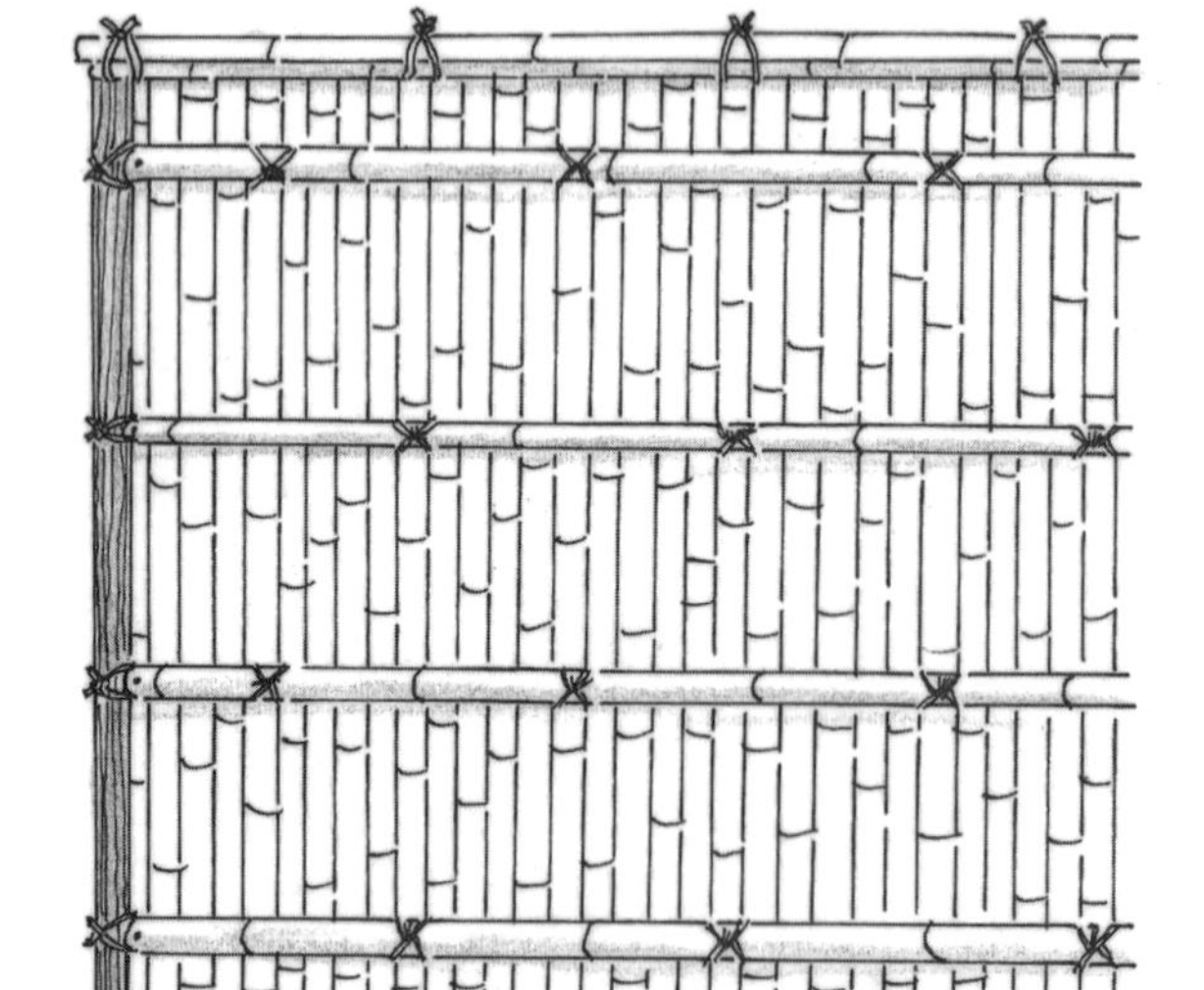

建仁寺垣

玉縁の飾り結びいろいろ

立子のカキツケ――A

立子のカキツケ方の一つです。シュロ縄を胴縁に「男結び」で止め、図の順序でカキツケていきます。図のように表は高さの異なる一の字、裏は縦二の字となります。押縁を使わないときの立子のカキツケにも使います。

①

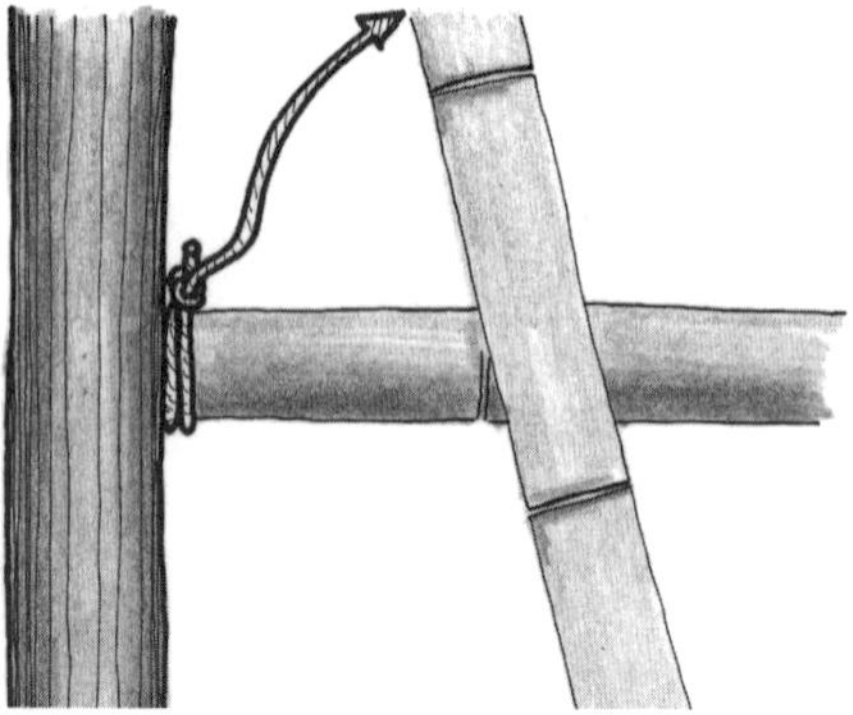

②

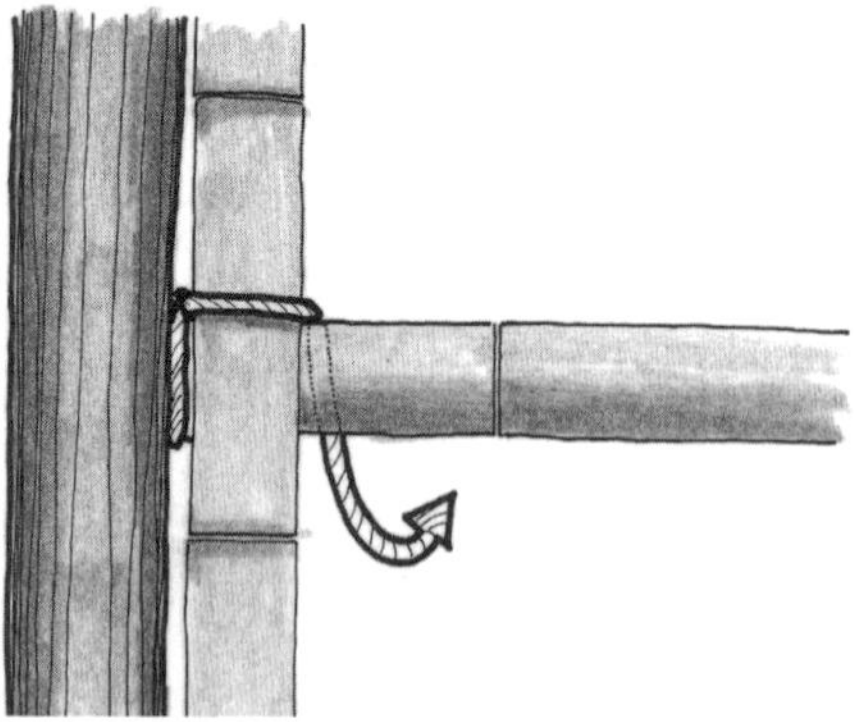

③

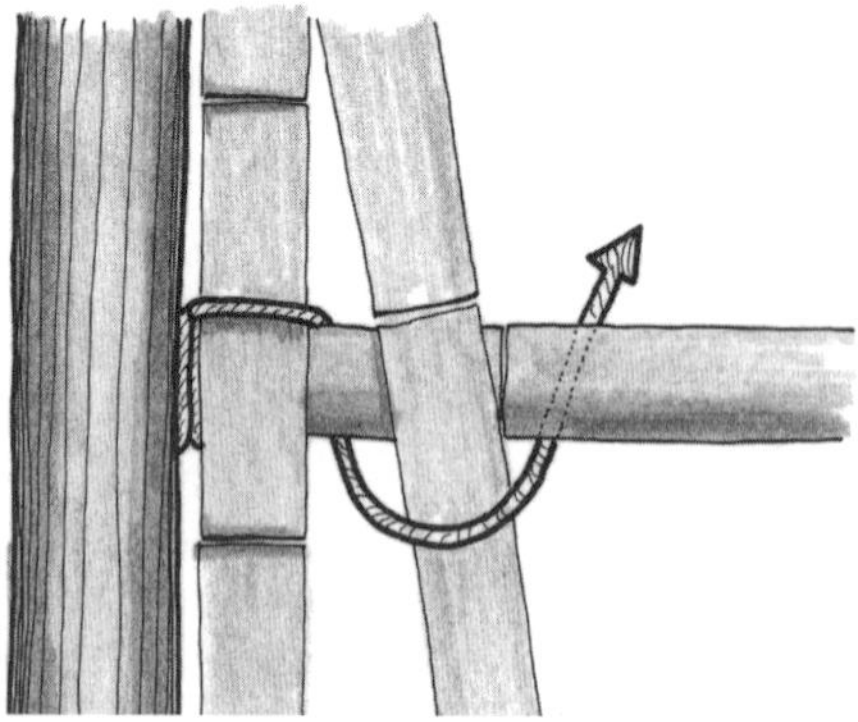

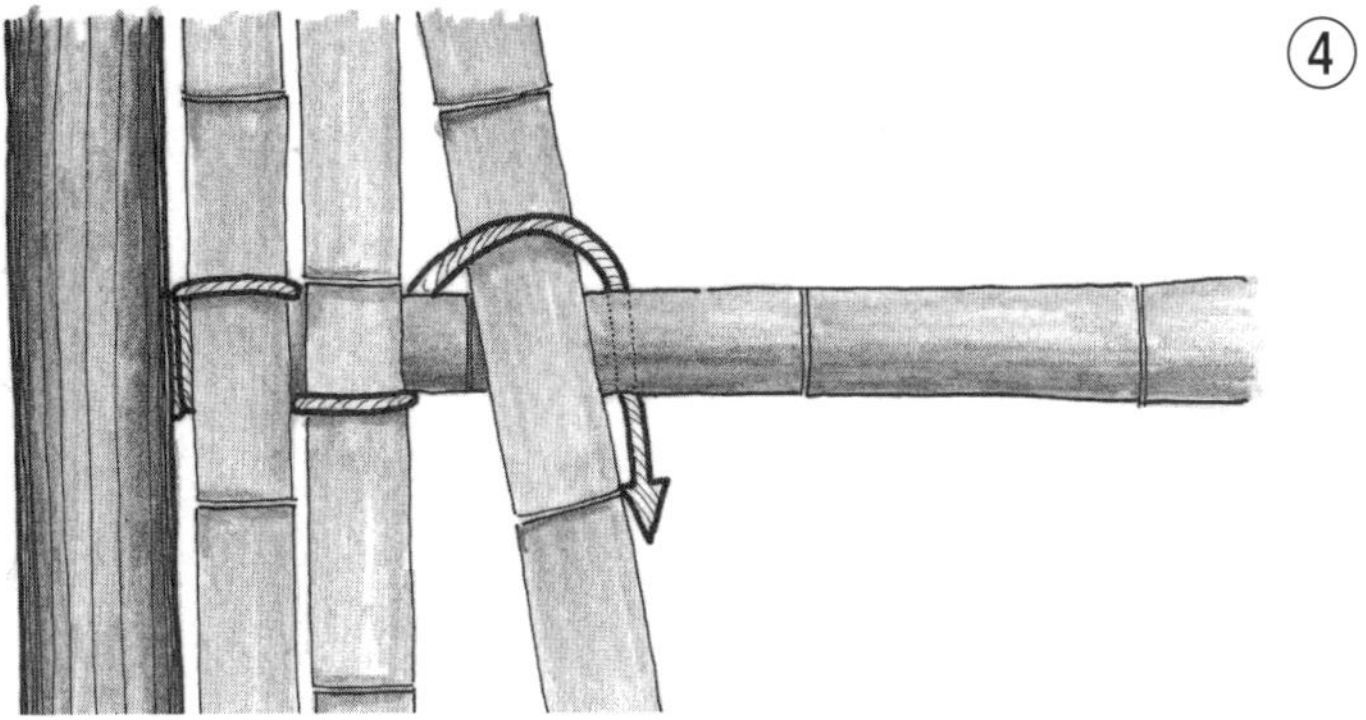
④

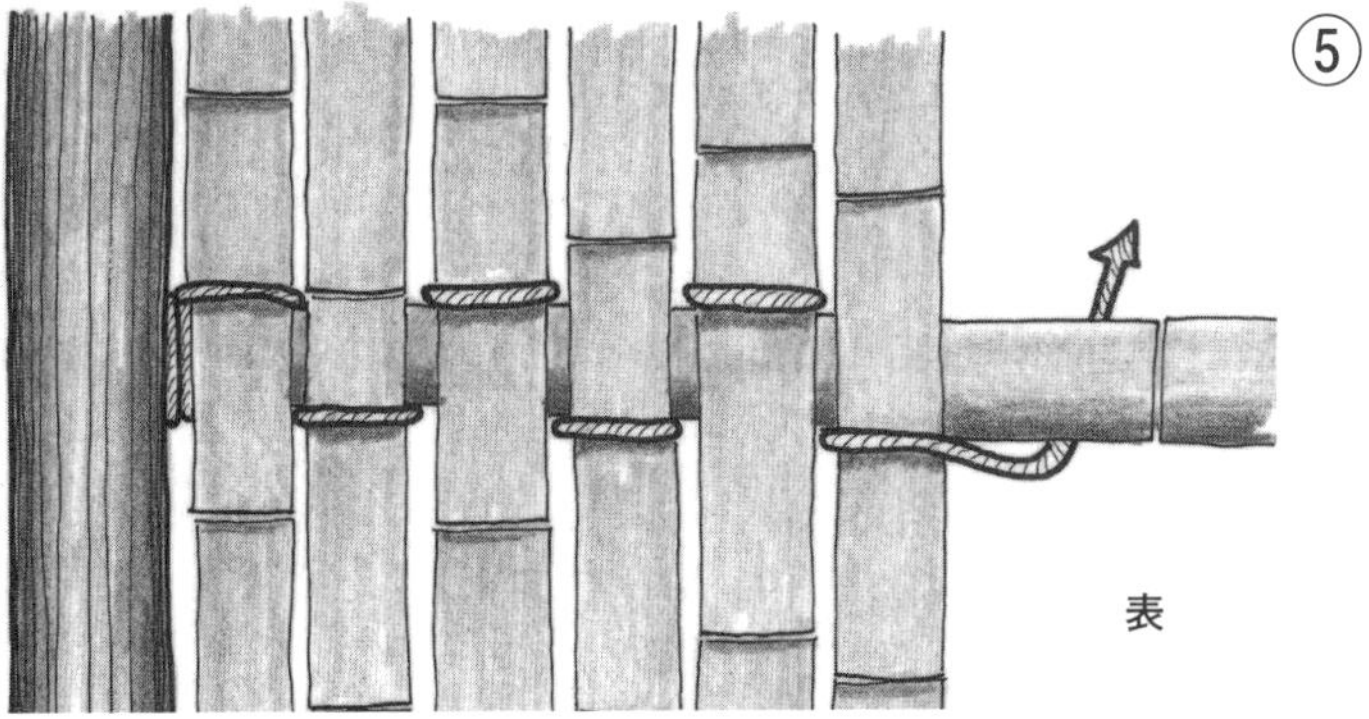
⑤
表

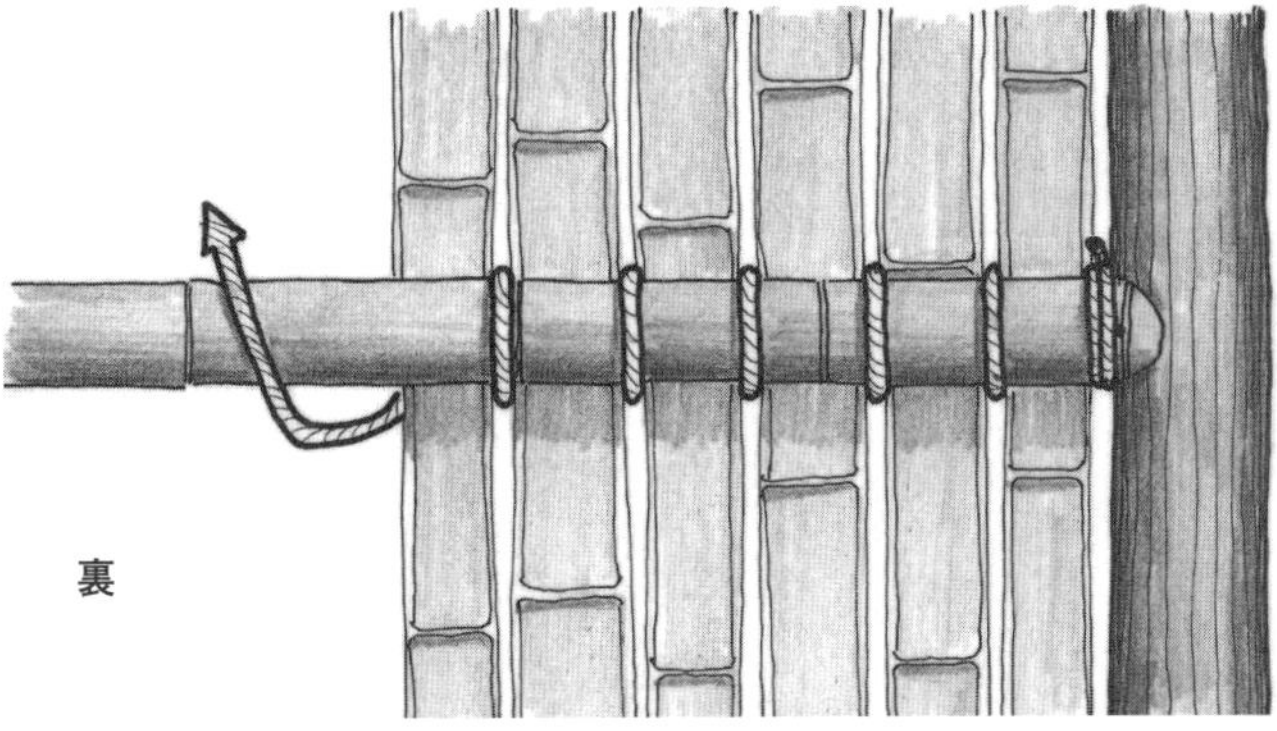
裏

立子のカキツケ—B

立子のカキツケ方の一種です。シュロ縄の中間から始めるか、二組のシュロ縄を使ってカキツケます。図のように表側はたすき掛けとなり、裏は縦二の字となります。押縁を使わない建仁寺垣のカキツケによく使います。

①

②

③

④

⑤

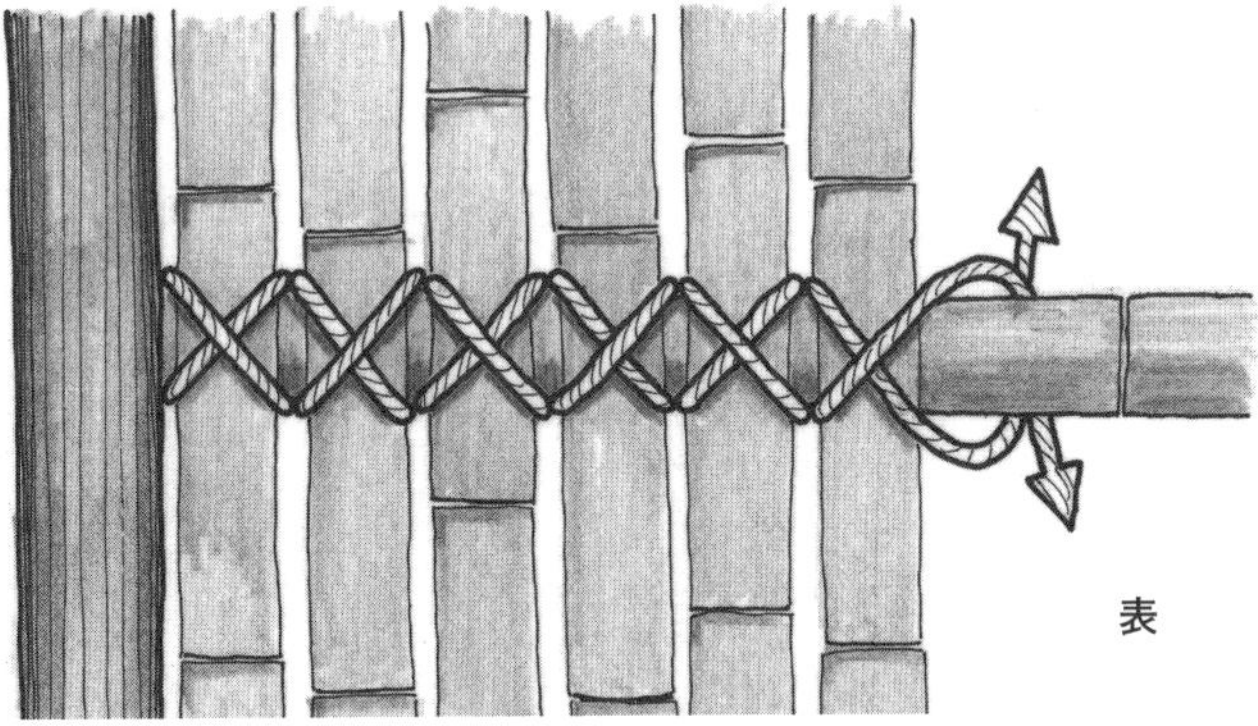

表

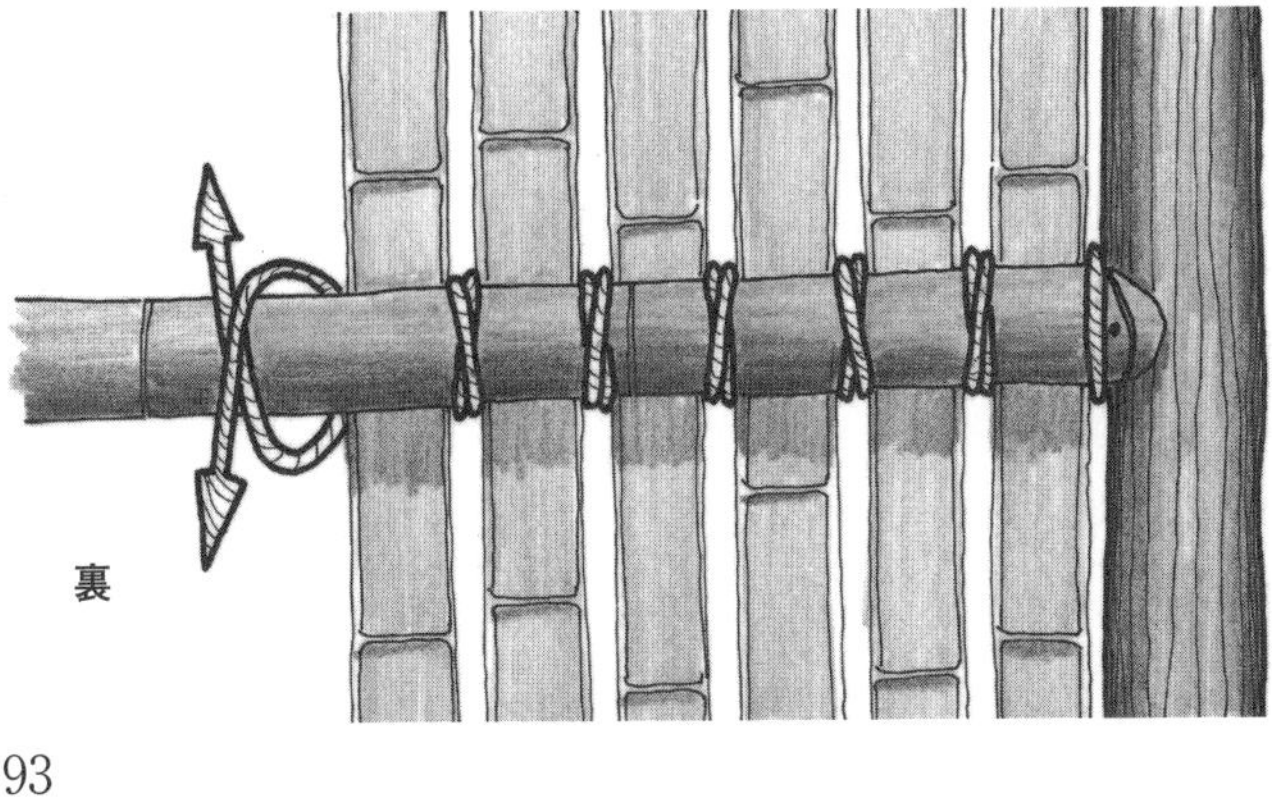

裏

立子のカキツケ—C

一般によく使われているのがこのカキツケ方です。カキツケは立子を胴縁に一時的に結び付けることです。その上に、押縁で本式に立子を締め付けます。親柱と間柱に釘止めしている胴縁は何本かありますが、これらすべてに立子をカキツケることはありません。普通の建仁寺垣では上から3本目の胴縁にカキツケるか、上から3本目と下から2本目にカキツケれば十分です。

カキツケ方としては、向か

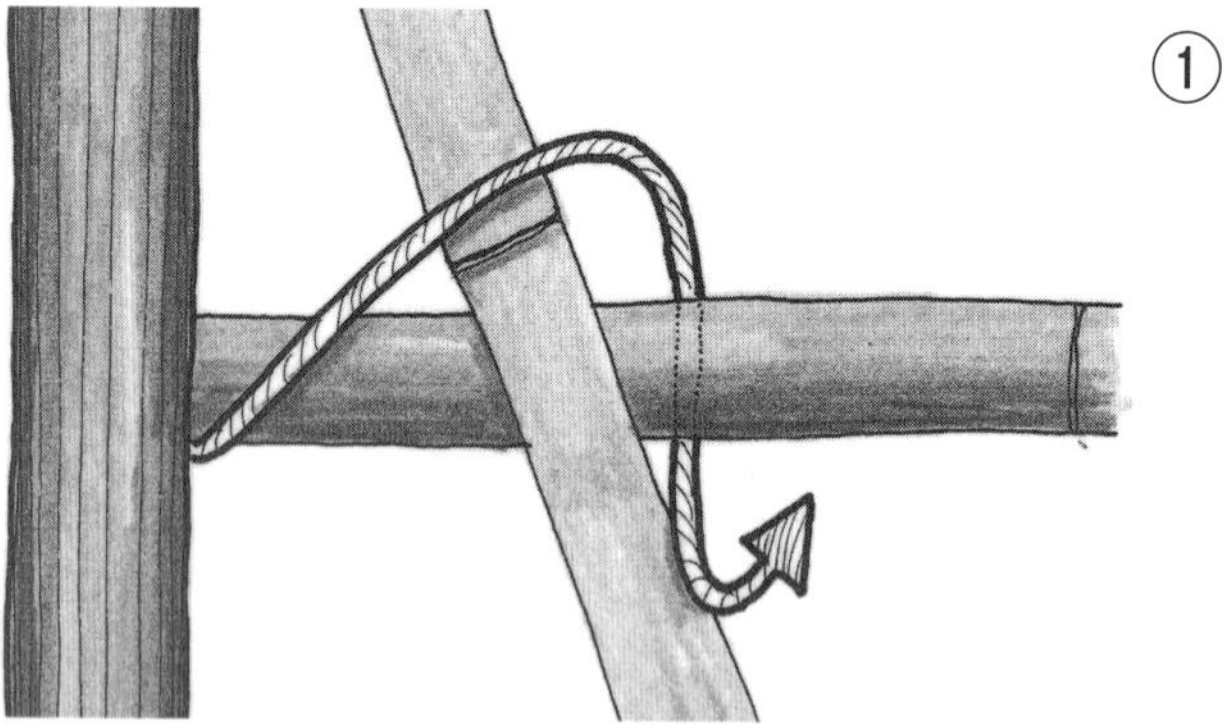

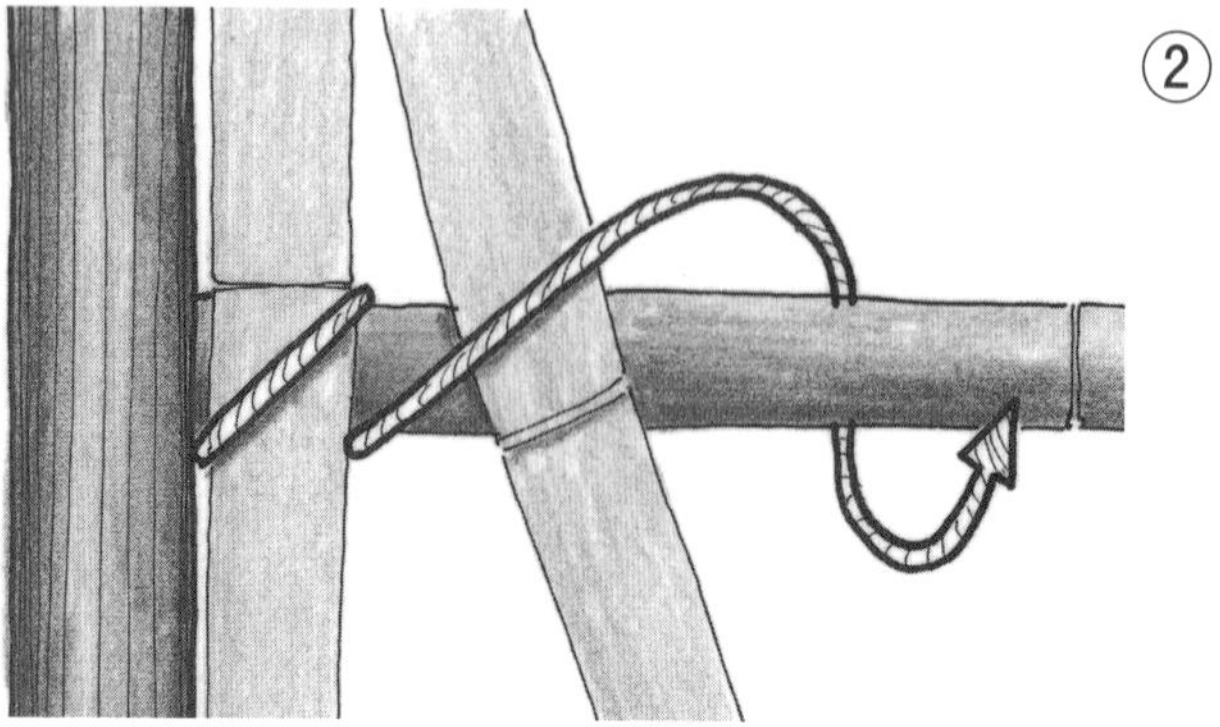

って左側の親柱と切付留めをした胴縁の接している部分に、シュロ縄を巻き付け「男結び」で止めます。次に図の要領で巻き付けるように立子をカキツケていきます。

押縁を使う建仁寺垣では、直接カキツケの縄が見えませんので染ジュロは使わず、赤を使います。

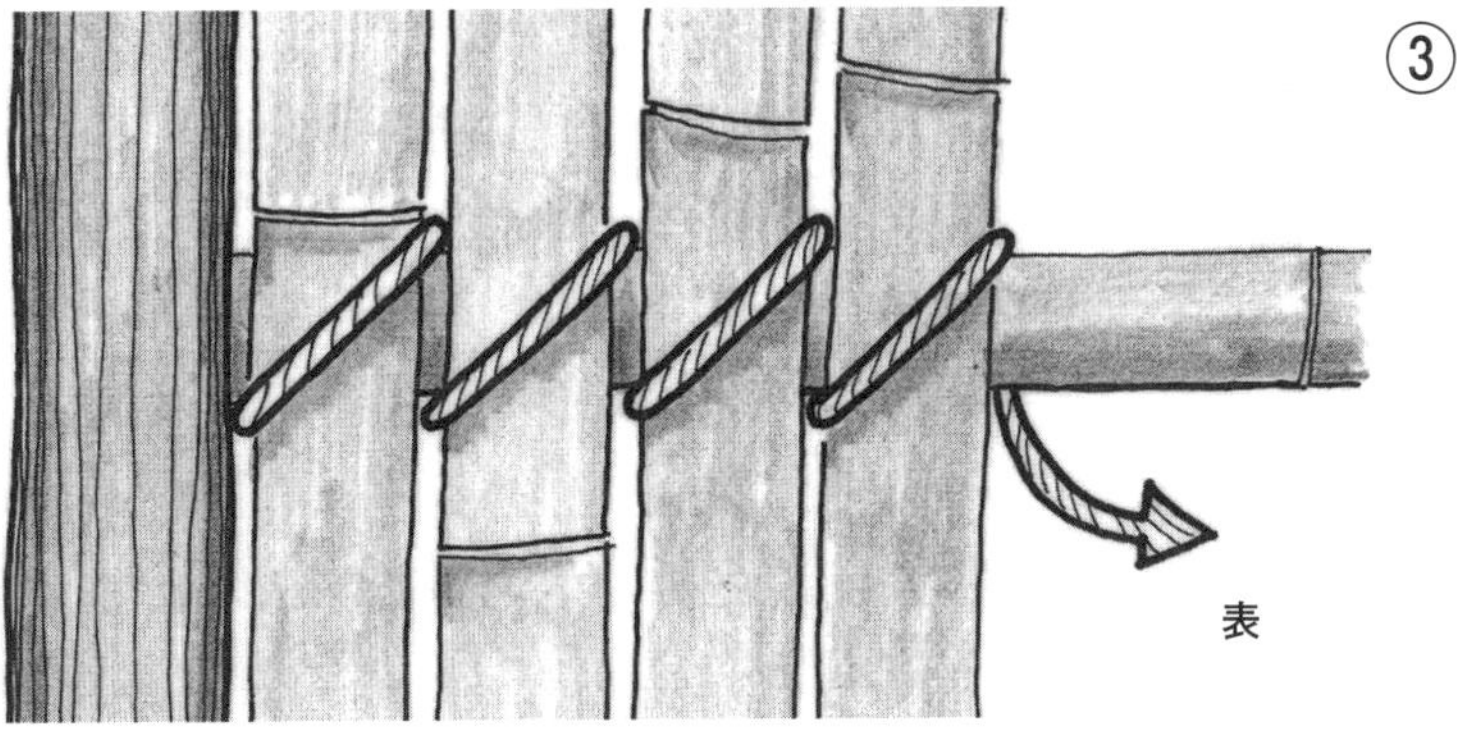

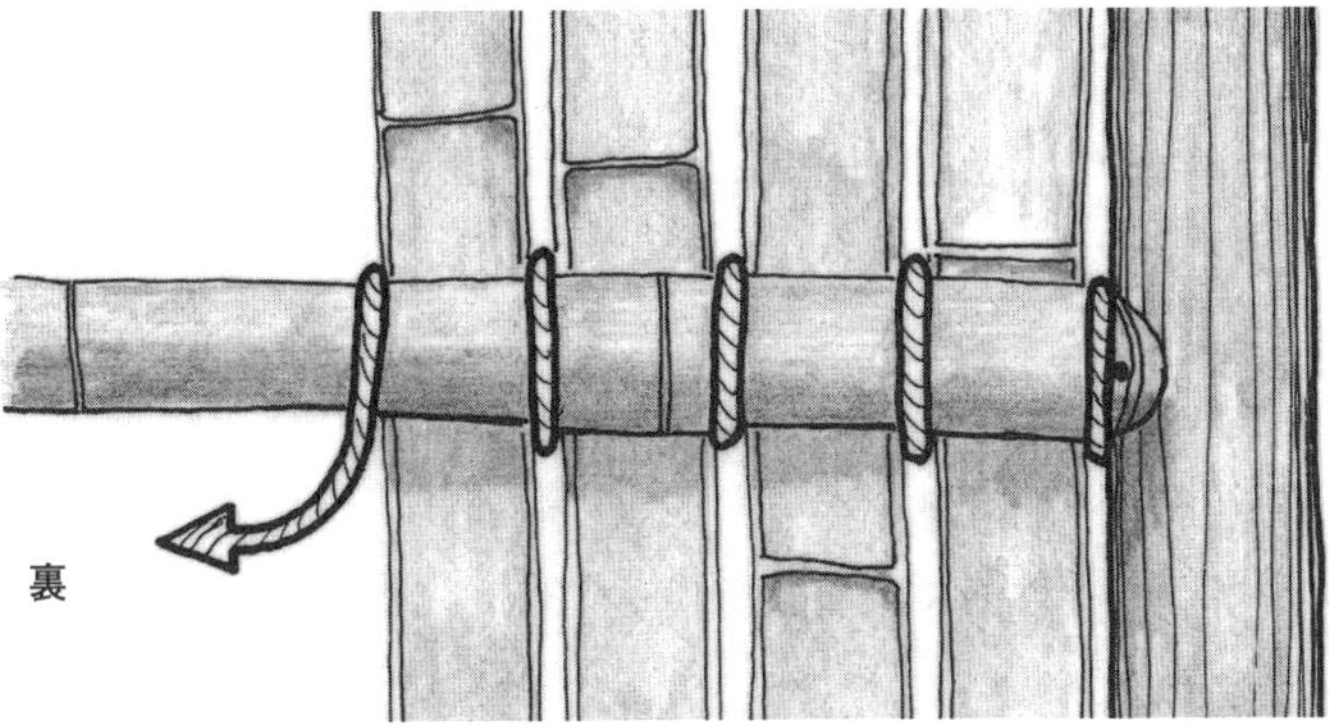

押縁とくり針

立子のカキツケが終われば次は押縁の締め付けにはいります。くり針を使って、シュロ縄を「うのくび結び」とします。

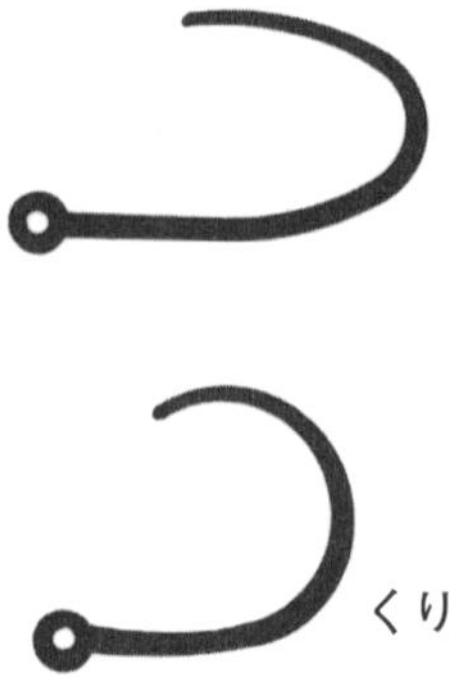

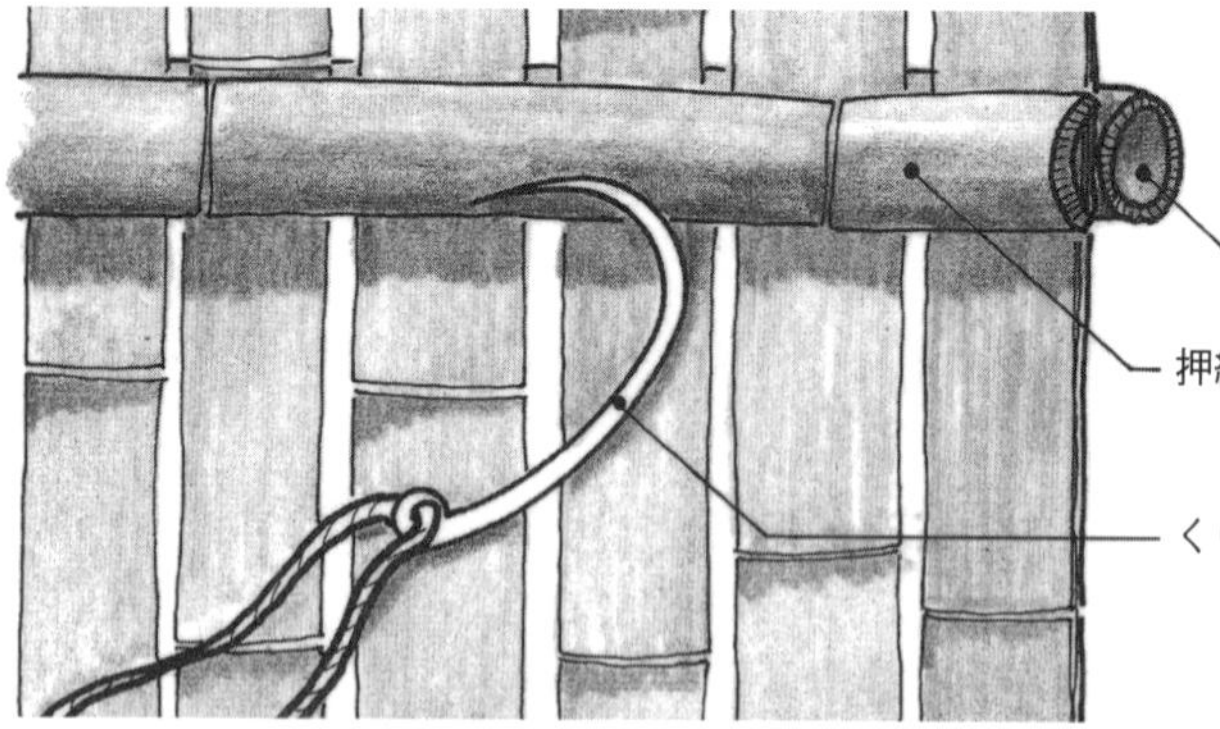

③

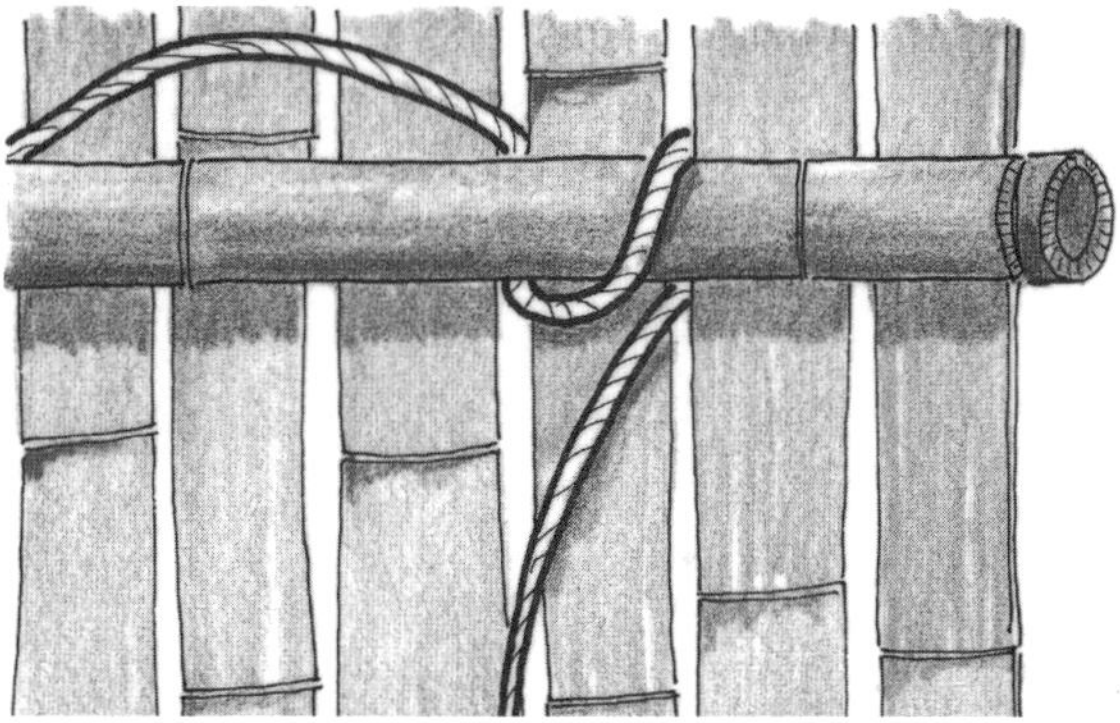

④

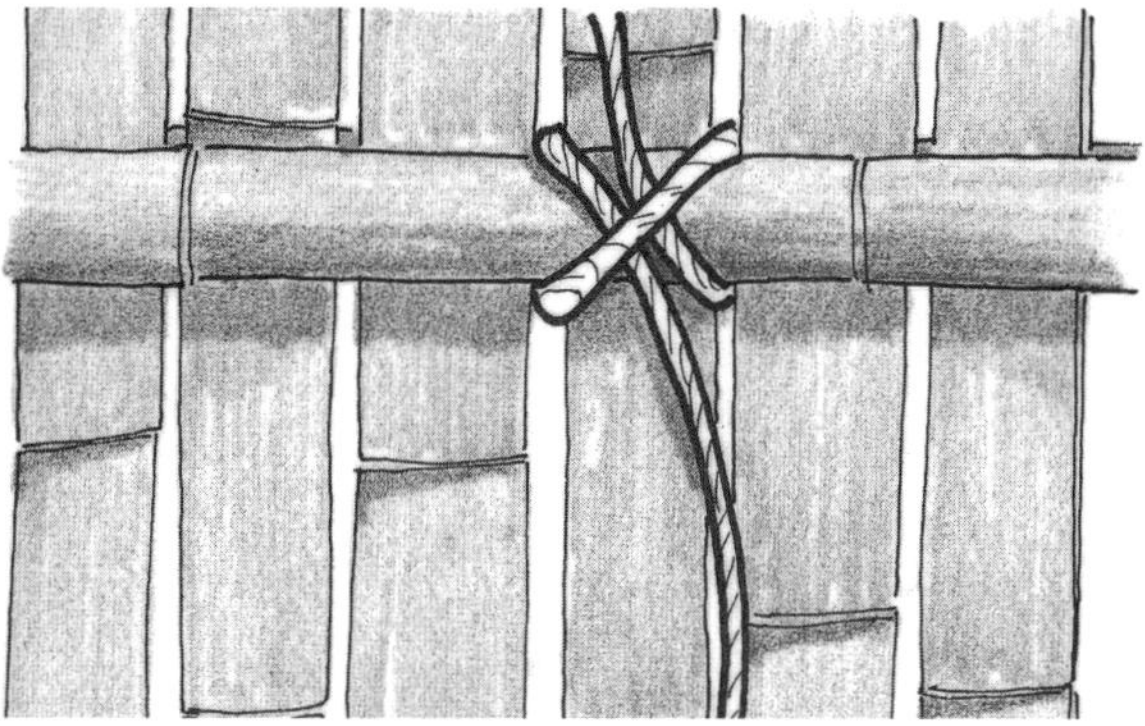

⑤

玉縁

立子の頭と胴縁とに被せた大形の割竹を玉縁といいます。図は玉縁のシュロ縄掛けの手順です。

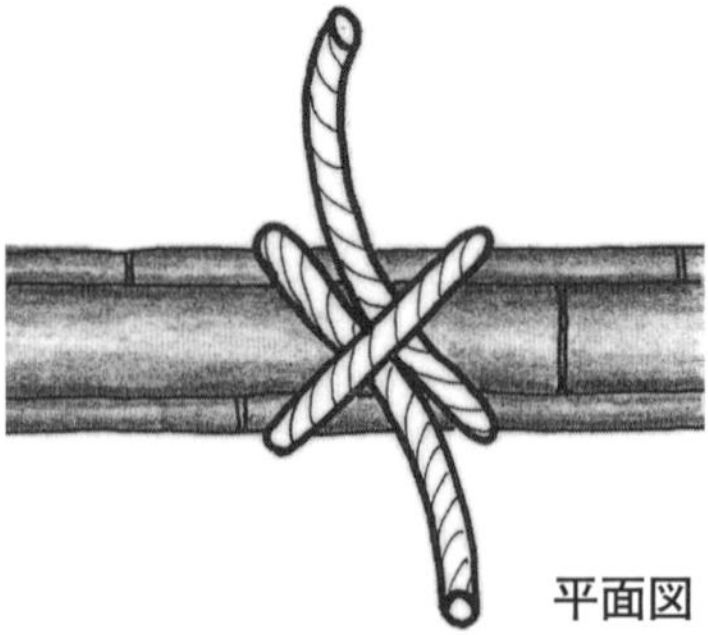

平面図

❶

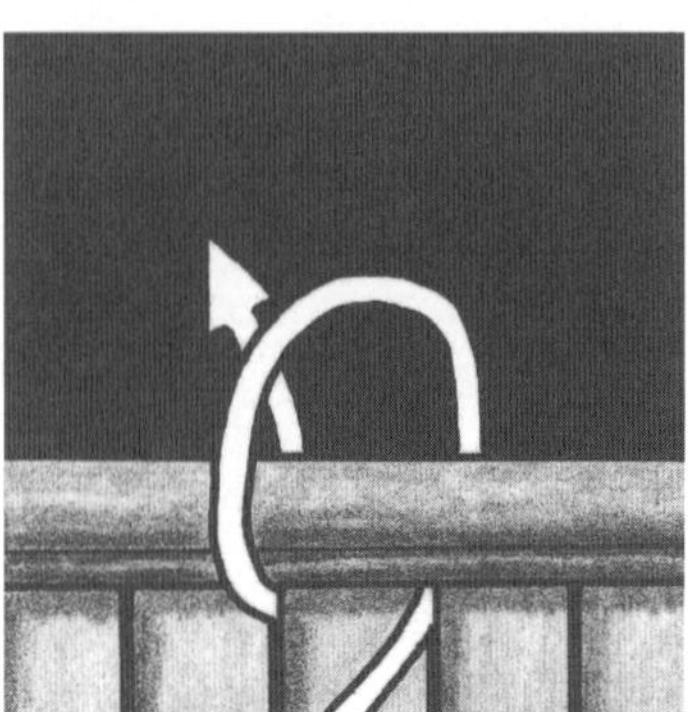

❷

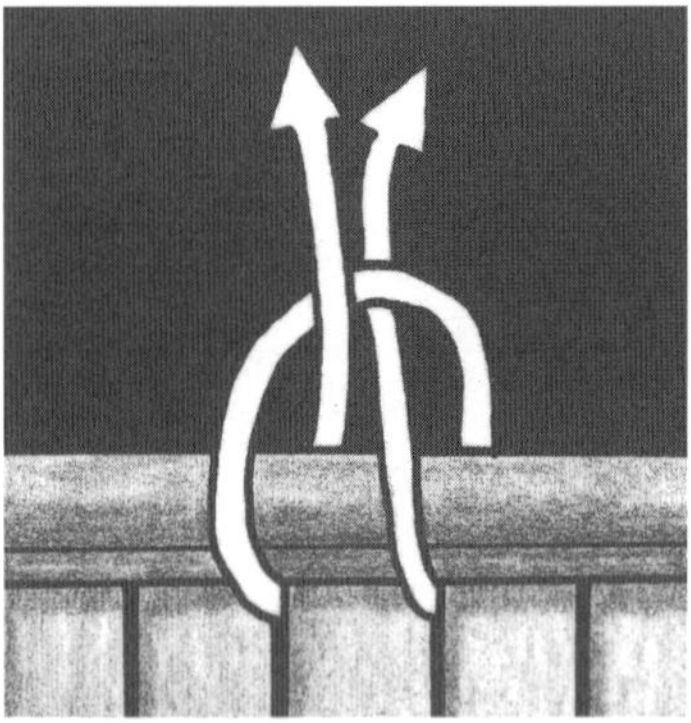

❸

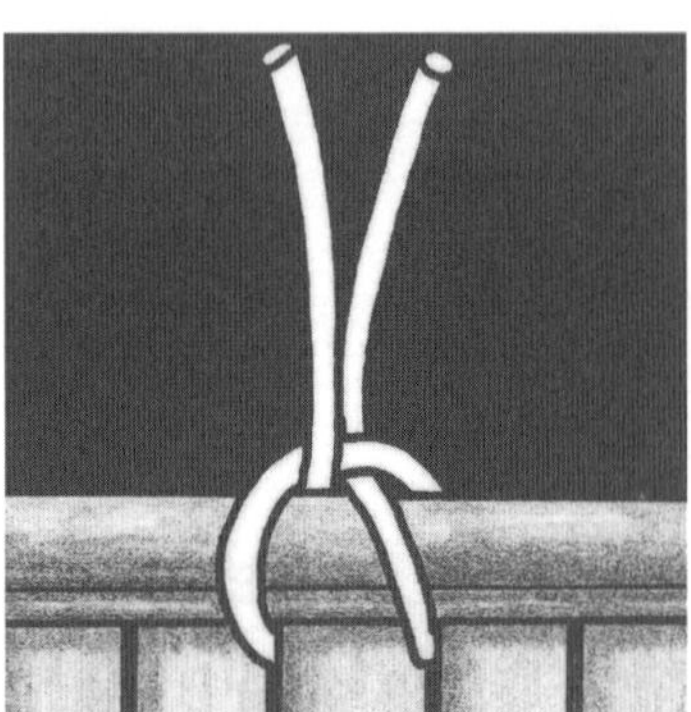

❹

玉縁の飾り結び その1

これは、略式の飾り結びです。玉縁に掛けたシュロ縄を「男結び」で一度止め、その上に図の手順で飾りをつくります。

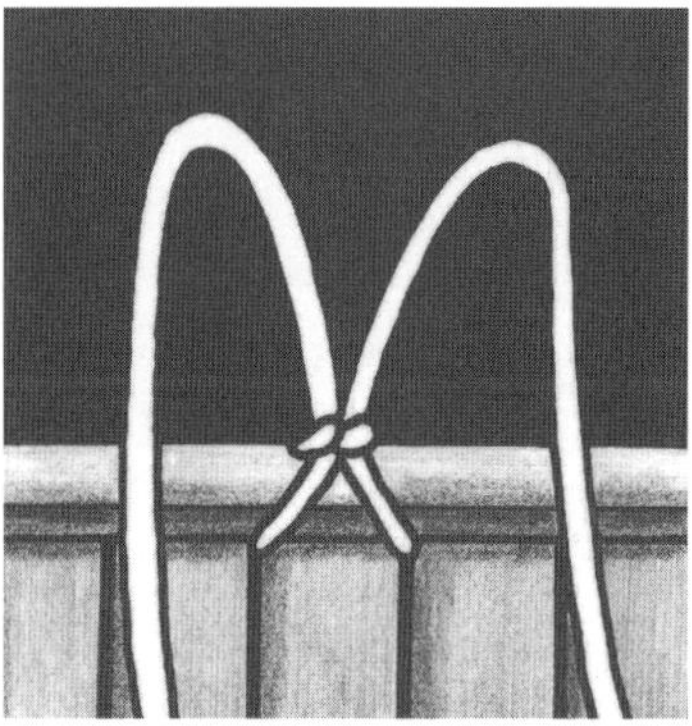

❶

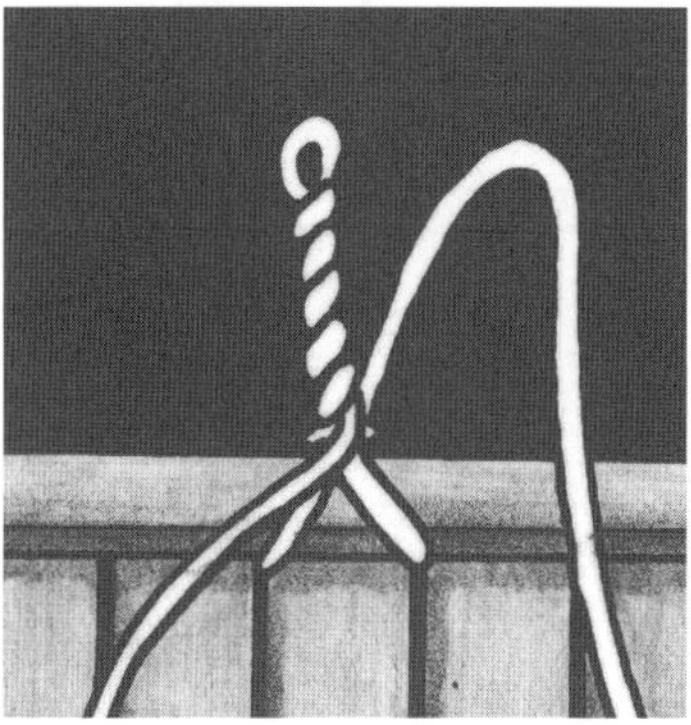

❷

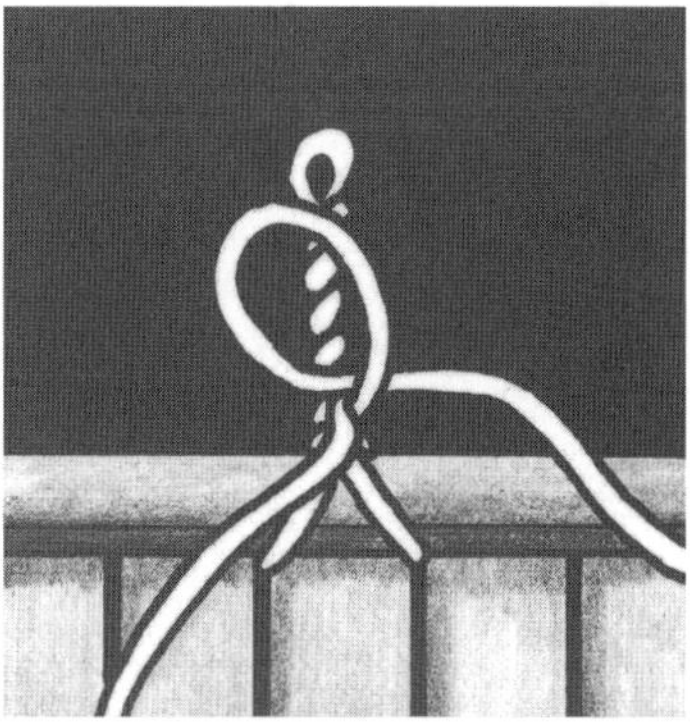

❸

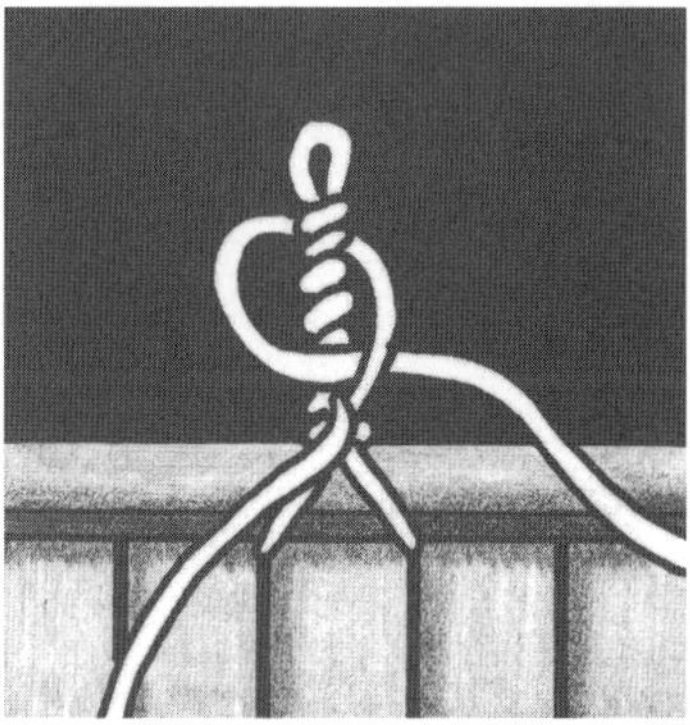

❹

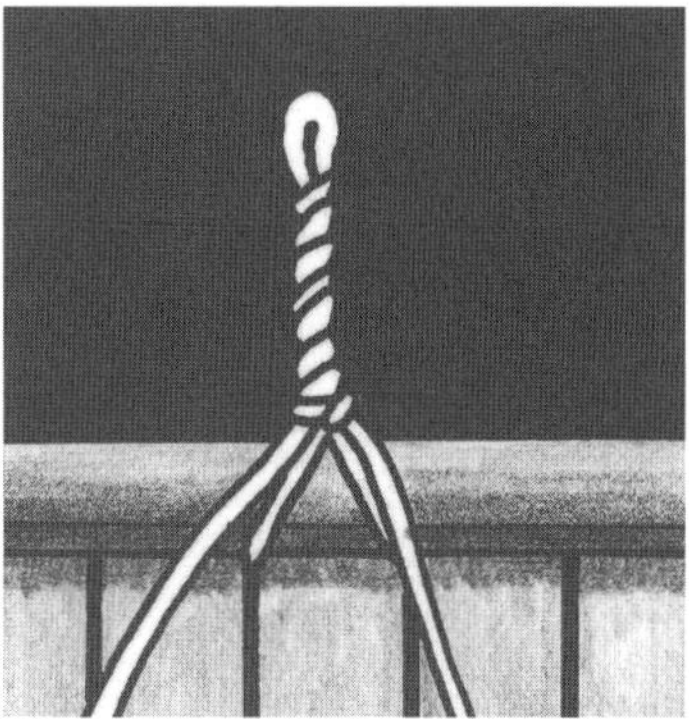

❺

玉縁の飾り結び その2

　玉縁の本式の飾り結びです。図❶から図❹までは男結びの「手」の部分を二重にした変形です。図❺の状態で結びは解けません。図❺でできた輪を利用して、図❻から図❾の手順で飾りをつくります。

　この図❺の状態を利用して、「蜻蛉《とんぼ》結び」や「蝶《ちょう》結び」などの飾り結びもつくれます。

　また、飾り結びの房の本数を多くしたい場合は、図❺の手順でできた輪に、切ったシ

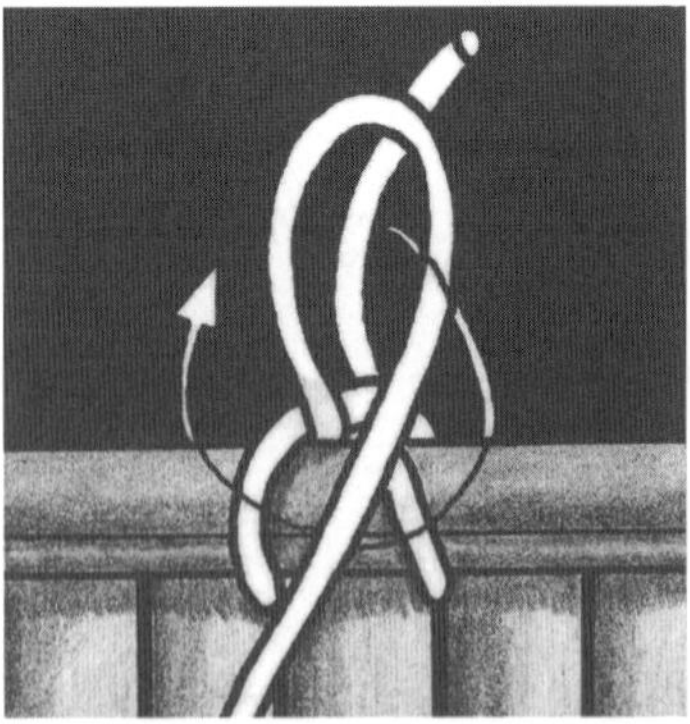
❶

❷

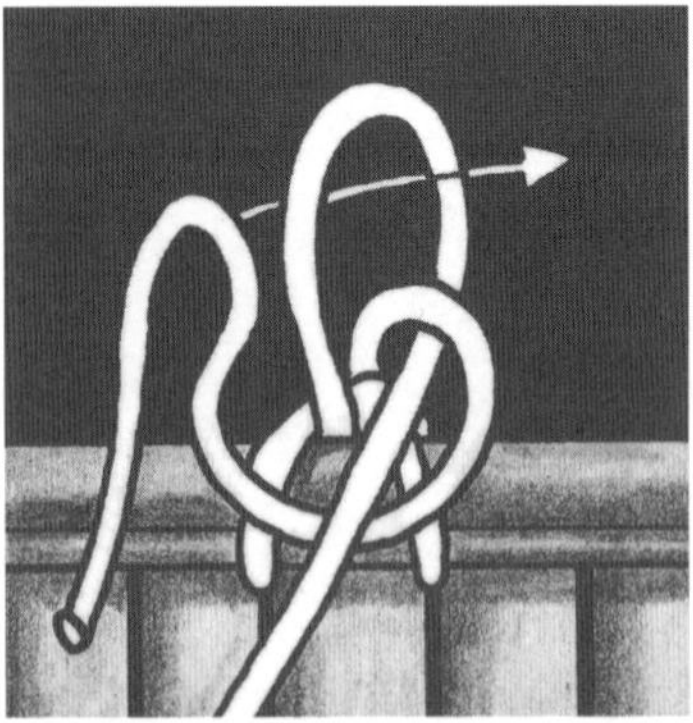
❸

❹

ユロ縄を数本通して、房の本数を多くします。

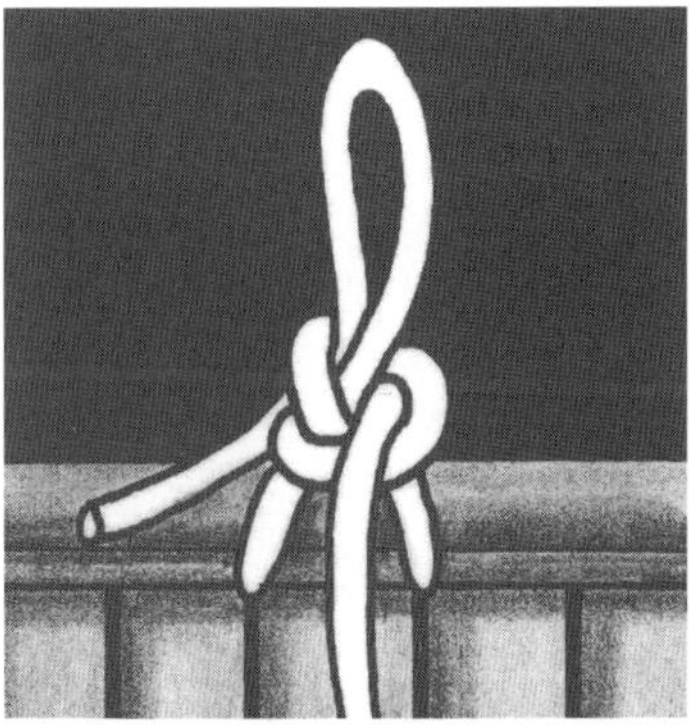
❺

❻

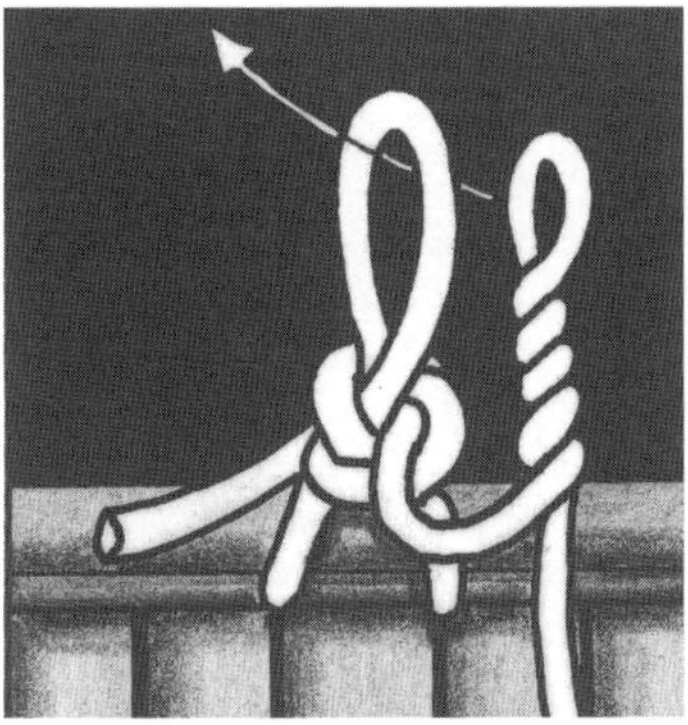
❼

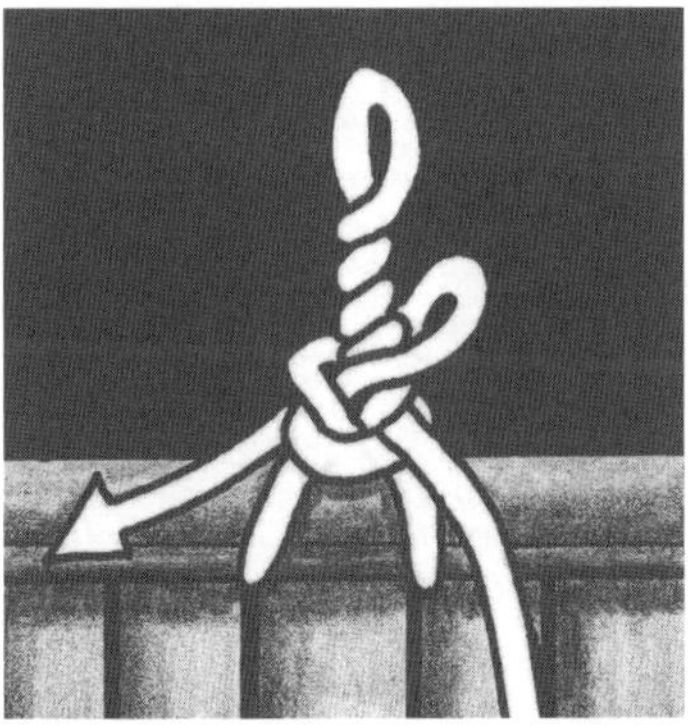
❽

❾

本式の飾り結びの手順（図❸）から変形したものです。図❻の状態で初めて安定した結びとなります。

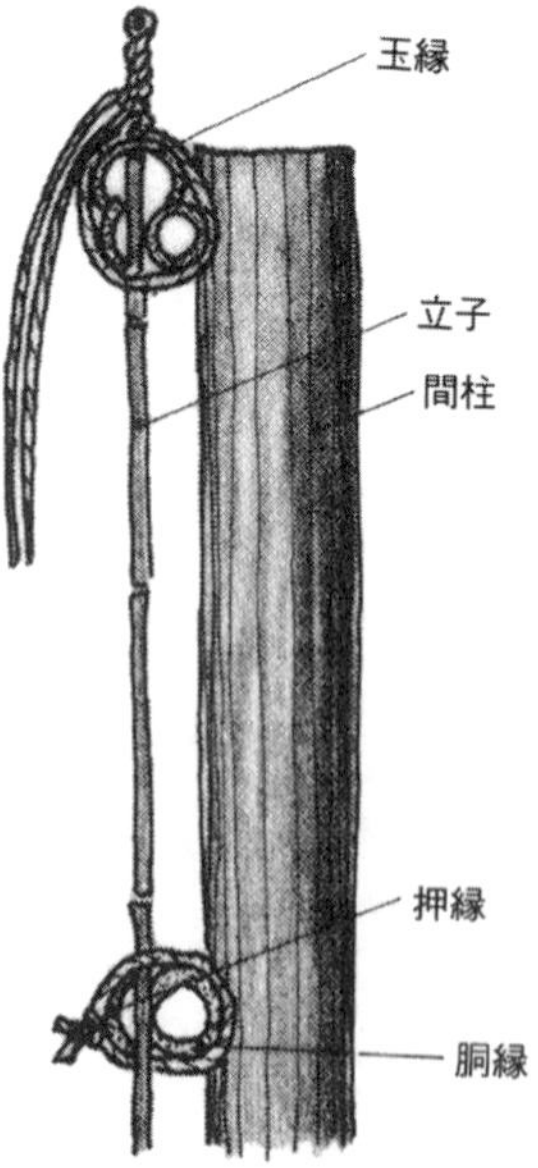

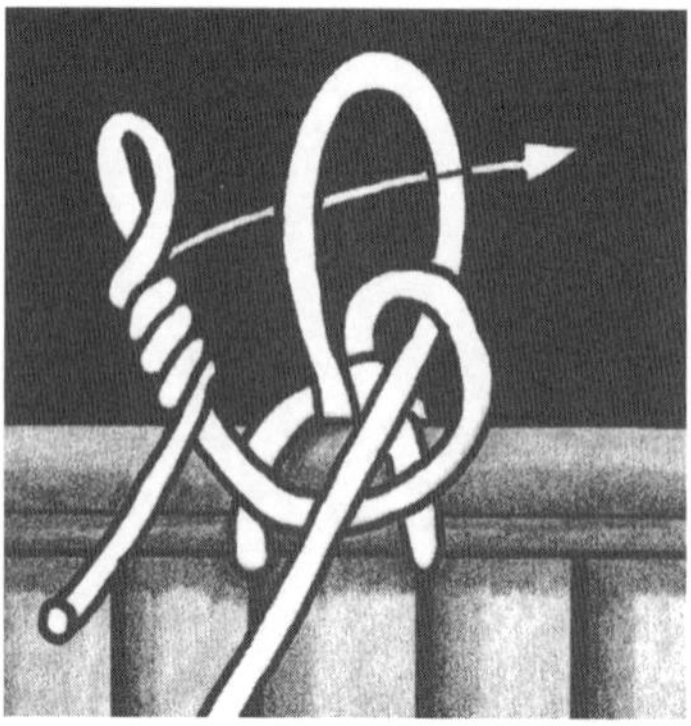
❹

❺

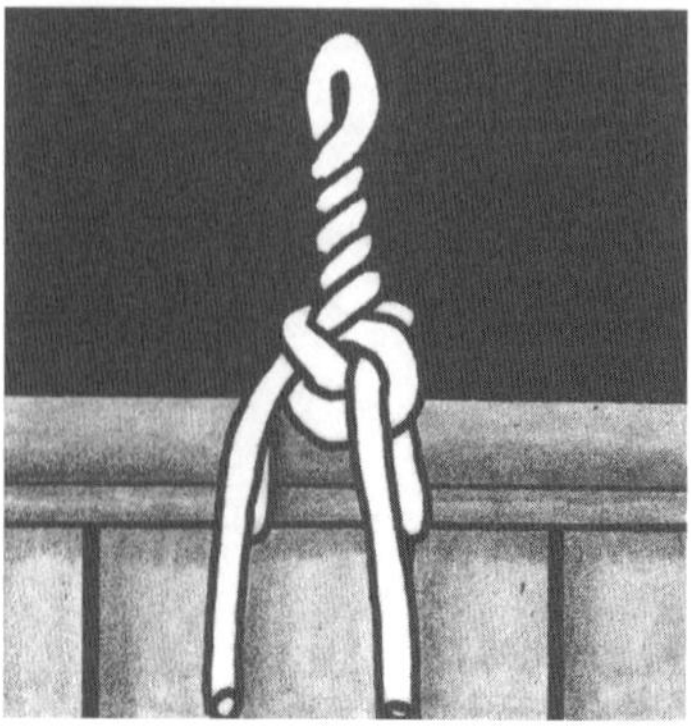
❻

このページの写真は、玉縁の飾り結びとして、「蝶結び」と「蜻蛉結び」をつくったものです。この二つの結びは、玉縁の本式飾り結びの図❺の手順でできた輪を利用したものです。

蝶結び

蜻蛉結び

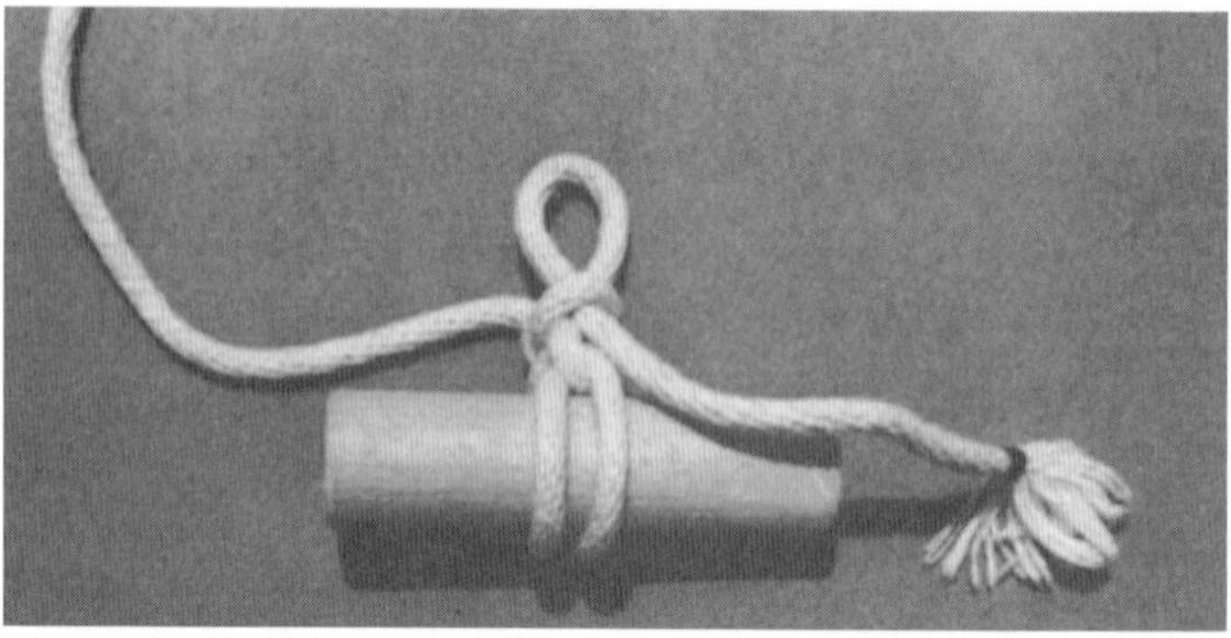

❶

❷

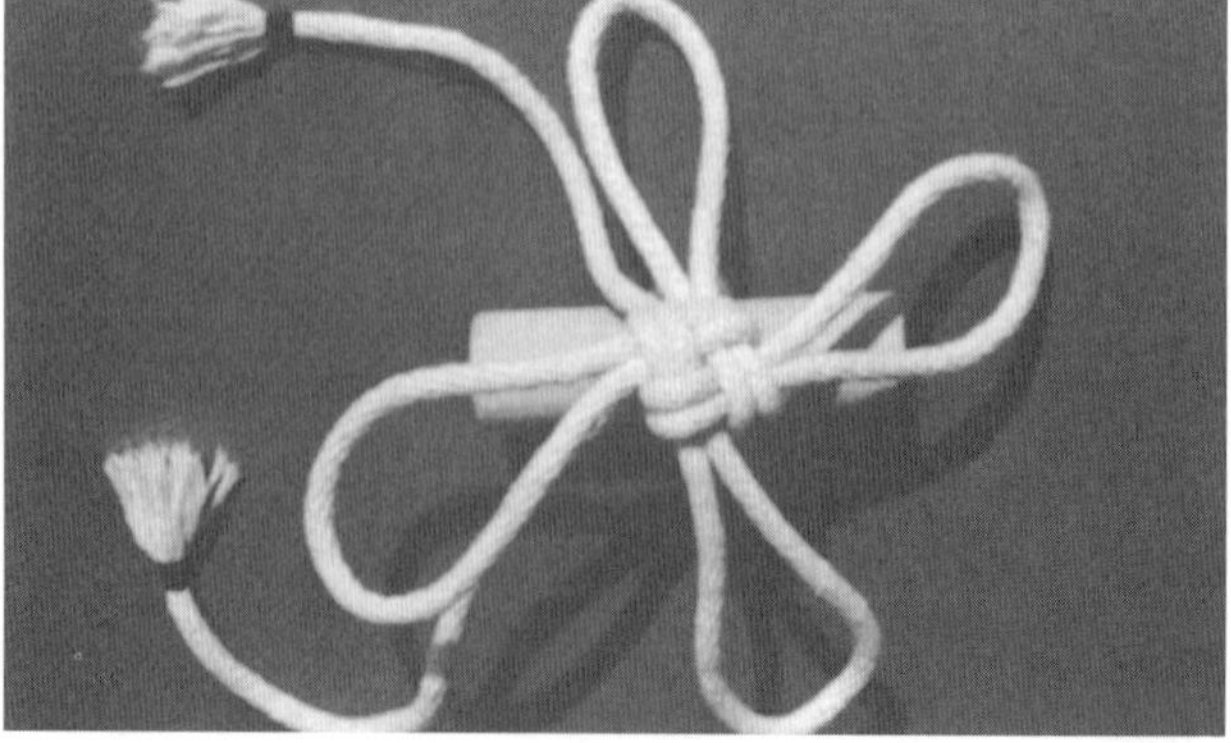

❸

平面

右のページは、飾り結びとして、花結びをつくる手順です。上の写真は101ページの図❺の状態です。輪の部分に縄の端を折り込み、中央の写真のように輪を四つつくります。この四つの輪を「クラウン・ノット」の要領で結ぶと下の写真となります。また、輪の大きさを違えますと、下の「蝶結び」となり、輪の数を多くすれば左の梅の花のようにもなります。

玉縁の飾り結び その3

まず、シュロ縄を「男結び」で止めます。次に、結びの「手」の部分を図の順序で編み上げていきます。

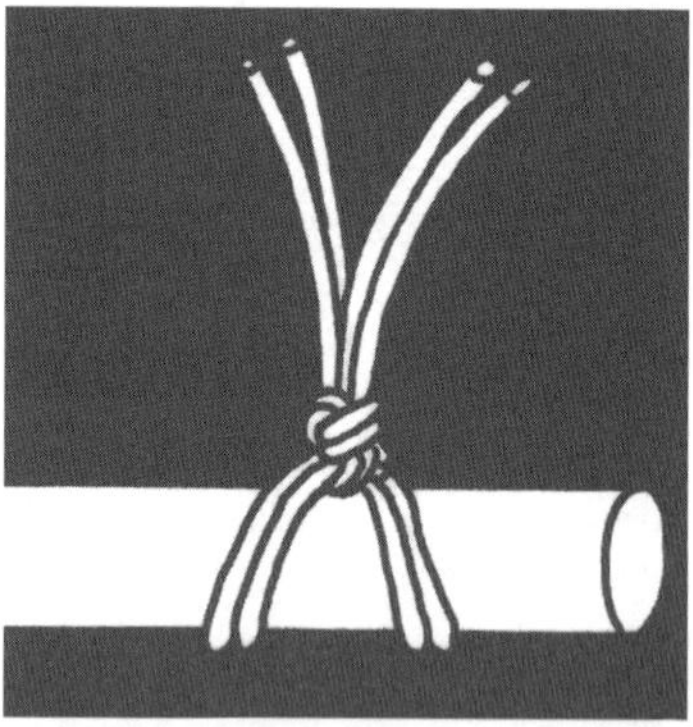

❶

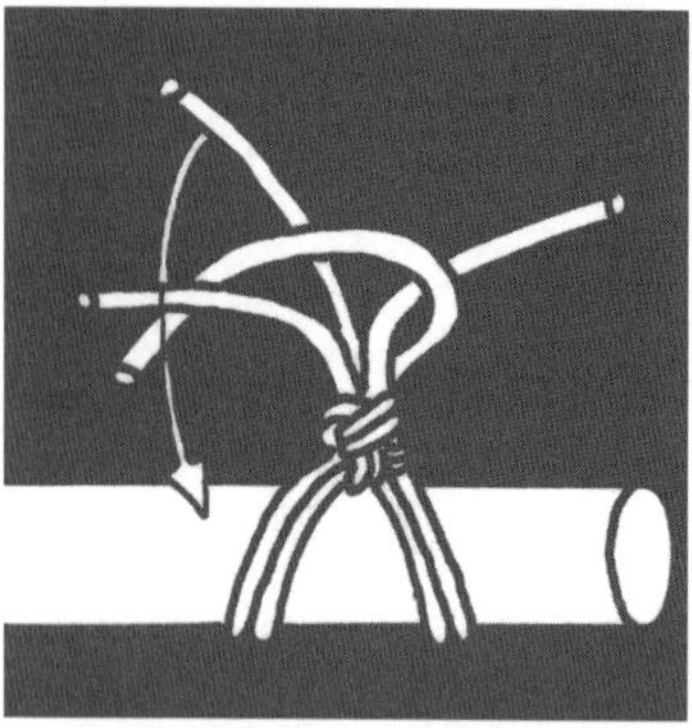

❸

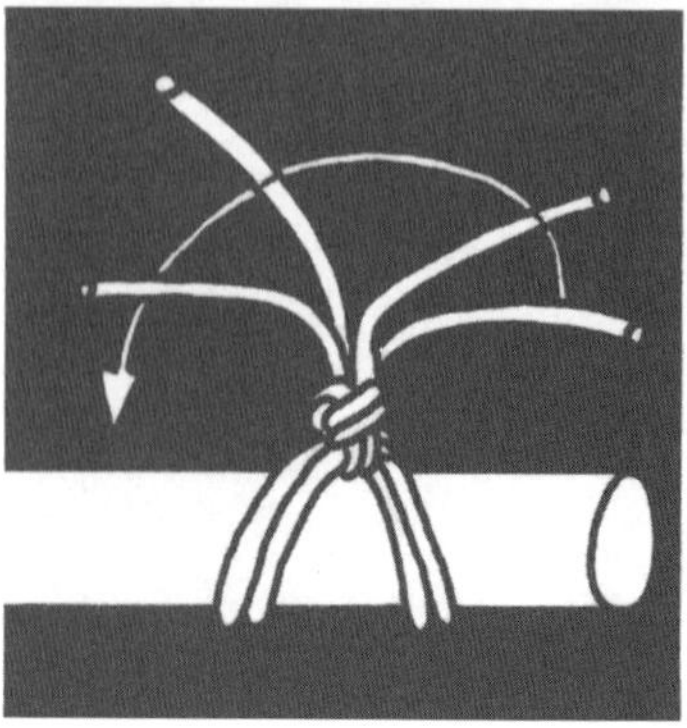

❷

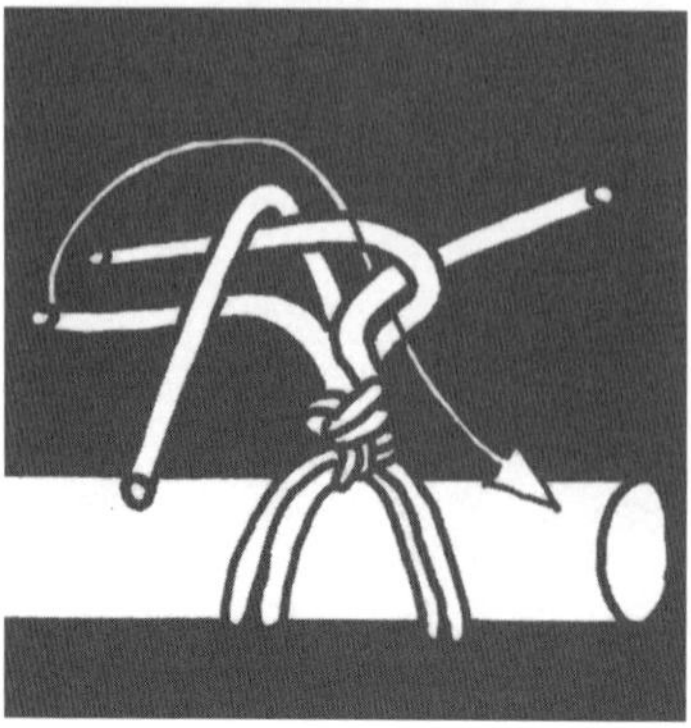

❹

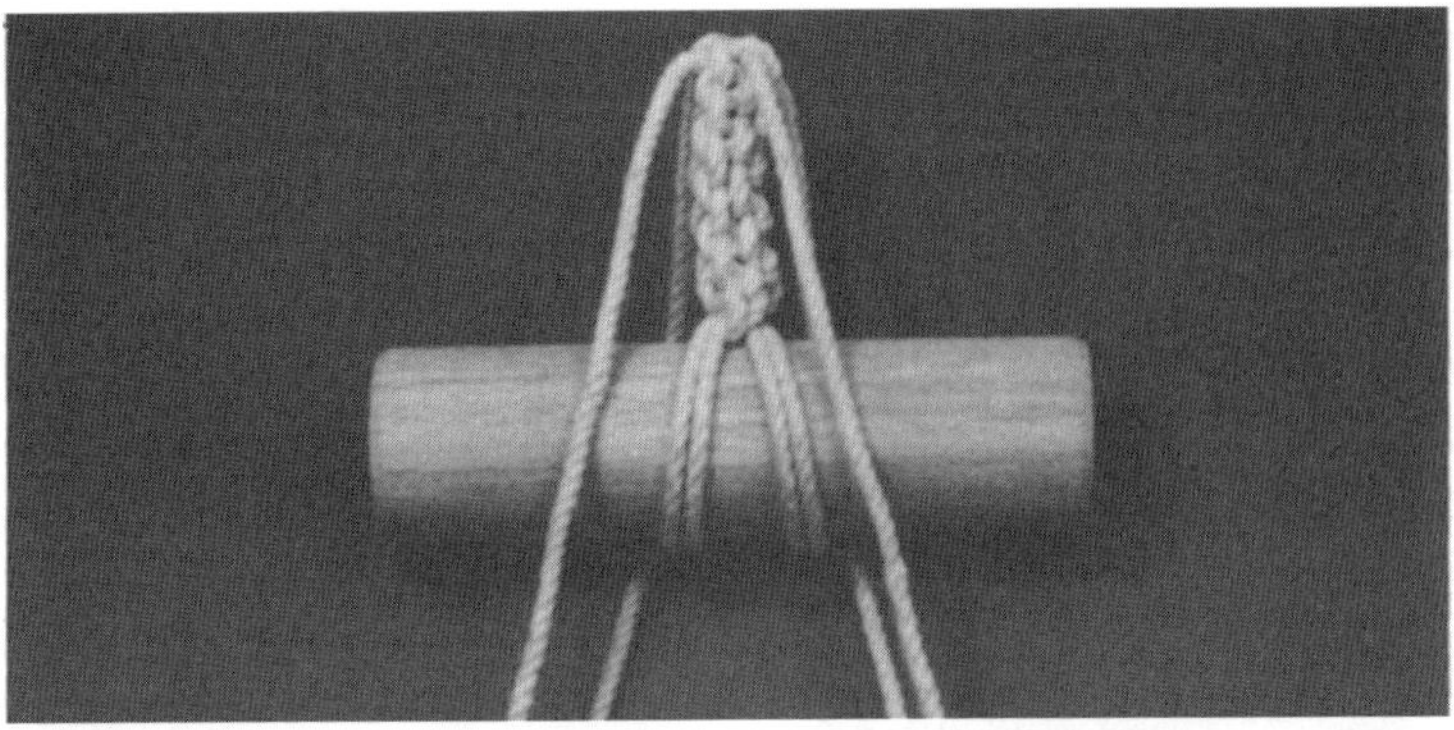

❺

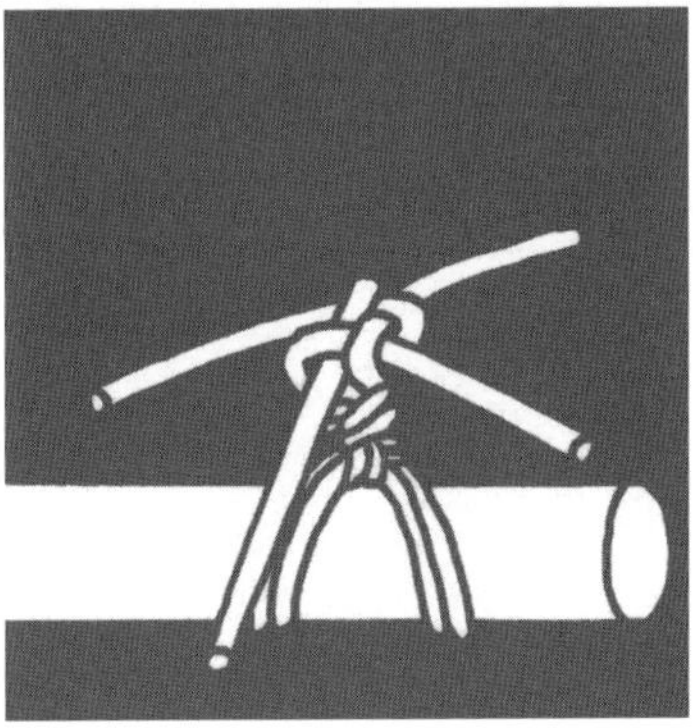

❻

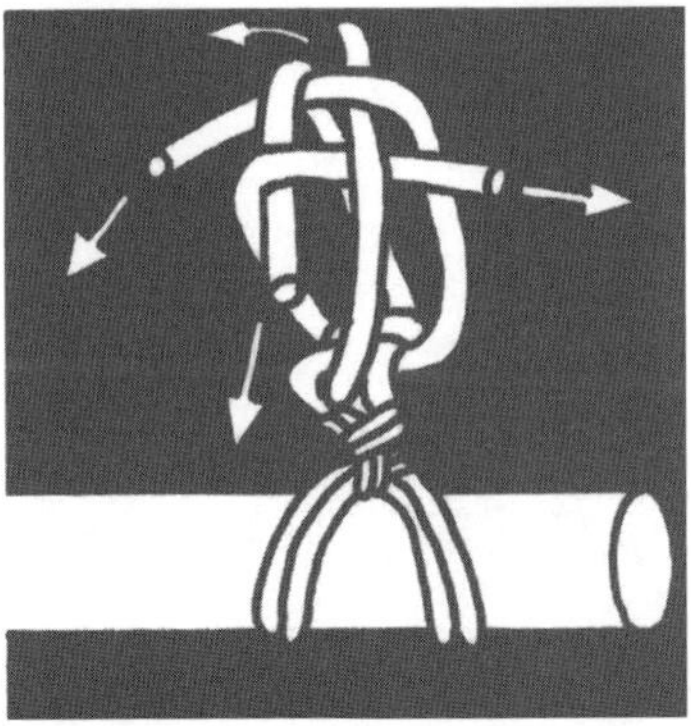

❼

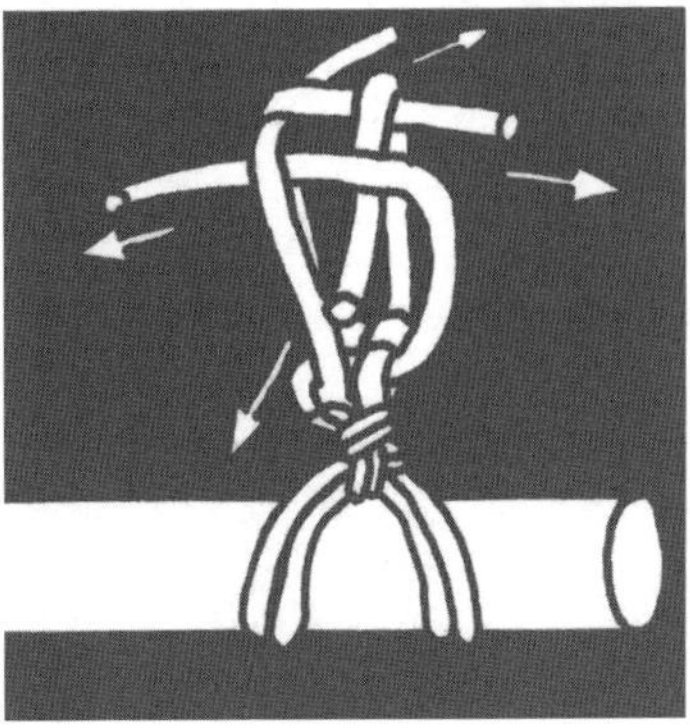

7

五行結び

この結びは、一般に縁起結びとして使われています。結び目の表が三つ、裏が二つに組み合わさっているところから「五行結び」と呼ばれています。

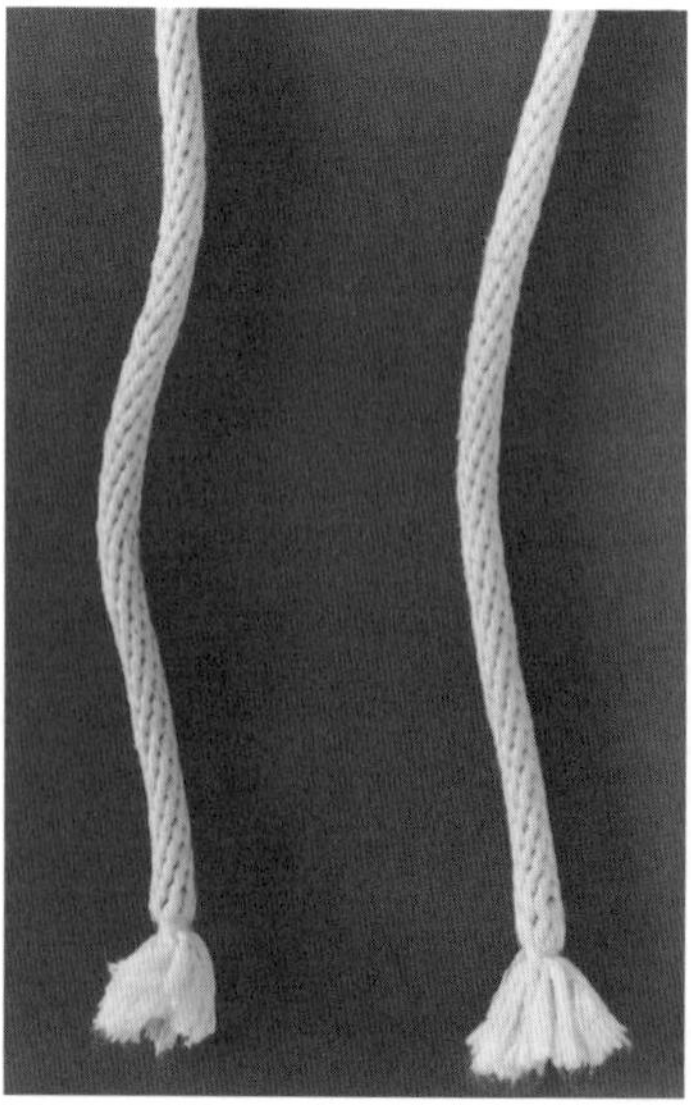

❶

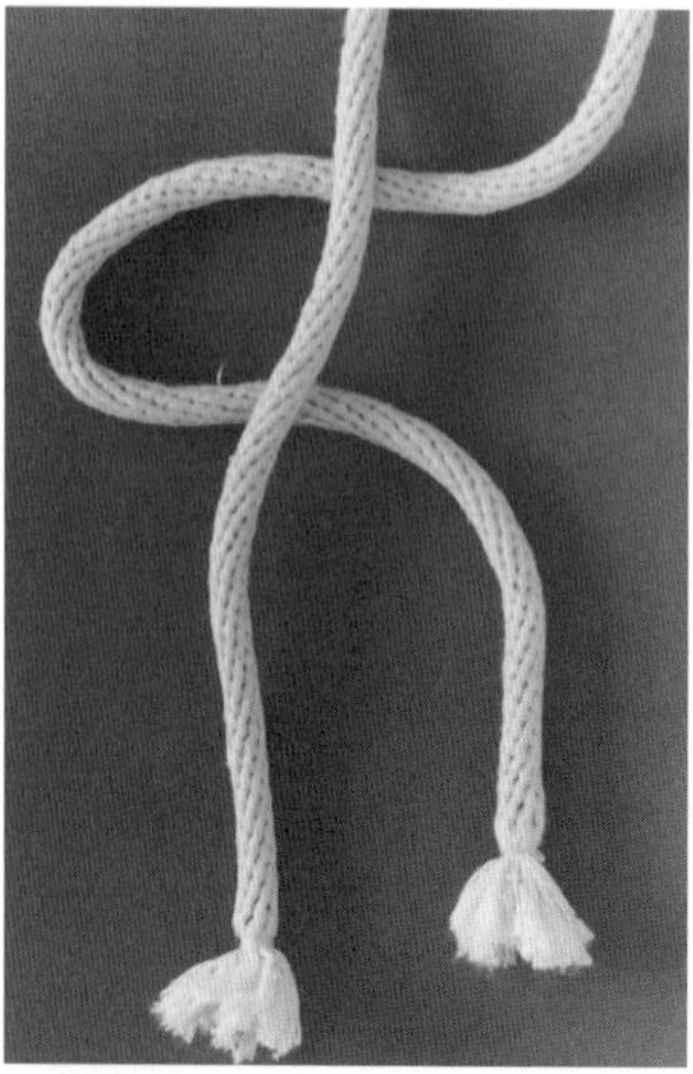

❷

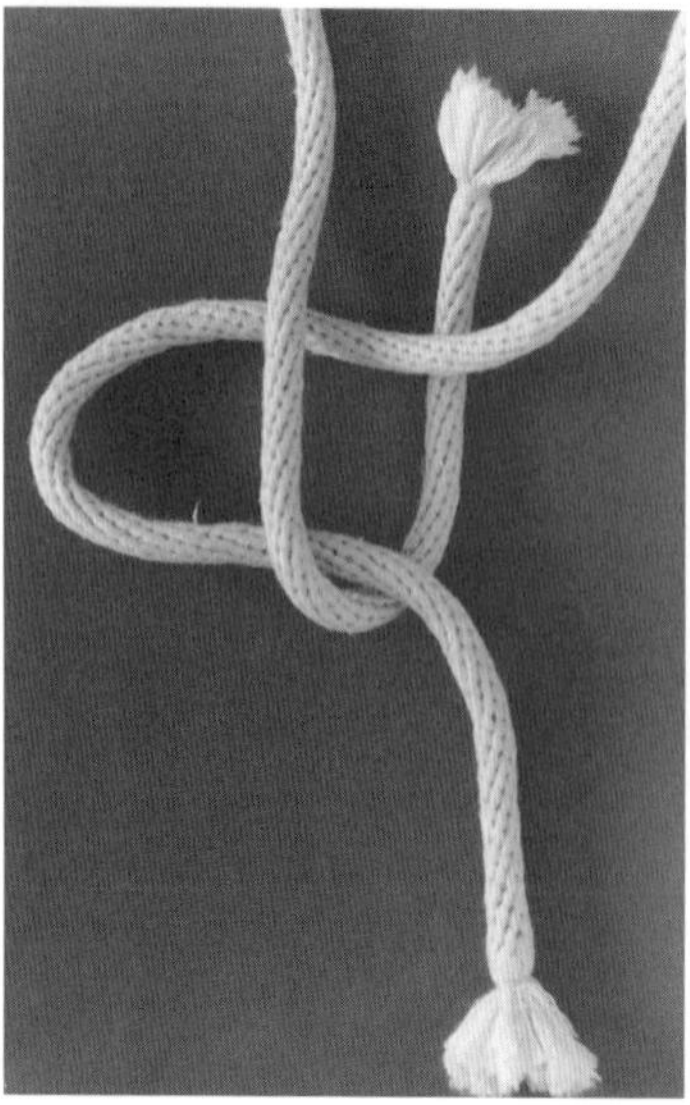

❸

❹

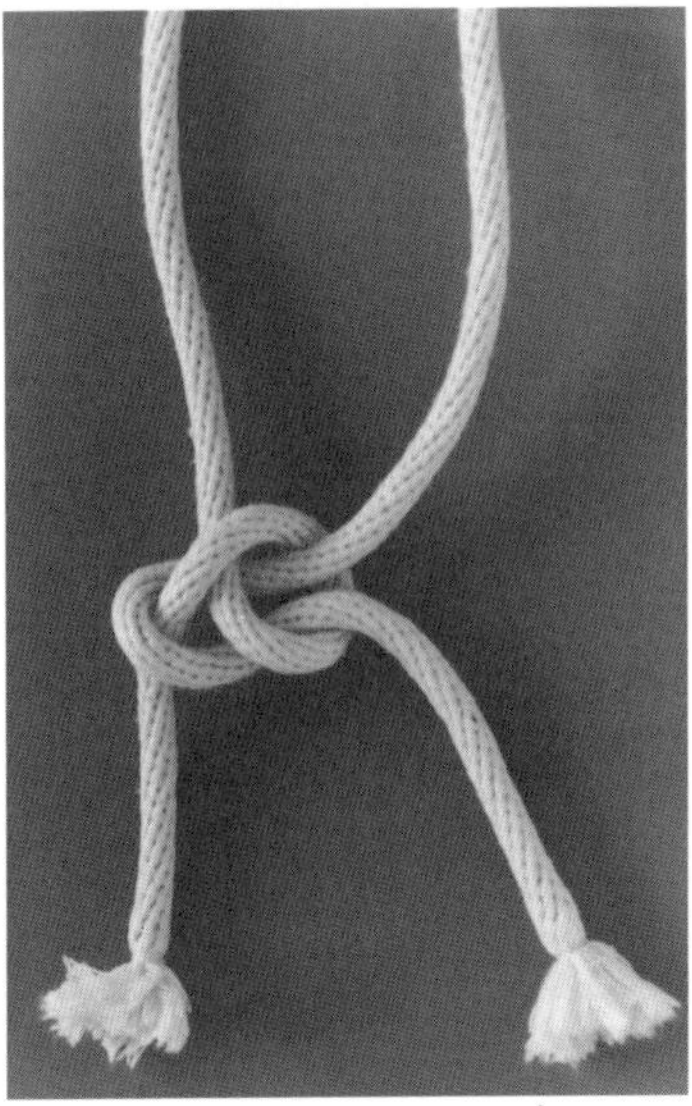

❺

❻

裏

叶結び

この結びは、結びの目の表が〃口〃の字、裏が〃十〃の字になっているところから「叶結び」と呼ばれ、縁起結びの一つです。

❶

❷

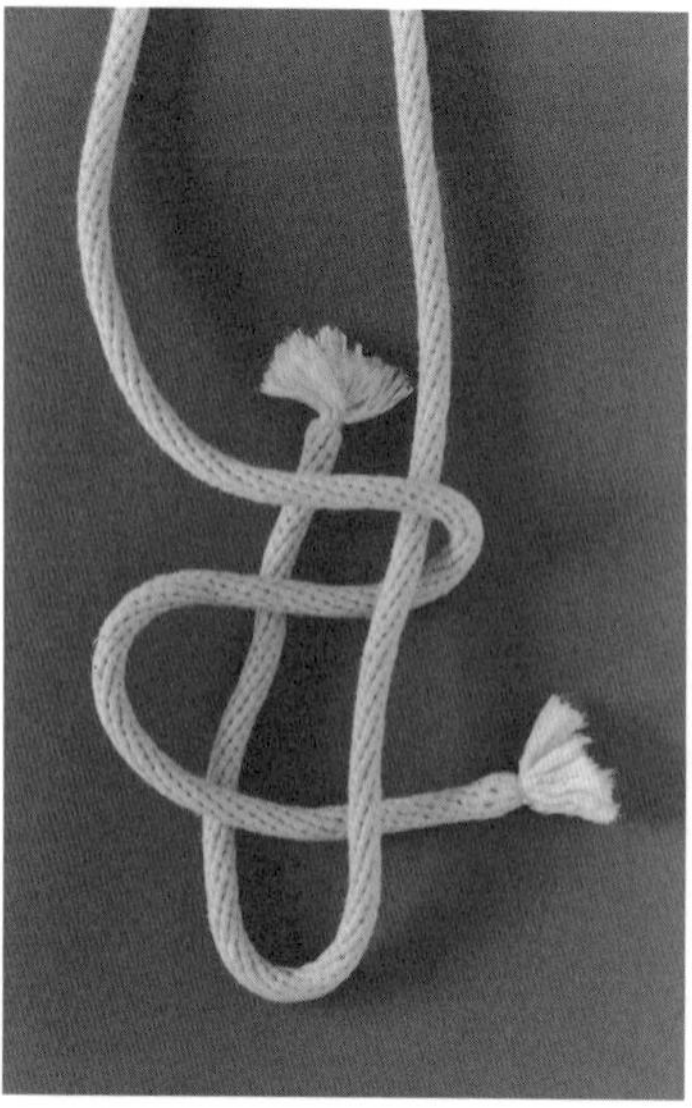

❸

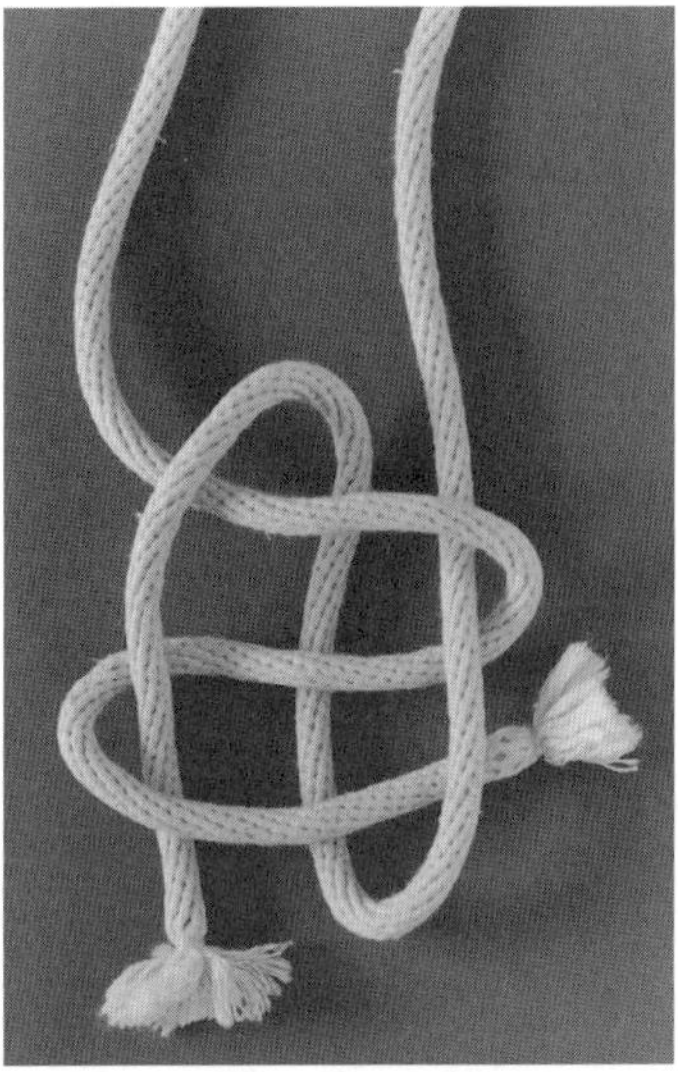

❹

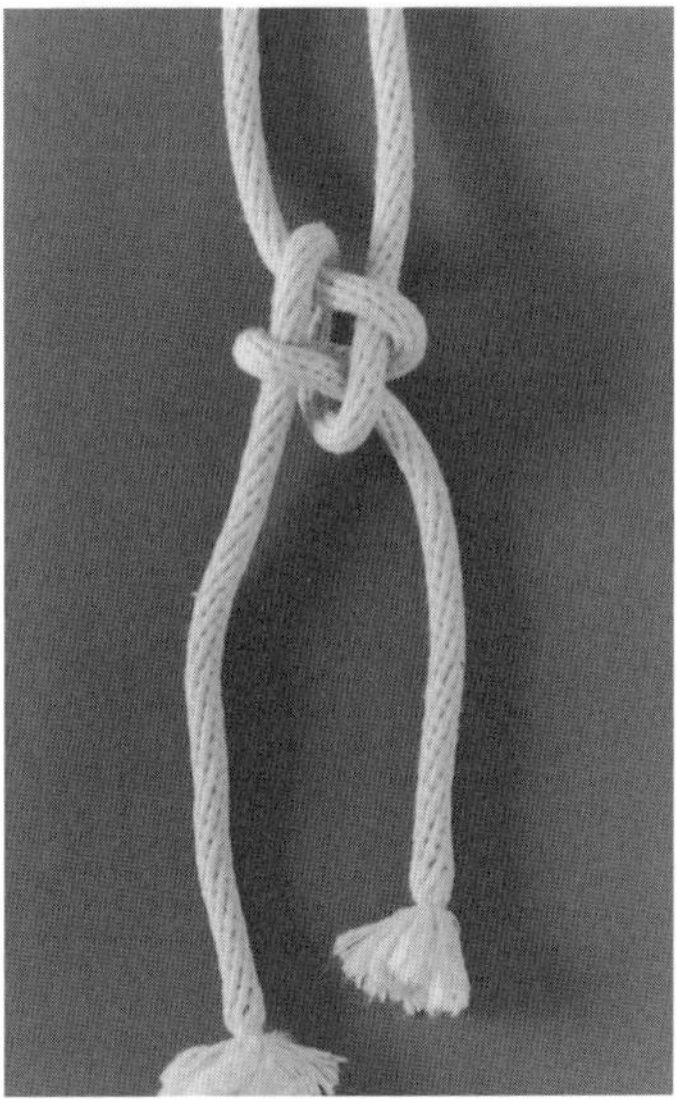

❺

❻

裏

四つ組結び

この結びも縁起結びの一つで、「石菖《せきしょう》結び」とも呼ばれています。

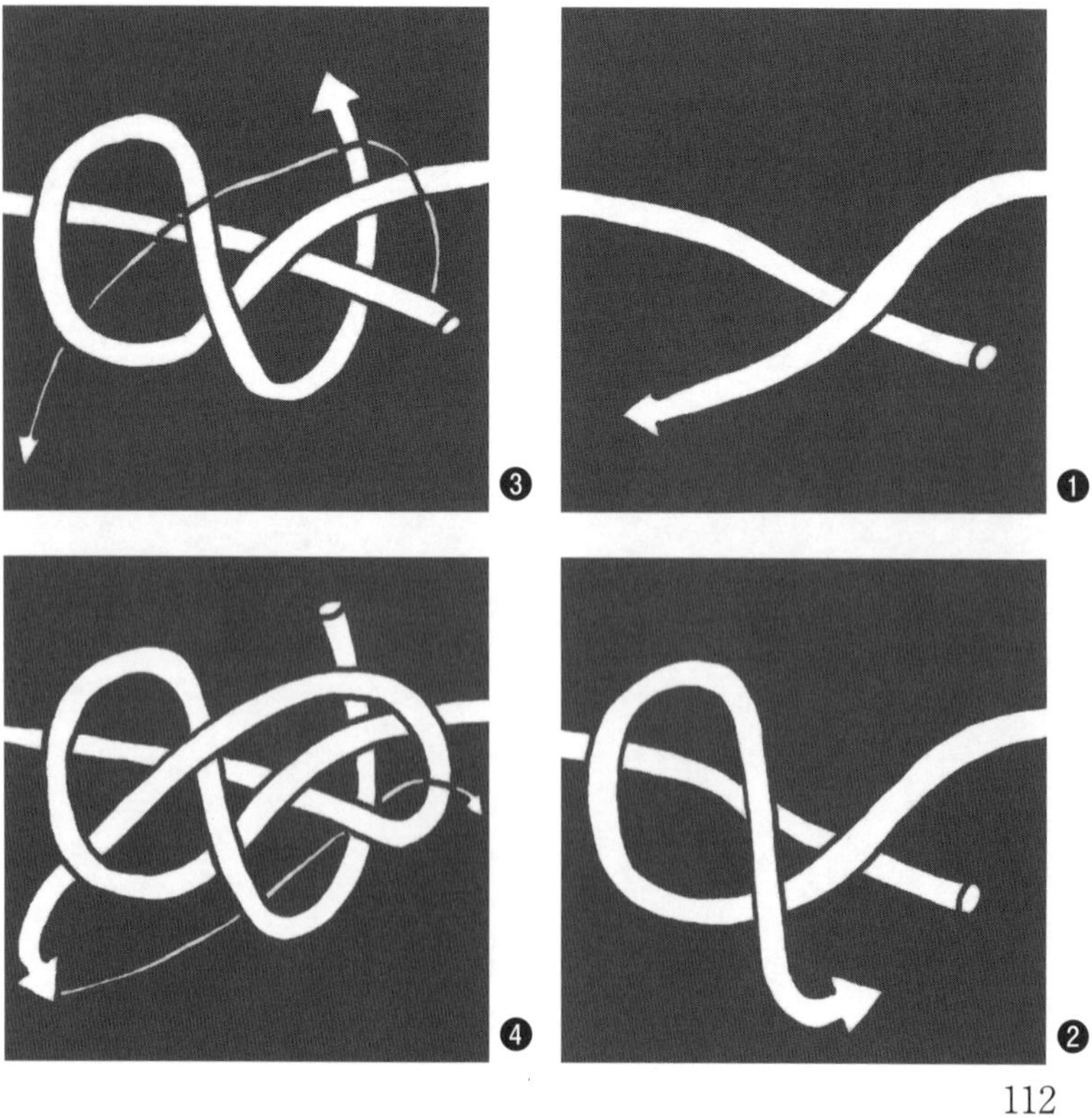

❽

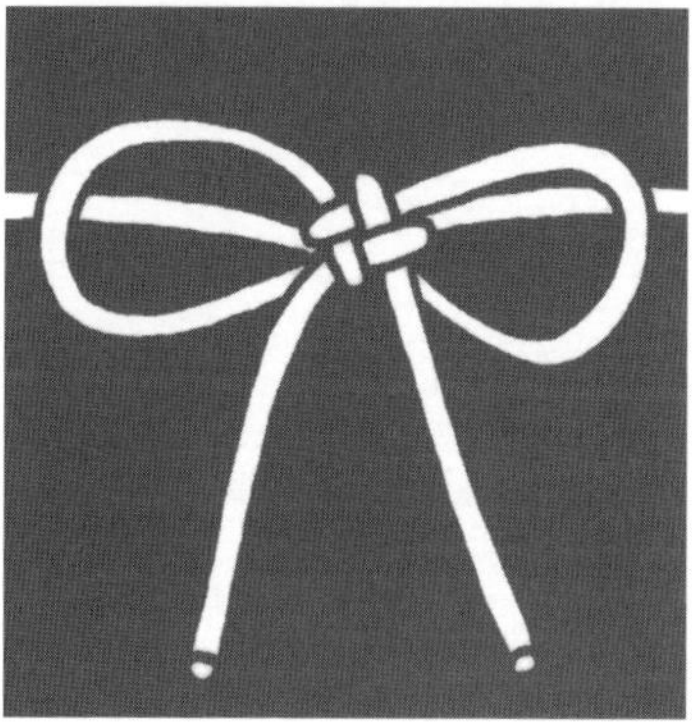

❾

❺

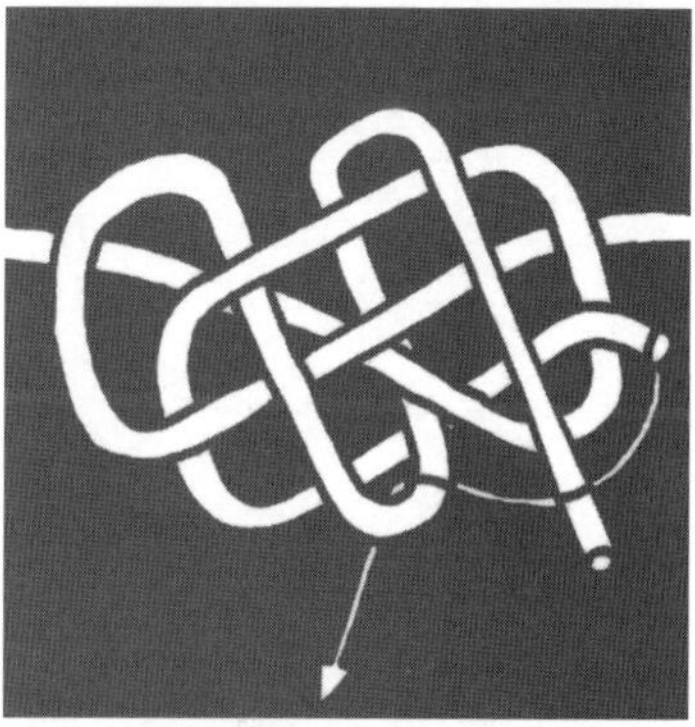

❻

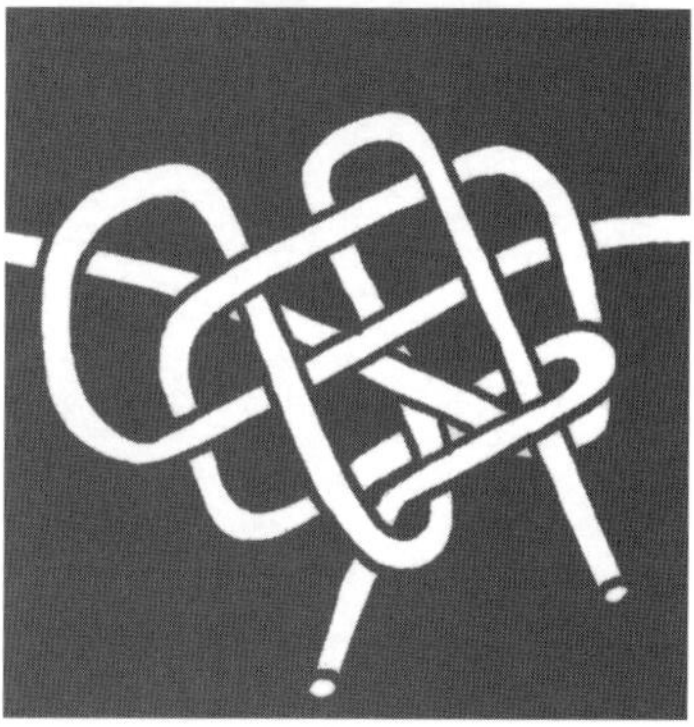

❼

飾り結びいろいろ

竹垣や袖垣の胴縁や玉縁の結び方は、一般に「イボ」「玉飾り」などが多く使われています。これらは「男結び」の変形であり、縛りやすく確実な結び目となるためです。「五行結び」「叶結び」「四つ組結び」は、結びにくいとか、きつく締めにくいといった垣の結びとして適さない面があります。しかし、左図のように、まず結び目だけをつくっておき、それを別の縄で垣に縛り付ける方法を取れば、楽にいろいろな飾り結びが楽しめます。115〜133ページで紹介するのは各種の飾り結びですが、現在忘れられた結びもあります。

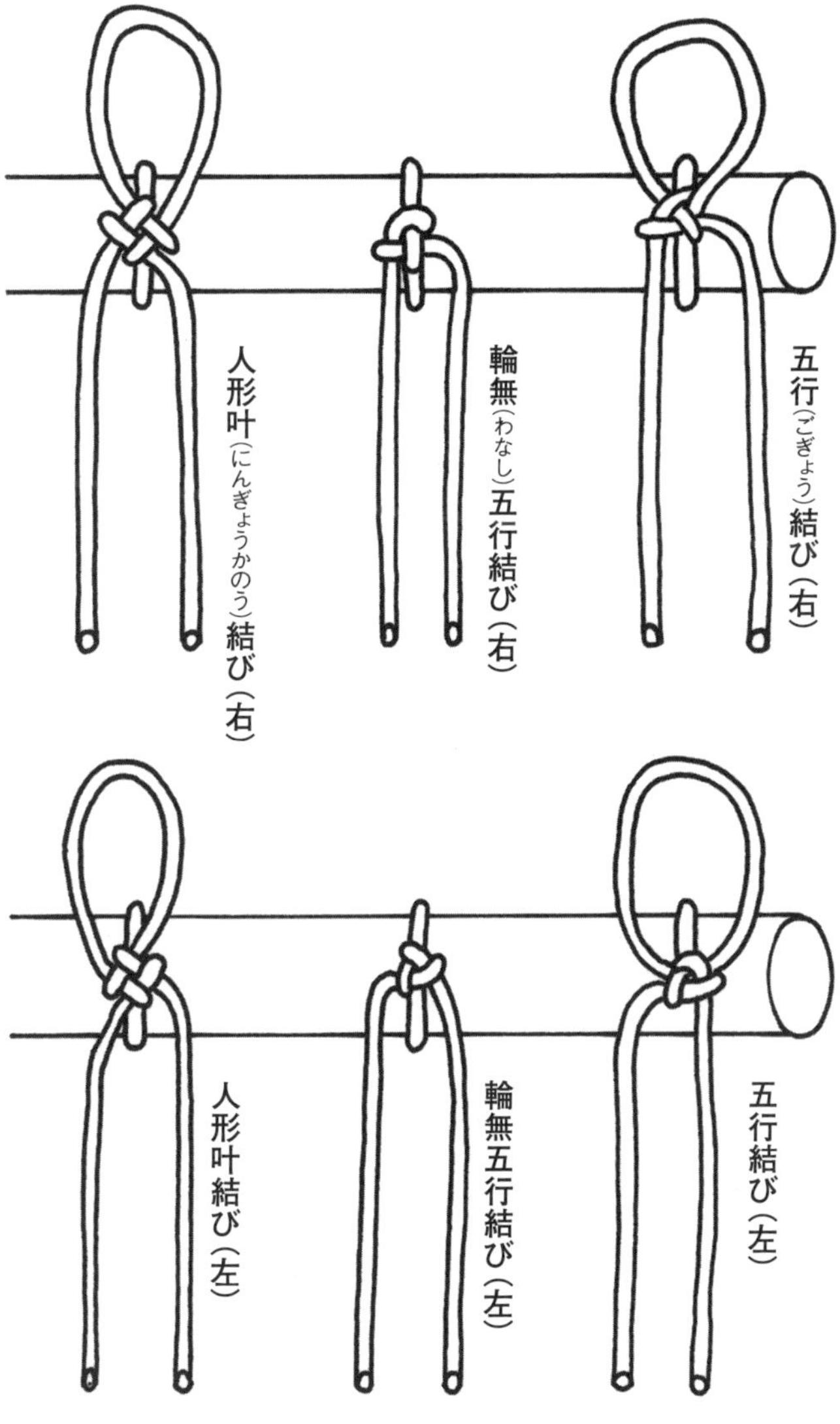
人形叶《にんぎょうかのう》結び（右）
輪無《わなし》五行結び（右）
五行《ごぎょう》結び（右）
人形叶結び（左）
輪無五行結び（左）
五行結び（左）

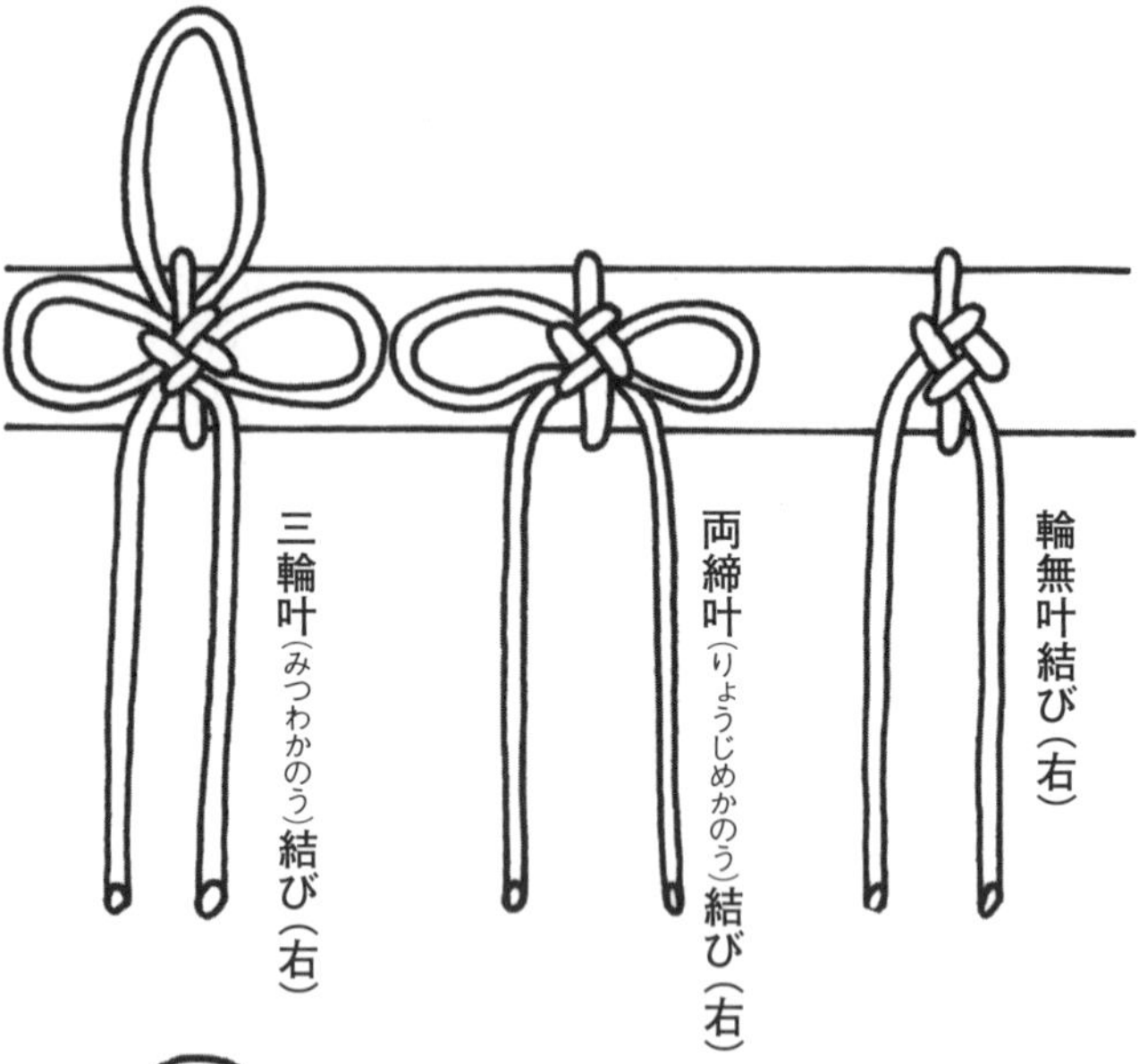
輪無叶結び（右）
両締叶《りょうじめかのう》結び（右）
三輪叶《みつわかのう》結び（右）

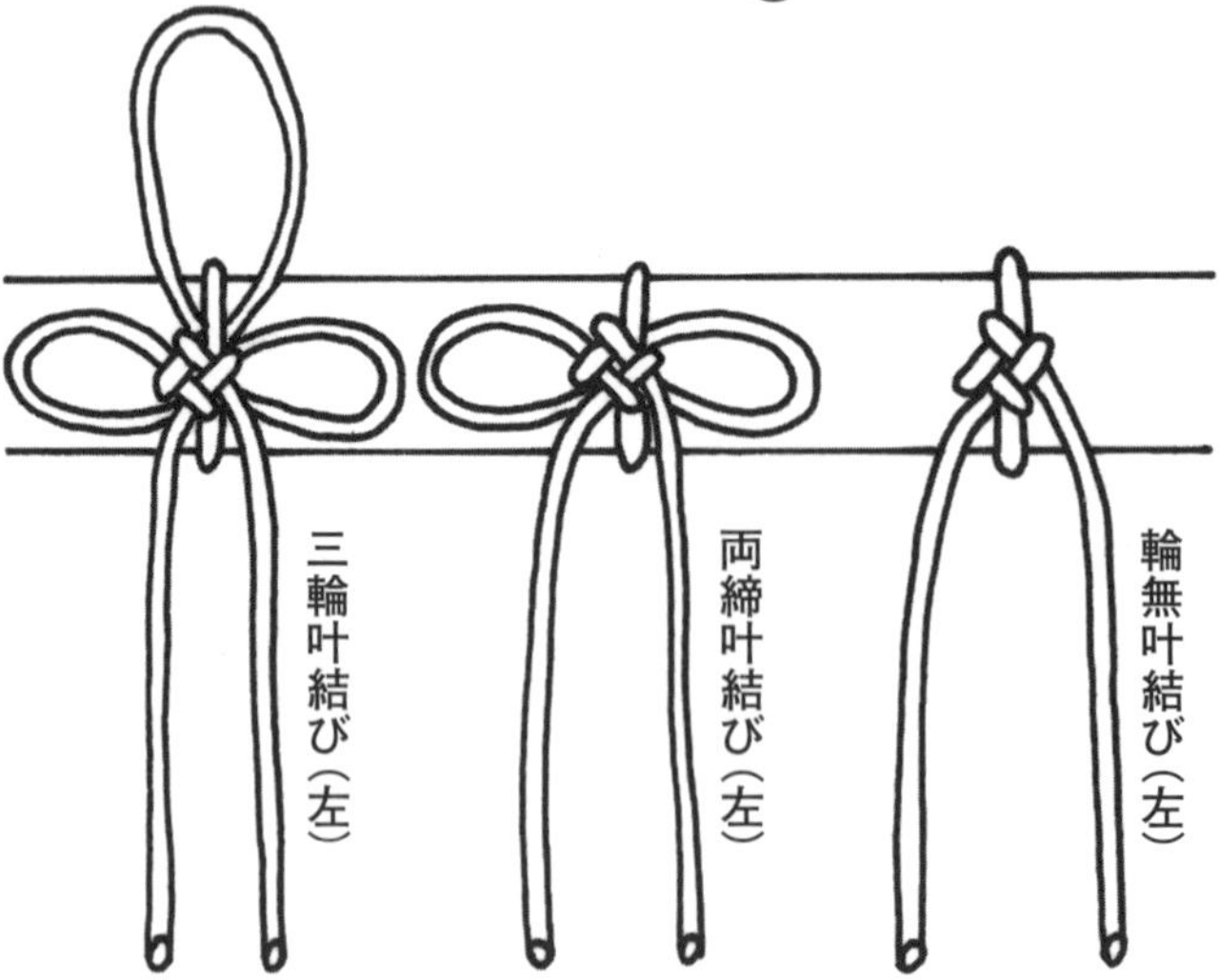
輪無叶結び（左）
両締叶結び（左）
三輪叶結び（左）

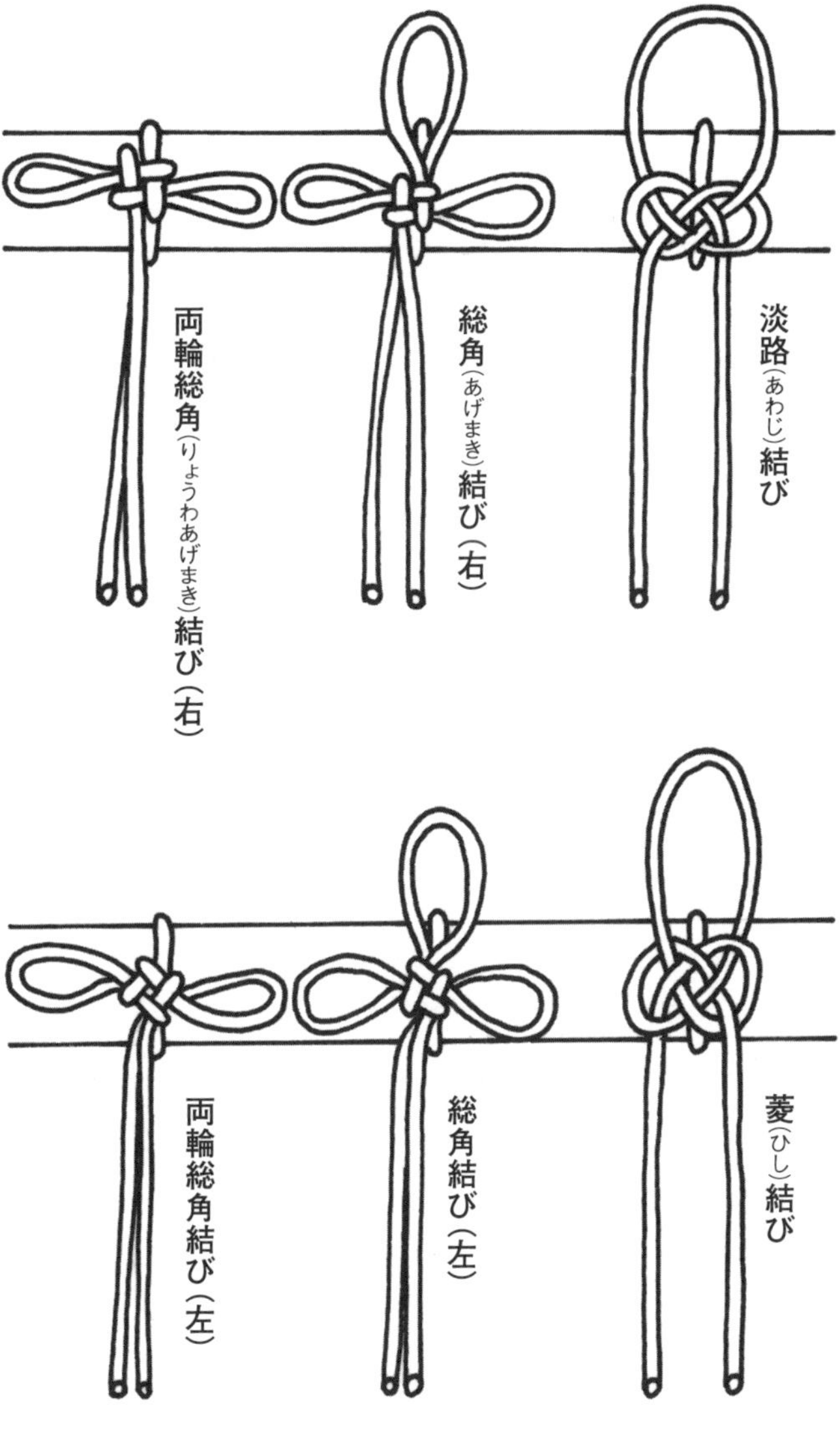
淡路《あわじ》結び
総角《あげまき》結び（右）
両輪総角《りょうわあげまき》結び（右）
菱《ひし》結び
総角結び（左）
両輪総角結び（左）

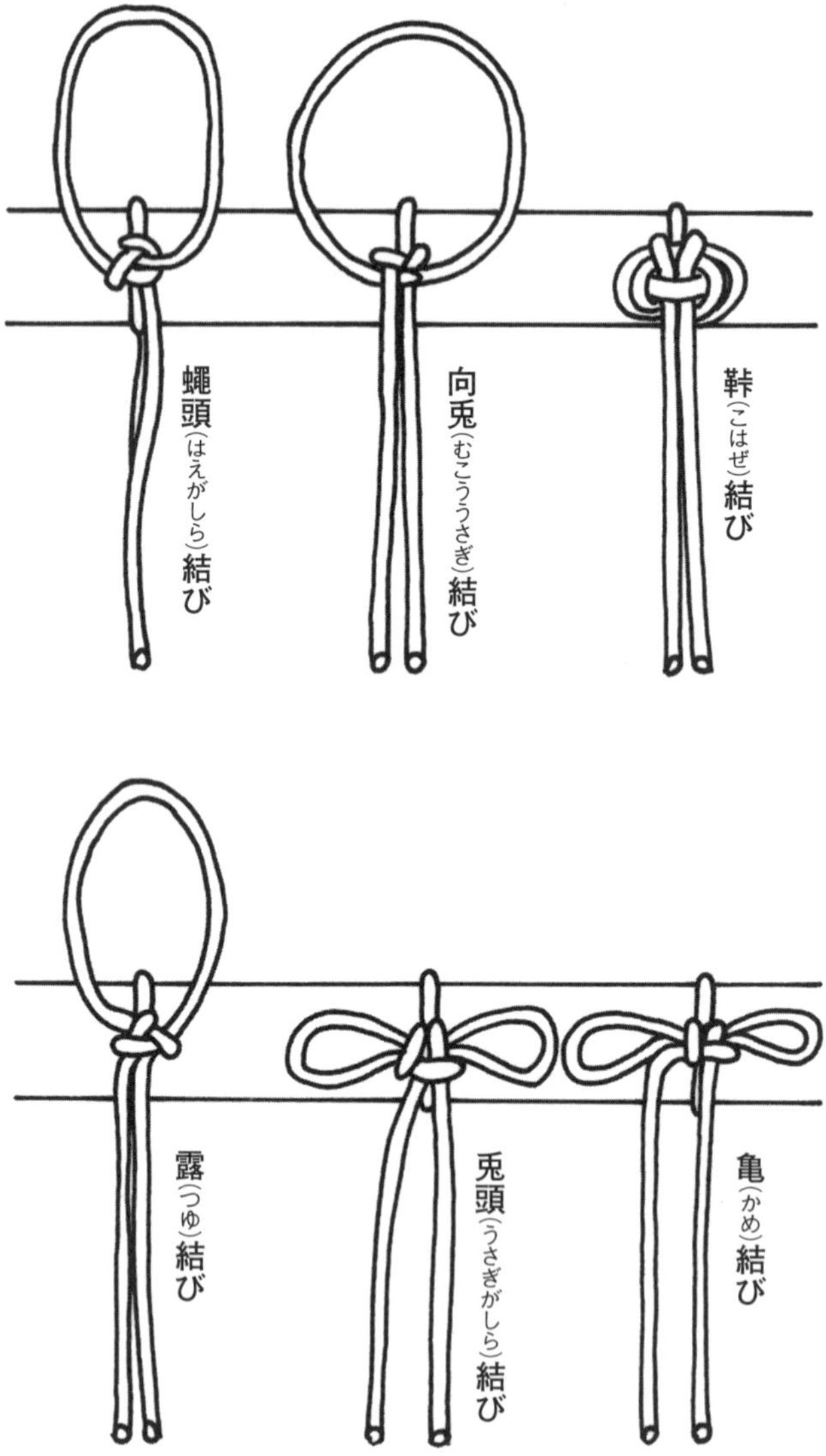
蠅頭（はえがしら）結び
向兎（むこううさぎ）結び
鞐（こはぜ）結び
露（つゆ）結び
兎頭（うさぎがしら）結び
亀（かめ）結び

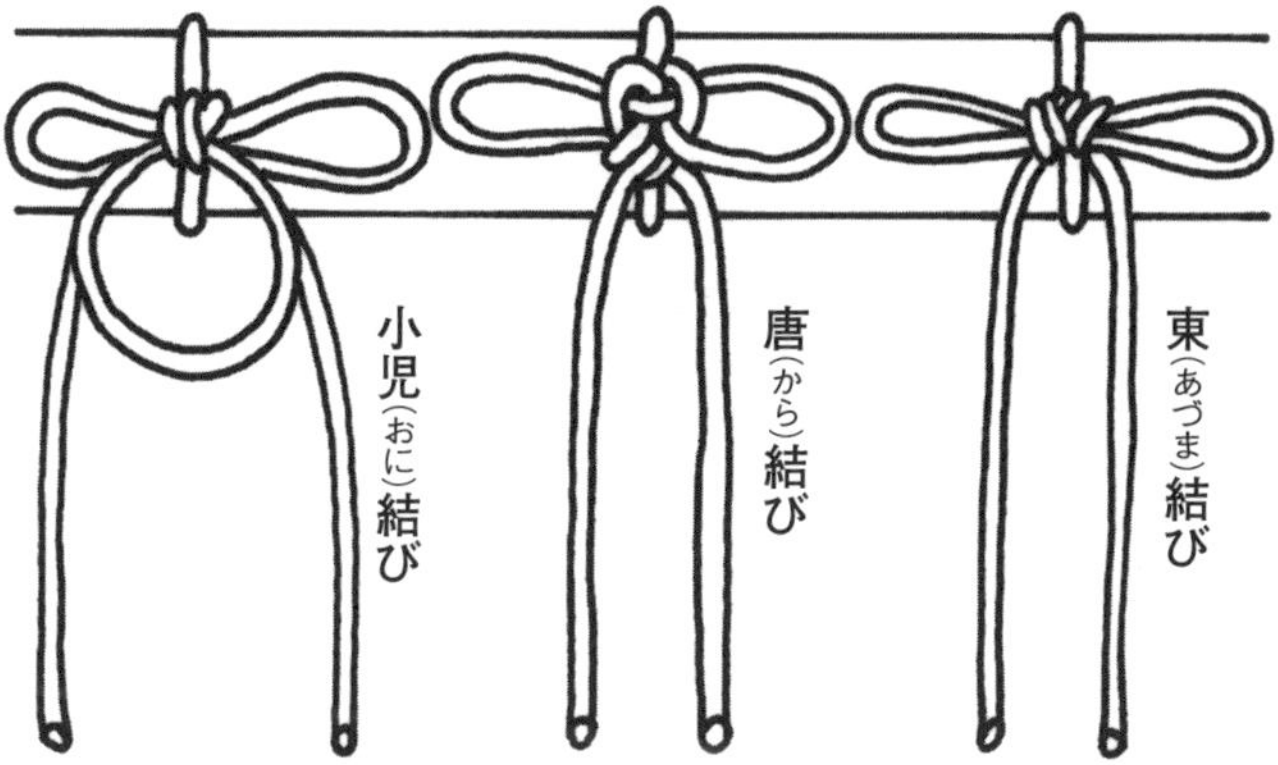
小児(おに)結び
唐(から)結び
東(あづま)結び

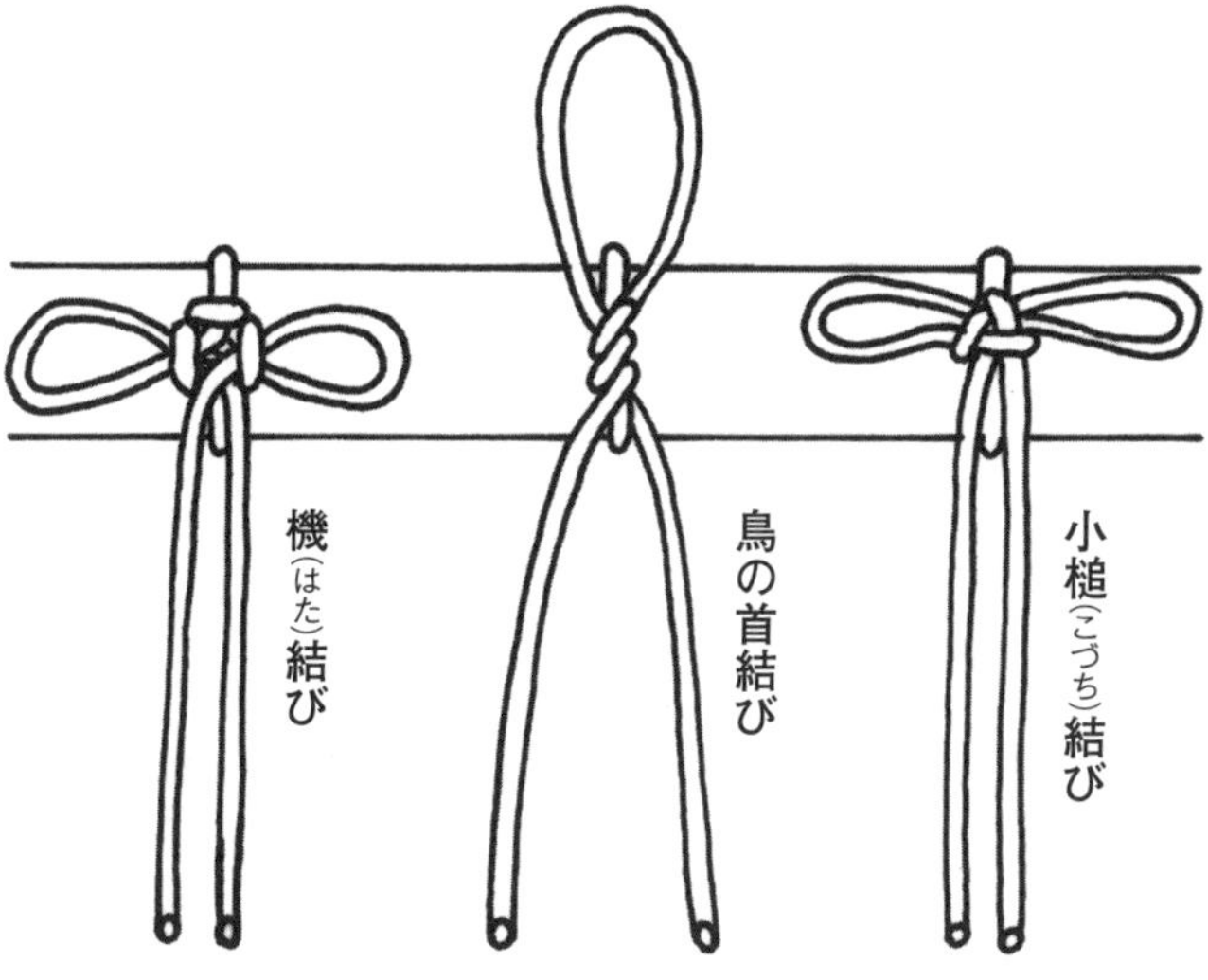
機(はた)結び
鳥の首結び
小槌(こづち)結び

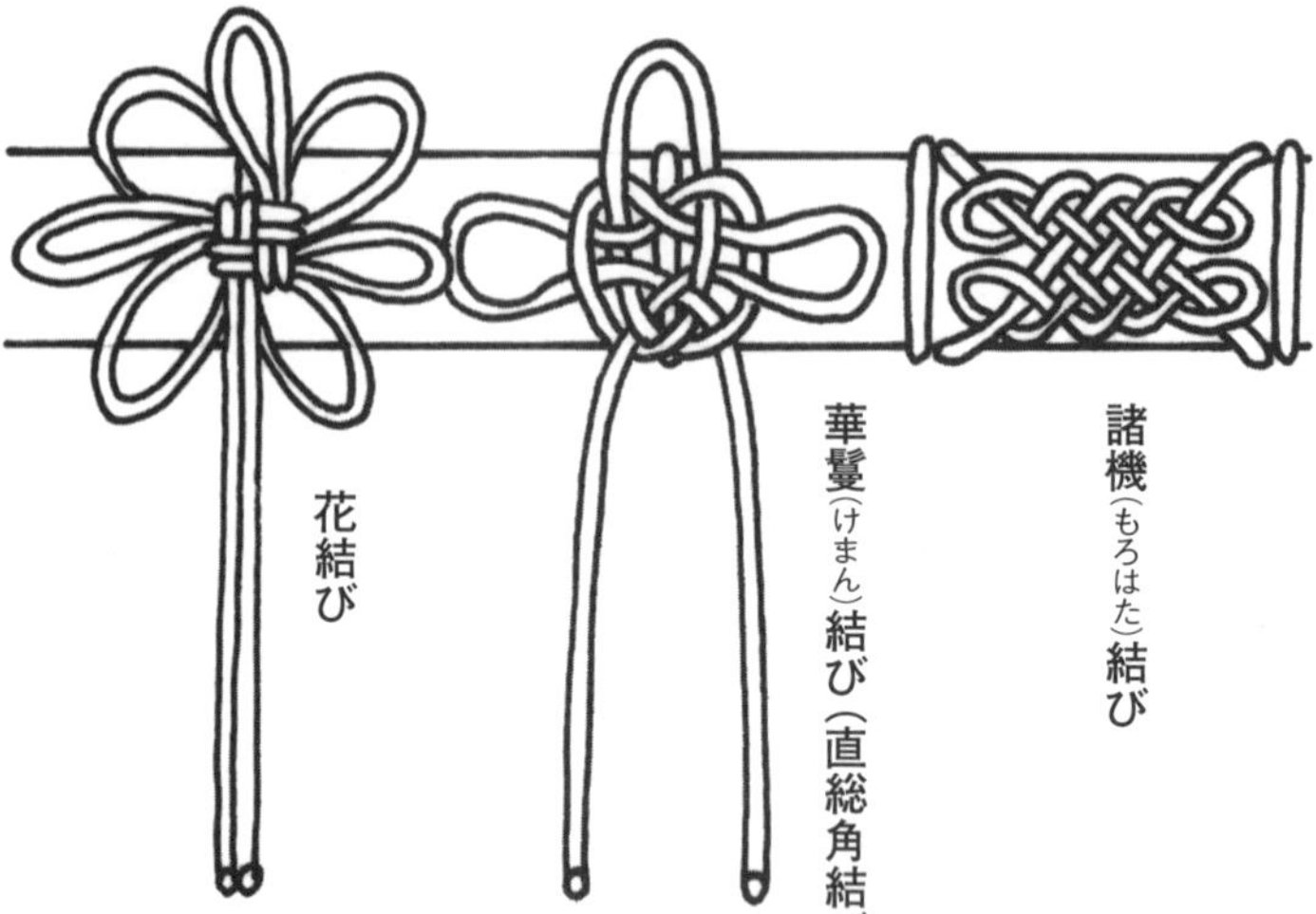

花結び

華鬘（けまん）結び（直総角結び）

諸機（もろはた）結び

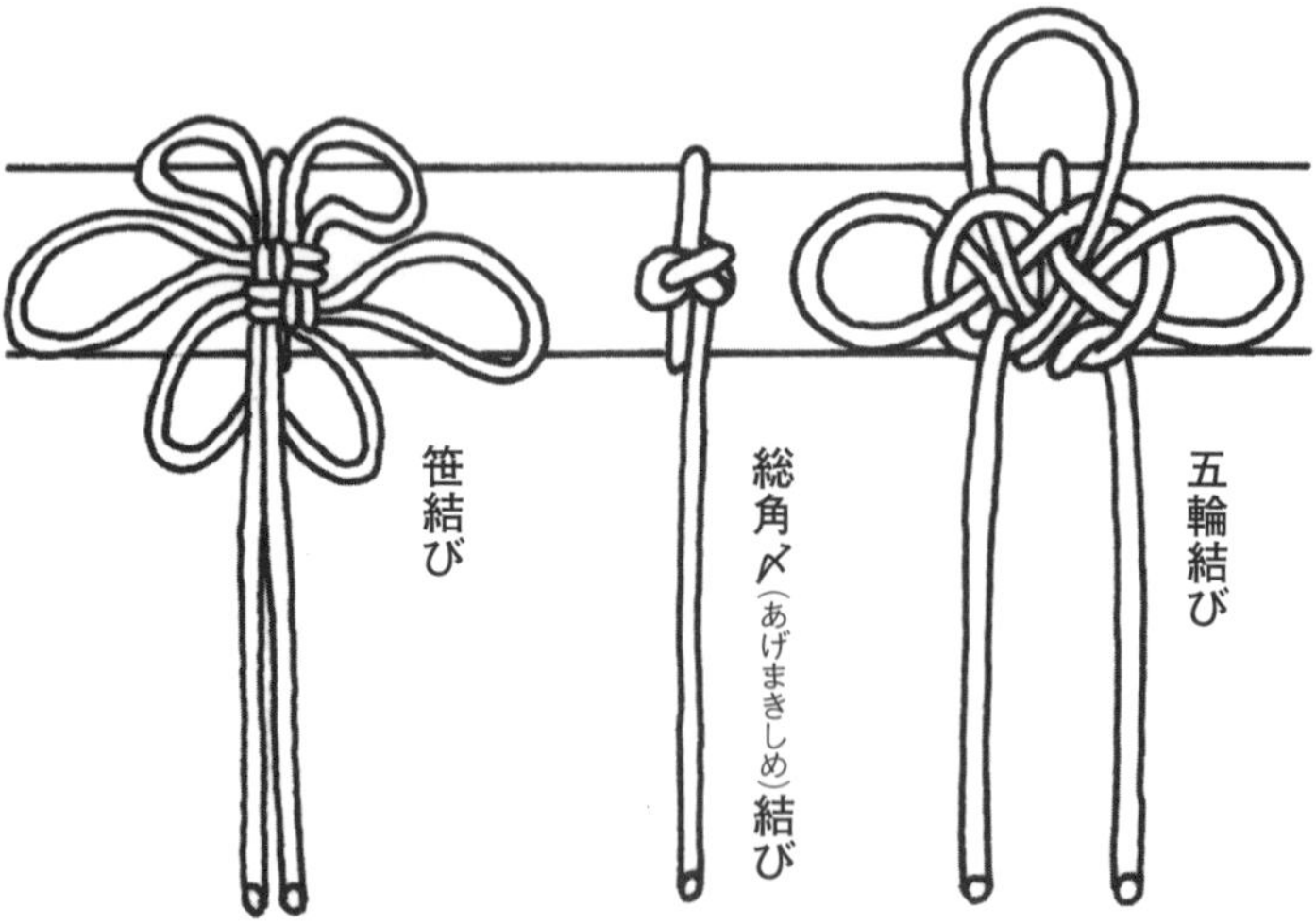

笹結び

総角〆（あげまきしめ）結び

五輪結び

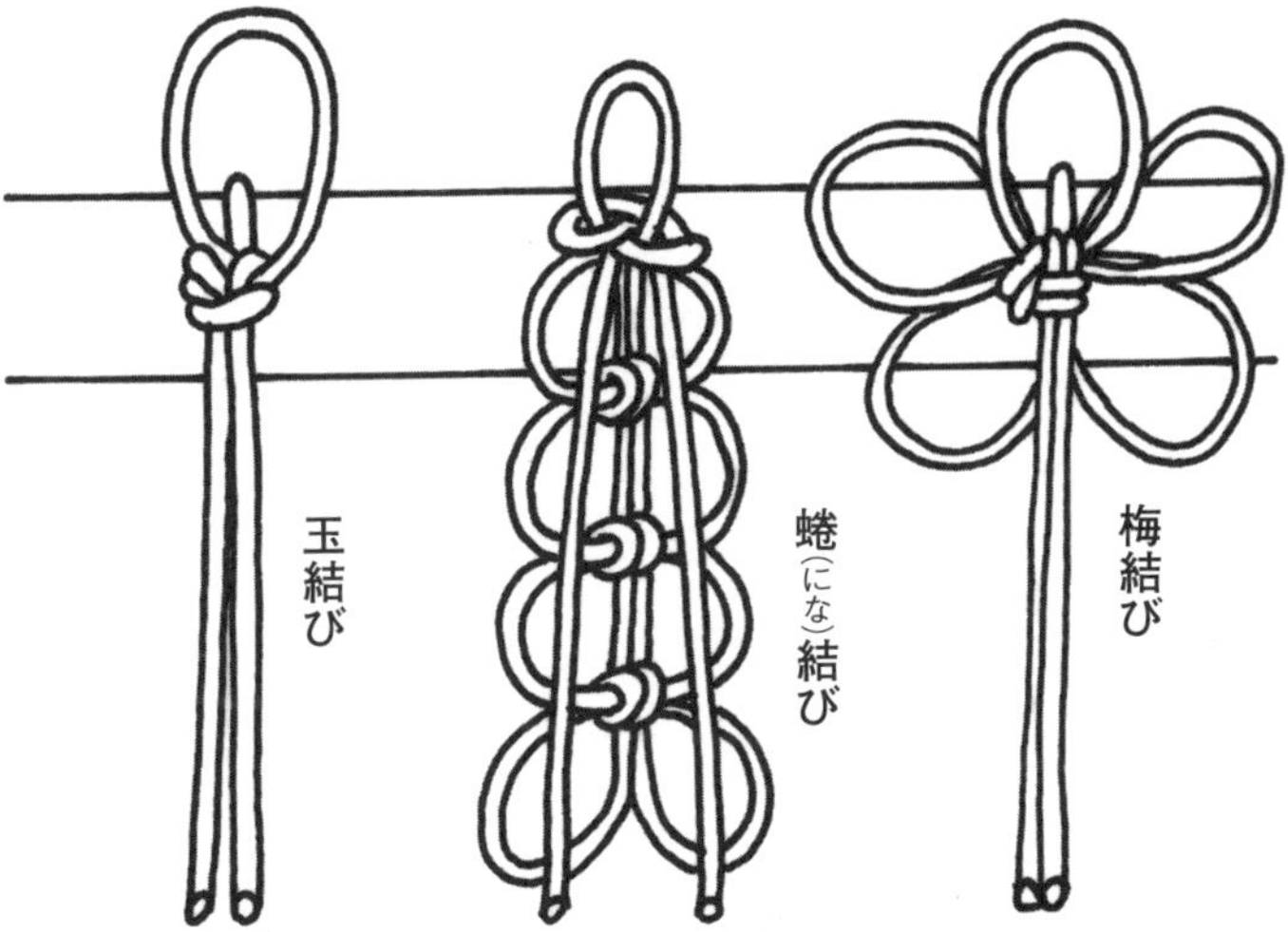

玉結び

蜷(にな)結び

梅結び

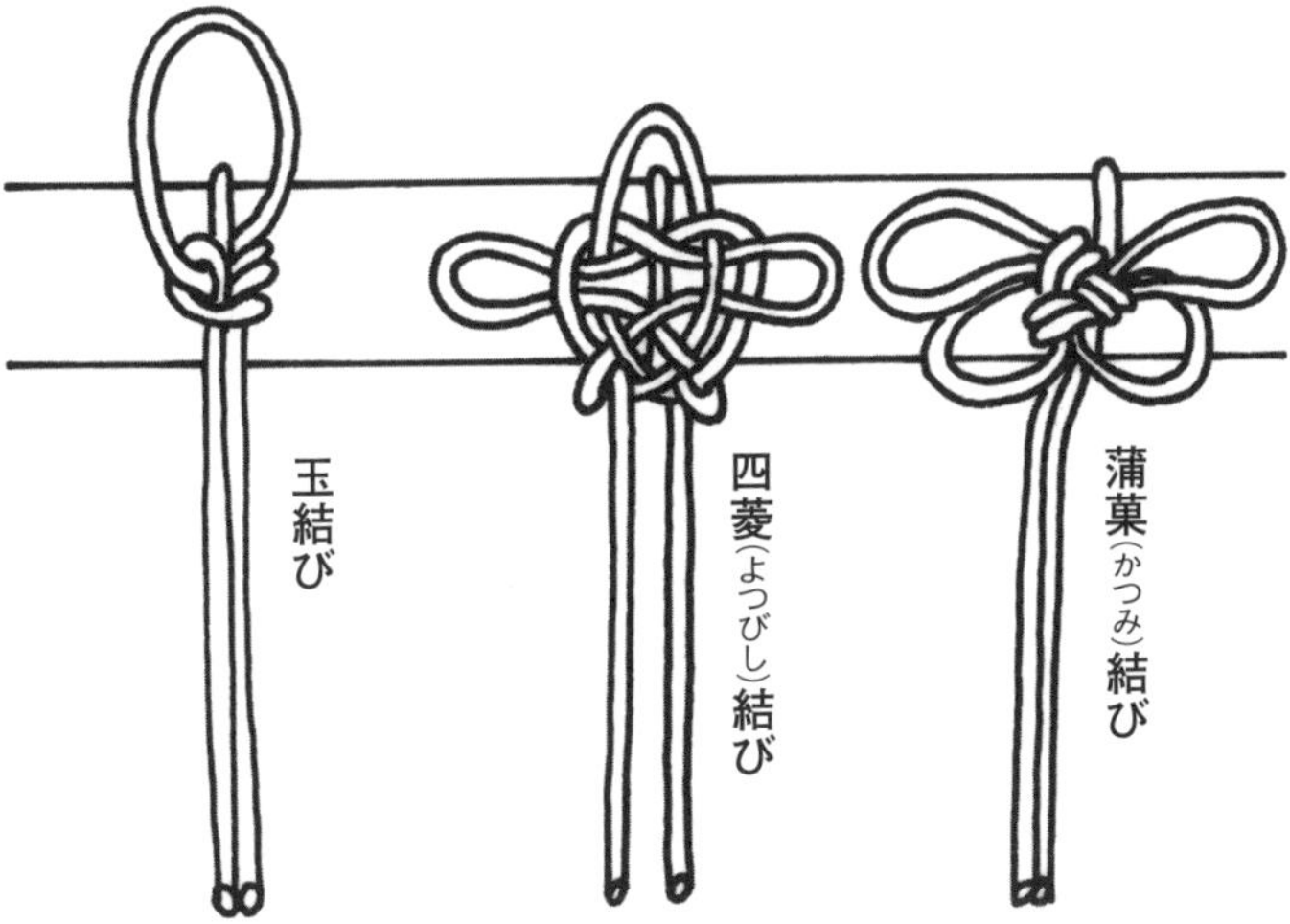

玉結び

四菱(よつびし)結び

蒲菓(かつみ)結び

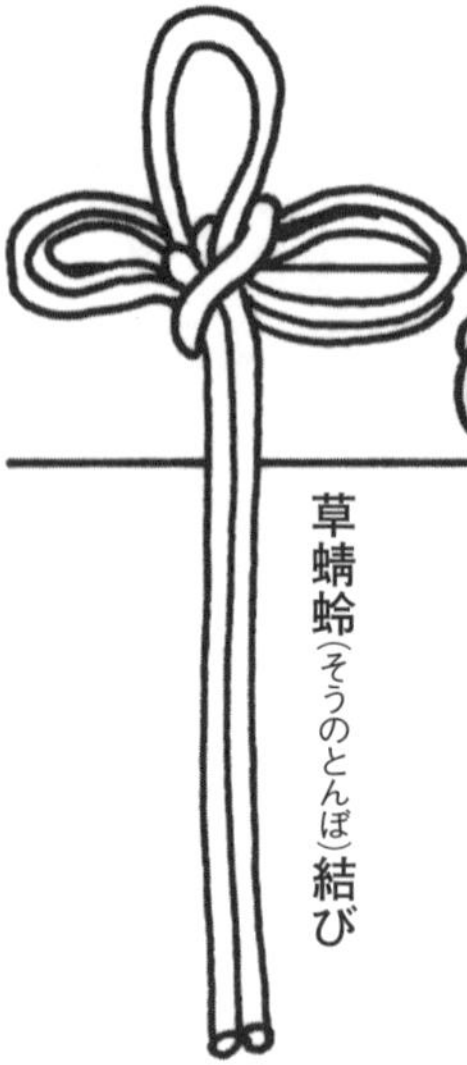

草蜻蛉（そうのとんぼ）結び

真蜻蛉（しんのとんぼ）結び

真宝珠（しんのほうじゅ）結び

行蜻蛉（ぎょうのとんぼ）結び

草蜻蛉（そうのとんぼ）結び

草宝珠（そうのほうじゅ）結び

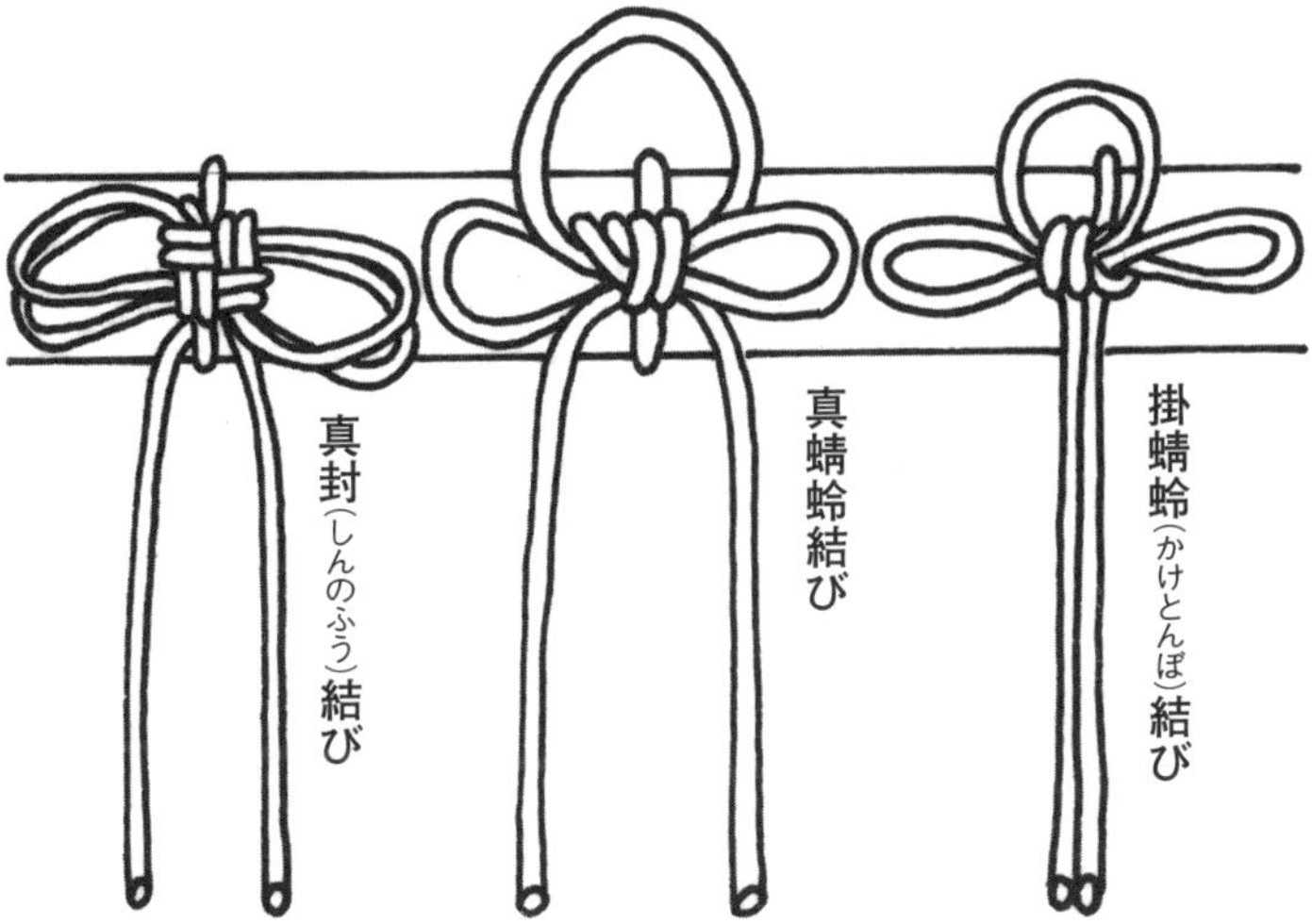
真封（しんのふう）結び
真蜻蛉結び
掛蜻蛉（かけとんぼ）結び

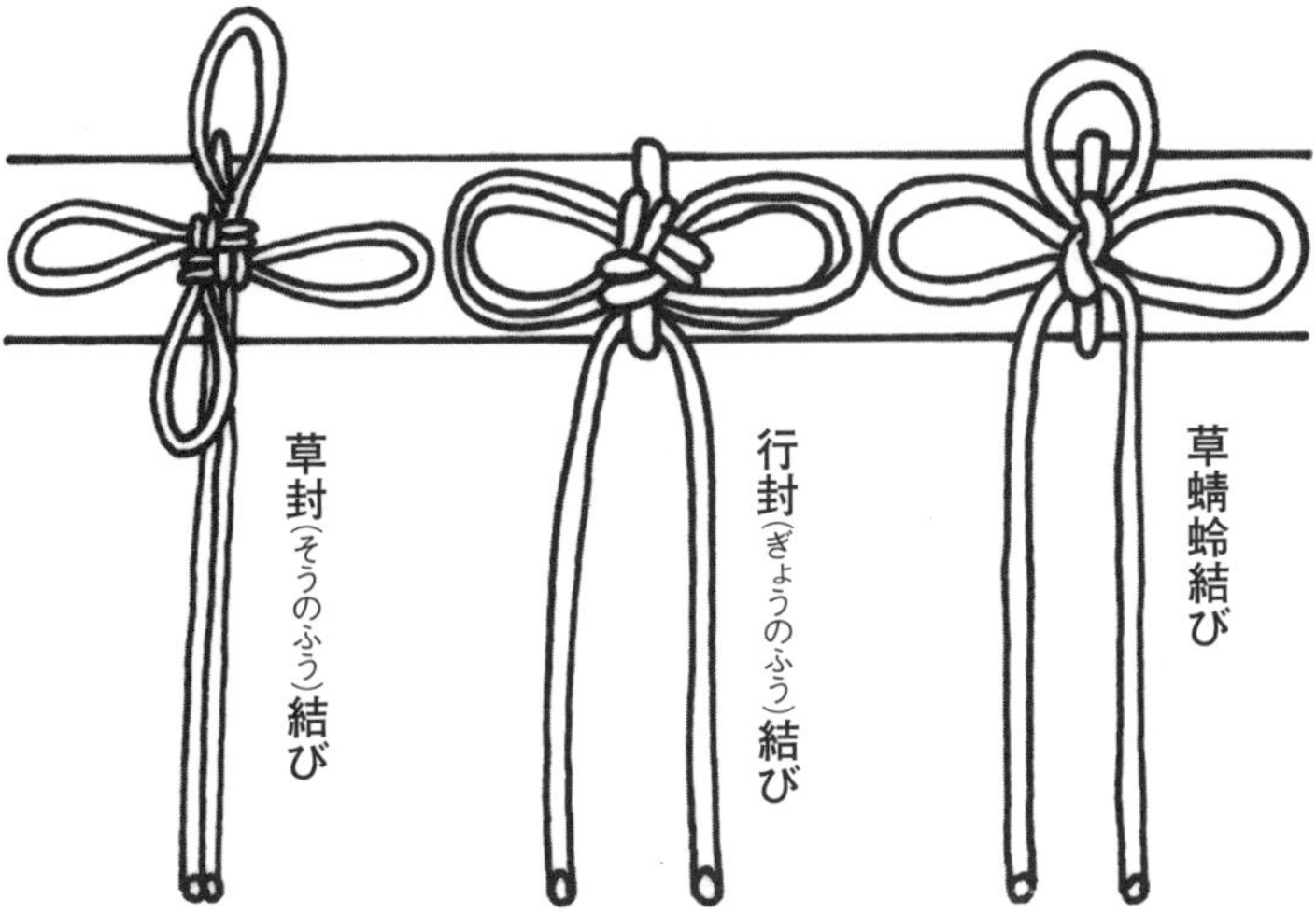
草封（そうのふう）結び
行封（ぎょうのふう）結び
草蜻蛉結び

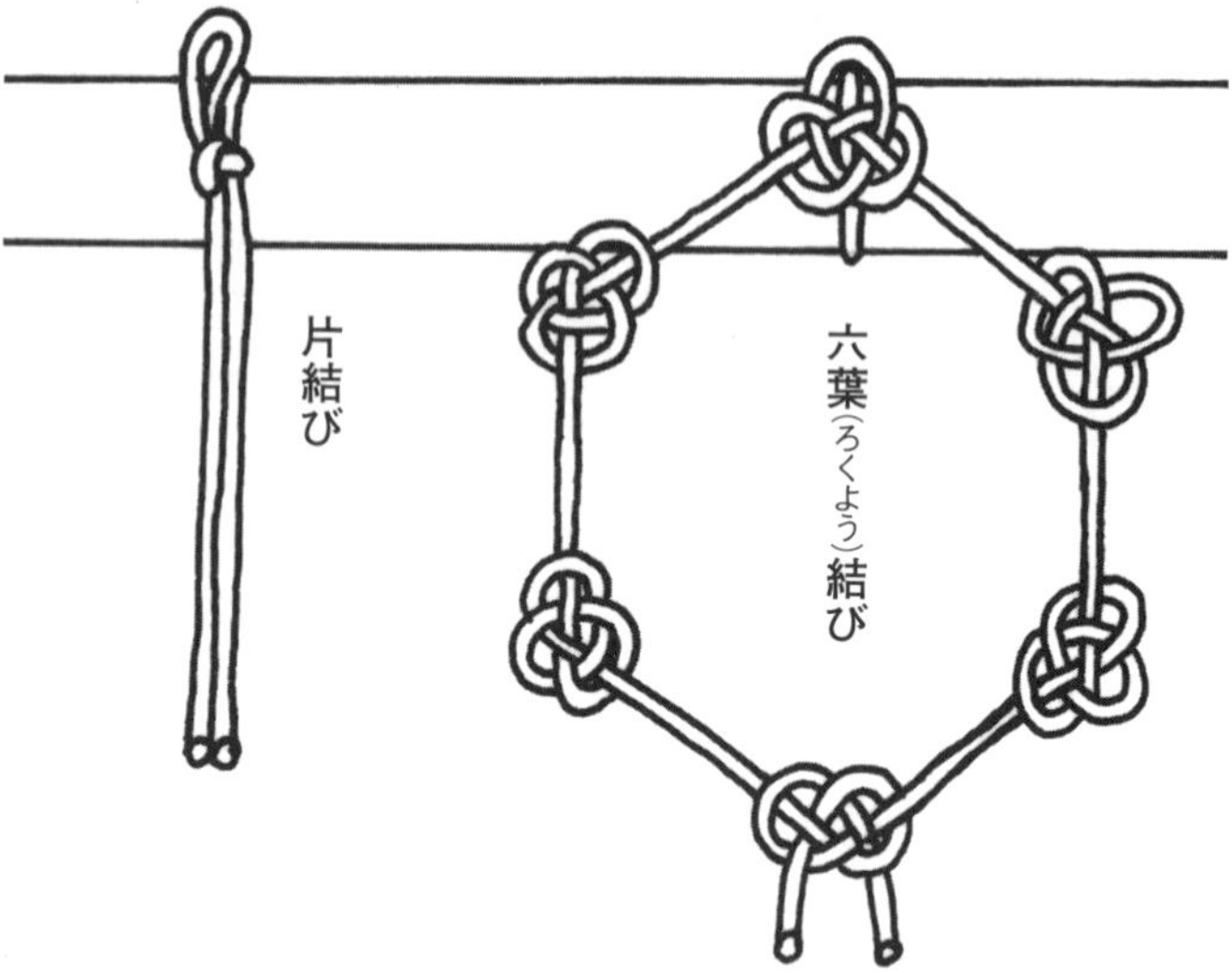
片結び
六葉（ろくよう）結び

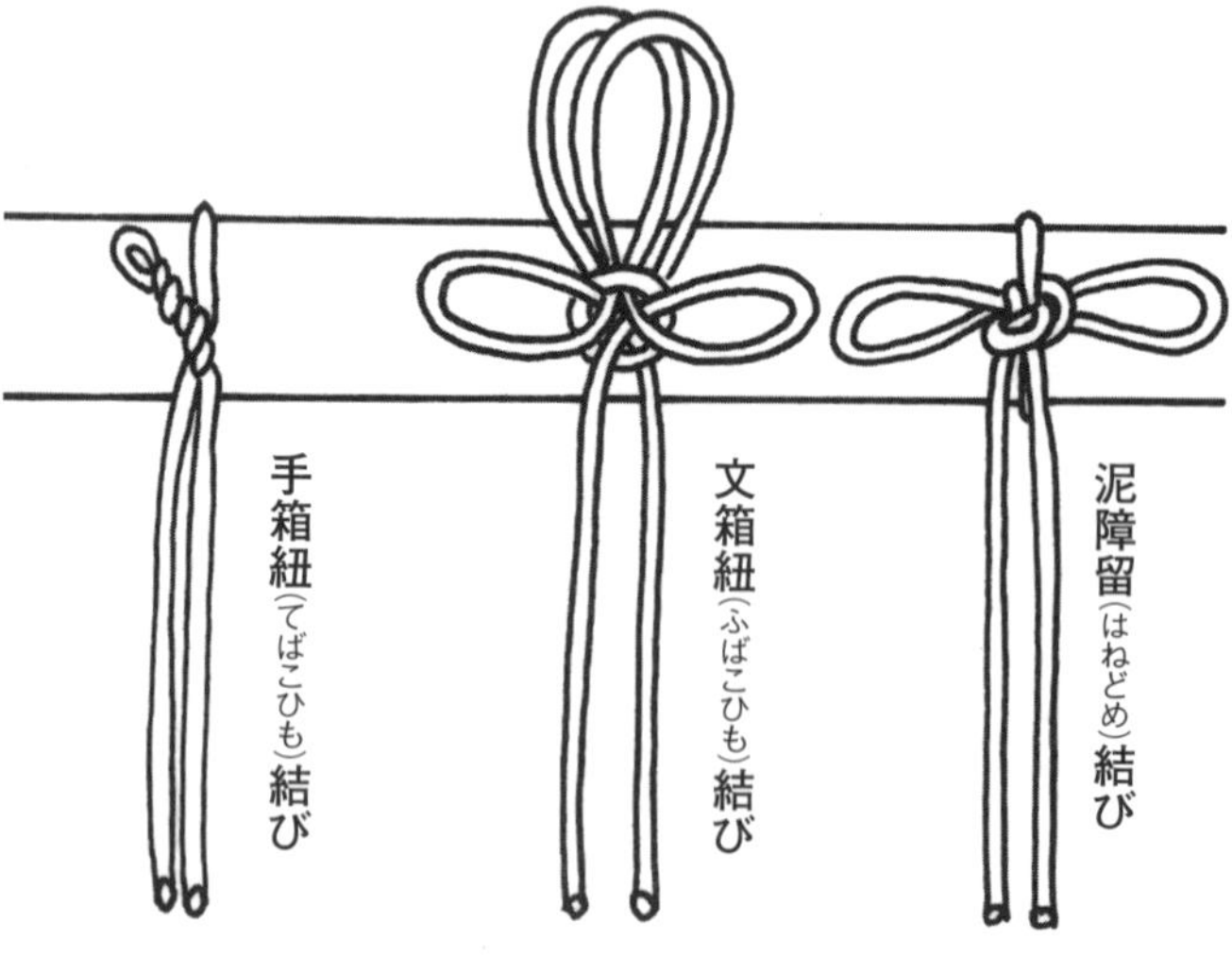
手箱紐（てばこひも）結び
文箱紐（ふばこひも）結び
泥障留（はねどめ）結び

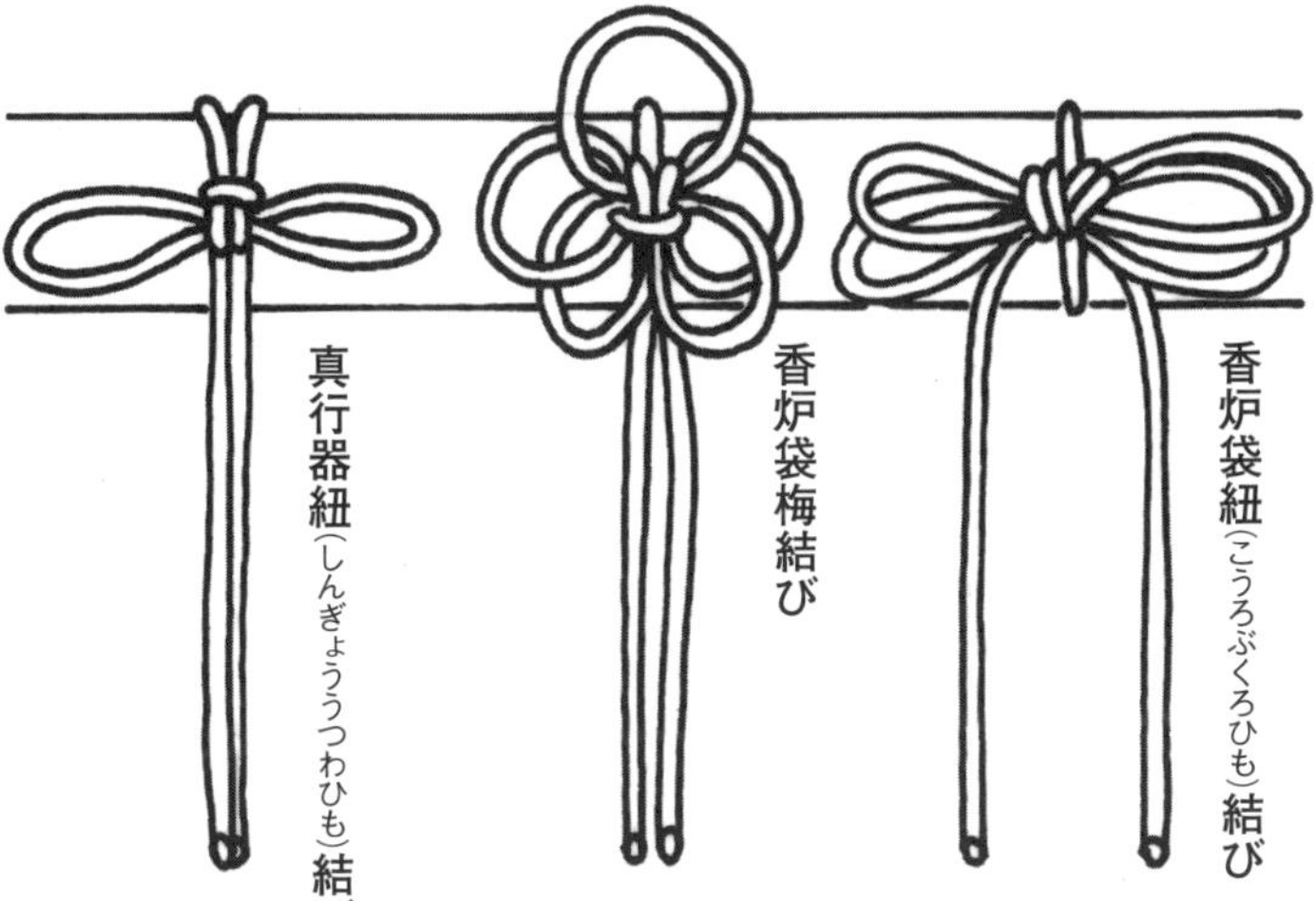

真行器紐（しんぎょうつわひも）結び

香炉袋梅結び

香炉袋紐（こうろぶくろひも）結び

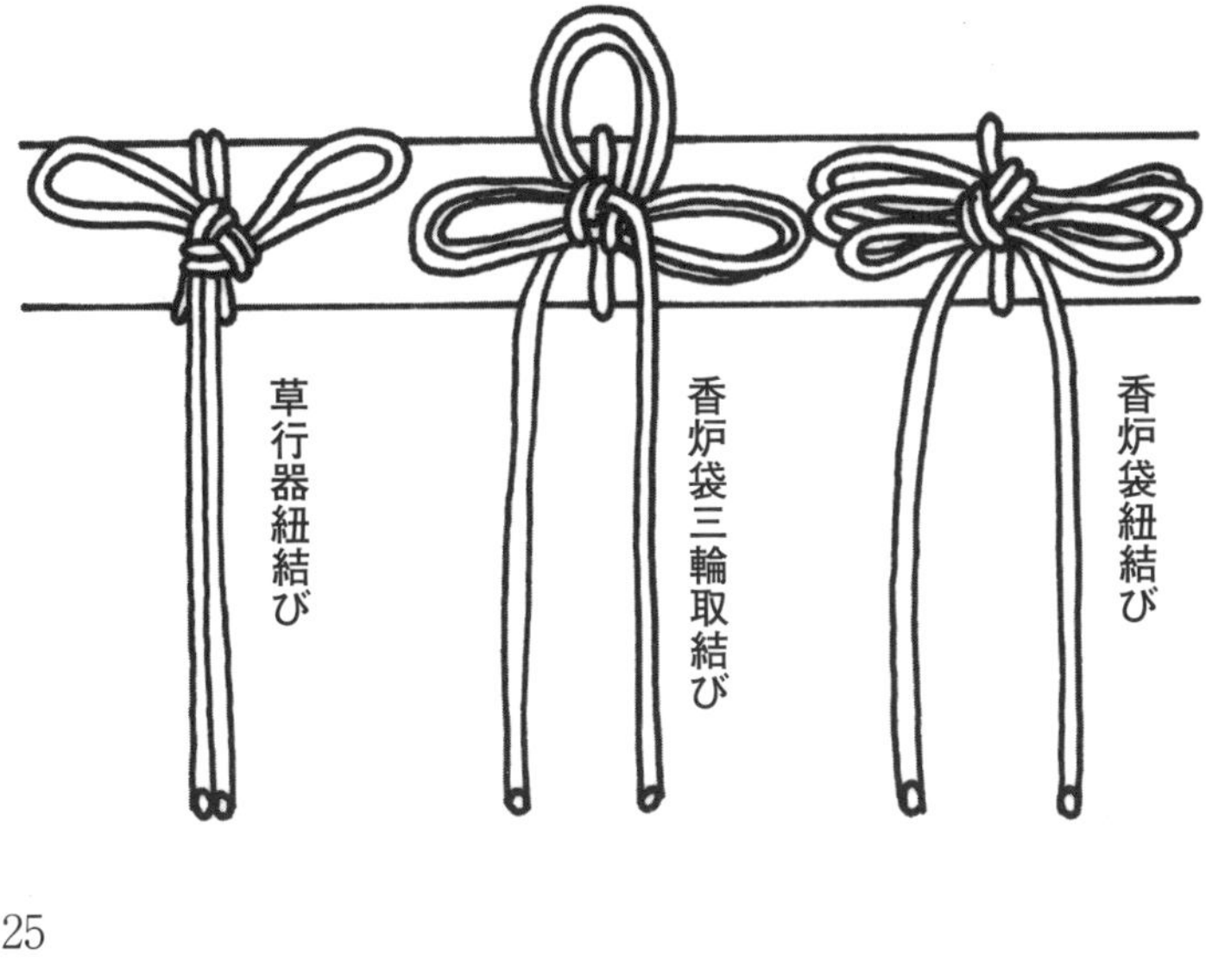

草行器紐結び

香炉袋三輪取結び

香炉袋紐結び

貝桶雌蜻蛉（かいおけめすとんぼ）結び

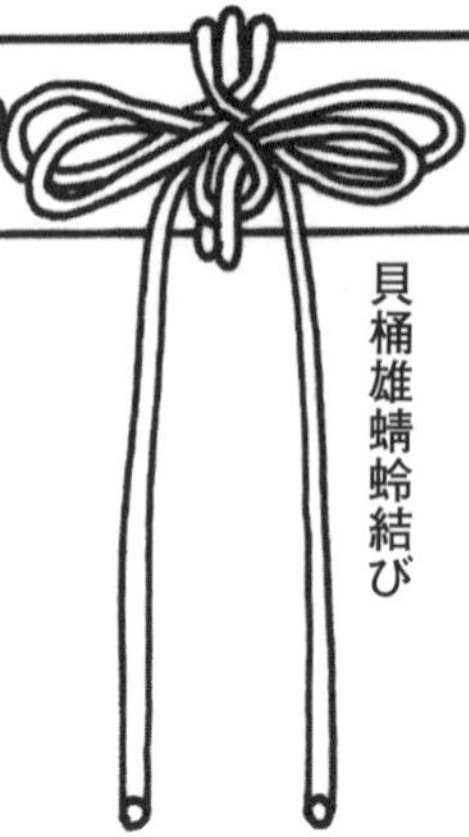

貝桶雄蜻蛉結び

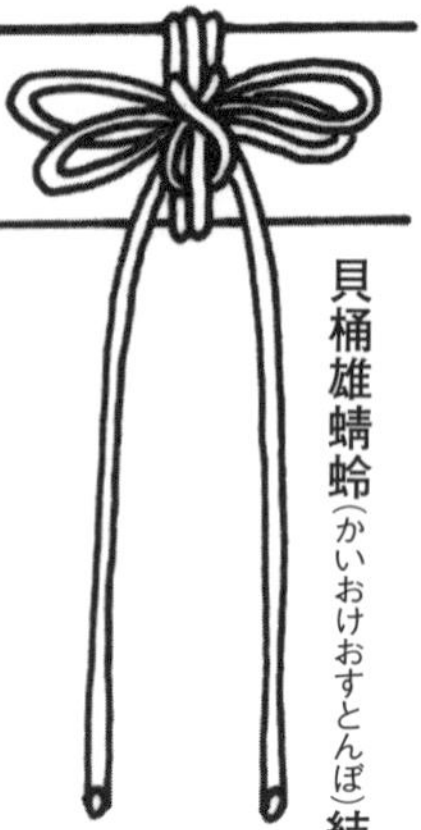

貝桶雄蜻蛉（かいおけおすとんぼ）結び

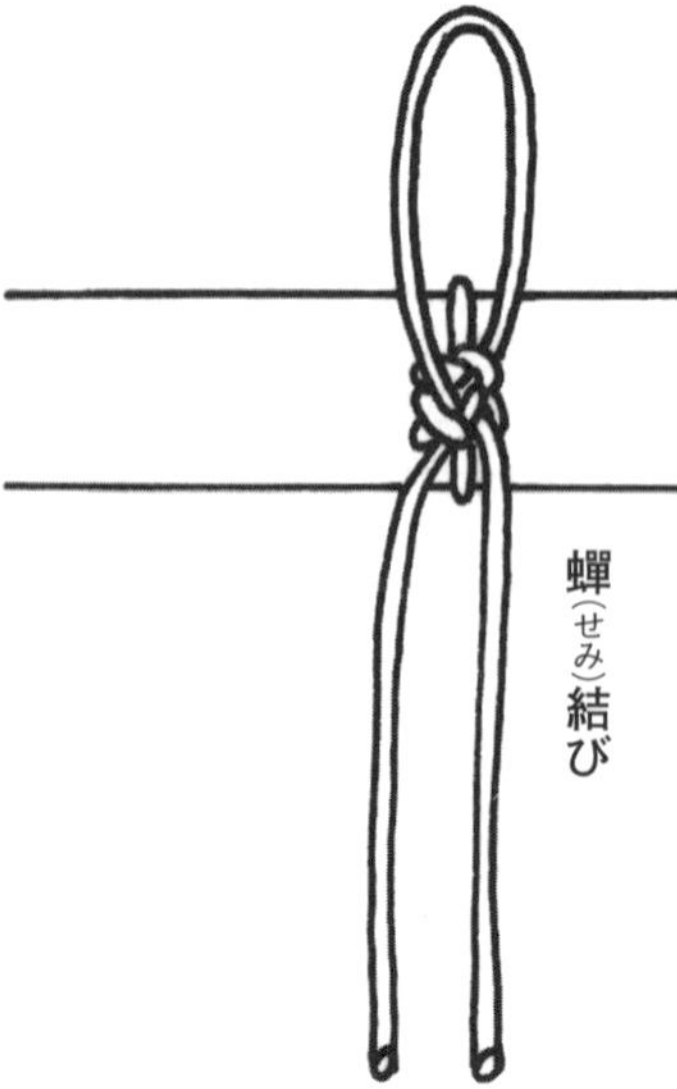

蟬（せみ）結び

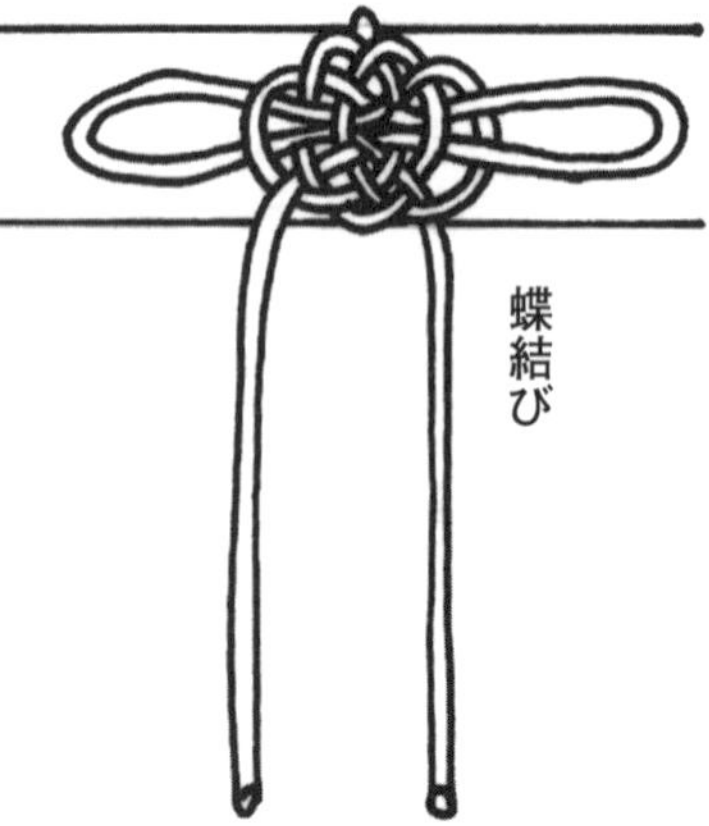

蝶結び

蠅頭結び

叶結び（右）

五行結び（右）

露結び

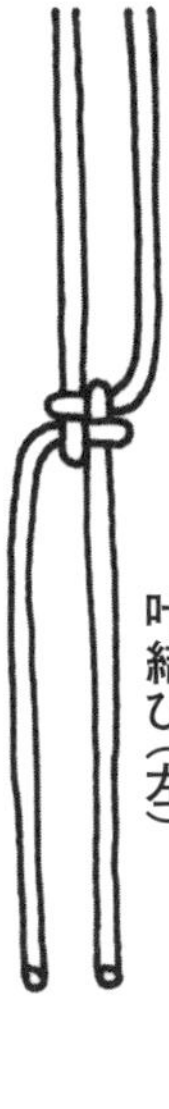

叶結び（左）

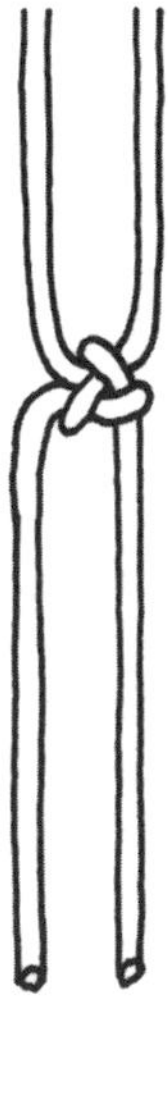

五行結び（左）

総角結び（右）

鳥の首結び

淡路結び

総角結び（左）

蝉結び

菱結び

四菱結び

三輪取（みつわとり）結び

総角結び

四菱結び

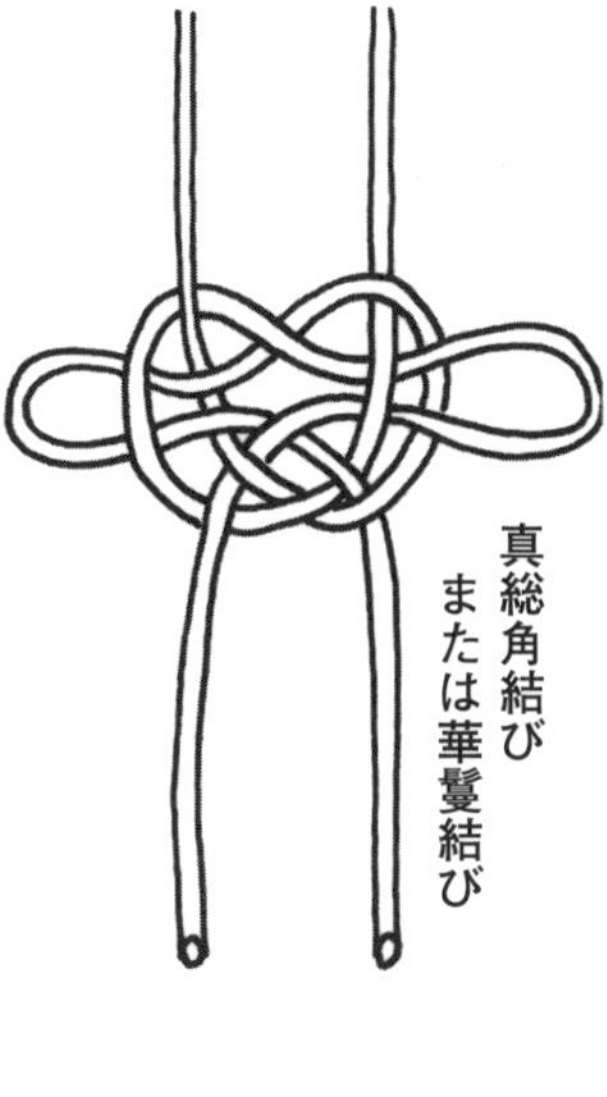

真総角結び
または華鬘結び

真蜻蛉結び

蒲菓結び

笹結び

泥障紐(はねどめひも)結び

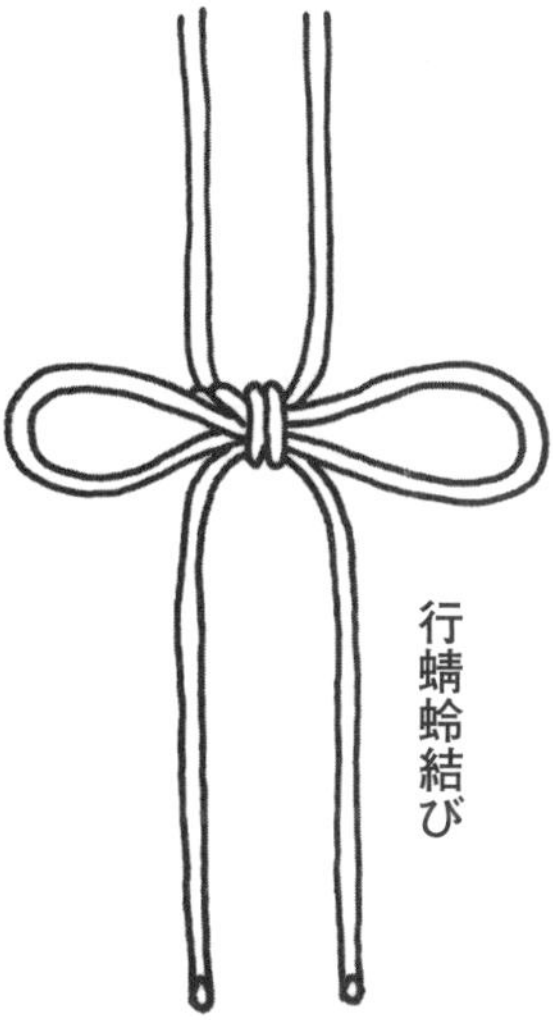

行蜻蛉結び

掛蜻蛉結び

草蜻蛉結び

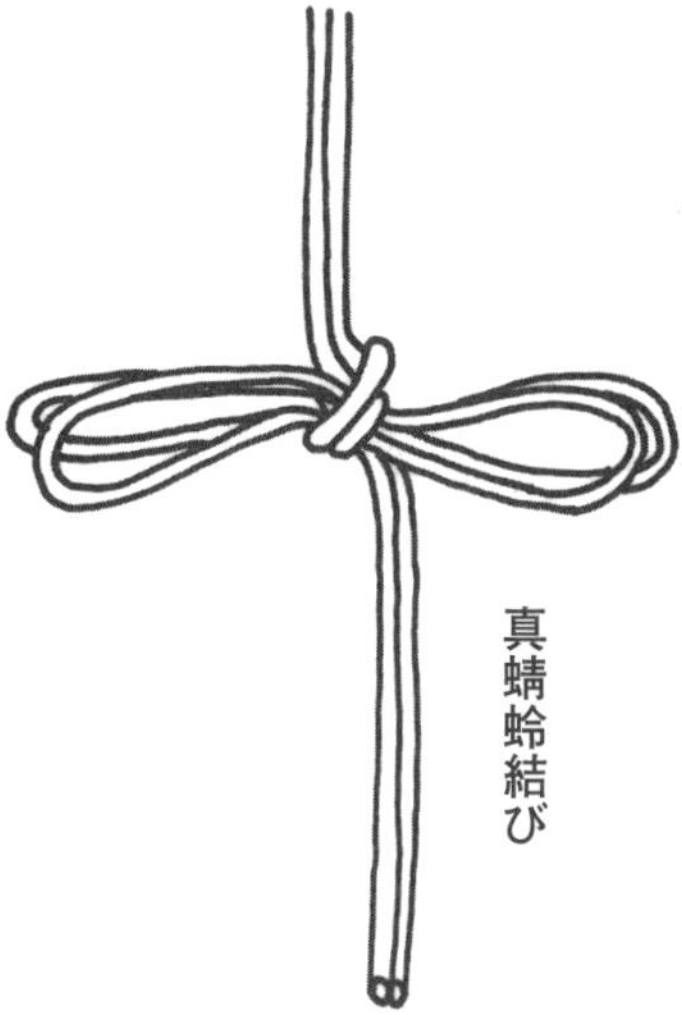

真蜻蛉結び

片結び

玉結び

菊閉（きく）結び

玉結び

一筋（ひとすじ）五行結び

草蜻蛉結び

幕の手結び

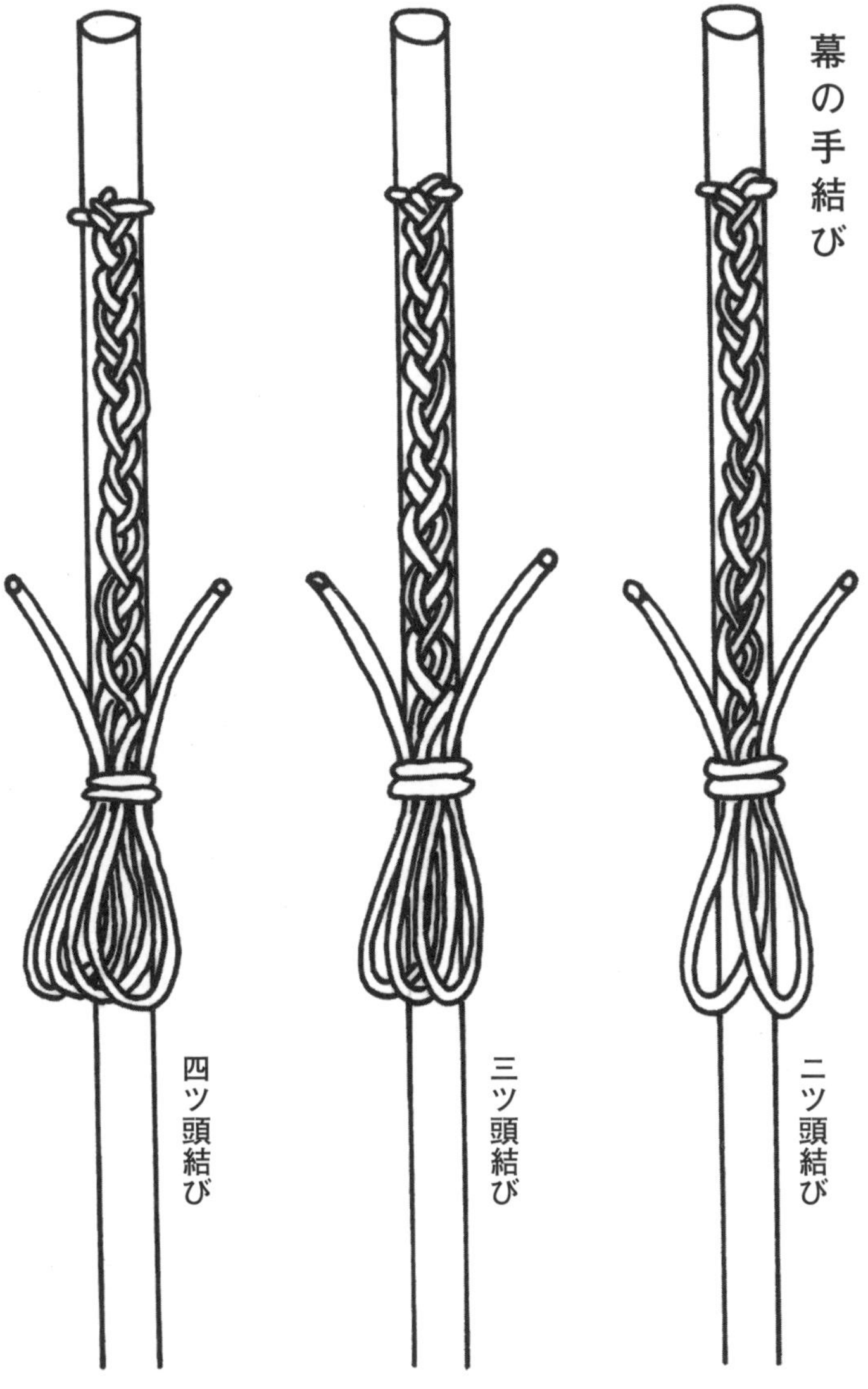

写真で見る飾り結び

飾り結びは家具、調度品、服飾などの紐結びとして現在でもよく見かけます。写真で紹介するのは、このような紐結びです。

これらも竹垣や袖垣の飾りとして使えます。

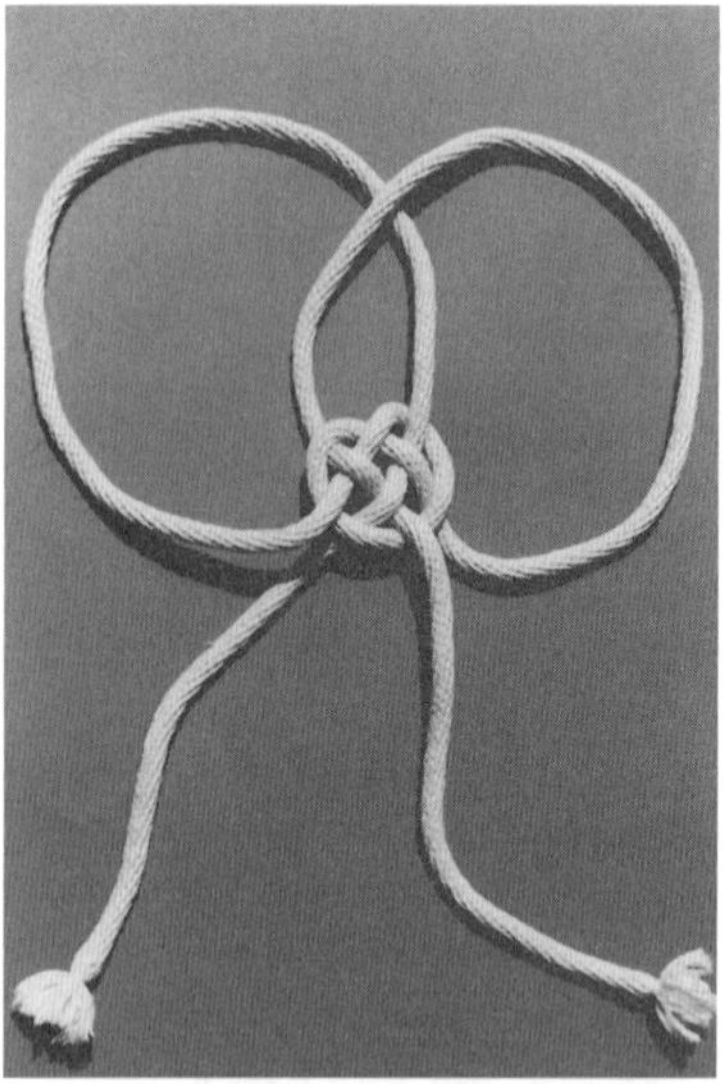

胡蝶(こちょう)結び

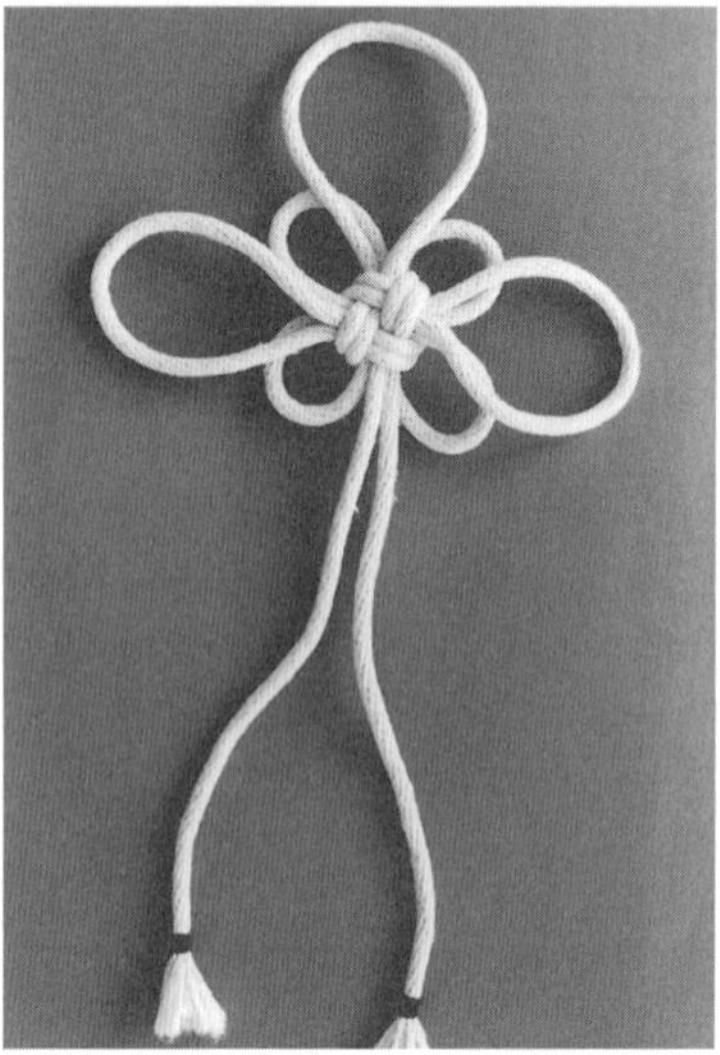

菊結び

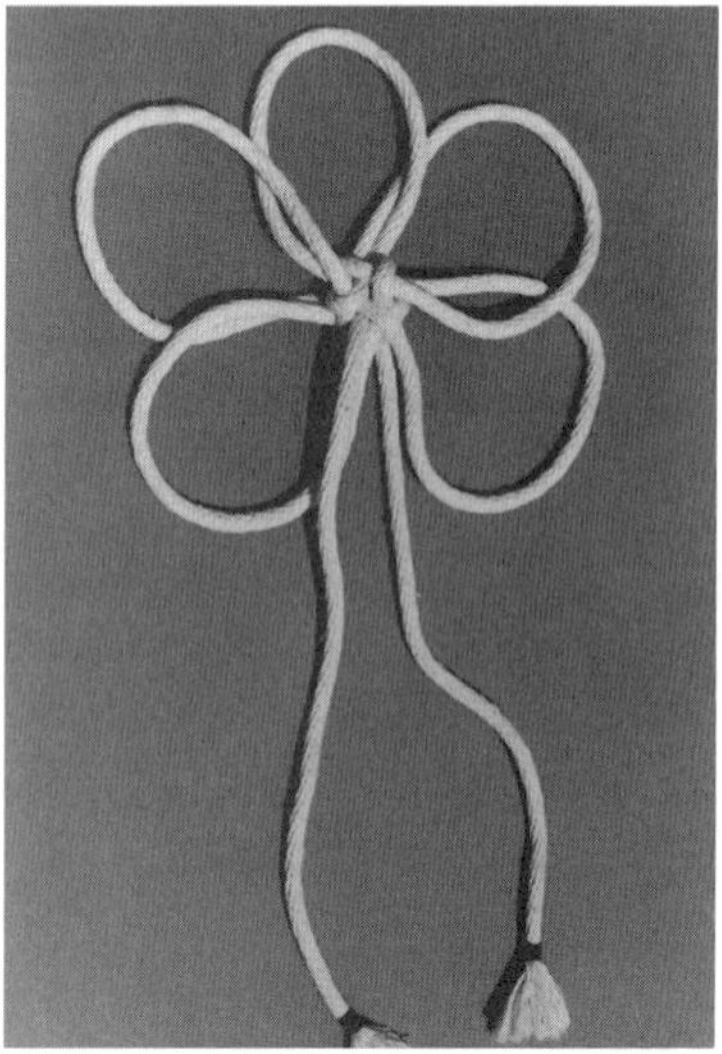

梅結び

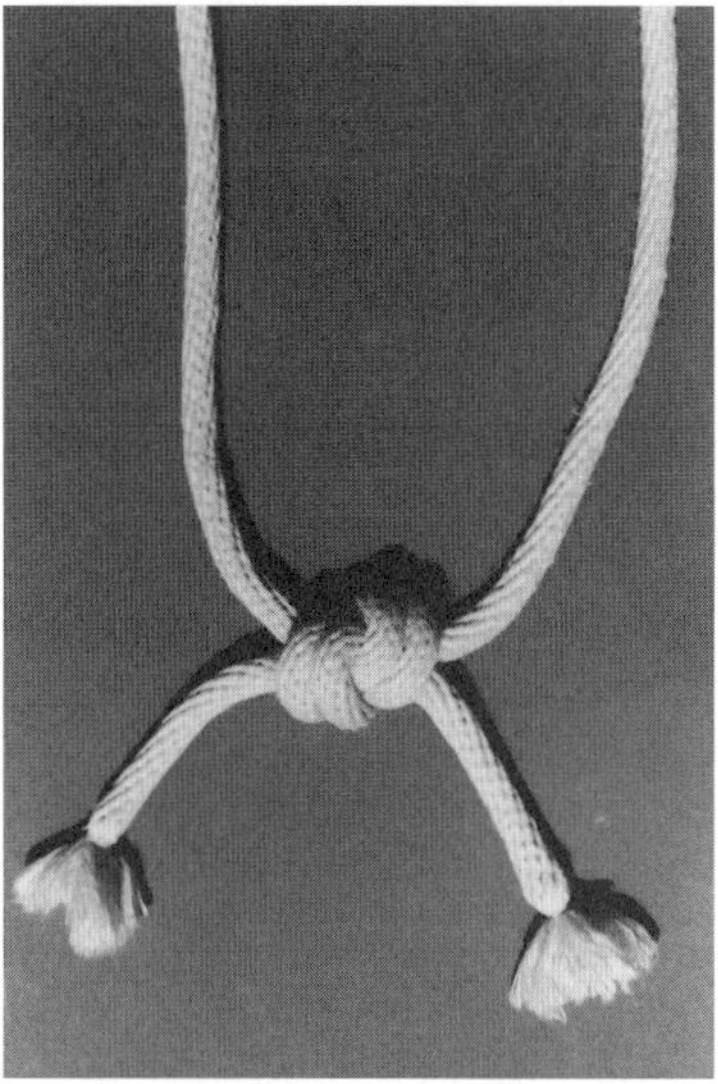

鞭(むち)結び

蜷(にな)結び

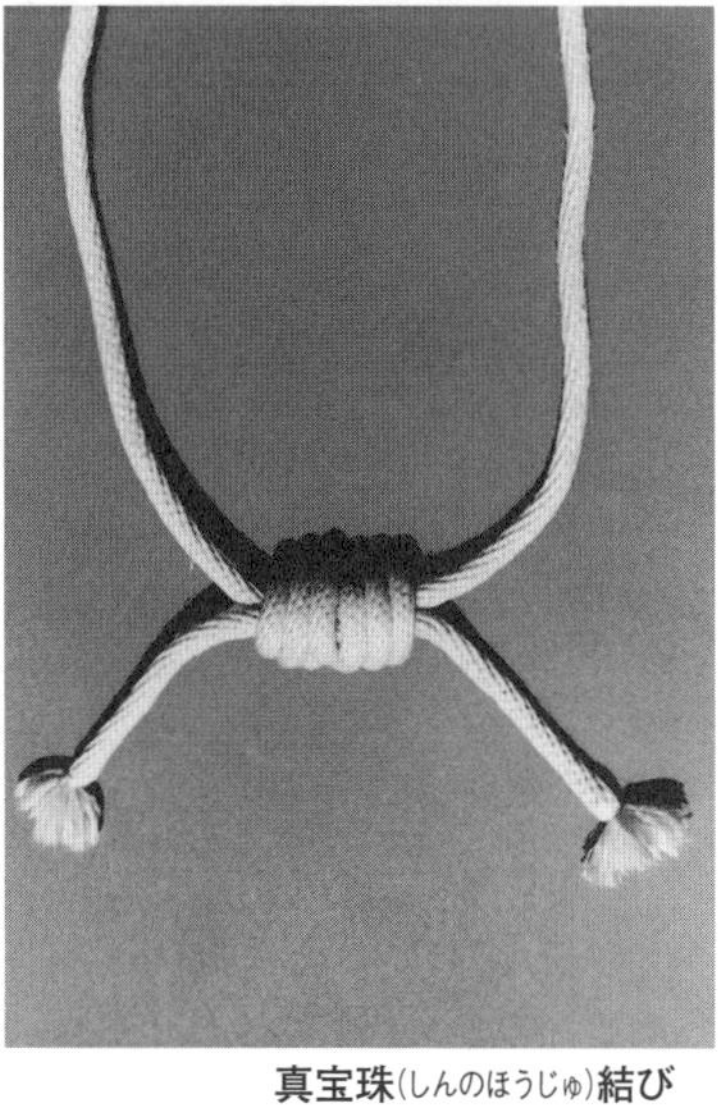

真宝珠(しんのほうじゅ)結び

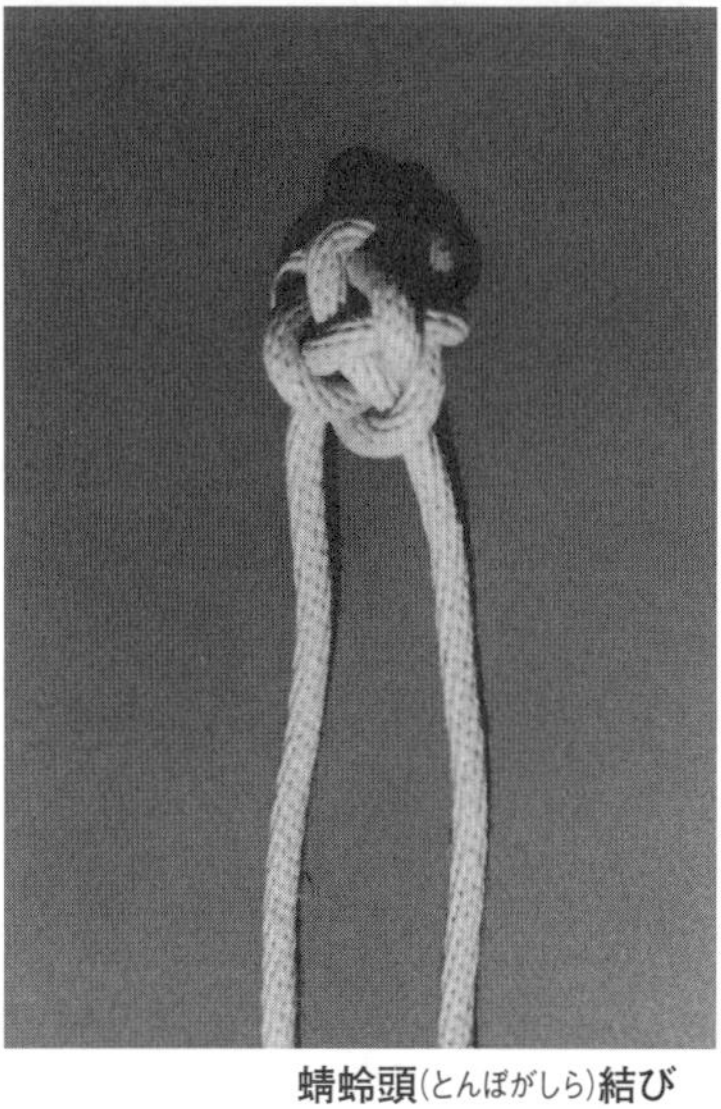

蜻蛉頭(とんぼがしら)結び

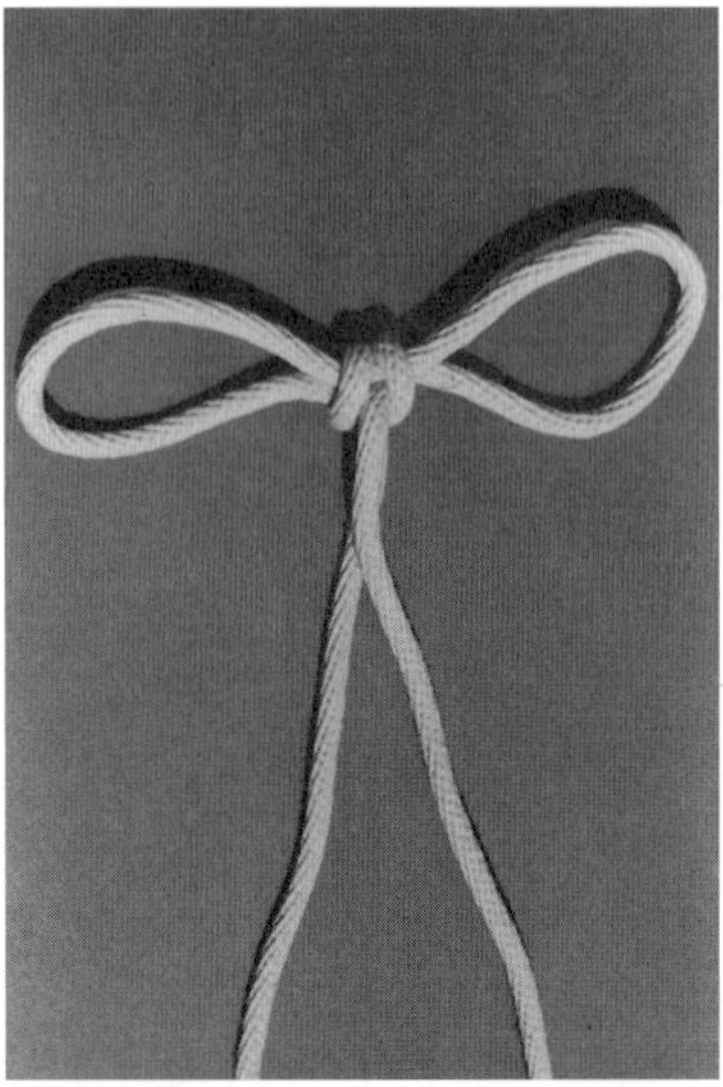

蜻蛉結び

蜻蛉(とんぼ)結び

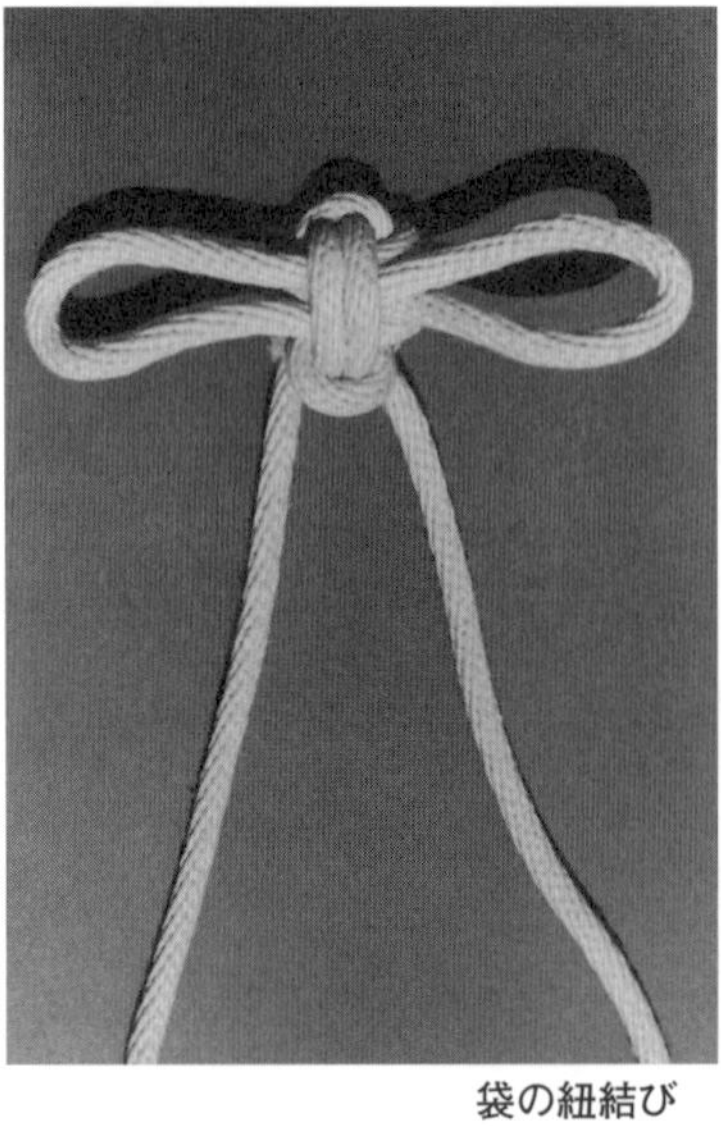

袋の紐結び

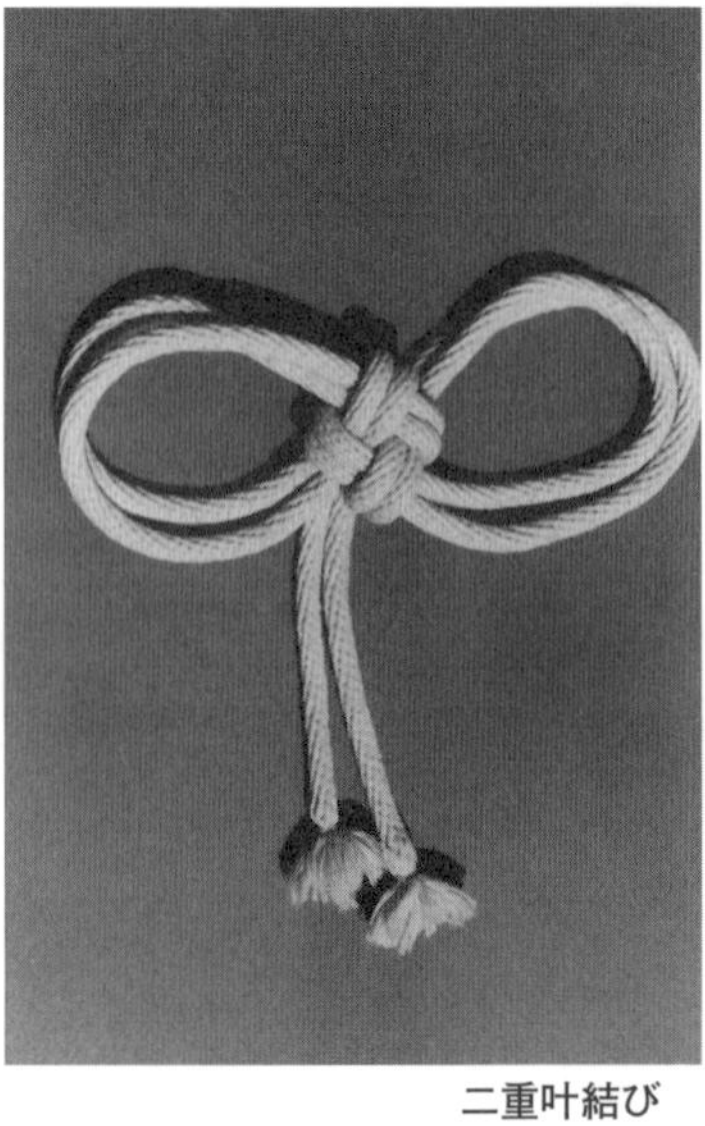

二重叶結び

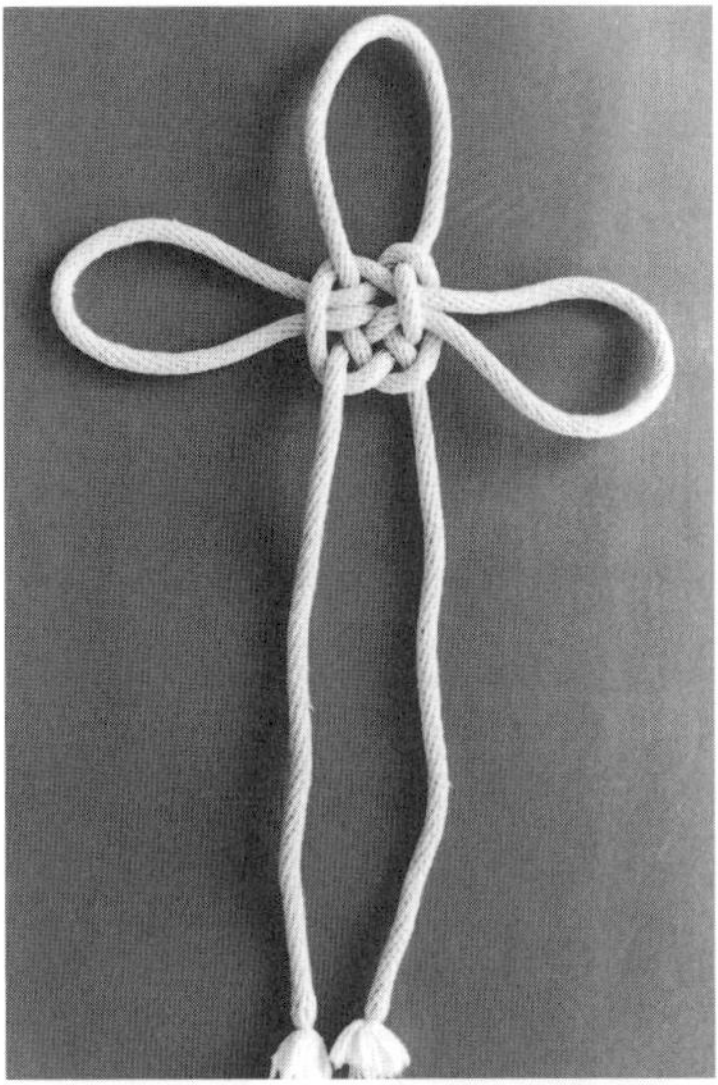

華鬘(けまん)結び

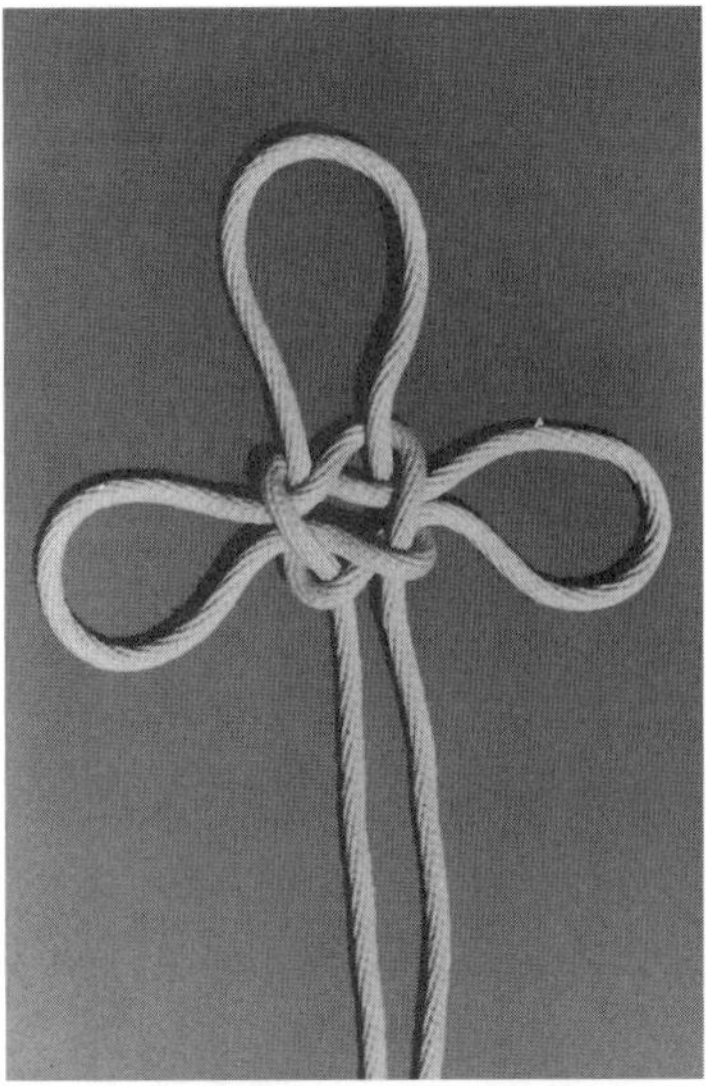

掛帯結び

淡路(あわじ)結び

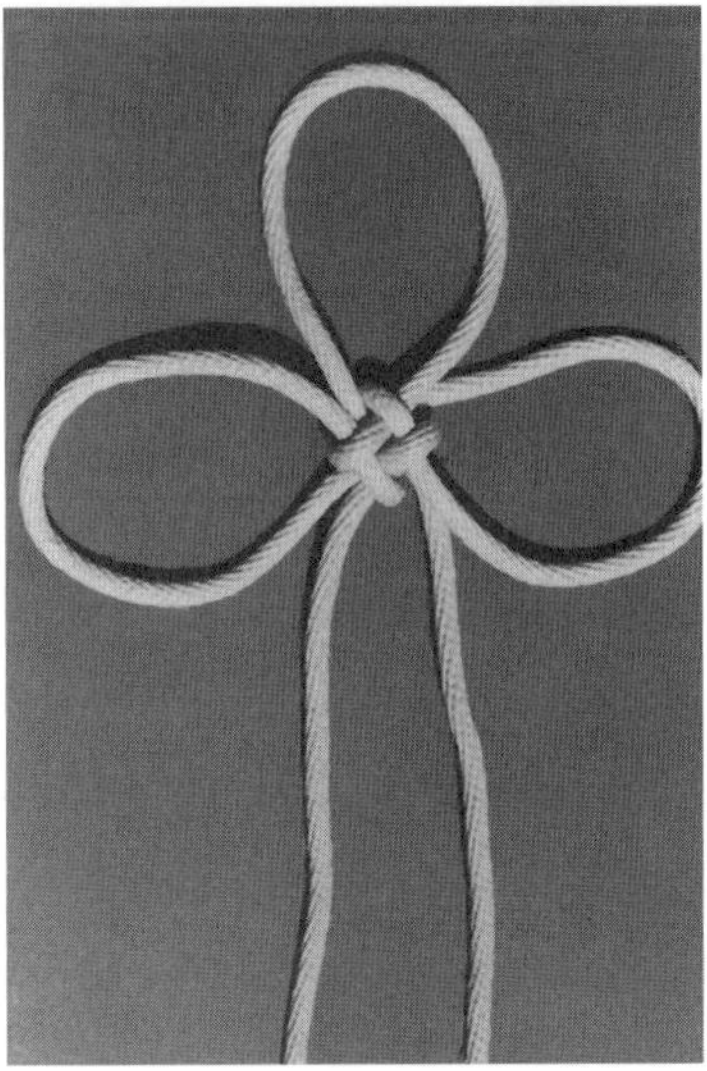

総角(あげまき)結び

一重結び

蜻蛉結び

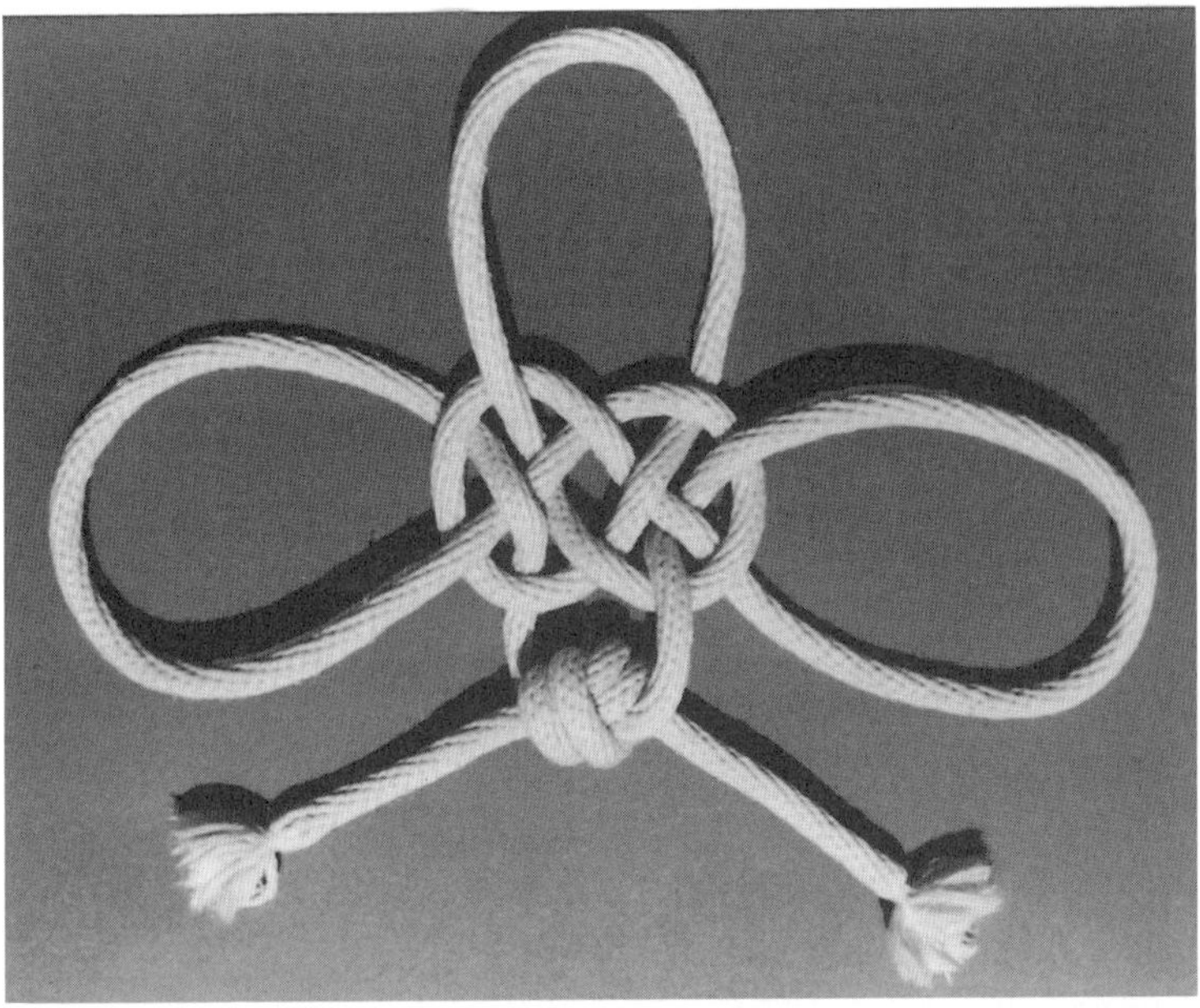

松結び

握り拳結び

菊結び

134ページで紹介した菊結びの結び方です。

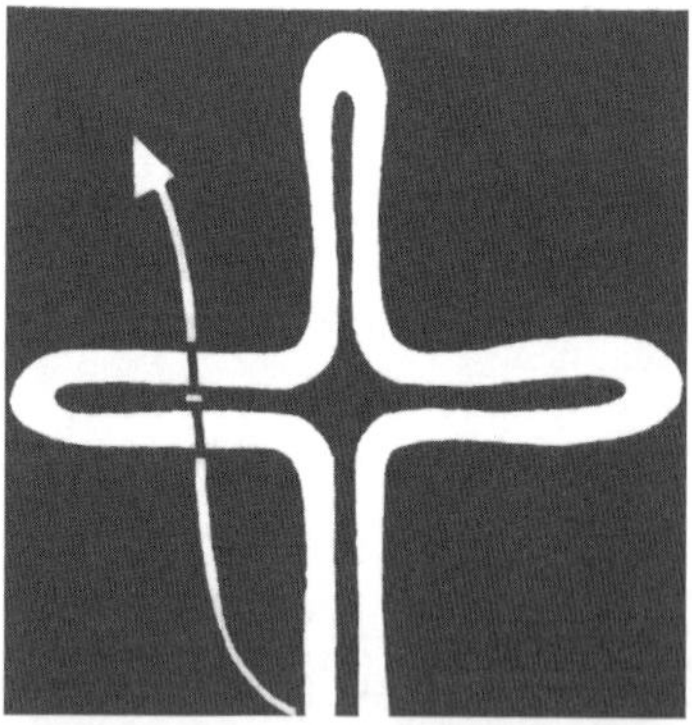

❶

❷

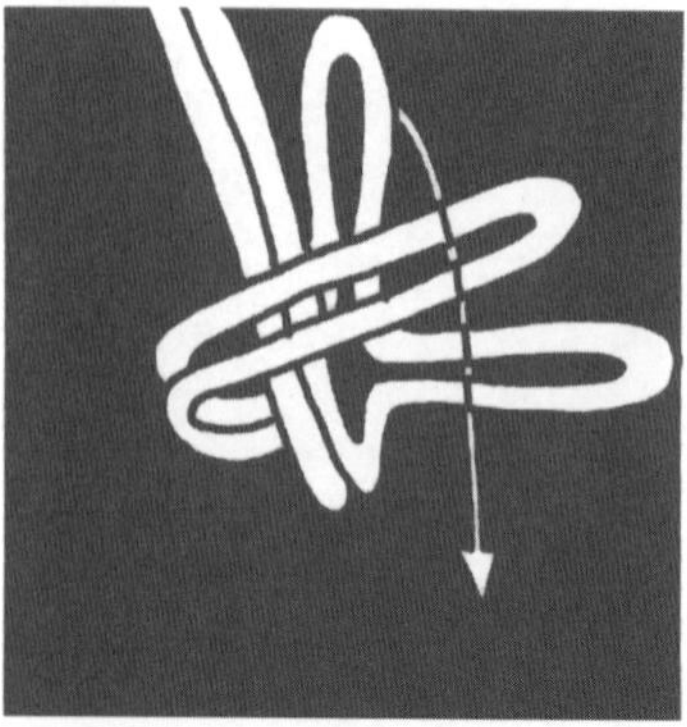

❸

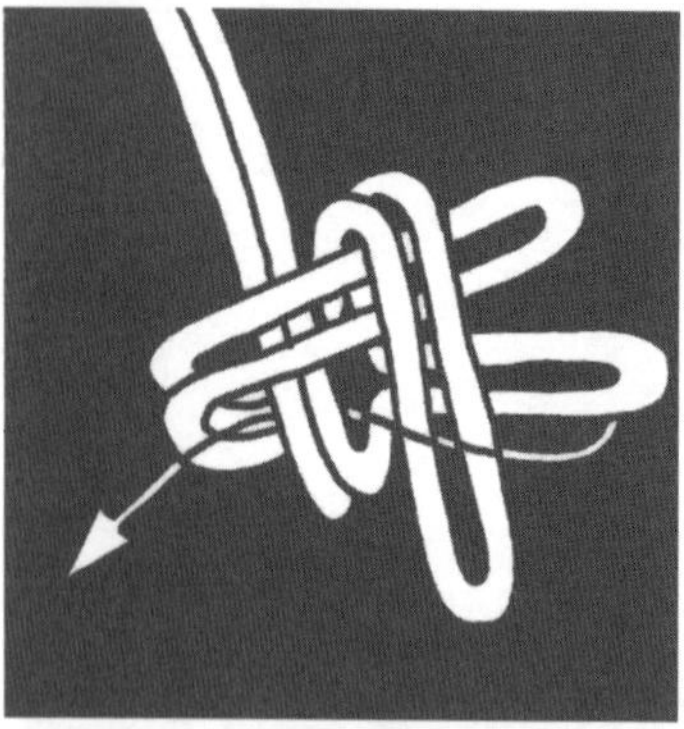

❹

❺

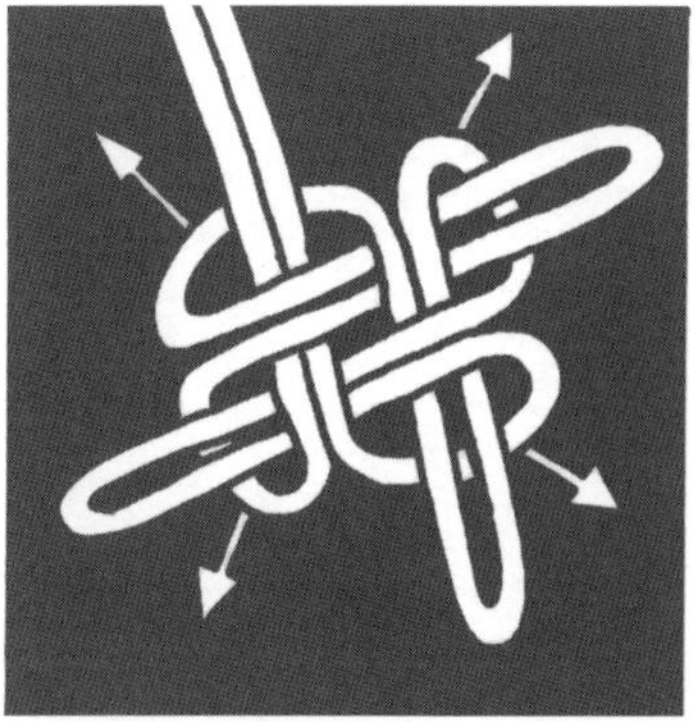
❻

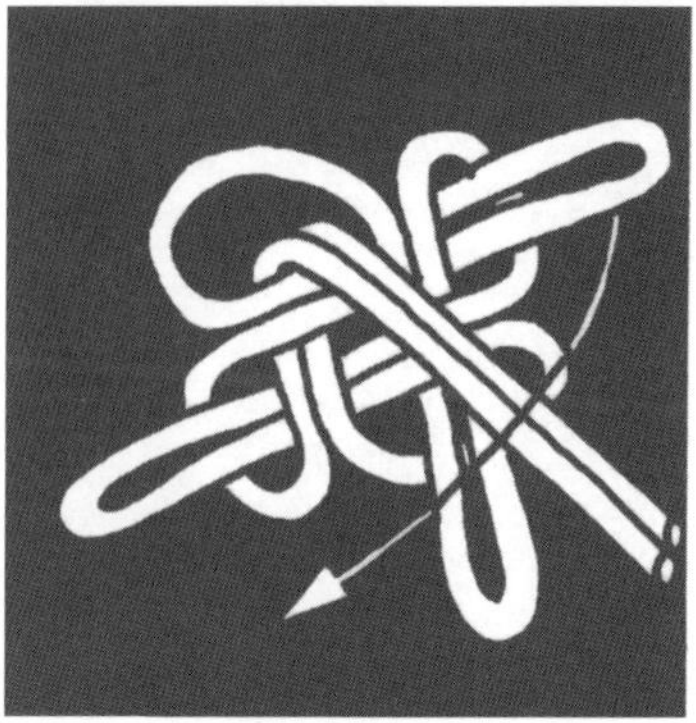
❼

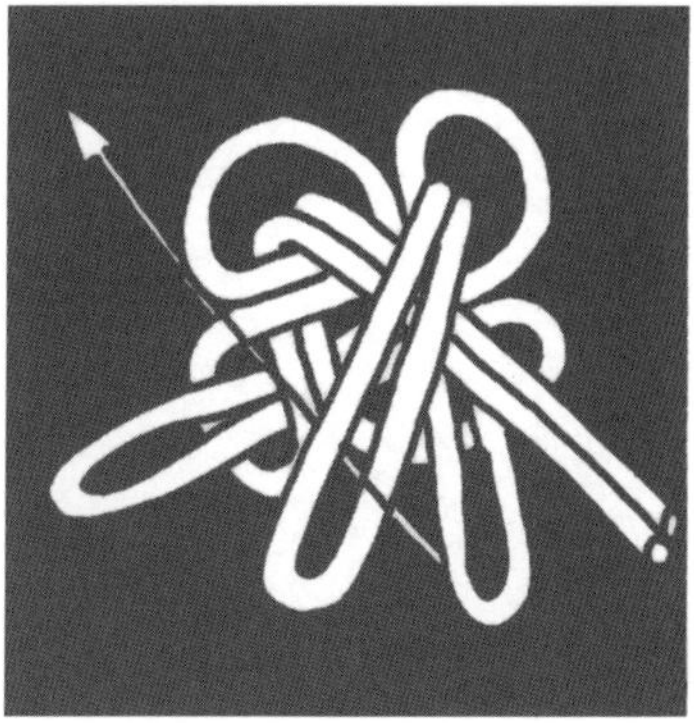
❽

❾

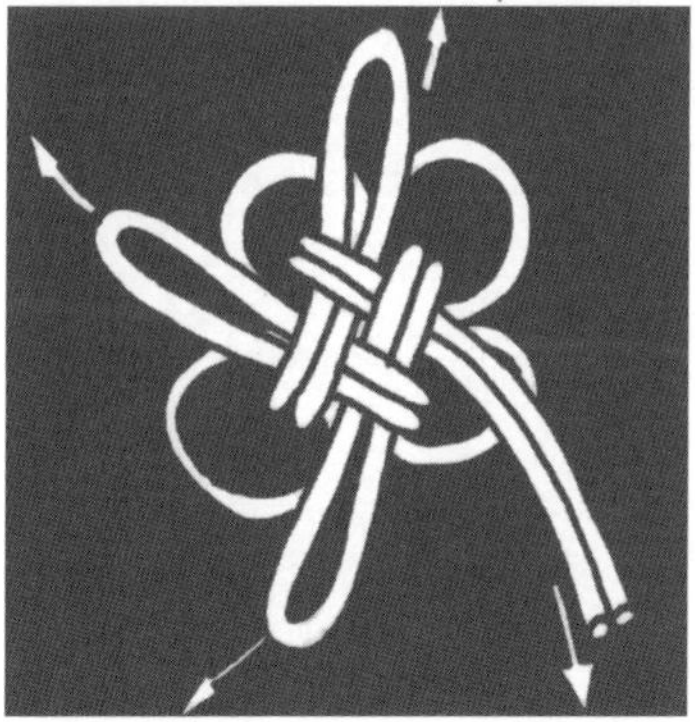
❿

⓫

蜻《とん》蛉《ぼ》結び

138ページの蜻蛉結びの結び方です。袖垣の肩にそっと据えたいものです。

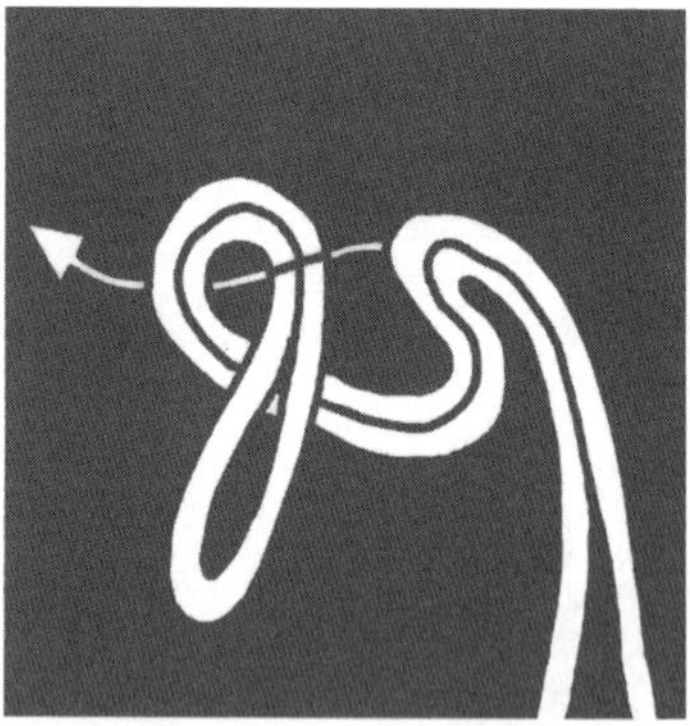
❶

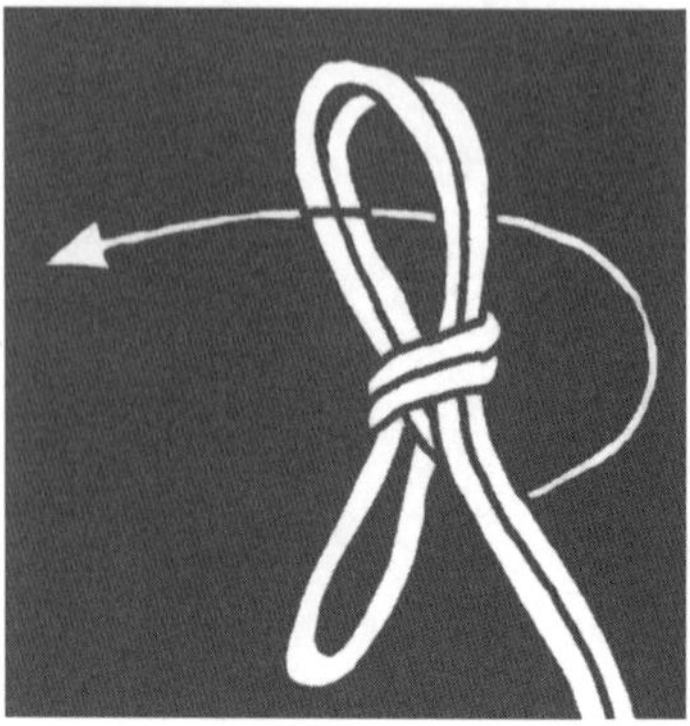
❷

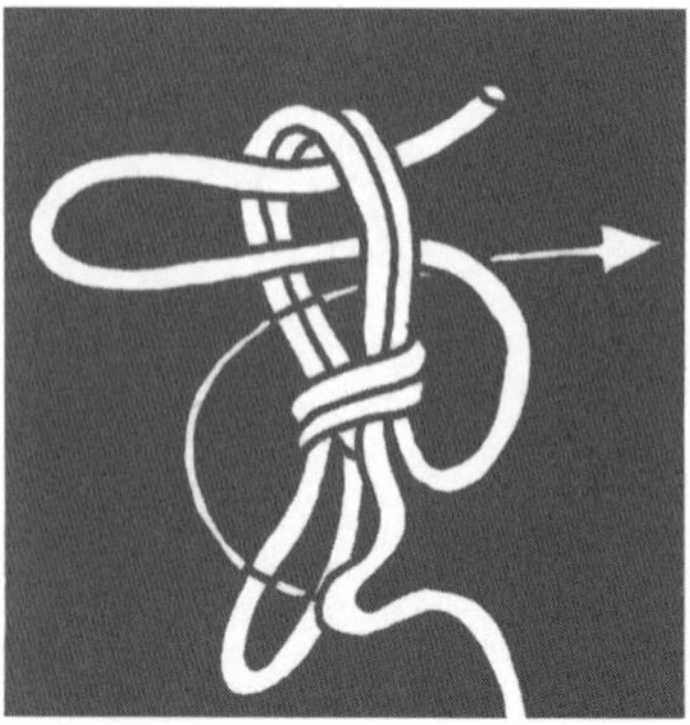
❸

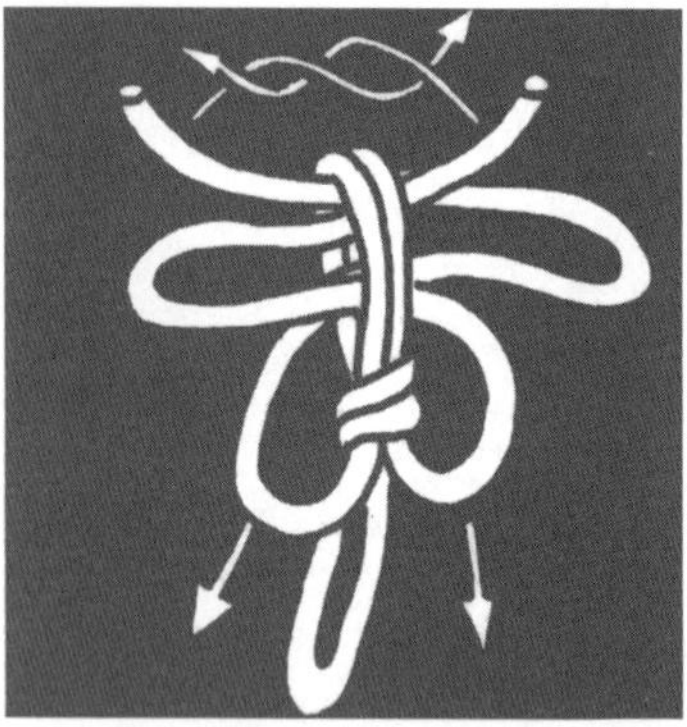
❹

❺

第四章
冬のロープワーク

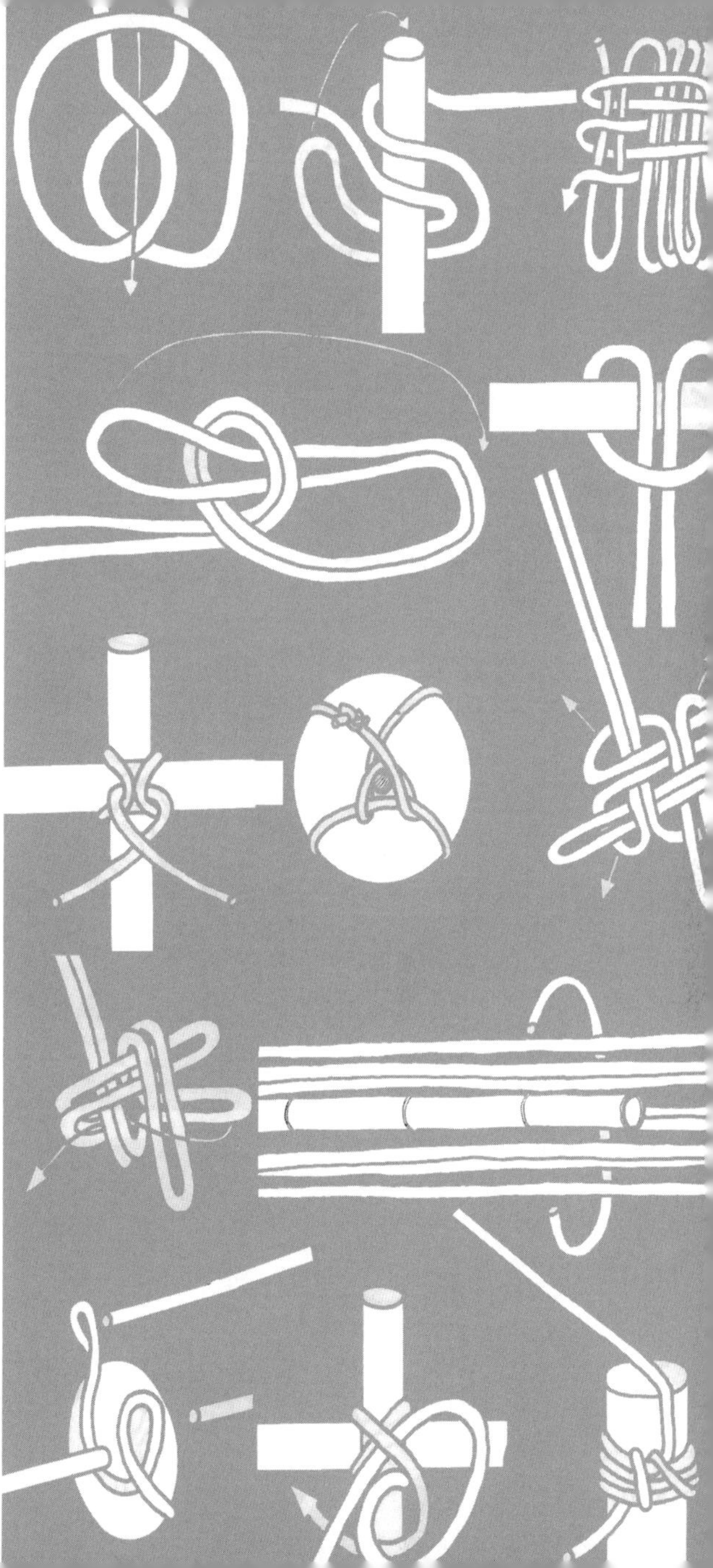

ワラボッチ

下草の霜除けとしてワラボッチがあります。冬、葉が落ち寂しくなった冬の庭の装飾としても使われます。いろいろな形がありますが、ここでは、頭の部分を編んだものを紹介します。

●ワラの条件

ワラボッチに使うワラは餅米のワラを使います。しかも手刈りのものです。近年ではコンバインの普及で背丈の長い餅米のワラは貴重品となりつつあります。

ワラの量ですが、袴を取り除いたワラをギュッと握って親指と人

❶

差し指でつくる輪の中にはいるぐらいの量は必要です。

水へ選りすぐったワラを一、二時間浸け、それを穂先を下に向け、根元部分を下に折り曲げながら編み上げていきます。編み上げた中からさらに5本の三つ編みをつくり梅の花のような化粧結びを施します。ピンッと突き出たワラが粋に見えます。

●芯（骨）をつくる

蹲踞の筧づくりで余った竹を割り、十文字の竹を差し込み、別の竹で丸い輪の骨をつくります。そこにシュロ縄4本で傘のような形にしてワラのあんこを被せた上に編んだワラボッチを載せて完成。

❷

❸

❹

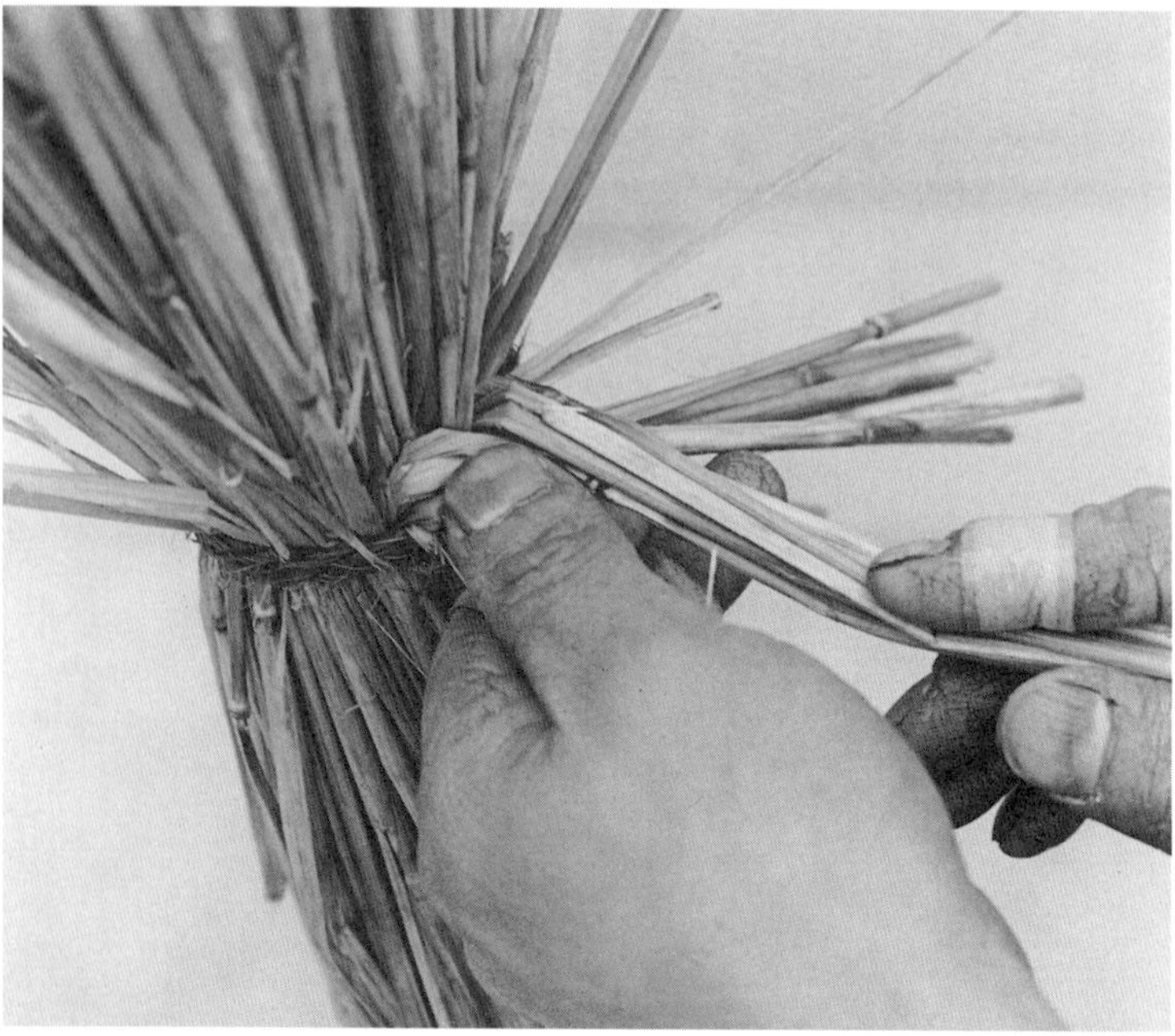

❺

❼

❻

❽

❾

❿

⓫

⓬

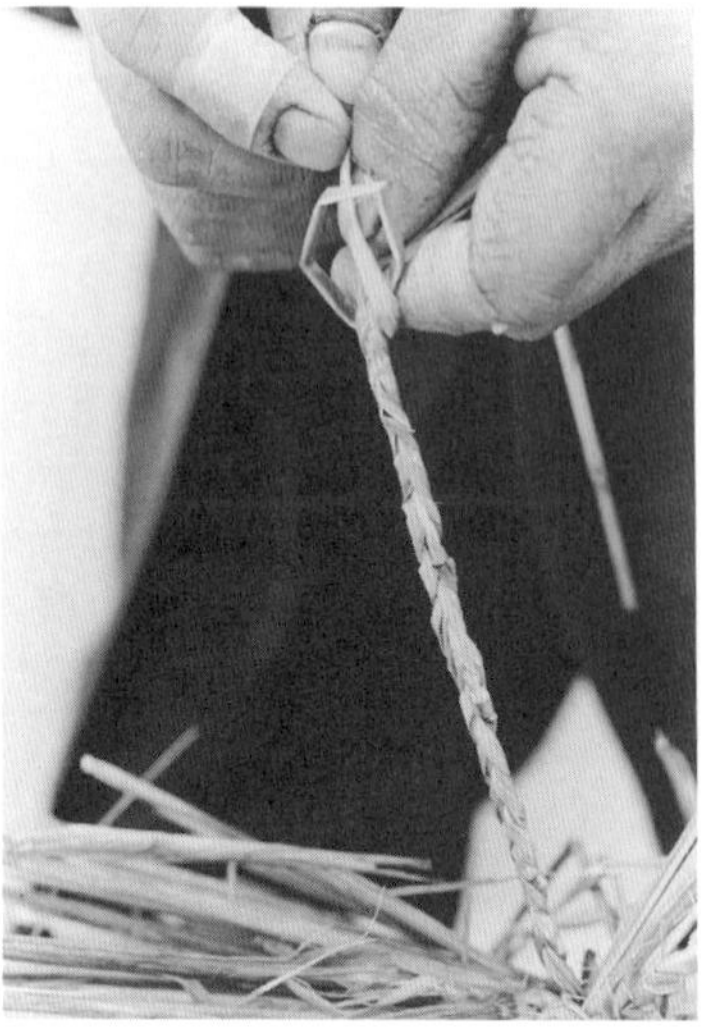

⓮

⓭

⑮

⑯

⑰

⑱

⑲

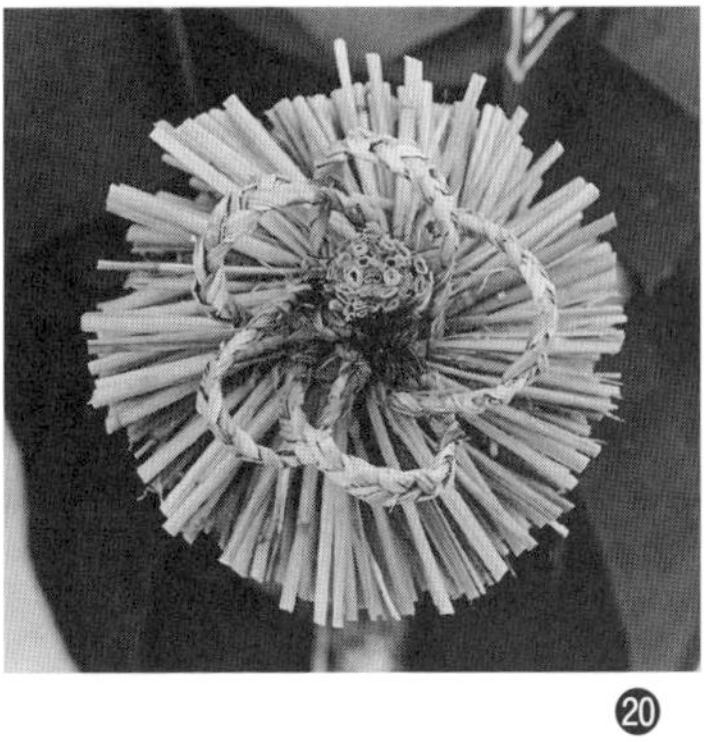
⑳

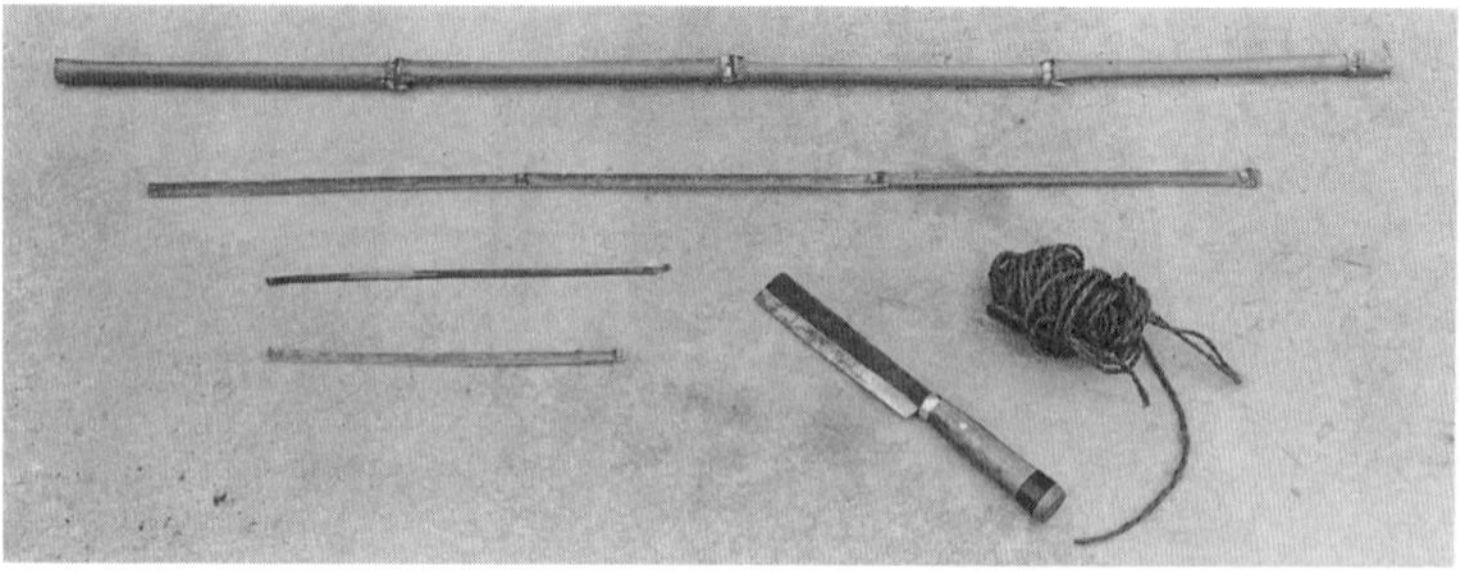

芯（骨）をつくる材料と道具㉑

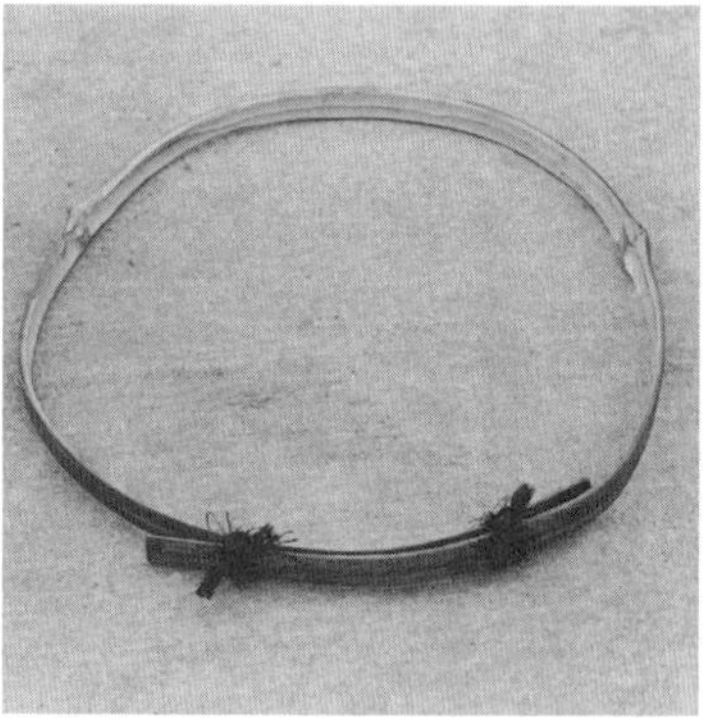

㉒

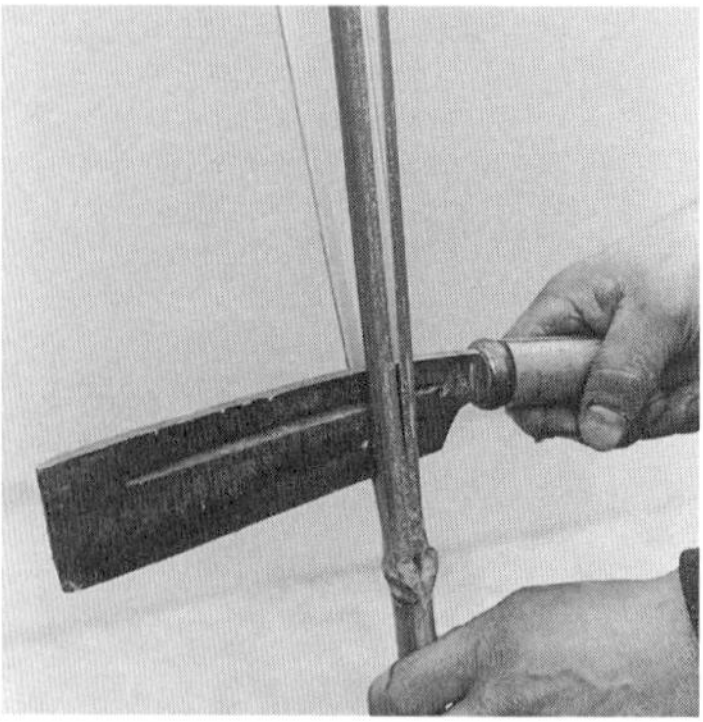

㉓

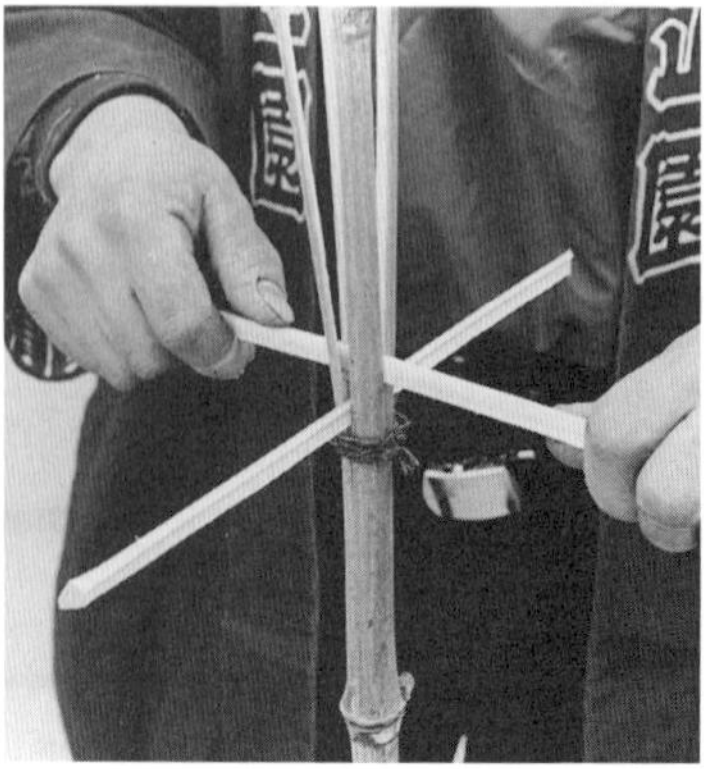

㉔

㉕

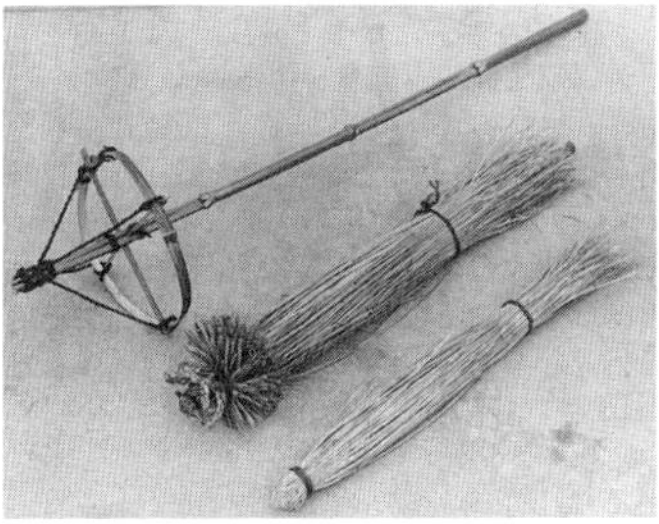

㉖

㉘

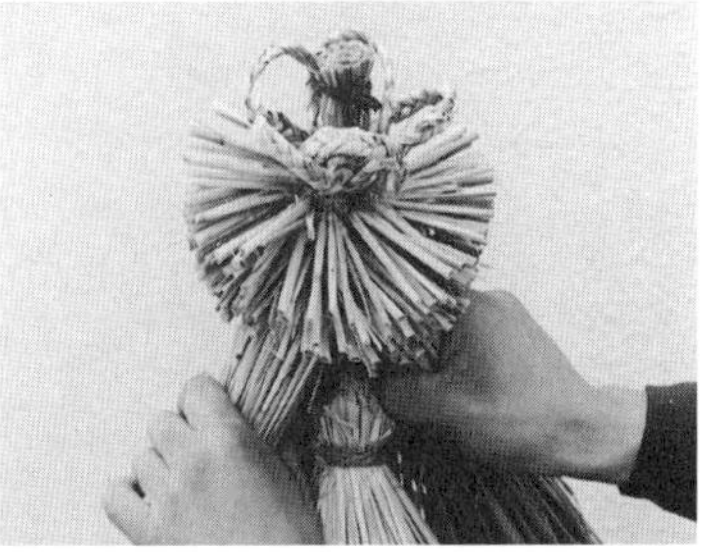

㉗

㉙

雪吊り

樹木の枝を雪の重さから守る雪吊りは代表的な雪国の作業の一つですが、近年は冬の風物詩を表すものとして珍重されるようになり、全国で見られるようになりました。

同じ雪吊りでも関東と関西では異なりますが、ここでは何といっても金沢の兼六園で施す雪吊り「りんご吊り」と呼ばれるものと同じ手法を紹介しましょう。

先ず、雪吊りをする木を選び、吊り方を決めます。高木類は幹吊りと芯立ての二種類があり、下枝のない木は芯立てにします。ちなみにここで紹介する木はマキです。

このマキに積もる雪の量を約1.5トンと設定してその仕方を説明していきましょう。

芯となる丸太はマツ・スギも用いますが、肌がきれいで丈夫なヒノキが多く用いられています。

●吊り縄の準備（写❶〜❽）

吊り縄は一枝に1本としますが、特に大事な枝は三本吊りとするのが基本です。したがって吊ろうとする枝が10本あれば30本、それに下枝と上枝が加わって全体の本数が決まります。

先ず、吊り縄を束ねます。これを頭飾りといい、金沢の職人は「トンボ」と呼び、雪吊りの大きなポイントになります。

トンボが写真❼のようにできたら今度は丸太の芯に縛り付け、吊り縄を4本ずつ束ね、さばきます。この作業をしないといざ吊ろうとした際、垂直に縄が張れなかったり、からみ合って作業もしにくく、完成後の見映えも悪いです。

●芯を立てる（写⑨⑩）

縄の準備が終わったらいよいよ芯を立て、幹に三ヶ所ほど風除け支柱と同じ要領で縛り付けます。ただし、このときは土中には埋めず、置くだけです。芯には同じ力が四方から加わりますから置いただけでは倒れません。

●枝を吊る（写⑫〜⑯）

束ねた吊り縄を解き、いよいよ枝のある場所へ配り、枝に縛り付けていきます。

このときに注意したいのが結ぶ位置です。雪の重さを考慮しないと折れたり、中だるみをします。それを防ぐ意味

❶

で、枝先から大体40〜60センチぐらいの位置に縛り付けるといいでしょう。

次に枝を吊る順序です。芯の丸太を垂直に立てたつもりでも傾く場合があり、起こす側から芯の傾き具合を見ながら張り具合を調整しながら垂直にさせることもできます。また枝には強いものや弱いものもあり、弱い枝から先に吊り、最後に強い枝を吊るようにします。

この吊り縄の結び方は「うのくび結び」、もしくは「もやい結び」でもいいでしょう。

枝の吊り加減も大きなポイントです。ワラ縄の繊維は濡れると伸び、乾燥すると縮みますので、この縮む作用を計算しながら、少々吊り上げ気味にするといいでしょう。

ダラリと伸びきった雪吊りは美的感覚もよろしくありません。

●雪吊り唯一の道具「ひっかけ」

吊り縄のすべてを枝に結び付けた後は「ひっかけ」と呼ぶ雪吊り唯一の道具を使って、縄を引っ掛けて手元にたぐり寄せます。これで完成です。(写⑯〜⑱)

❷

❸

❹

❺

❻

❼

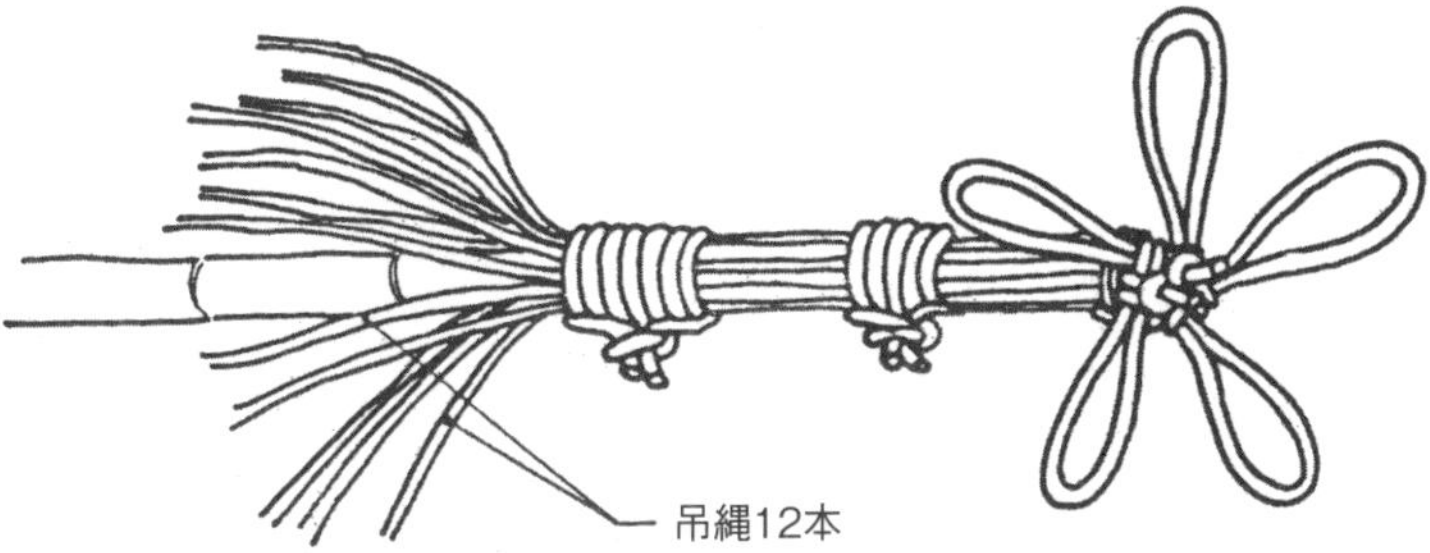

頭飾り（関東版）

❽

❾

❿

⓫

⓬

⑬

⑮

⑭

ひっかけ⓰

⓲

⓱

第五章

根廻しのロープワーク

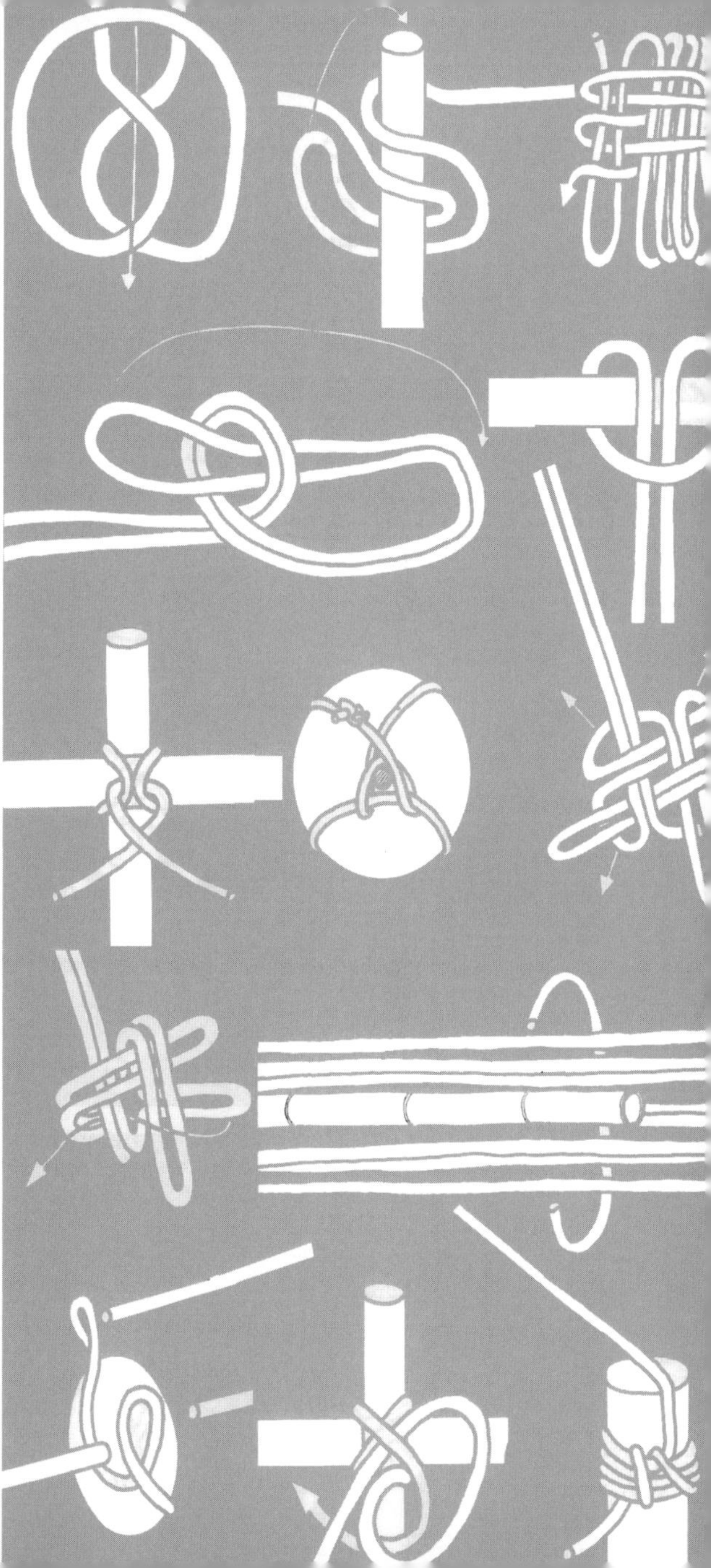

根廻し

樹木の移植に使われるロープワークに根廻しがあります。根廻しは移植作業を安全かつ容易にします。樹木の大きさ、樹種、樹齢などによって根廻しの方法が違います。

貴重なものとか枯れやすい樹種などは、移植の一～三年前から根廻し作業にはいります。

根廻しの時期は地温の上昇と共に、根の活力が盛んになる、二月上旬から四月上旬が適期です。

鉢の大きさは樹種や樹木の大きさ、土質、運搬する距離によって異なります。鉢が大きくなれば重く、崩れやすくなります。逆に小さいと、根切りが多くなり、運搬時の乾燥で枯れやすくなります。一般に鉢の直径は幹の根元直径の3～5倍の円形、鉢の土が崩れないよう注意し、丁寧に掘ります。

八分通り根掘りが終わったら、ワラやコモをワラ縄で鉢の周囲にかたく巻き付け、土の崩れるのを防ぎます。これを根巻きといいます。

根巻きはまず左図の手順で横巻きとし、その上から縦巻きで縛り付けます。

縦巻きの縄は幹に「うのくび結び」で止めます。根巻きのとき、木槌で縄を打ちながら巻きますと、よく引き締まります。次ページは縦巻きの方法です。

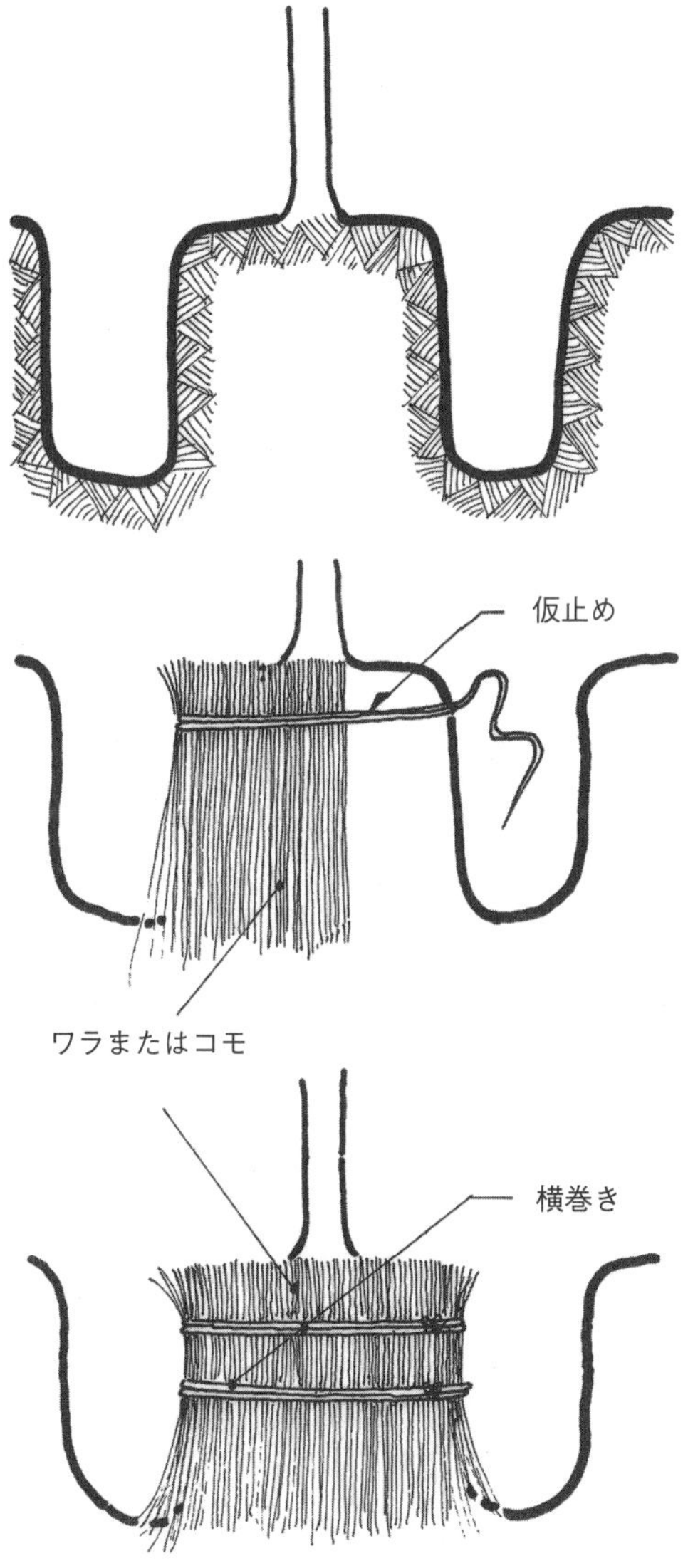
仮止め
ワラまたはコモ
横巻き

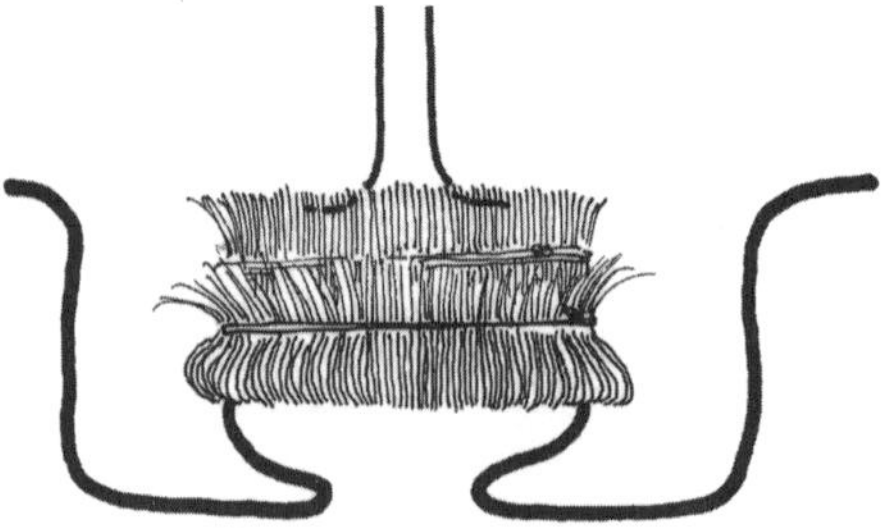

ワラをまくり上げ鉢の底部を掘ります

縄を引きながら木槌で打つとよく締まる

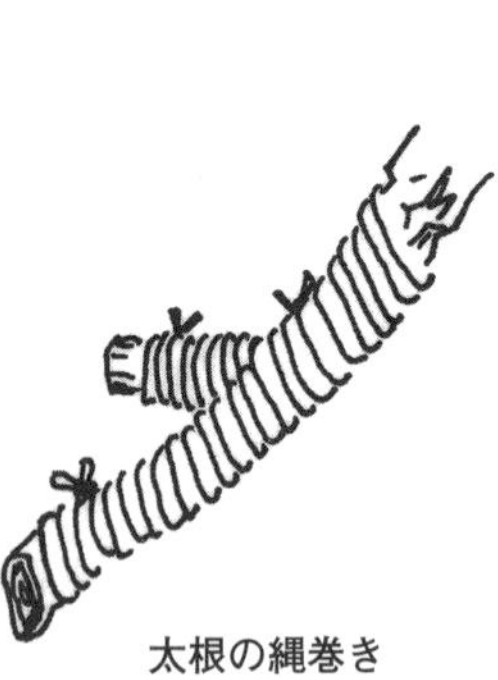

太根の縄巻き

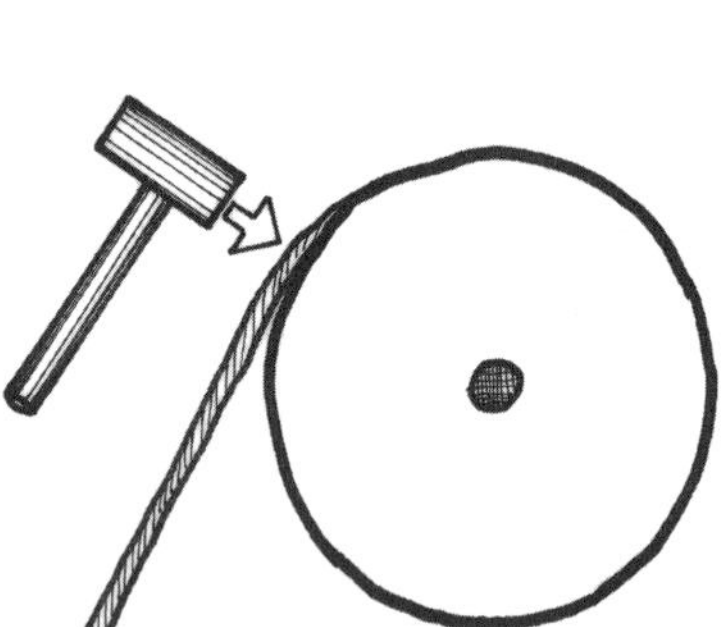

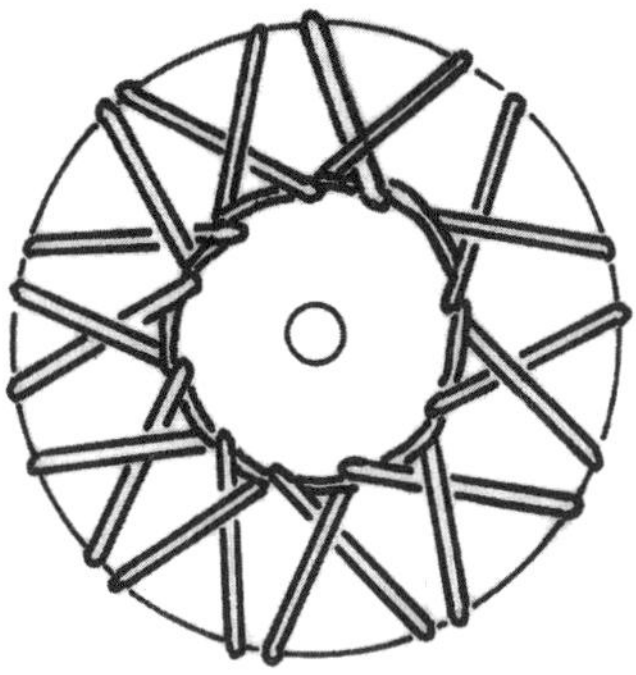

本がらみ

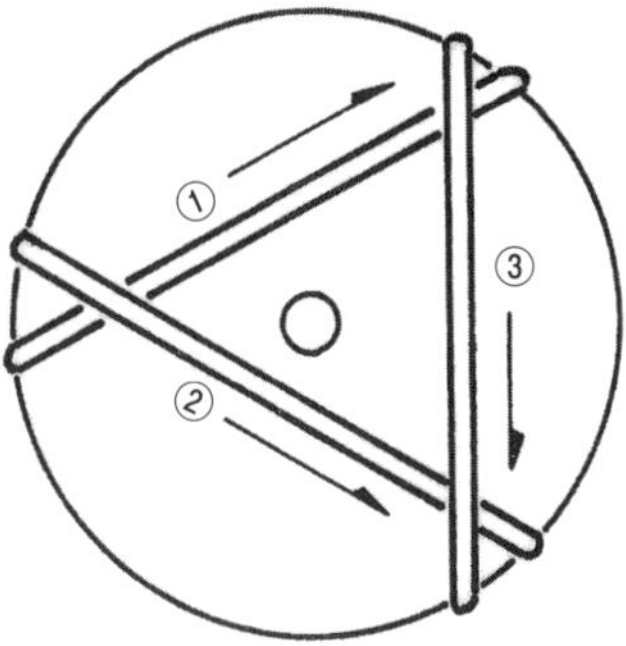

三ッ掛

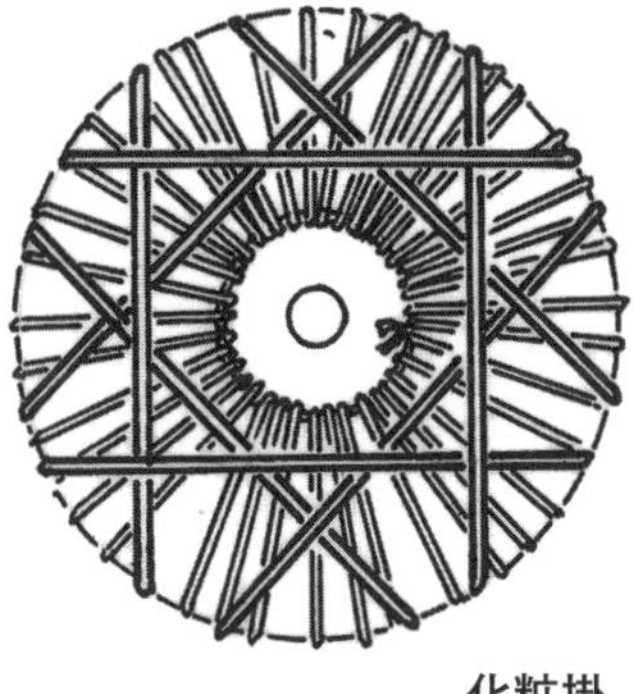

化粧掛

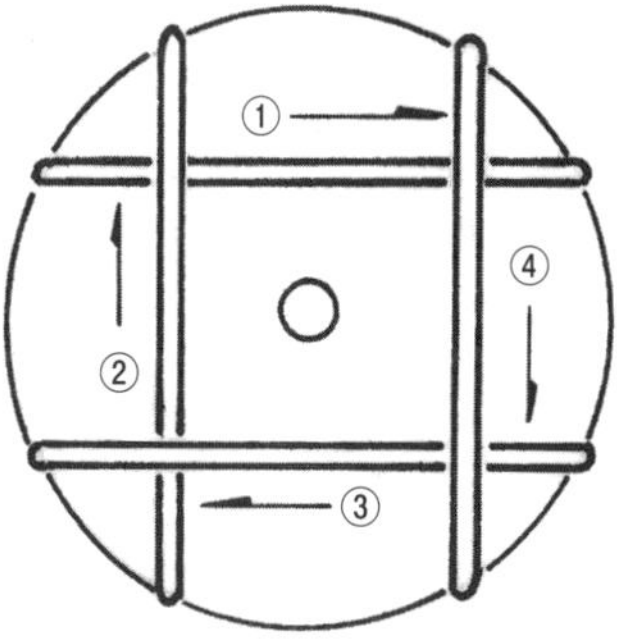

四ッ掛

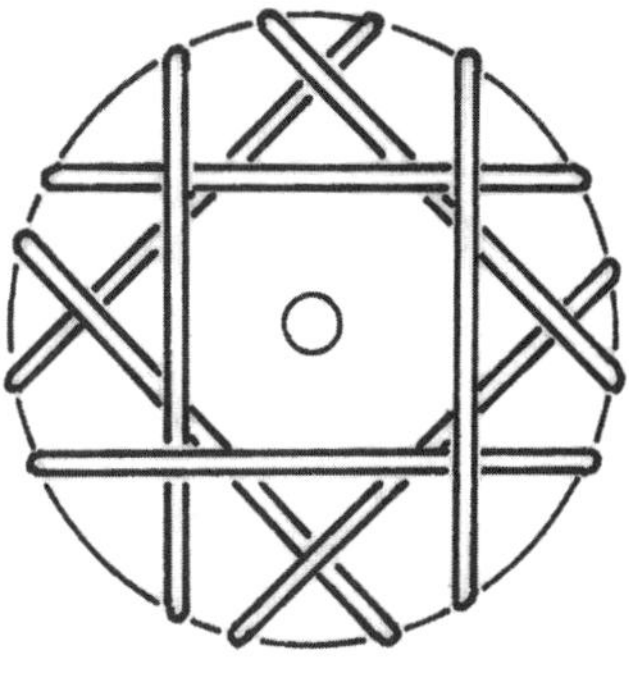

四ッ掛二回巻き

苗木の根巻き

この根巻き方法は小さな苗木に用います。準備するものは、ワラとワラ縄と植木鋏です。

まず、木の根をできるだけ切らないように掘り起こします。根の土を落とし、病害虫に犯されていないかチェックします。

次に左手の上にワラを15センチ幅に取り、下図のように少し湿った土を載せます。(写❶)

用意した苗木をそえ、苗木が中心となるように土でだんごをつくります。(写❷❸)

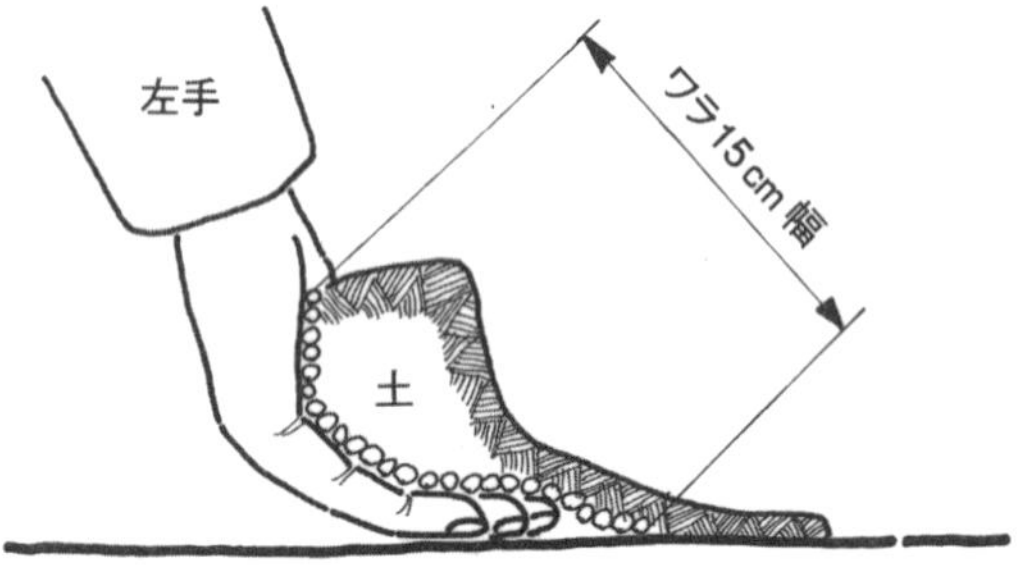

❶

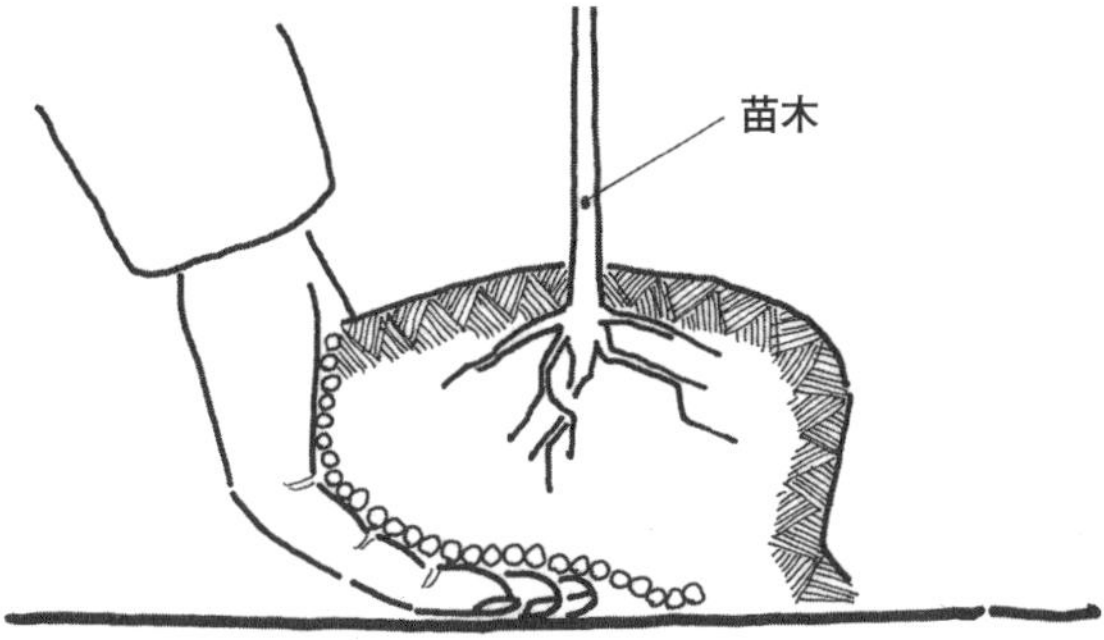

❷

苗木をそえる

❸

いよいよワラ巻きにはいります。まず、左足をワラの先のほうに載せ、しっかり押えます。次に右手をワラの中央から元のほうへ滑らせるように、鉢の中心方向に力を加えながらワラを巻きます。

ワラの量が多すぎますと、ワラが滑って思うように巻けません。ワラは少な目で十分です。

❹

❺

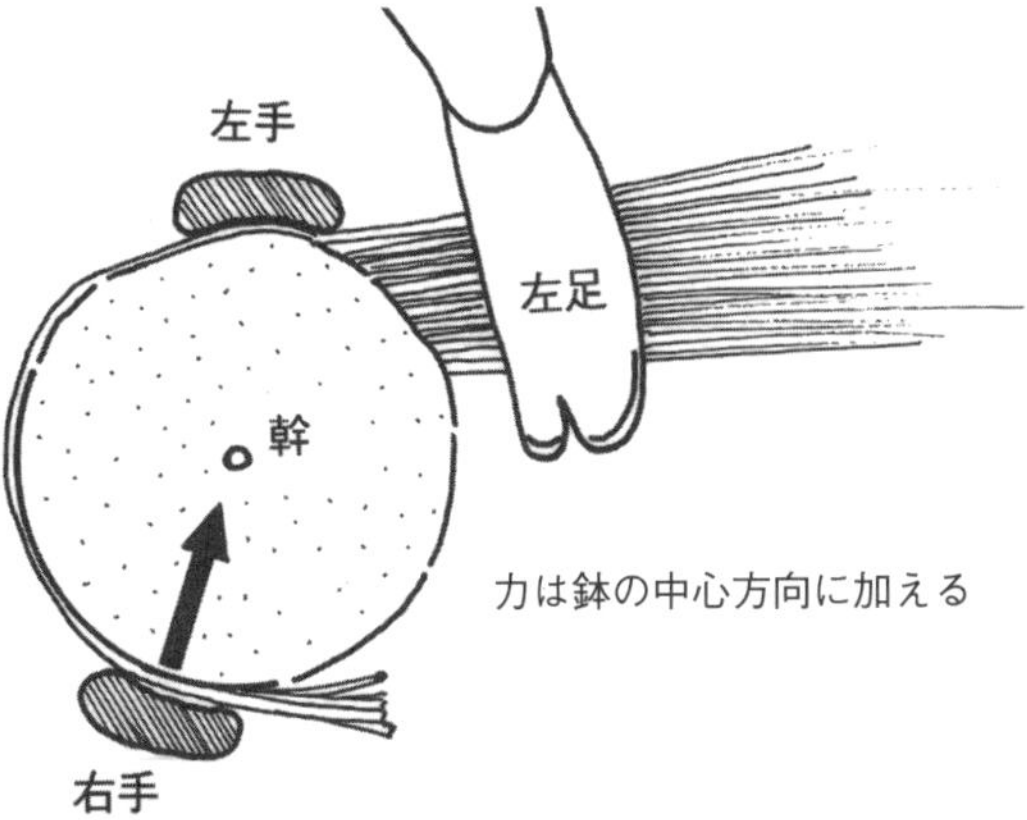

❻

❼

ワラの元のほうが巻けましたら次は左手でワラの先のほうを巻きます。できあがりは、ワラの先が元の部分に被さる格好となります。この部分を押さえると、ワラ巻きは解けません。また、鉢を持ち上げても、土が崩れることはありません。（写❽）

次に用意したワラ縄の上に鉢を載せ、縄を縛り付けていきます。（172ページ参照）

最後に縄を結び、鉢の余分なワラを切り落として、できあがりです。（写⓫）

❽

❾

❿

⓫

では、ワラ縄仕掛けの手順を見ていきましょう。用意したワラ縄の上に、ワラ巻きをした鉢を載せます。(図①)

縄を幹の根元に廻し、「より結び」で止めます。このとき、ワラの先と元の重なり部分を押さえるように縄を巻きます。(図②)

次に、「より結び」が幹に掛かるようにして、十文字に巻き進みます。(図③)

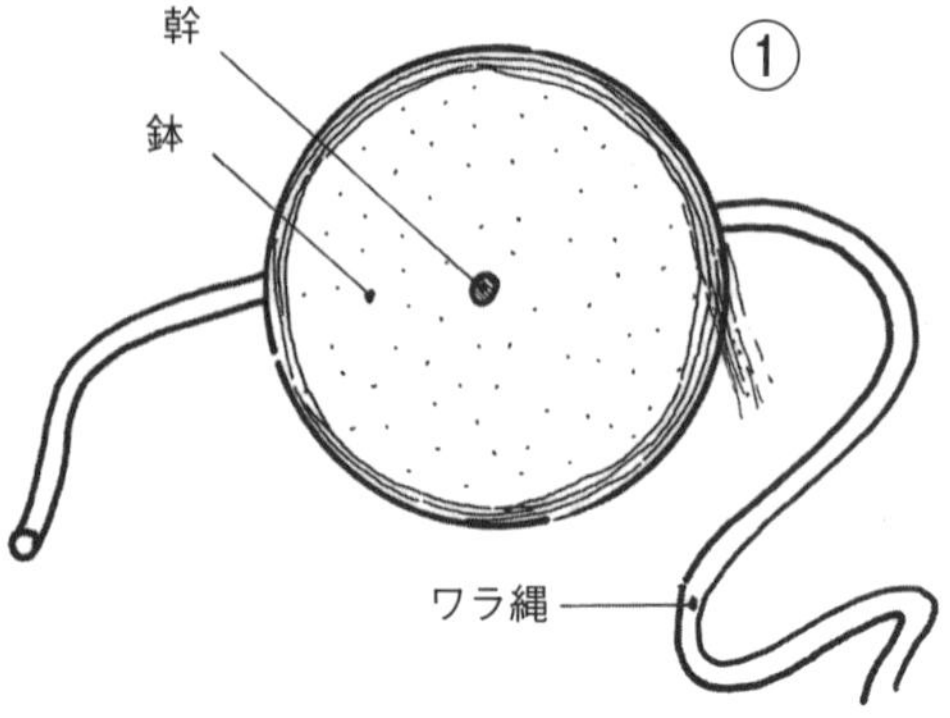

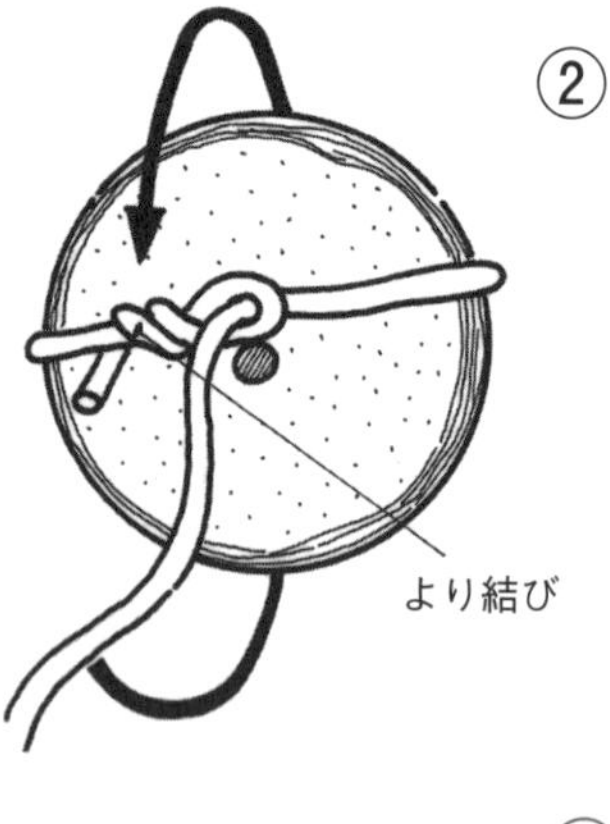

図④、図⑤の順序で、十文字に巻いた縄の間に巻き付け、「一重結び」で縄または幹に結び止めます。

　鉢の大きなものを縛るときは、まず十文字に縛り、次にその間に巻く縄の回数を多くします。

　下はできあがった鉢の断面図です。

④

⑤

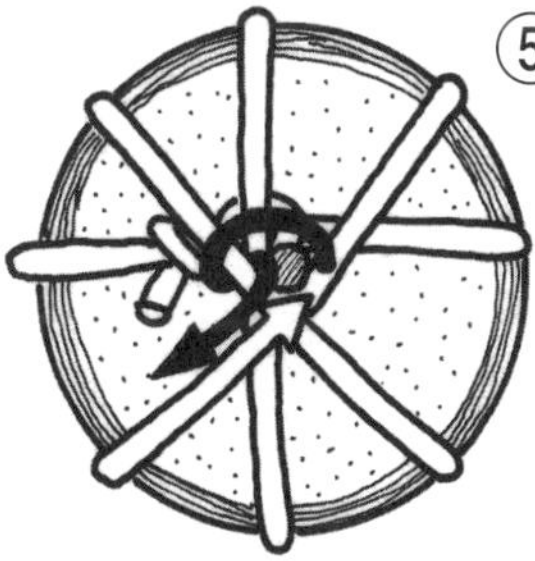

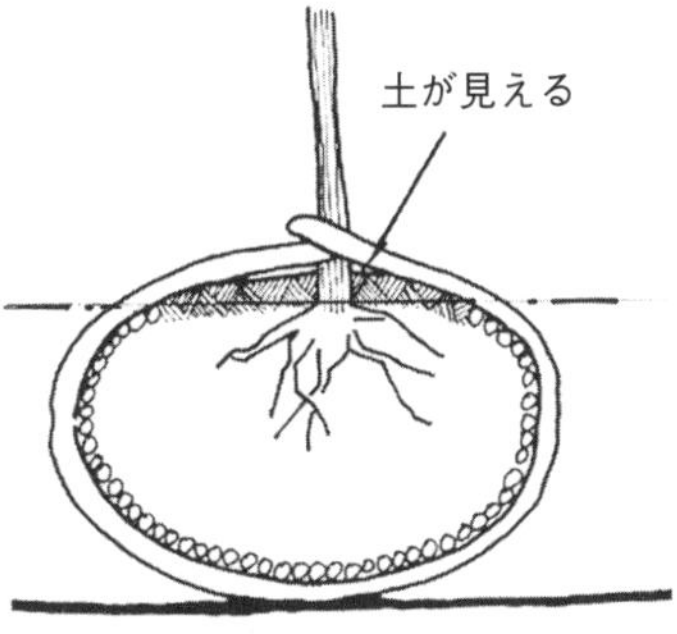

断面図

⑥

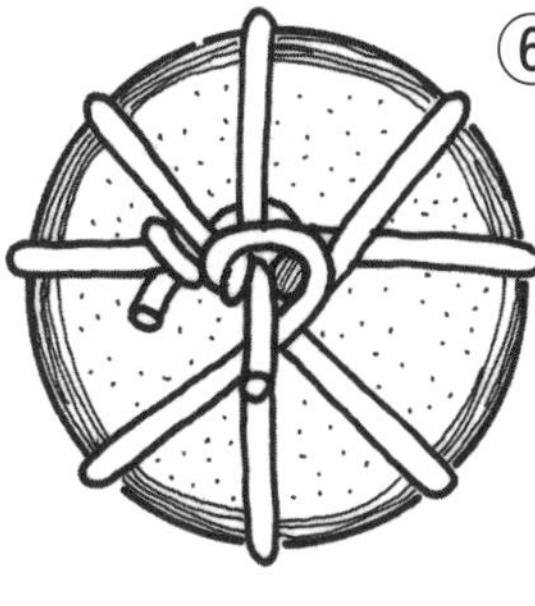

できあがりの良い根巻きは、見た目にも美しいものです。昔の職人たちは出来映えを競い合い、自慢したものです。出来を良くするためには、ちょっとしたコツがあります。鉢を形よく掘ることも一つのコツです。

では、縄掛けのコツを見ていきましょう。

図-3のように縄を引きますと、ワラが縄と一緒に滑り、図-4のように片寄り形が悪くなります。このようなとき、図-1のように片手でワラを下のほうへ押しながら縄を引っ張ります。また、縄の上を握り拳で打ち叩きながら引っ張るとよく締ります。

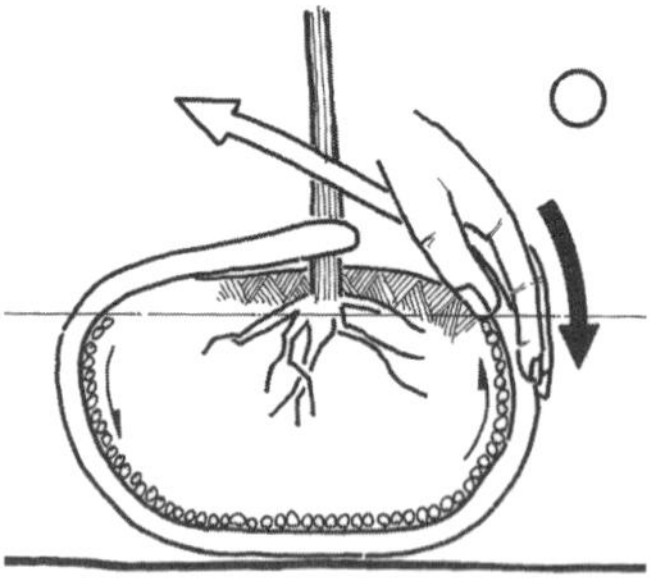

図-1

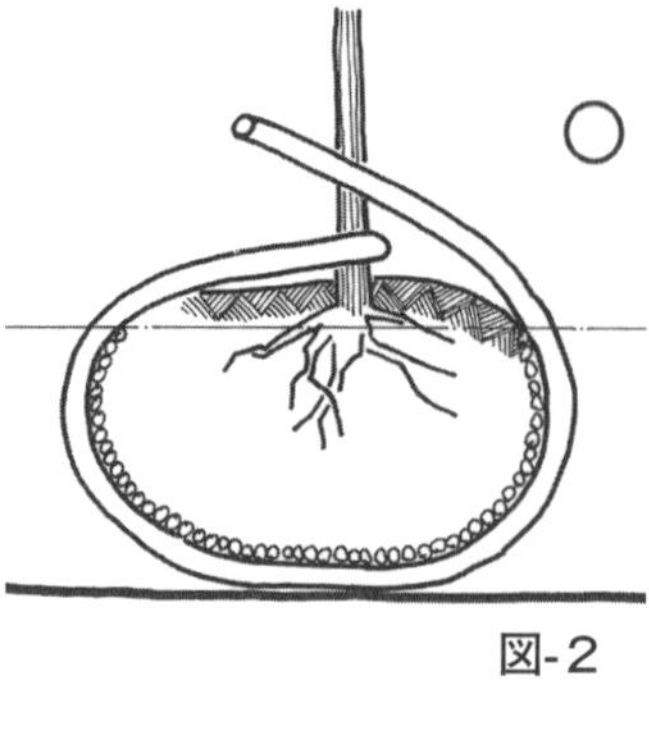

図-2

図-5は鉢が薄い悪い例。図-6は苗木が鉢の中心からずれ、傾いており、ワラが十分鉢に巻けていない悪い例です。

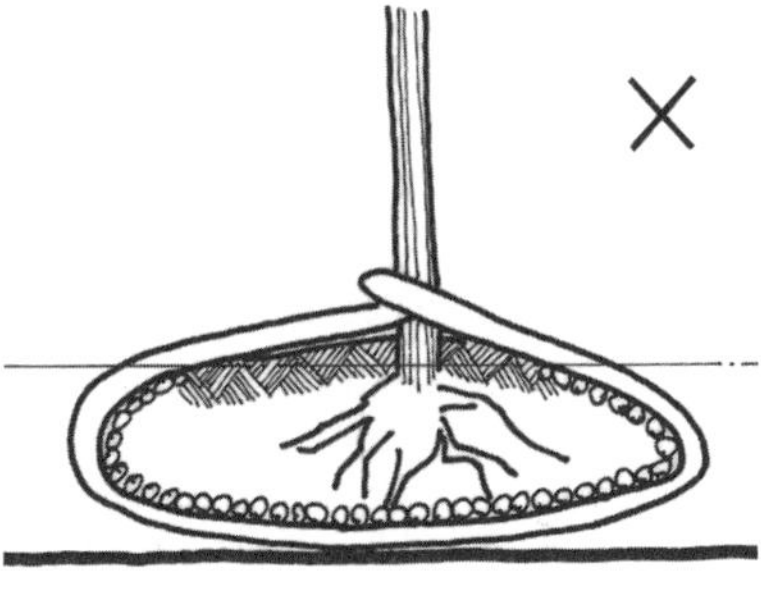
図-5

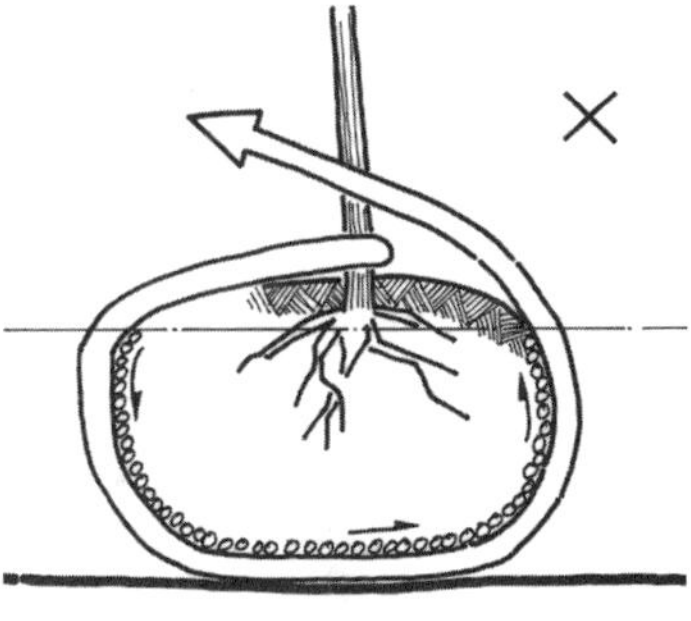
図-3

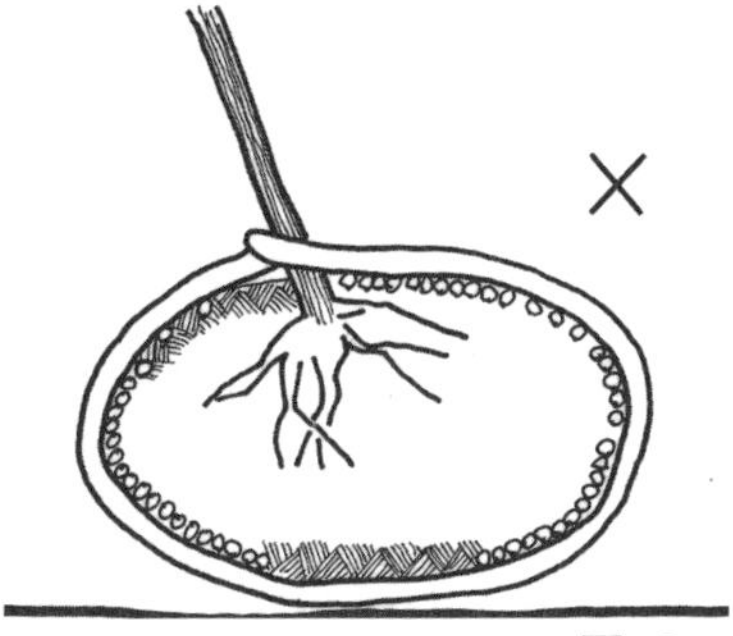
図-6

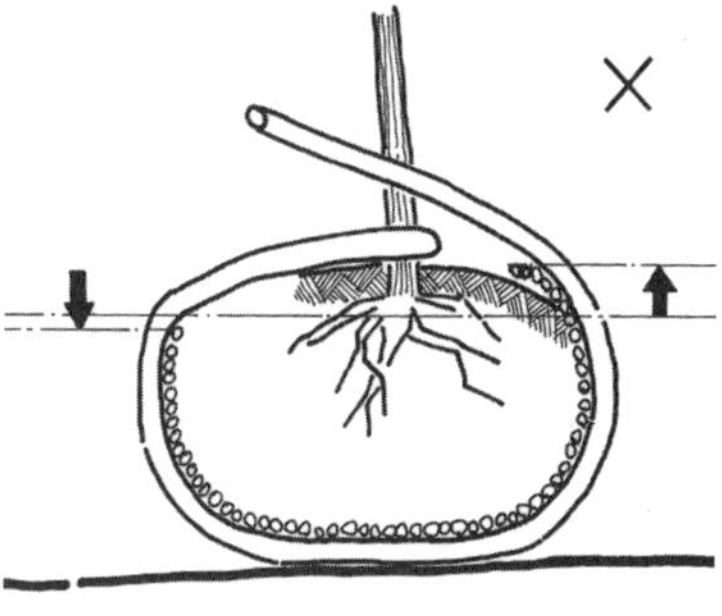
図-4

鉢の底部がよく巻けています

悪い根廻し

上げ巻き

根廻しの中で一番よく用いられるのが、これから紹介する「上げ巻き」です。「上げ巻き」は直径30～60センチの鉢の根廻しに用います。使う材料は、ワラとワラ縄ですが、ワラの代わりにコモを使ってもよいでしょう。

では、写真と図を見ながら「上げ巻き」の手順を見ていきましょう。

まず、掘り取る樹木の枝をワラ縄で縛り作業をしやすくします。掘り取りはシャベルで樹木の周囲を掘りますが、このとき鉢が崩れないように注意します。鉢が崩れますと、あとあと作業がしにくくなり、鉢のできあがりがいびつになります。

❶

周囲を掘りましたら一時掘り取り作業は止め、ワラと縄の準備をします。

まず、図①のように縄の上にワラの中央部分が載るように、敷き並べます。敷き並べる幅は鉢の大きさにより異なりますが、鉢の直径の約2倍の幅とすれば十分でしょう。また、特に鉢の大きなものでは、図1、図2のように、ワラを敷き並べたり、ワラの代わりにコモを使います。

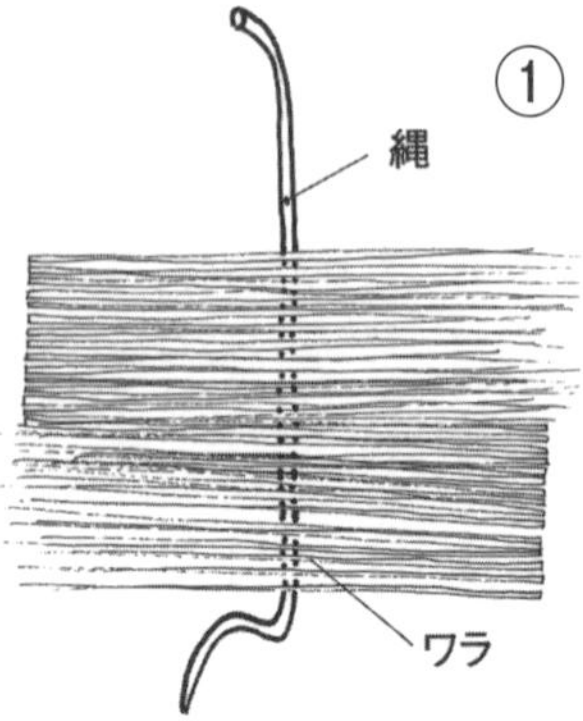

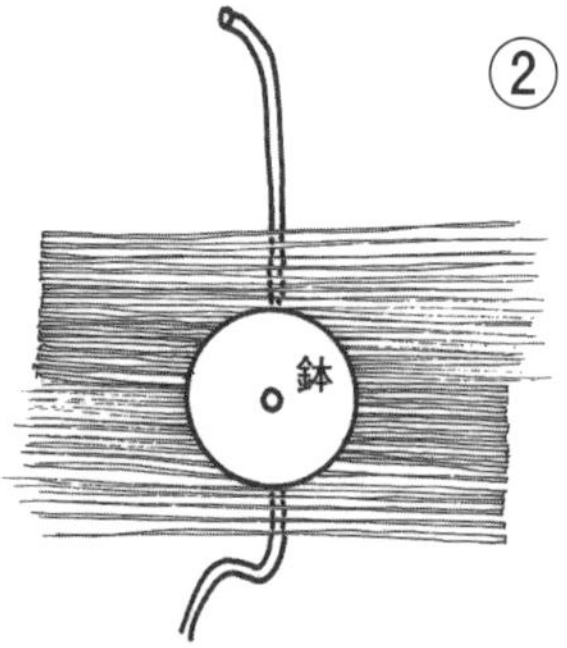

❷

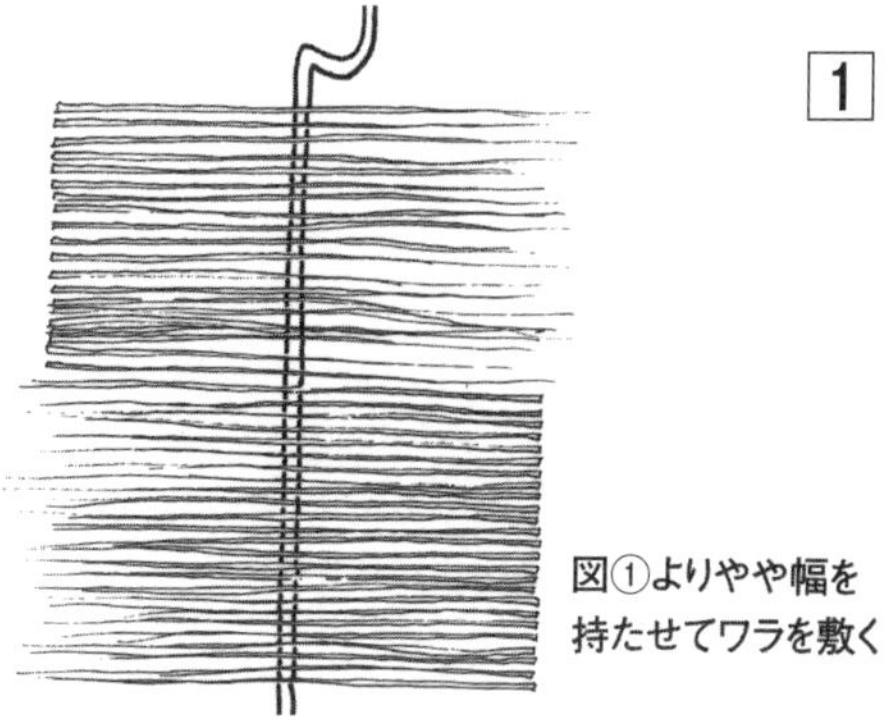
1
図①よりやや幅を
持たせてワラを敷く

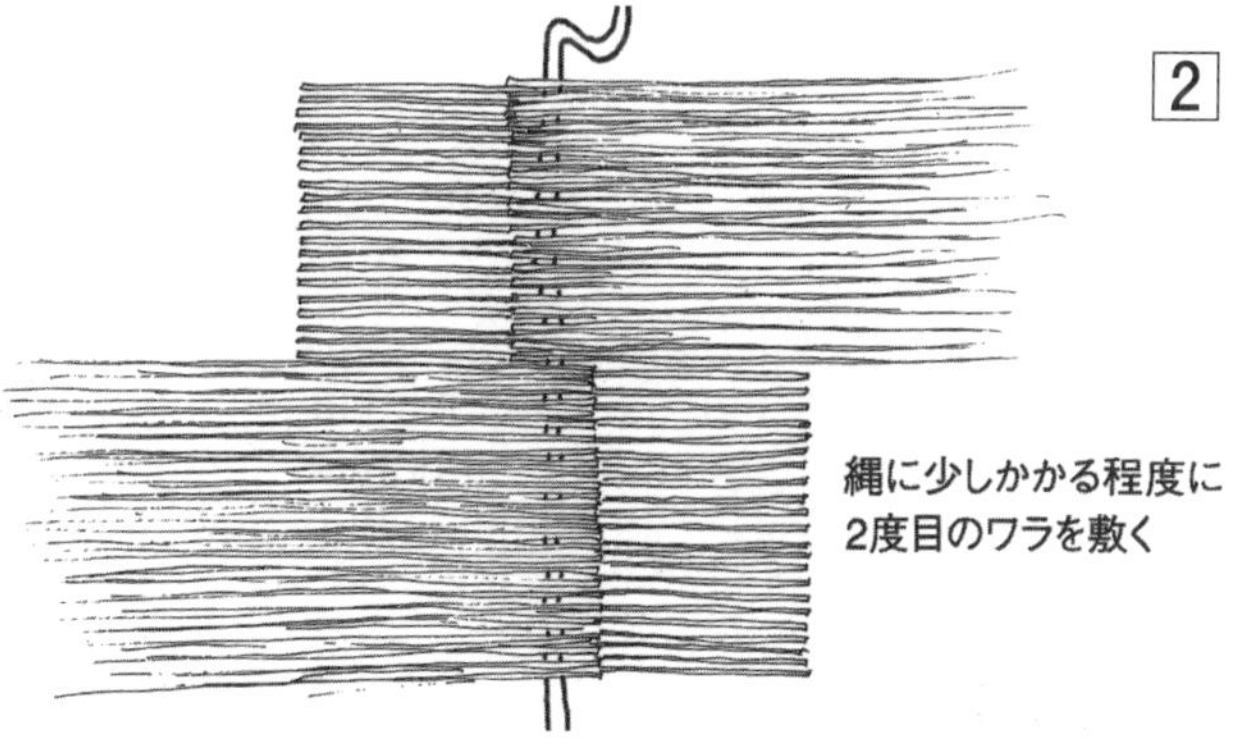
2
縄に少しかかる程度に
2度目のワラを敷く

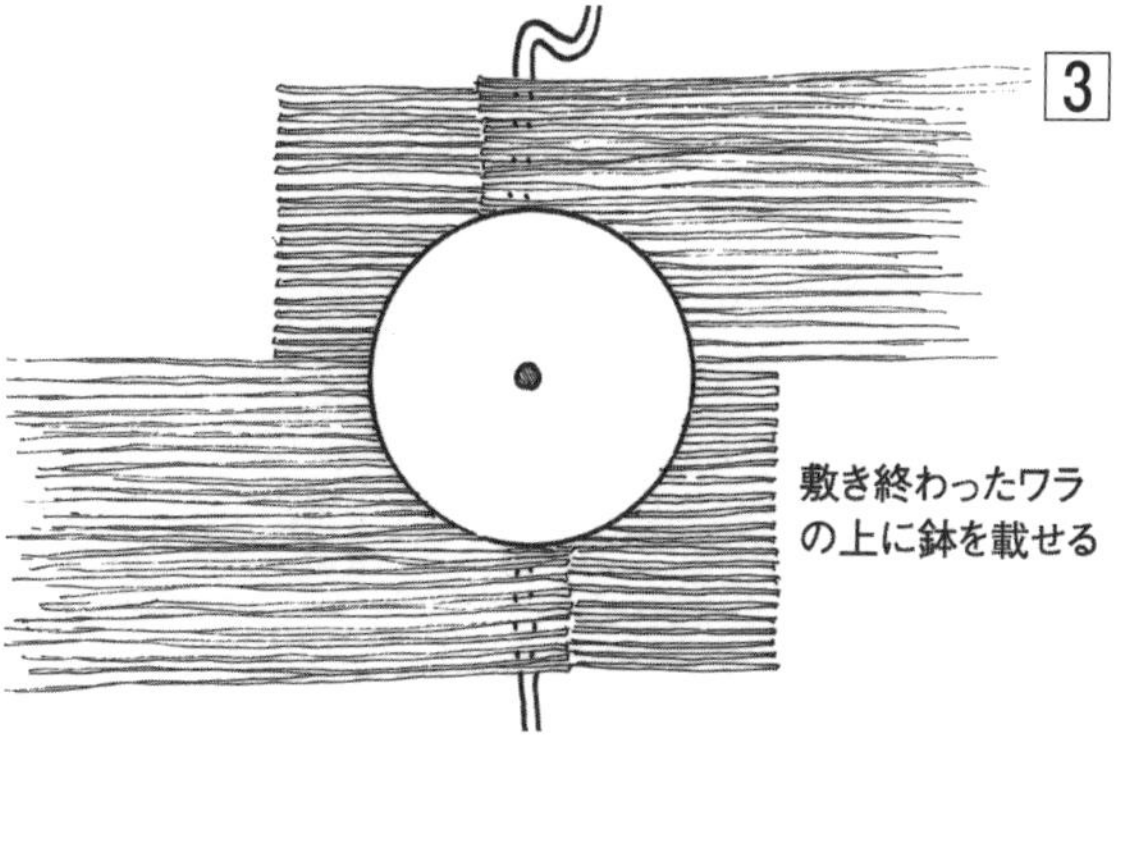
3
敷き終わったワラ
の上に鉢を載せる

敷き並べたワラの中央に、掘り取った鉢を載せます。（写❸）

次にワラが鉢の側面に十分くるように縄を縛りあげます。写真❹と図①のようになります。

次にワラを図①から図⑤の順序で編みます。編むときは、ワラを鉢の上から底のほうへと巻き込むようにして編みます。また、鉢の崩れている所には土を詰めながら編みます。

写真❽は編み上がりです。編み目が解けないように編み目に縄を掛けたのが図⑥と写真❽です。

これで一方のワラは編み上がりました。次に同じ手順で反対側のワラを編み上げます。（写❾）

❸

❹

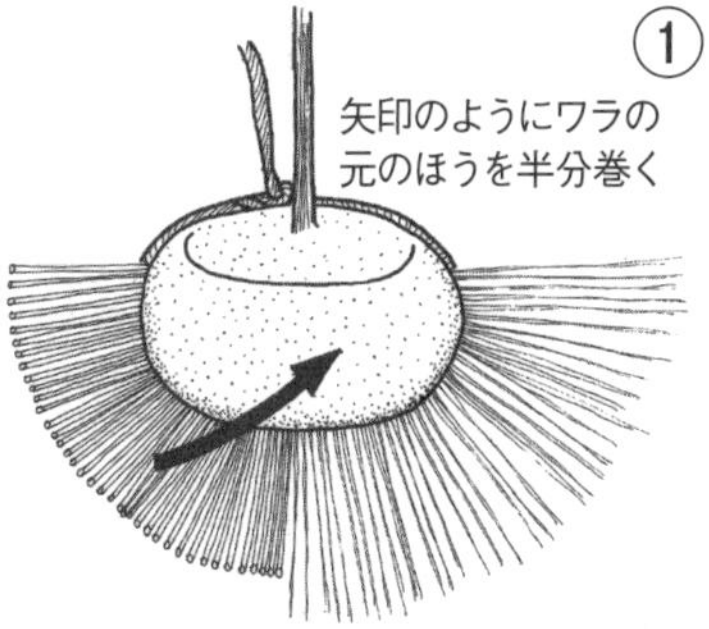
①
矢印のようにワラの
元のほうを半分巻く

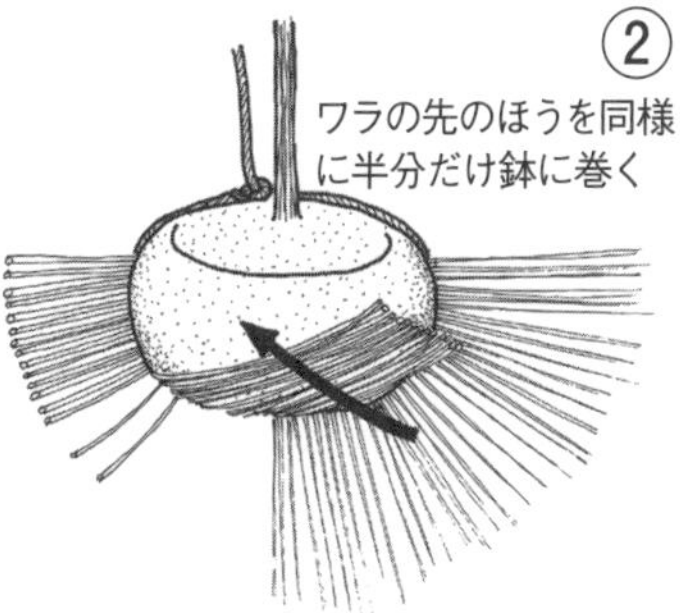
②
ワラの先のほうを同様
に半分だけ鉢に巻く

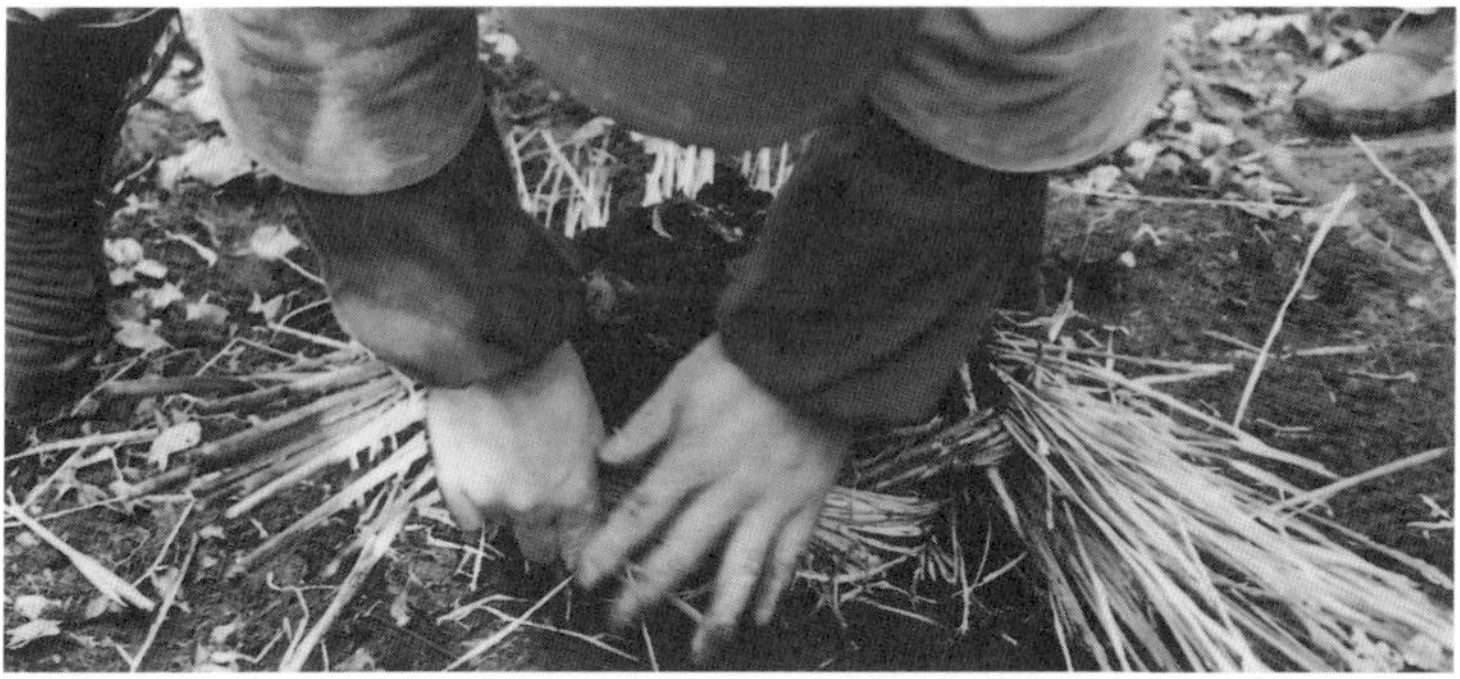
❺

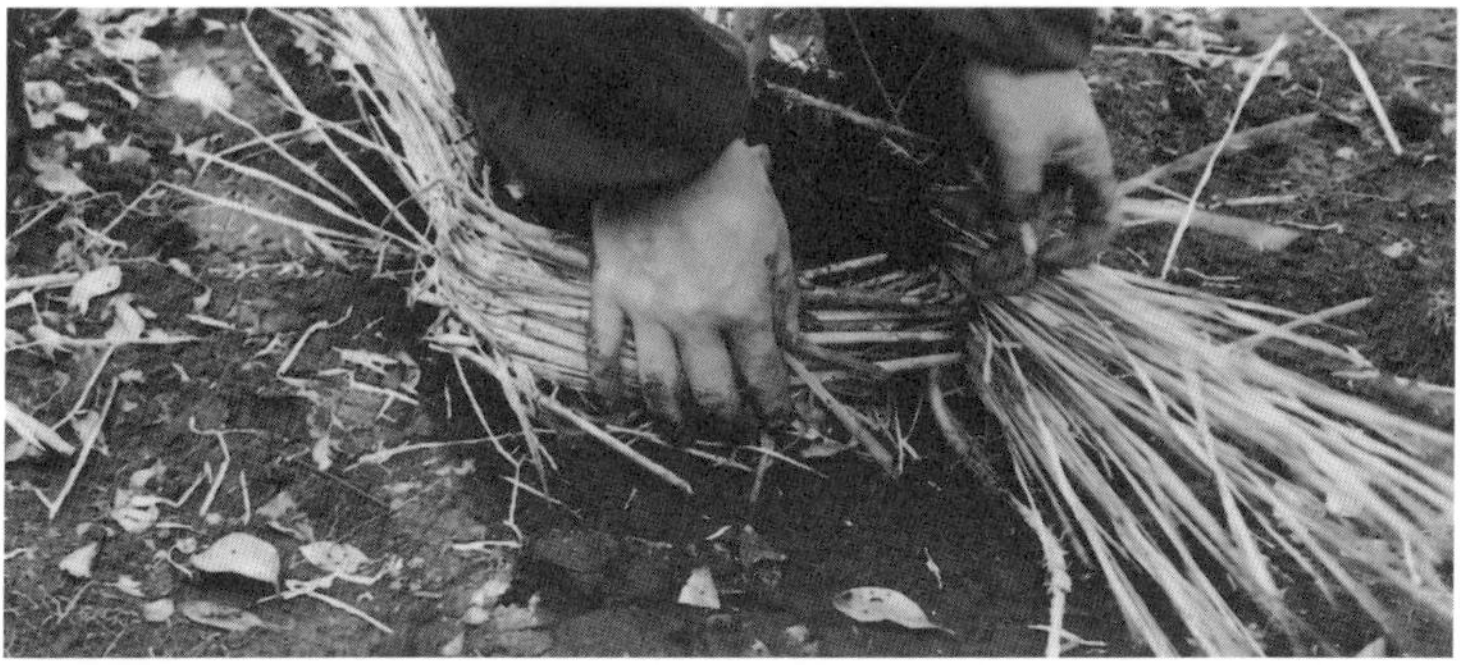
❻

③

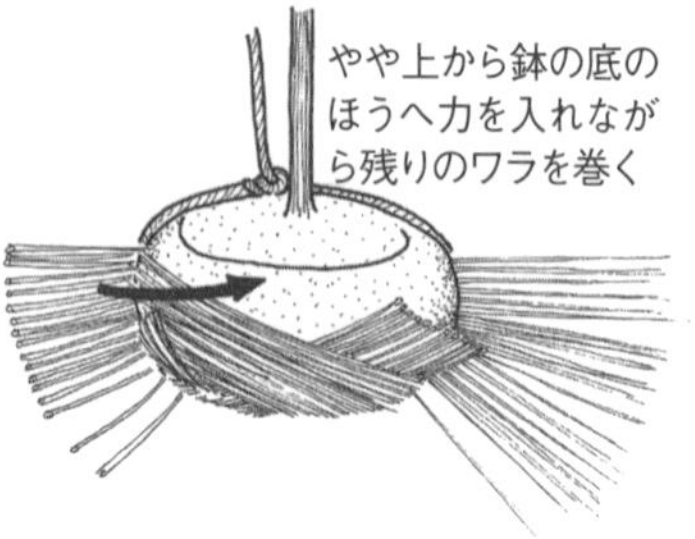
やや上から鉢の底の
ほうへ力を入れなが
ら残りのワラを巻く

④

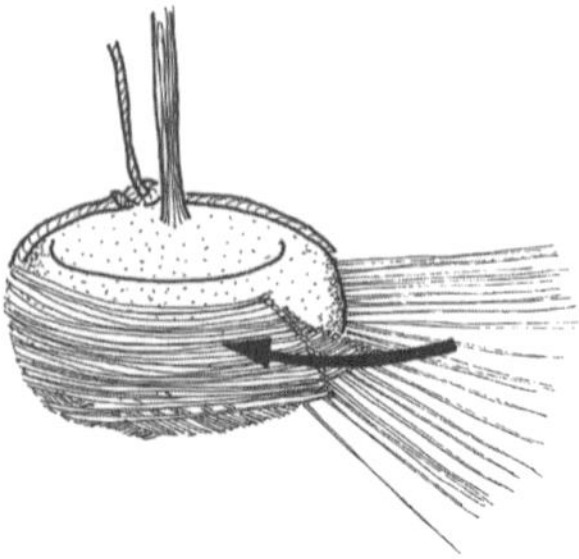

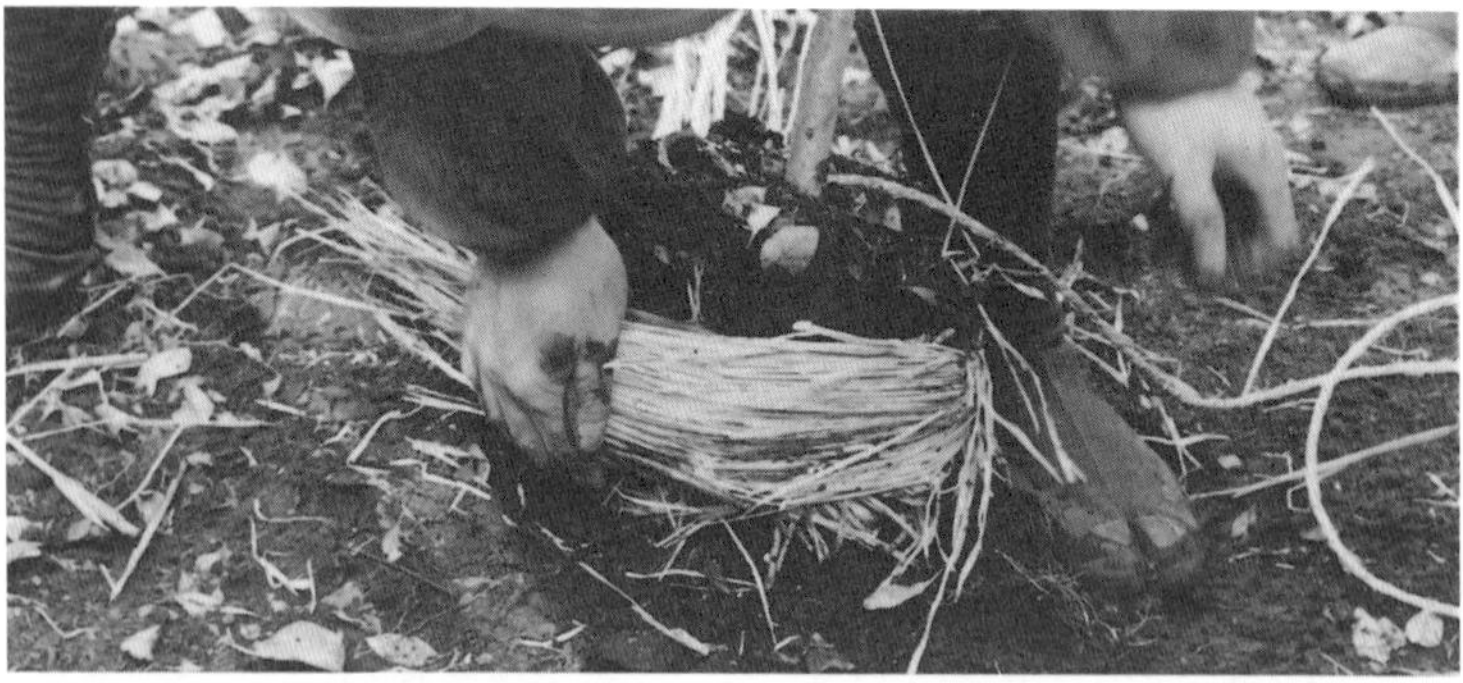

❼

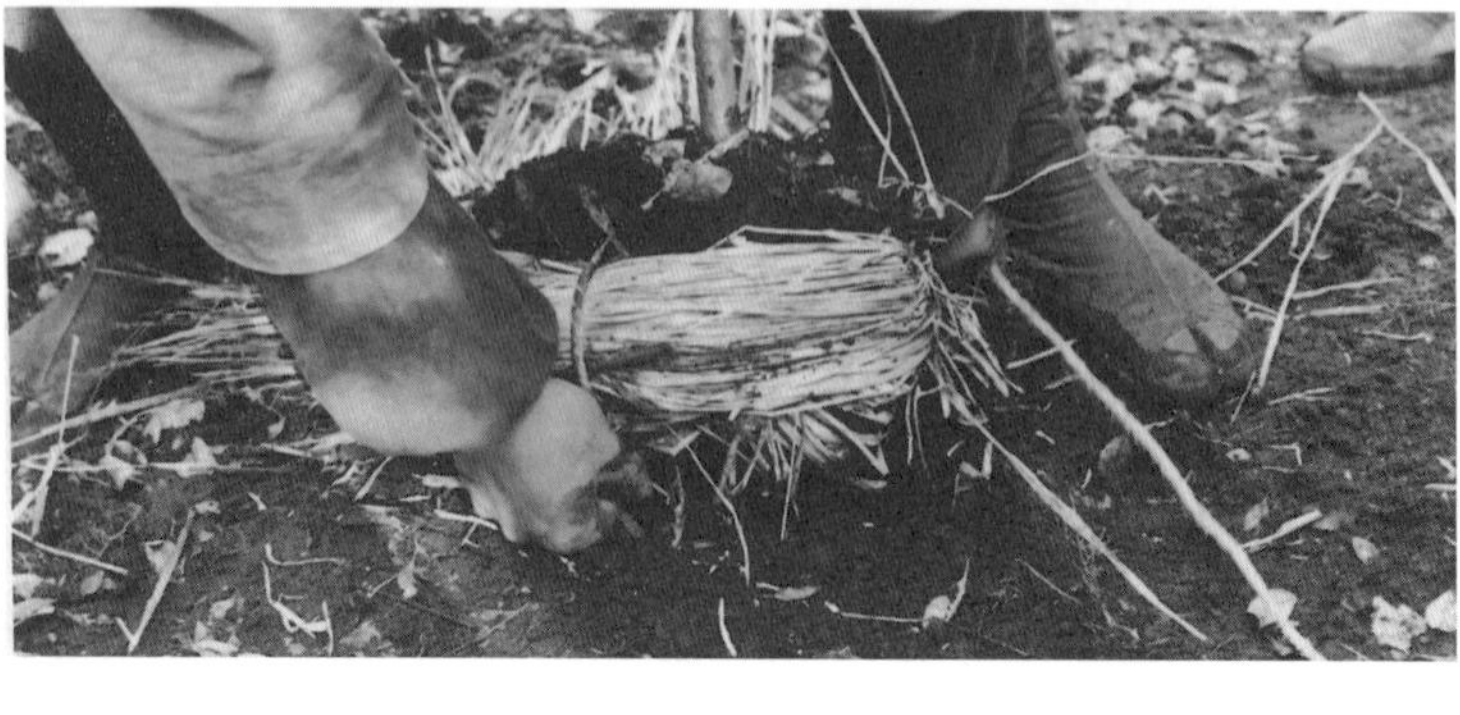

❽

⑤

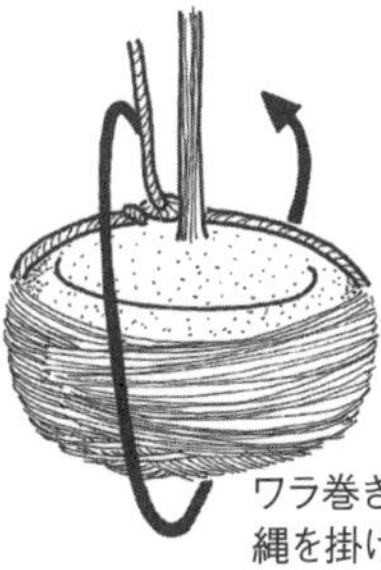

ワラ巻きした上に
縄を掛ける

⑥

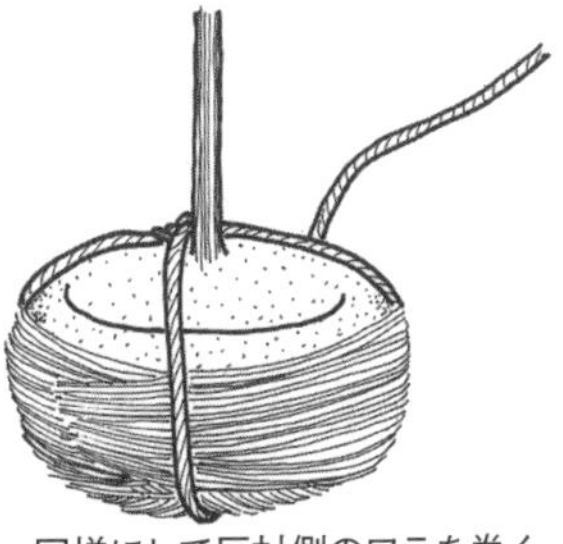

同様にして反対側のワラを巻く

❾

❿

ワラが編み終わりましたら、172、173ページの順序で縄を掛けていきます。左図のように縄の上を叩きながら縄を引っ張りますとよく縄が締まります。

最後に、鉢の回りに出ている余分なワラを切り落として「上げ巻き」のできあがりです。

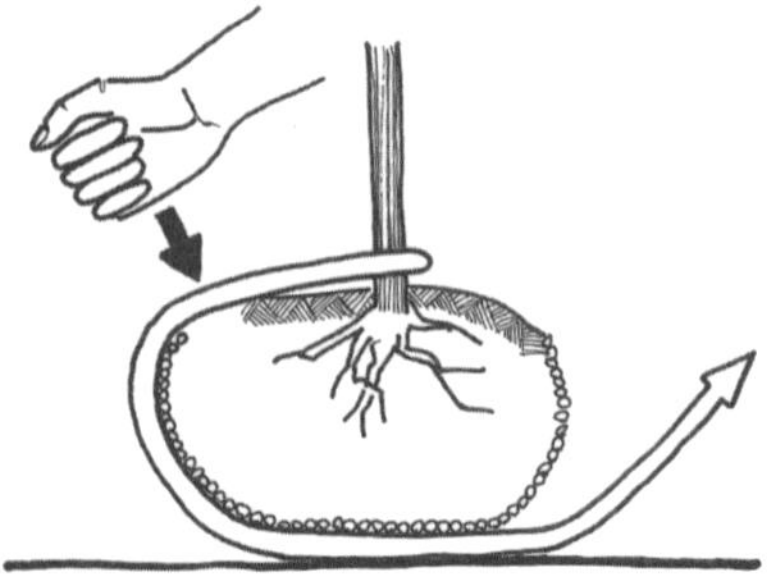

第六章

現場で役立つロープワーク

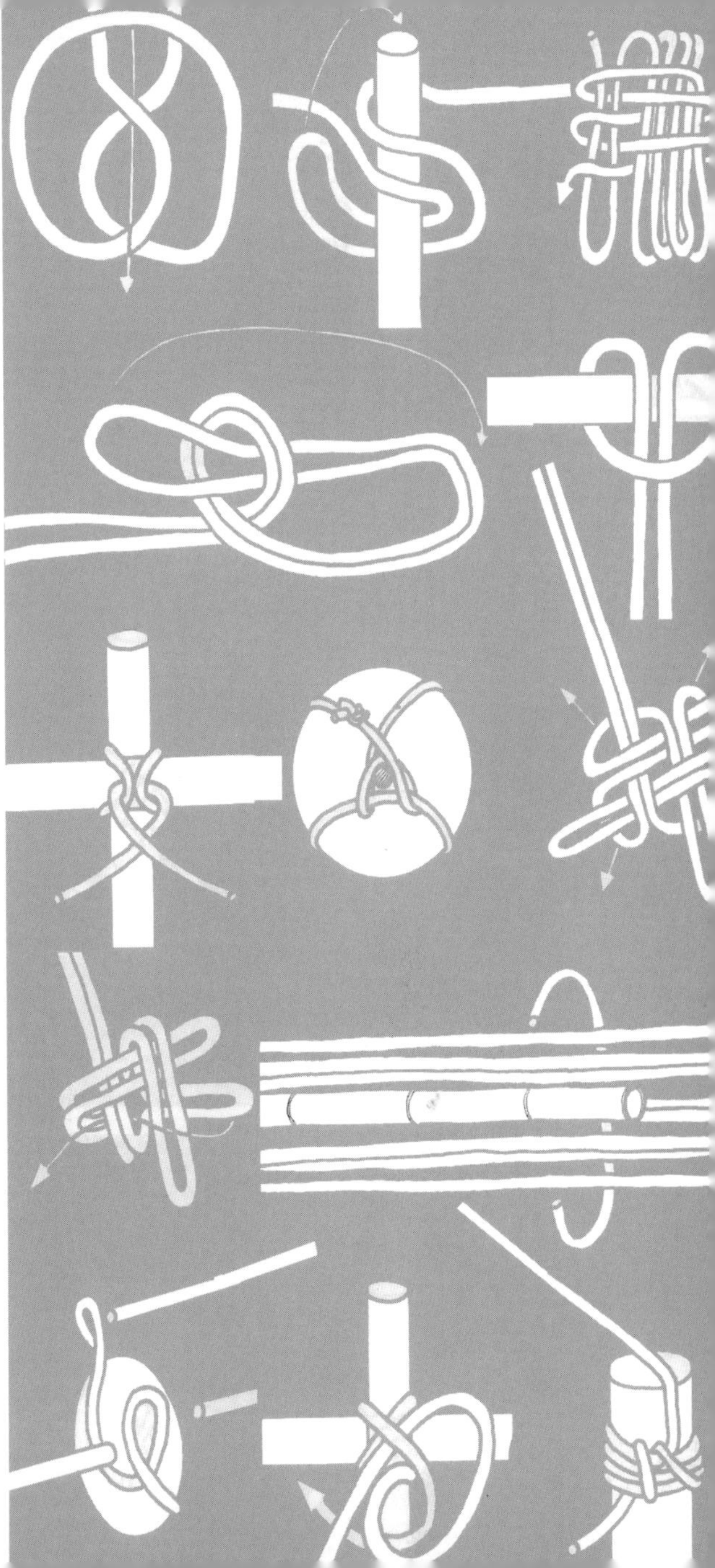

造園工事のロープワーク

これから紹介するロープワークは作業時に使われるものです。作業で使う結びは安全であることが何より要求されます。また、早く結べ、早く解けることも必要です。

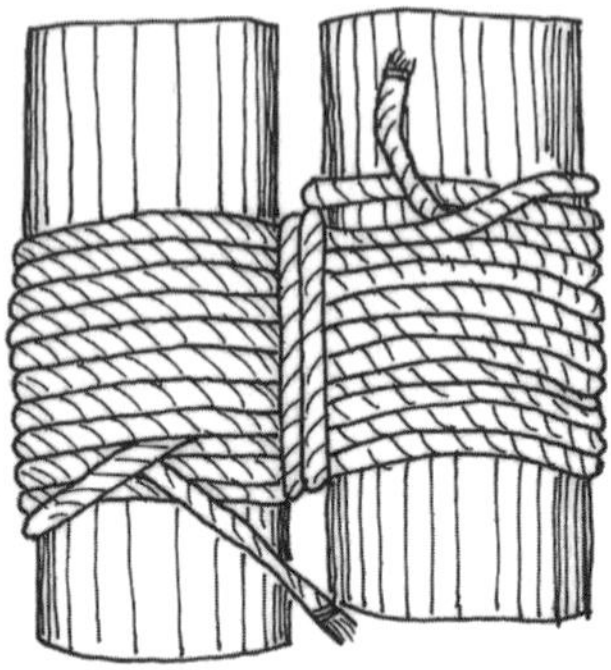

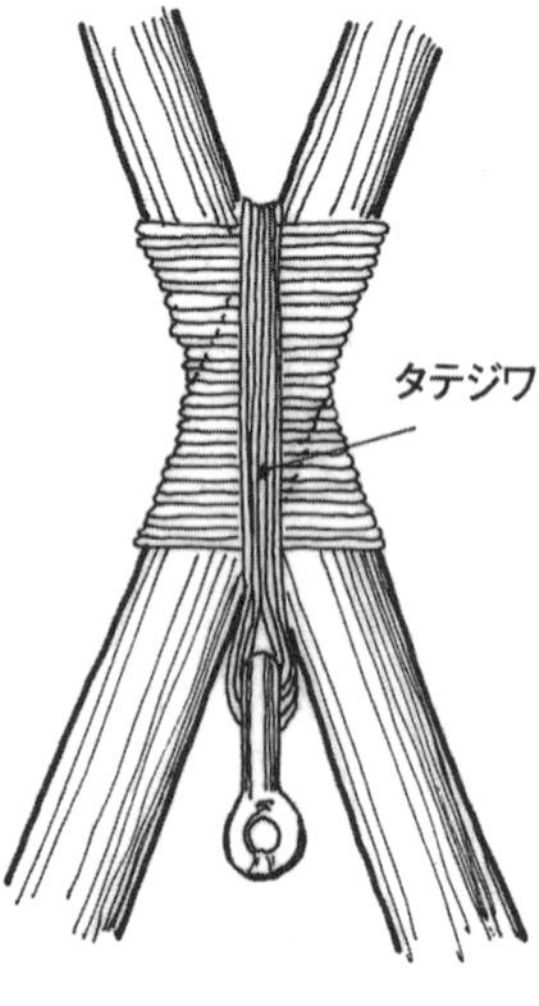

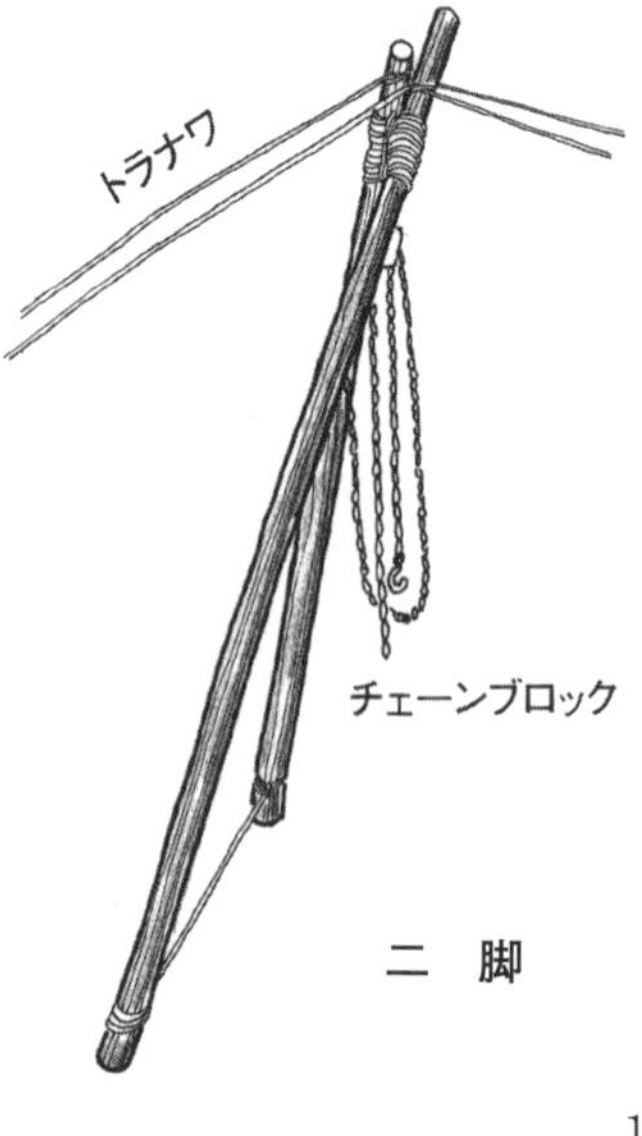

二　脚

造園工事のロープの使い方には、ロープを使って道具をつくる間接的な使い方と、ロープそのものを一つの道具として使う直接的な使い方とがあります。間接的な使い方としては、二脚や三脚をつくるときのロープの縛り、作業用の足場を組立てるときの縛りなどです。直接的な使い方としては、荷をつくるときの縛り、ものを引っ張るときの引き縄です。

　まず、間接的なロープワークから見ていきましょう。

　二脚や三脚は、石のようにかなり大きな荷重物の持ち上げや移動に用いますので、ロープ結びも丈夫なものでなければなりません。結びを丈夫にする方法として、結びの「体」をものに

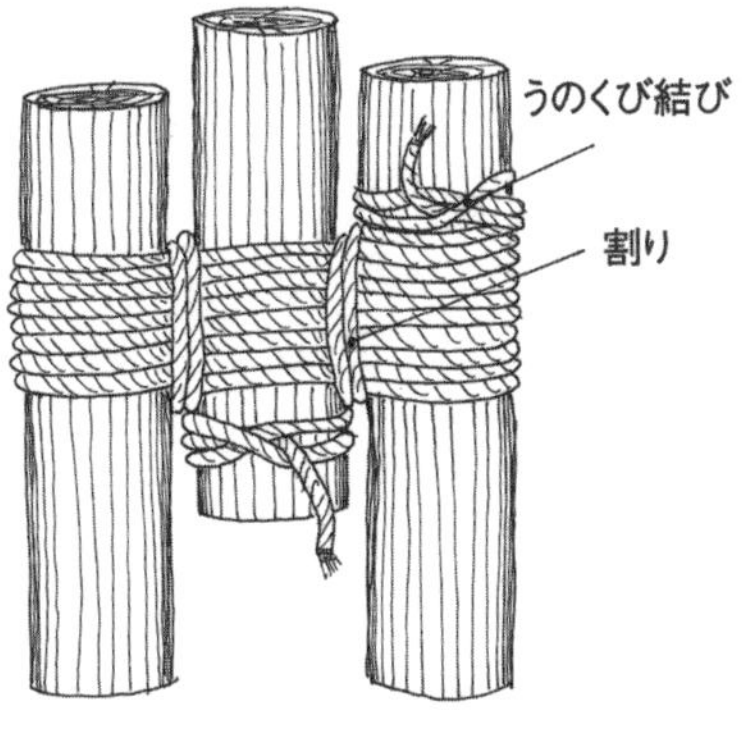
うのくび結び
割り

三　脚

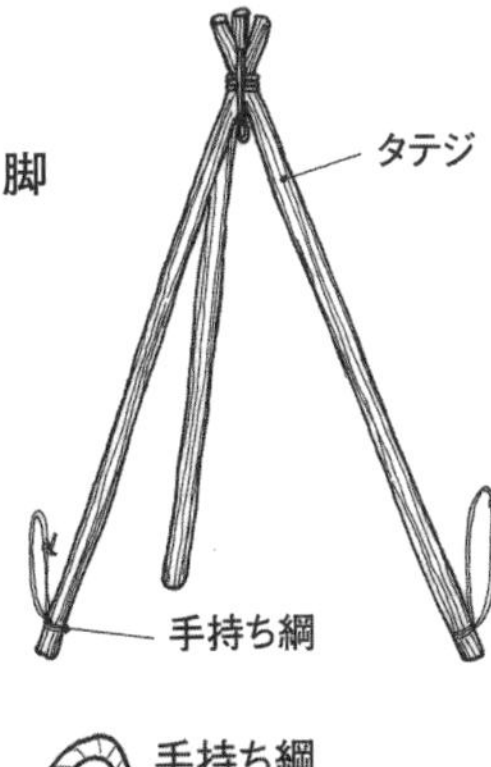
タテジ
手持ち綱

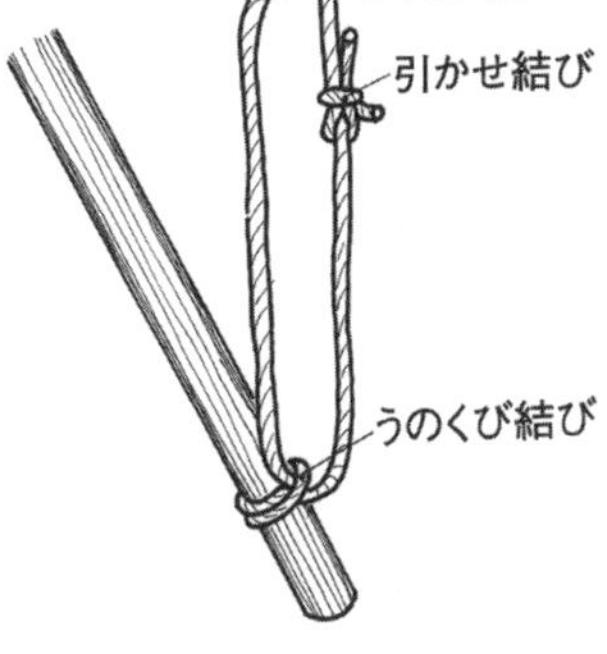
手持ち綱
引かせ結び
うのくび結び

くり返し巻き付ける方法があります。この方法を利用したのが186ページと187ページの二脚と三脚の縄縛りの図です。

また、作業用の足場や風除け支柱などのロープワークも「体」の部分をくり返し巻き付ける縛り方です。このような縛り方には、「巻縛り」「筋交《すじか》い縛り」「角縛り」などがあります。

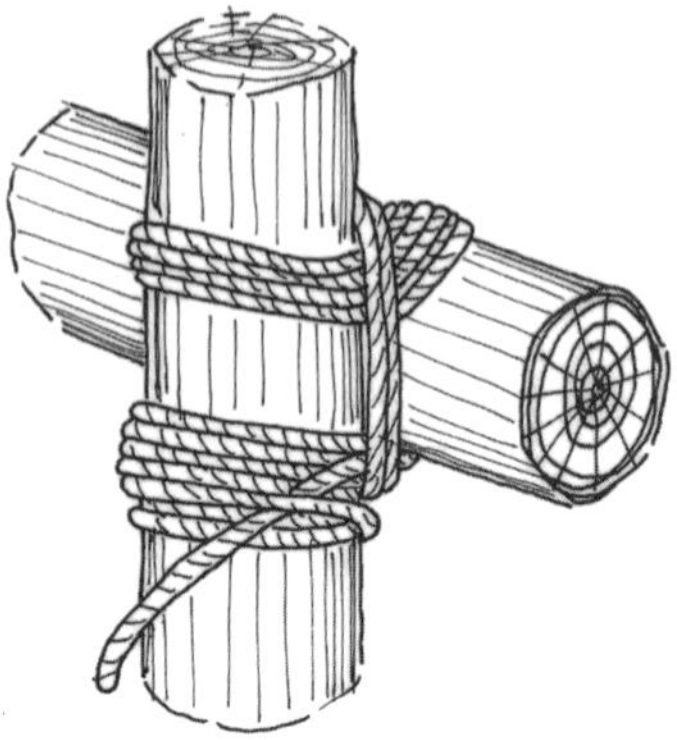

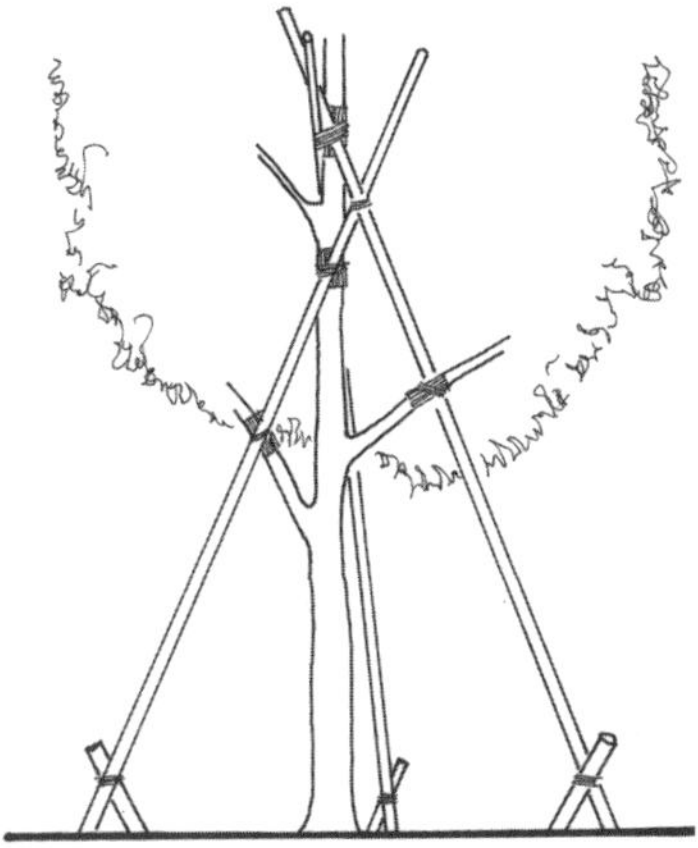

風除け支柱

たすきがけ

直交する丸太や角材の縛り付けに用います。造園では、鳥居支柱や井桁《いげた》支柱の縛りとして使います。

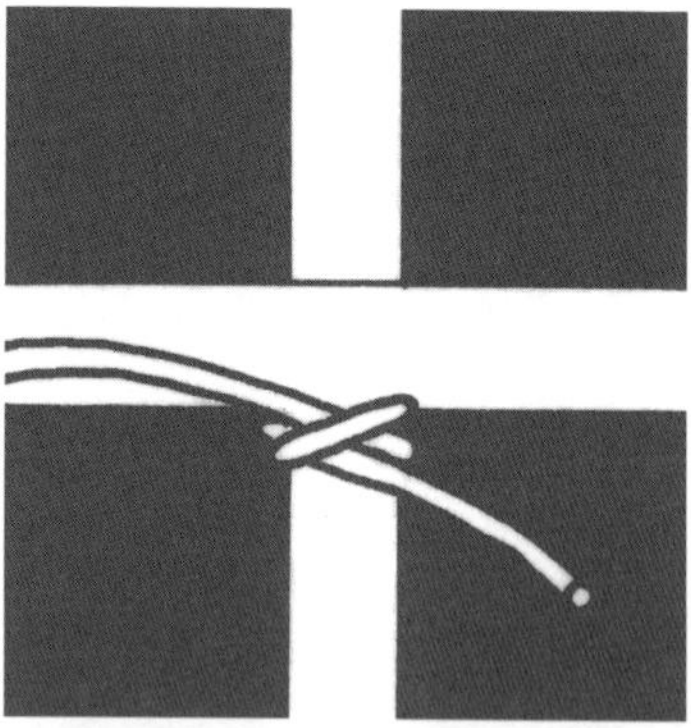

❶

❷

❸

❹

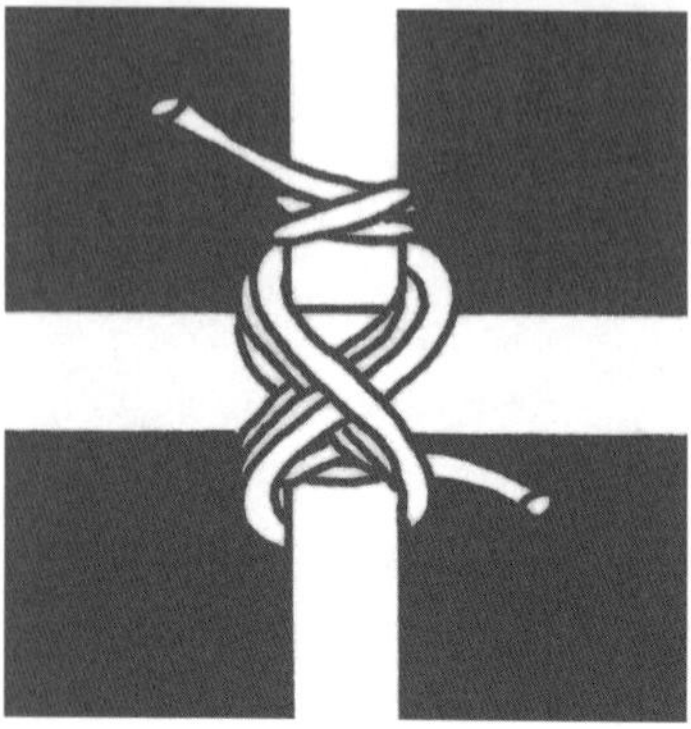

❺

8の字縛り

二脚や三脚をつくるときにこの縛り方を用います。あまりきつく縛りますと、脚の開く角度が小さくなります。

❶

❷

❸

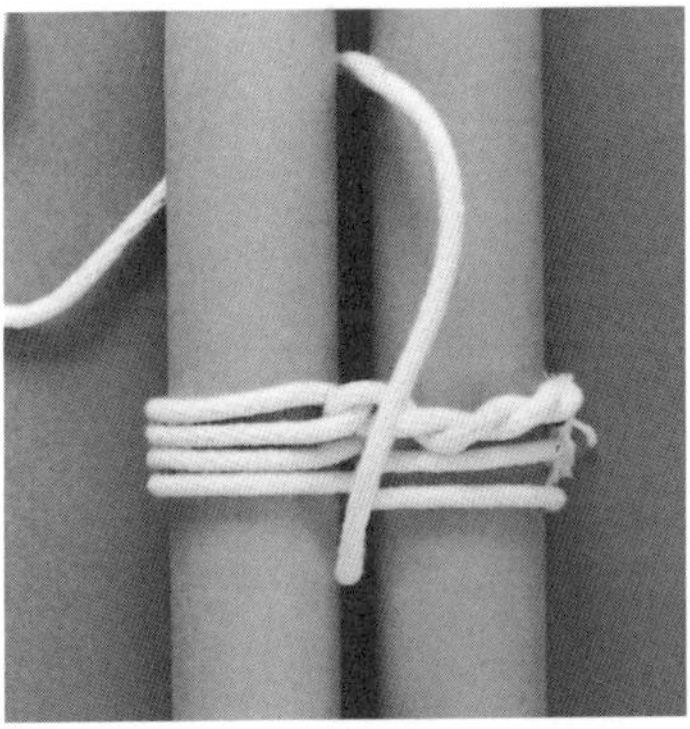
❹

❺

巻縛り

最も簡単な縛り方なのでよく使われます。例えば、足場の足を継ぎ足すとき、風除支柱と樹木を縛るとき、二脚や三脚をつくるときなどです。

縛り方は、まず、写真❶のようにロープを丸太に「うのくび結び」とします。次に写真❷のようにロープの端を元に撚ります。そして、ロープを丸太に巻き付け、最後にまた「うのくび結び」で止めます。(写真❹)

「たすきがけ」や、「8の字

❶

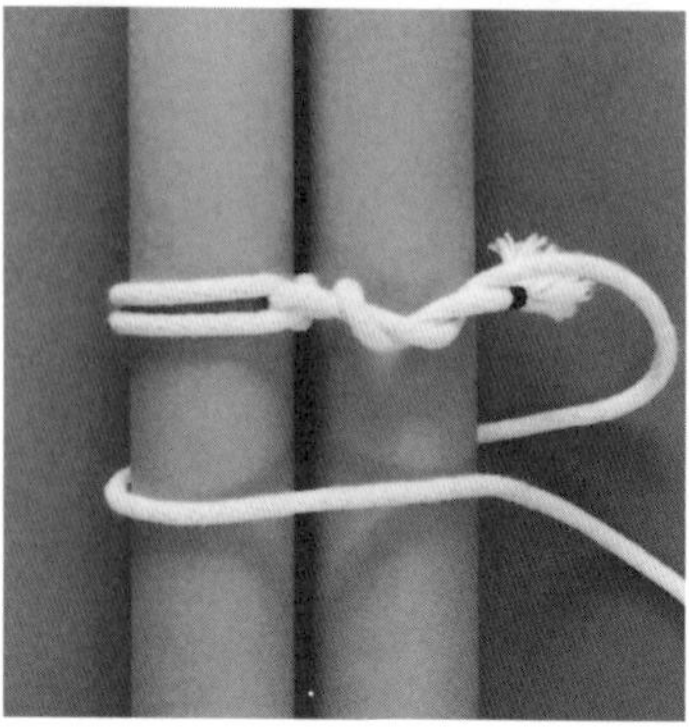

❷

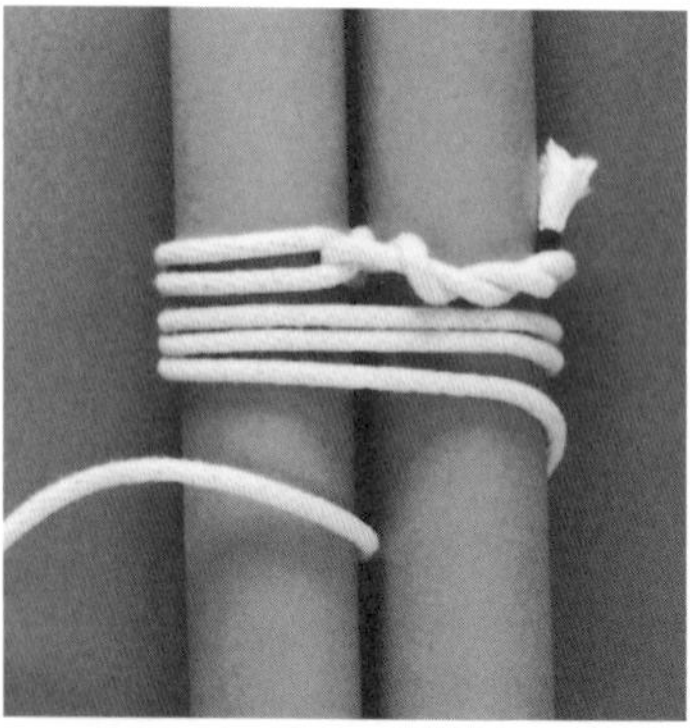

❸

❹

縛り」の縛り方は「巻縛り」の要領で「うのくび結び」で縛り始め、「うのくび結び」で縛り終えます。

支柱を縛るとき、以上の三種類の縛り方を知っていればよいでしょう。唐竹支柱のように滑りやすいものを縛るときは、下図のように、縛り箇所にノコギリで切り込みを入れますと、縛りやすくなります。

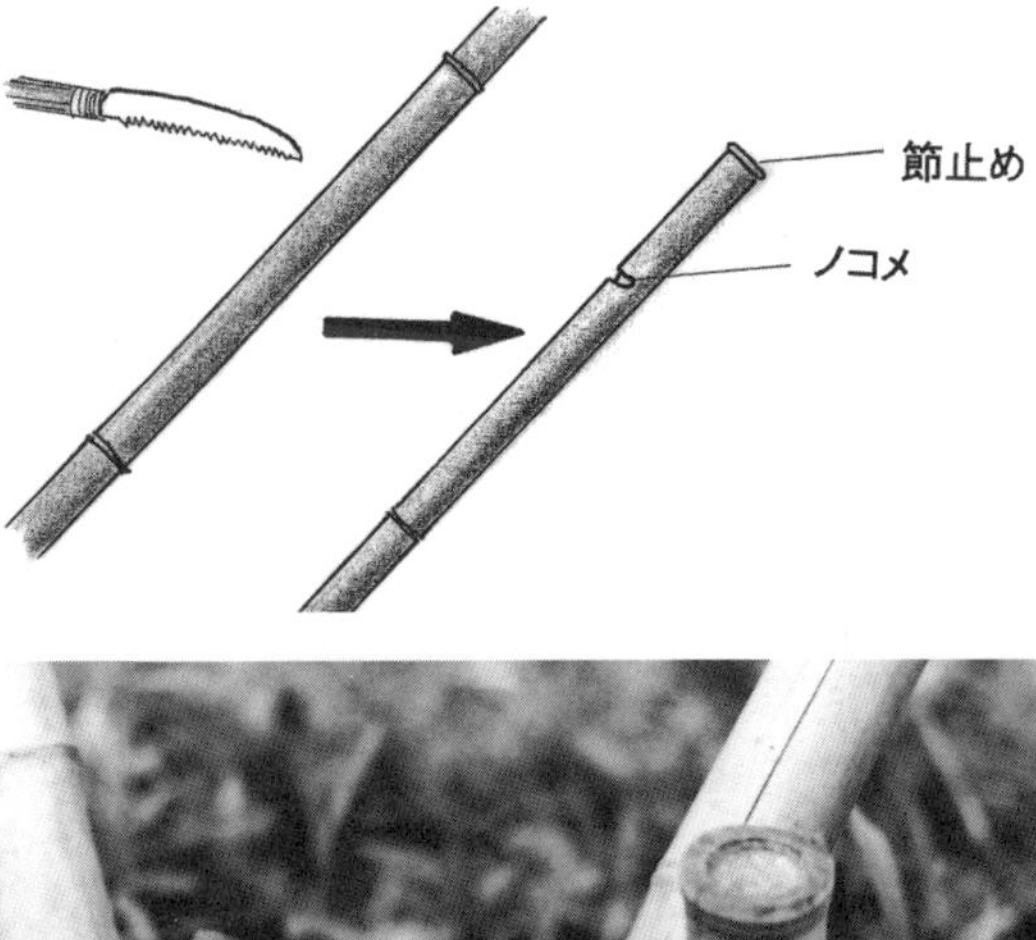

足場縛り

造園工事の足場や剪定作業の足場として丸太を組むときの縛り方です。特に直交する2本の丸太を縛り付けるのに用います。写真❶のように「うのくび結び」で縄を止め、写真の手順で縄を巻き付けていきます。最後に「うのくび結び」で止めます。巻き付け回数を多くすれば丈夫なものとなります。

❶

❷

❸

❹

筋《すじ》交《か》い縛り

丸太や角材が斜めに交差したときや足場の筋交いの縛り方。「より結び」で始め「うのくび結び」で止めます。

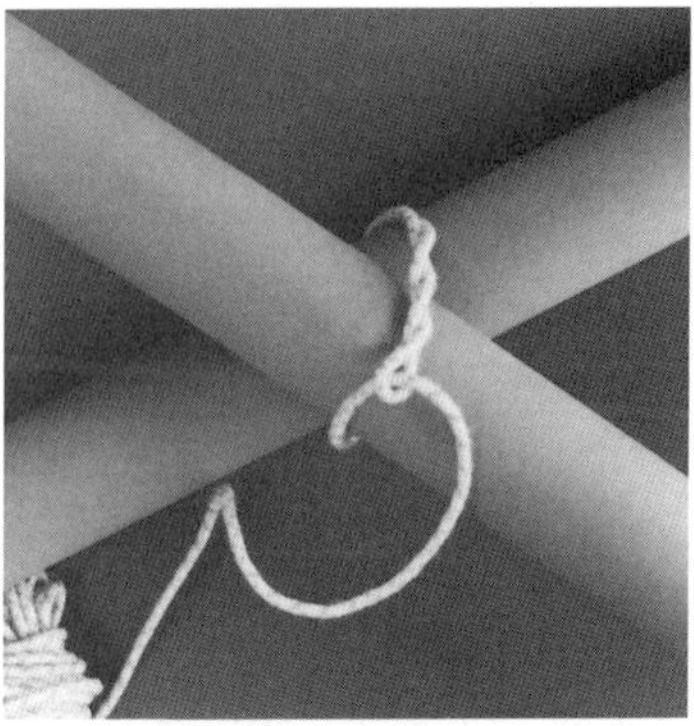
❶

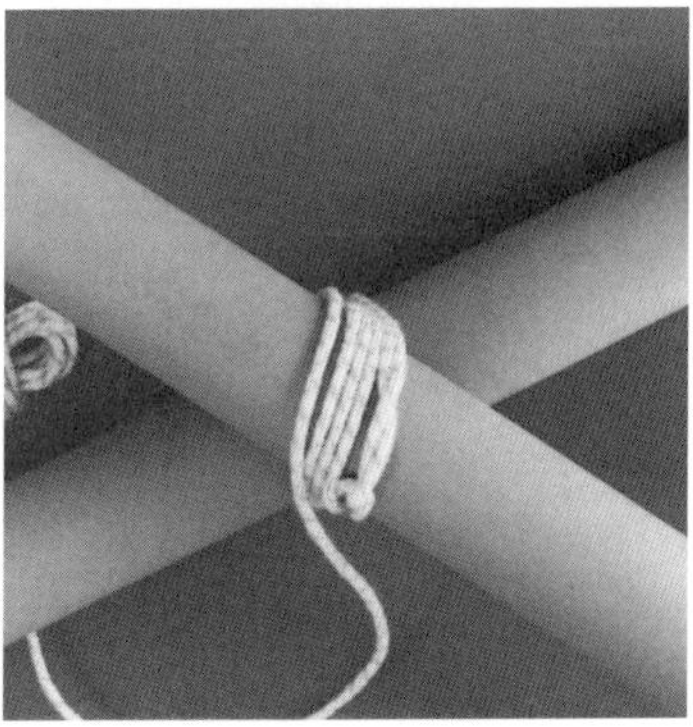
❷

❸

❹

❺

角縛り

丸太や角材が、ほぼ直交しているときに用いる縛り方です。足場とか、やぐらを組立てるときに用います。

縛り方は、まず「うのくび結び」で縄を丸太

❶

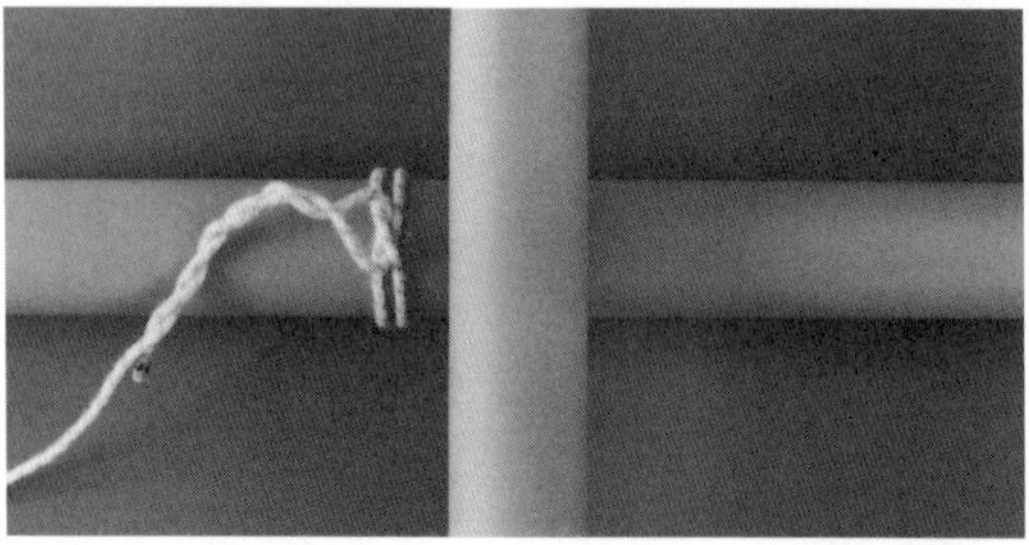
❷

❸

❹

❺

❻

❼

❽

に結び付けます。次に写真❷のように縄の端と元を撚ります。次に写真❸から写真❺の手順で縄を丸太に巻き付けます。3、4回巻き付けましたら写真❺から写真❼のように反対方向に3、4回巻き付けます。最後に「うのくび結び」で止めてできあがりです。

ステージ・ロープ

ステージ・ロープという縛り方は主に高所の仮設足場に用いますが、家庭の庭のブランコづくりにも応用できますので紹介します。

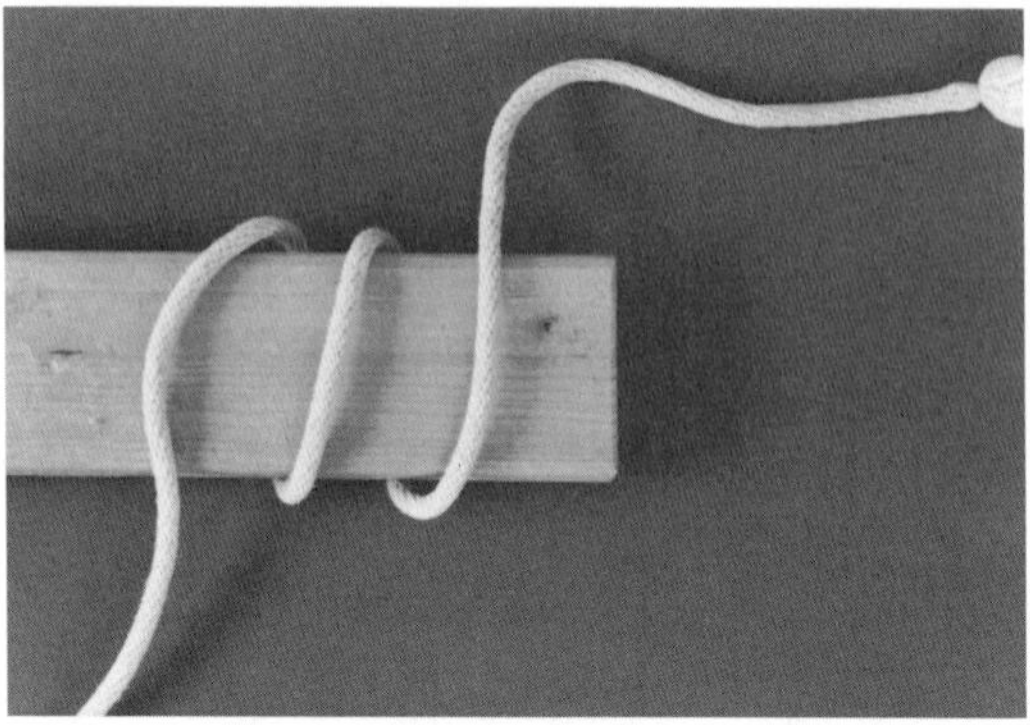

❶

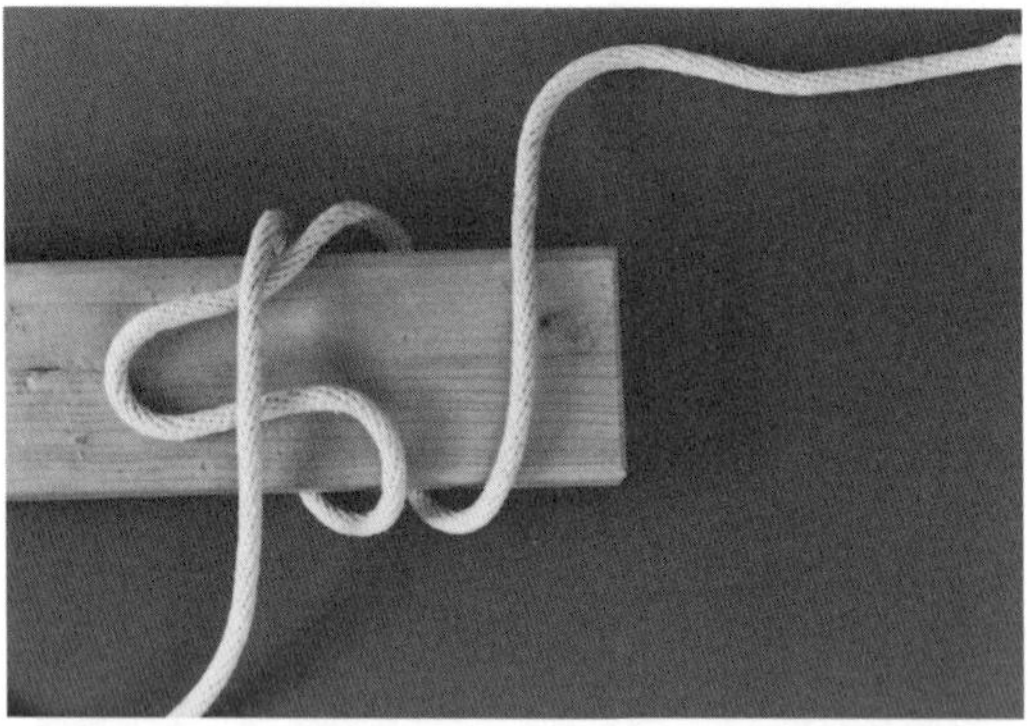

❷

❸

まず、板にロープを2回巻き付け、次に写真❷から写真❸の手順で、ロープを板にしっかり止めます。写真❼は写真❻の裏面です。この状態では、まだ結びとして十分安全ではなく、ロープの端を元に「もやい結び」でしっかり止めてできあがりです。板の両端に、この方法で2本のロープをそれぞれ縛り付けたものが、吊り足場あるいはブランコとして使えます。

❹

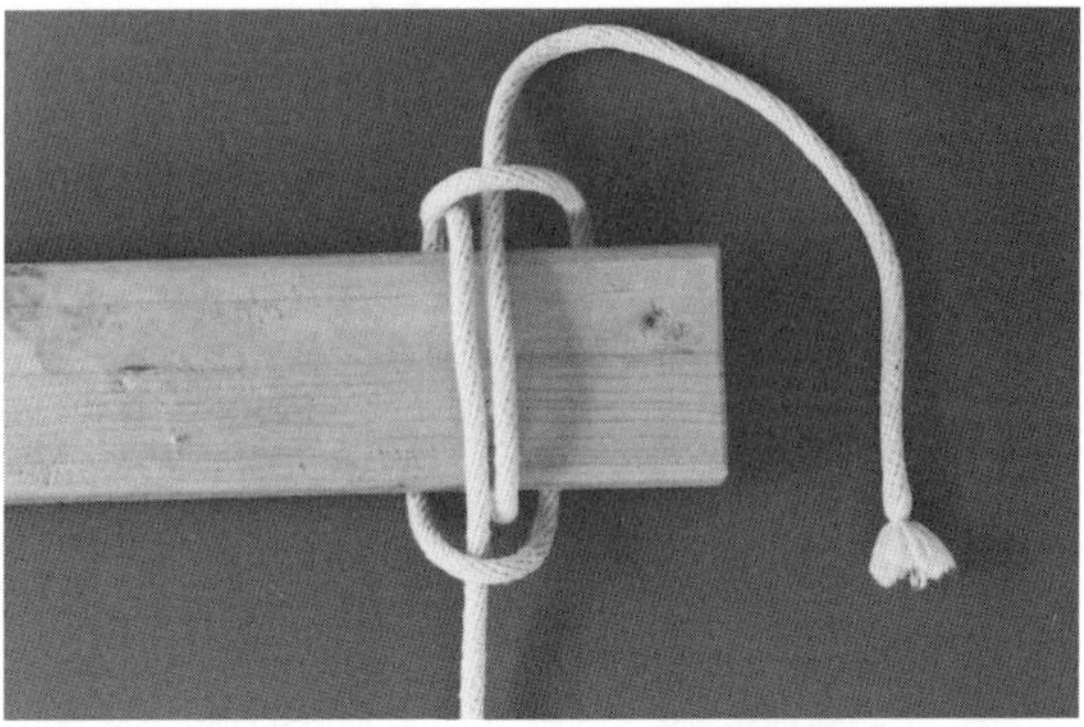

❺

❻

❼

❽

第七章

ロープワークの応用

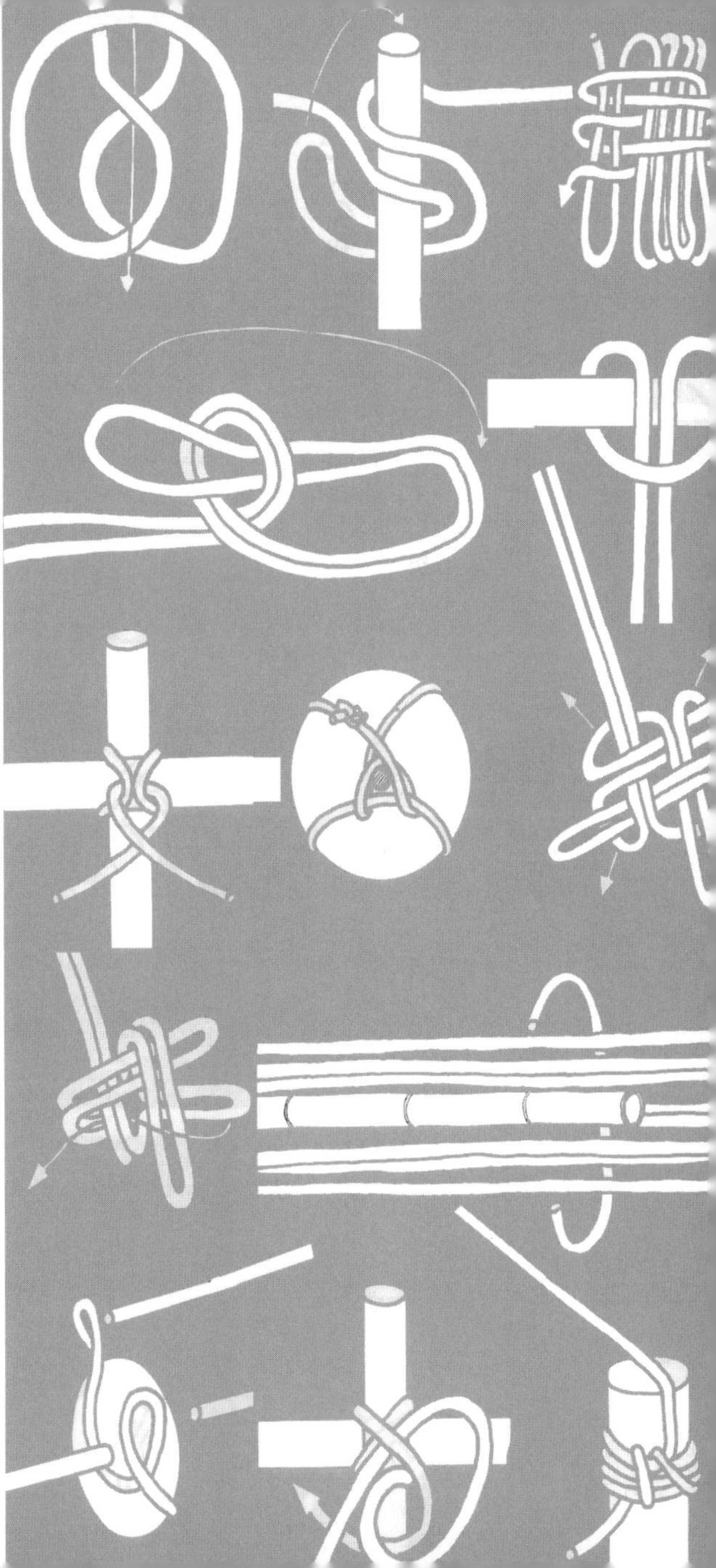

結んで直ぐ解く

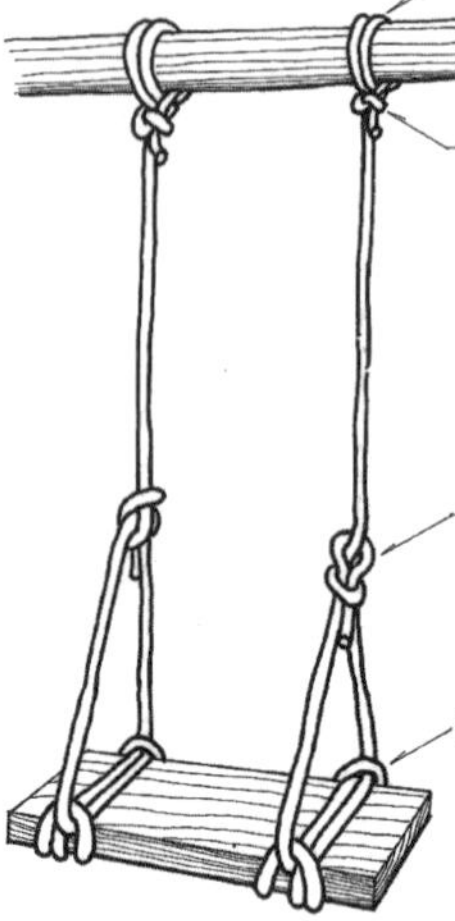

ステージ・ロープでブランコをつくったものです。ロープの元は木の枝に「うのくび結び」と「男結び」で止めます

三脚や足場でのロープワークは、ロープの間接的な使い方でした。では、直接的なロープワークを見ていきましょう。

ロープを直接道具として使うロープワークには、二脚や三脚を支えるトラナワ、ものを引っ張るときの引き縄、荷をつくるときの縛りなどがあります。これらのロープワークは、仮に縛り付けたり、短い時間に何回もくり返し結んだり、解いたりしますので、簡単に結べ、また簡単に解け、そして何よりも安全であるロープワークが要求されます。

左ページの図はトラナワの掛け方の図です。ロープの中央部分を三脚あるいは二脚に「うのくび結び」で止めます。

二方へ張ったロープは、杭や樹木の幹に「ふた結び」で止めます。「うのくび結び」は両端に同じ強さの力が加わっているときは、特に安

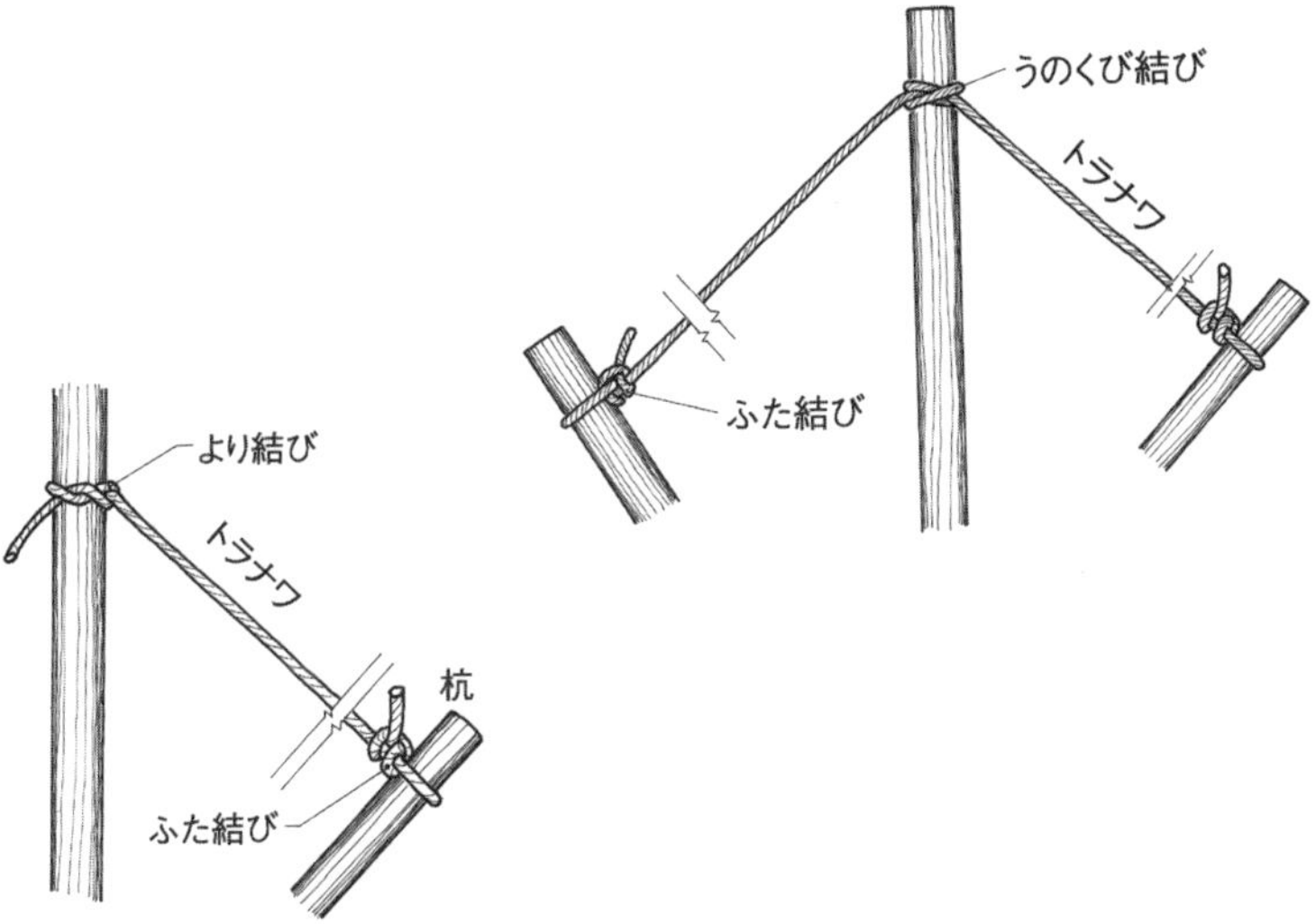
うのくび結び
トラナワ
ふた結び
より結び
トラナワ
杭
ふた結び

定した結びとなります。

「ふた結び」はロープに力が加わっているときにも結べ、また簡単に解ける結び方です。左の図はトラナワを一本張るときの結び方です。

まずロープを三脚に「より結び」で止めます。「より結び」は引っ張る力が加わっている限り解けませんが、力がなくなると、結び目が緩みますので注意しなければなりません。

ロープの元は杭や樹木の幹などに「ふた結び」で止めます。トラナワは二脚で2本以上、三脚で3本以上使うとより安全になります。

また、大きな樹木を植え穴に入れ、引き起こしたり、樹木に風除支柱を取り付けるまでの仮り支えとしても、このロープワークが応用できます。

造園工事に不可欠な基本のロープワークですので、活用してみてはいかがでしょうか。

樹木の運搬

樹木を遠方へ運搬するとき、樹木の保護と作業効率を上げるために、樹木を荷造りします。第五章で紹介しました根廻しは、樹木の荷造りの中で、一番大切なものです。これは、樹木の地下部である根を保護し、運搬しやすくするロープワークです。

では地上部の荷造りを見ていきましょう。下の図はロープで枝を巻き、体積を小さくして運びやすくしたものです。乾燥に弱い樹木は、下の写真のように幹にワラ巻きをし、水分の蒸発を防ぎます。

ワラ巻き

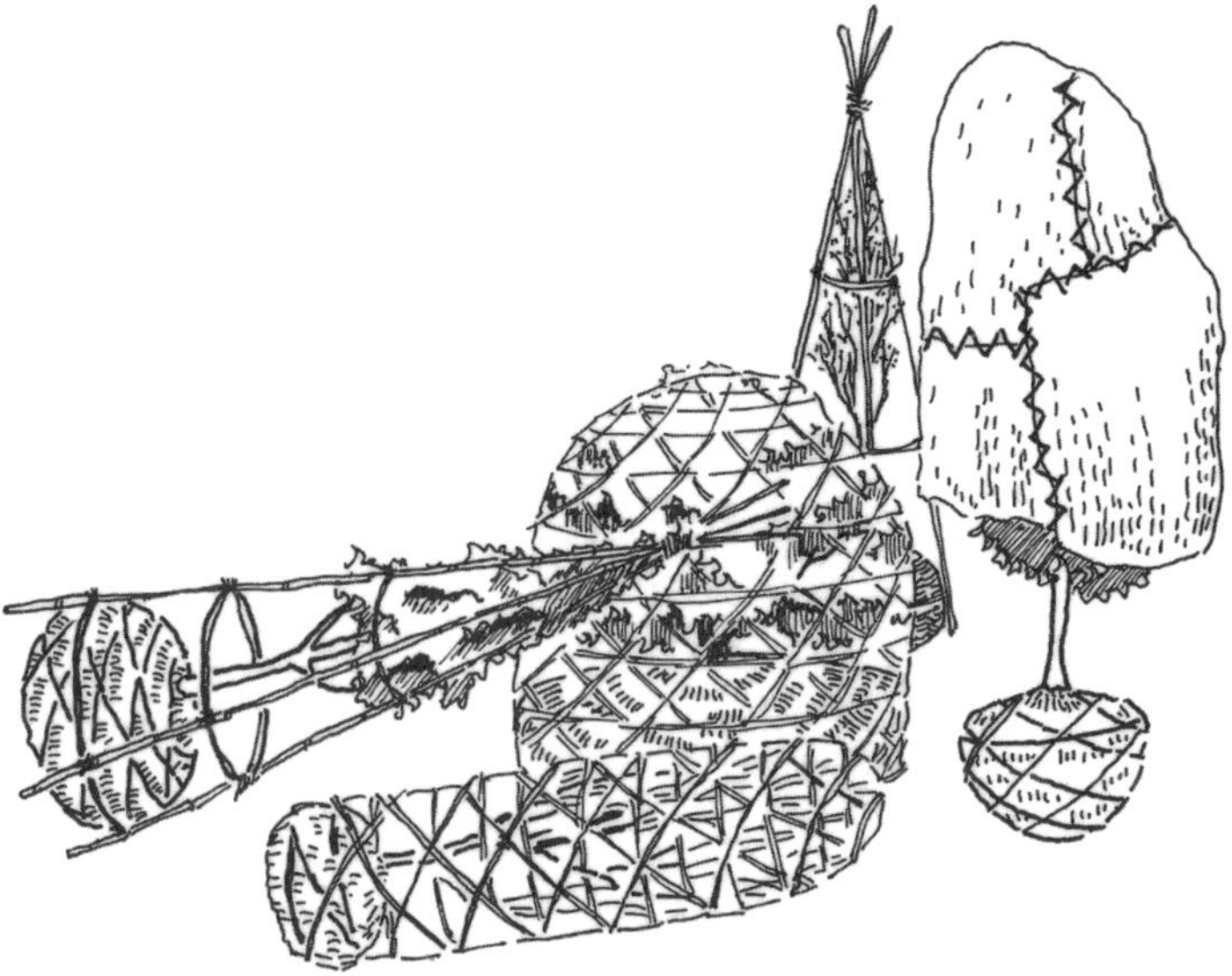

前ページの図は樹木を保護する各種の荷造り方法です。貴重な木は、竹を図のように三方あるいは五方より根鉢の側面に当てて、頂上を一ヶ所で縛り円錐形となるように荷造りします。また、乾燥を防ぐために、ムシロを被せる方法もあります。

荷造りを終えた樹木を運搬するときもロープが活躍します。小さな木ですと手で持ち上げて運べますが、大きなものとなると簡単に運べません。下右図はロープを幹に縛り、ロープの輪を肩に掛けて運搬するときのロープワークです。

下左の図は、一人で運べない大

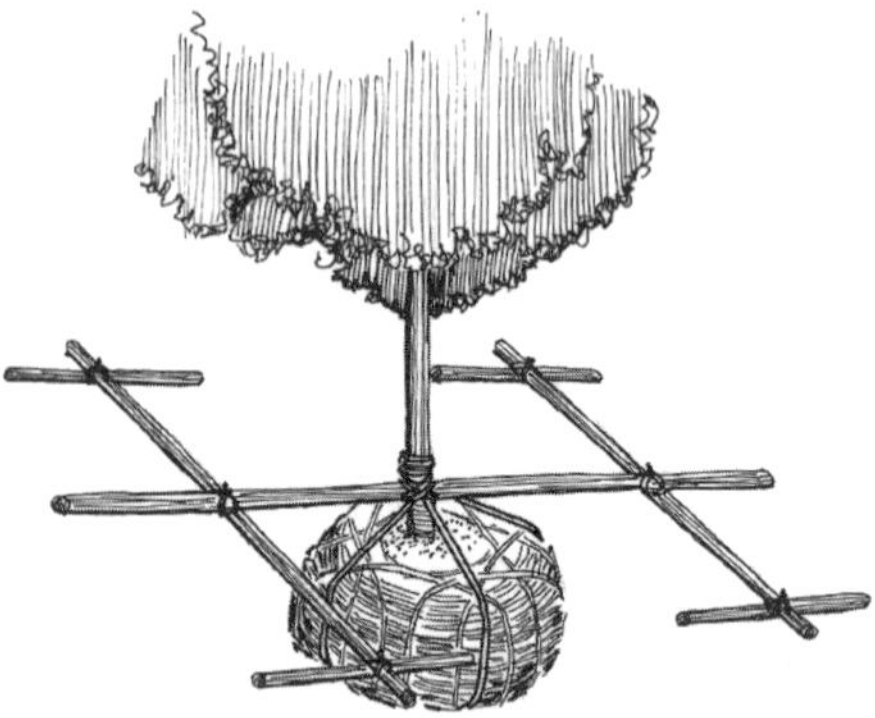

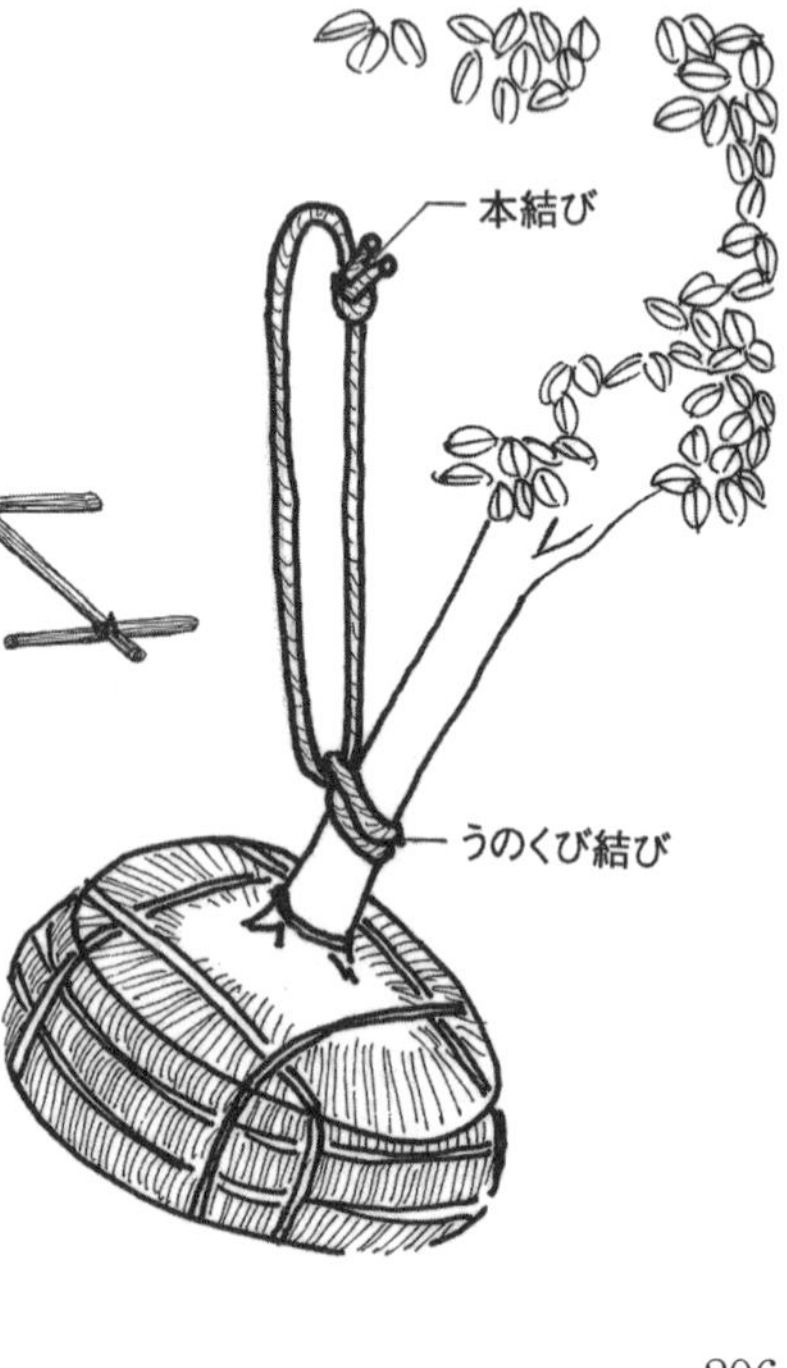

きな樹木を数人でかつぐ方法です。ロープを鉢の底に回して、かつぎ棒と幹に縛り付けたものです。これですと十人位で木を運搬することができます。

下の図はかつぎ棒と横木を使って、鉢をかつぐいろいろな方法です。かつぎ棒と横木は「足場縛り」や「角縛り」で縛り付けます。

かつぎ棒を用いてもかつげないような樹根の直径の大きなものは、機械の力を借りて運搬します。現在ではトラックやクレーン車などの大型車両が一般によく使われていますが、一昔前は二輪車やコロなどを使って、人力により樹木を運搬していました。そし

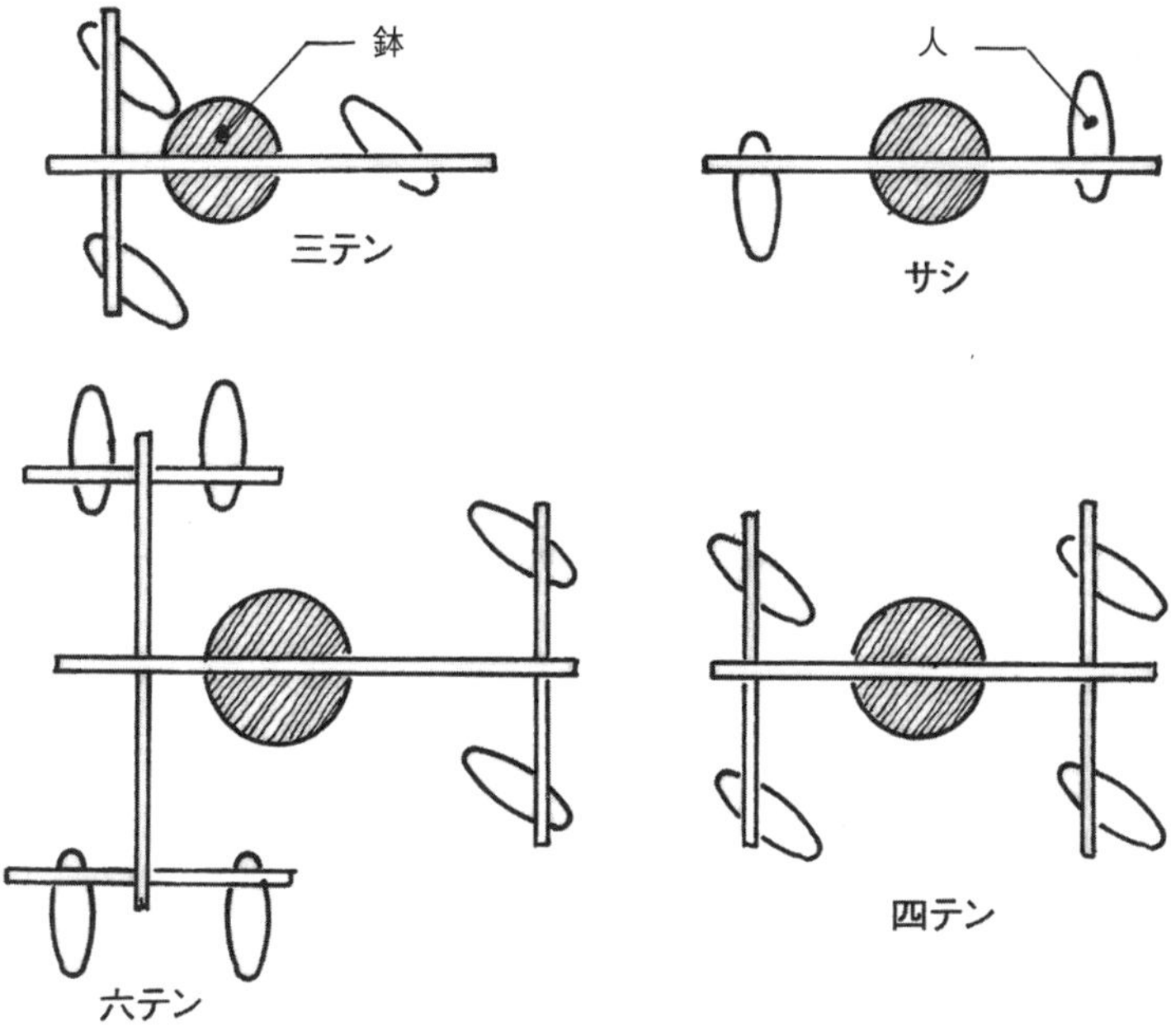

て、これらの道具にはいろいろなロープワークが伴います。ではここで少し昔のロープワークを見ていきましょう。

人力で大きな樹木を運搬する場合、準備の第一として、左ページのように、穴の一方を切り開きます。この切り開いた部分を鎌口と呼びます。鎌口の坂路は勾配をできるだけ緩やかなものとします。

次に下の図のように道板を敷きコロとソリの準備をします。ロープを樹木の鉢と幹に縛り付け、滑車とカグラサンを使って、樹木をソリに乗せます。

カグラサンはウインチのようなもので、人力でロープを巻き上げ

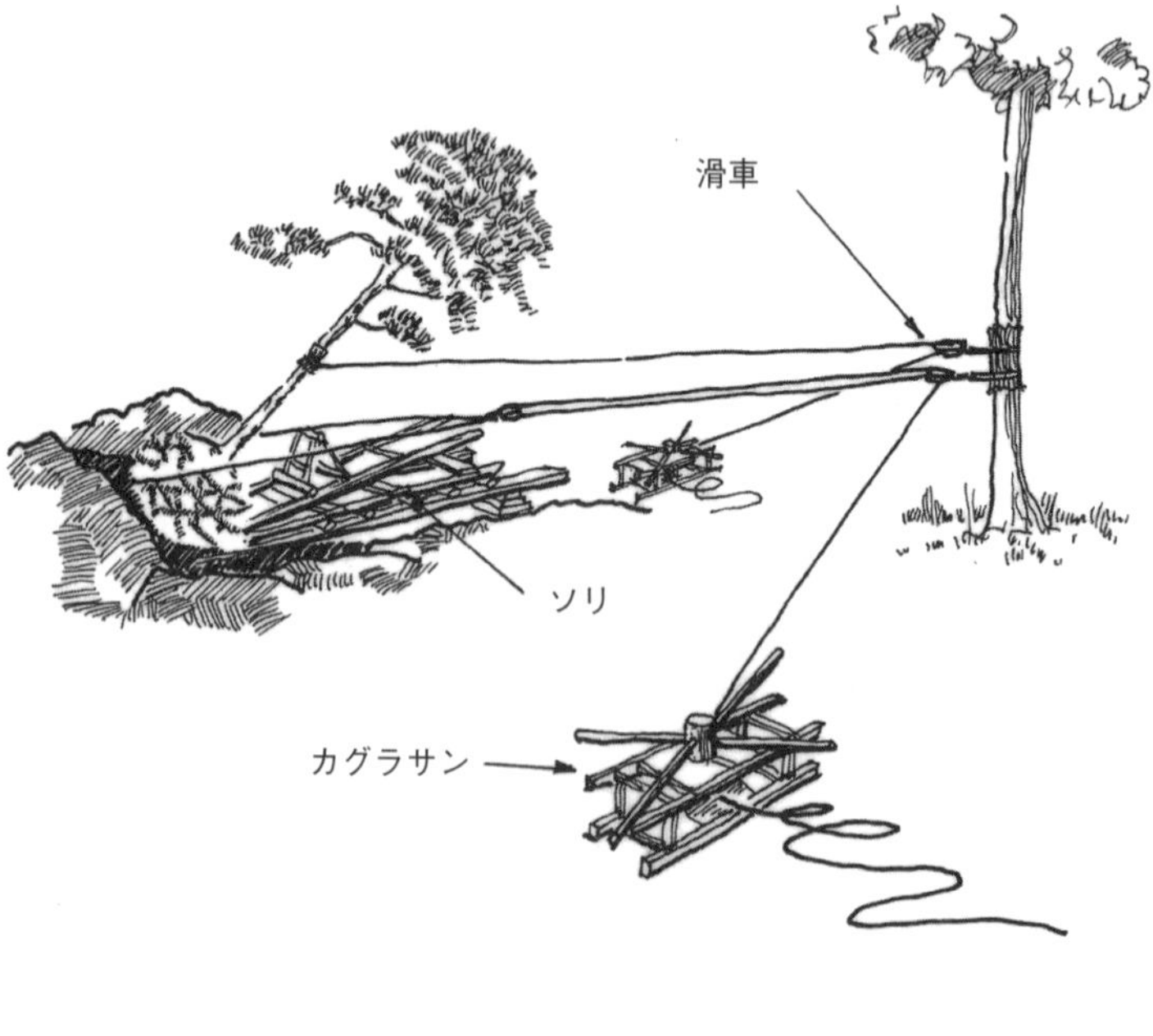

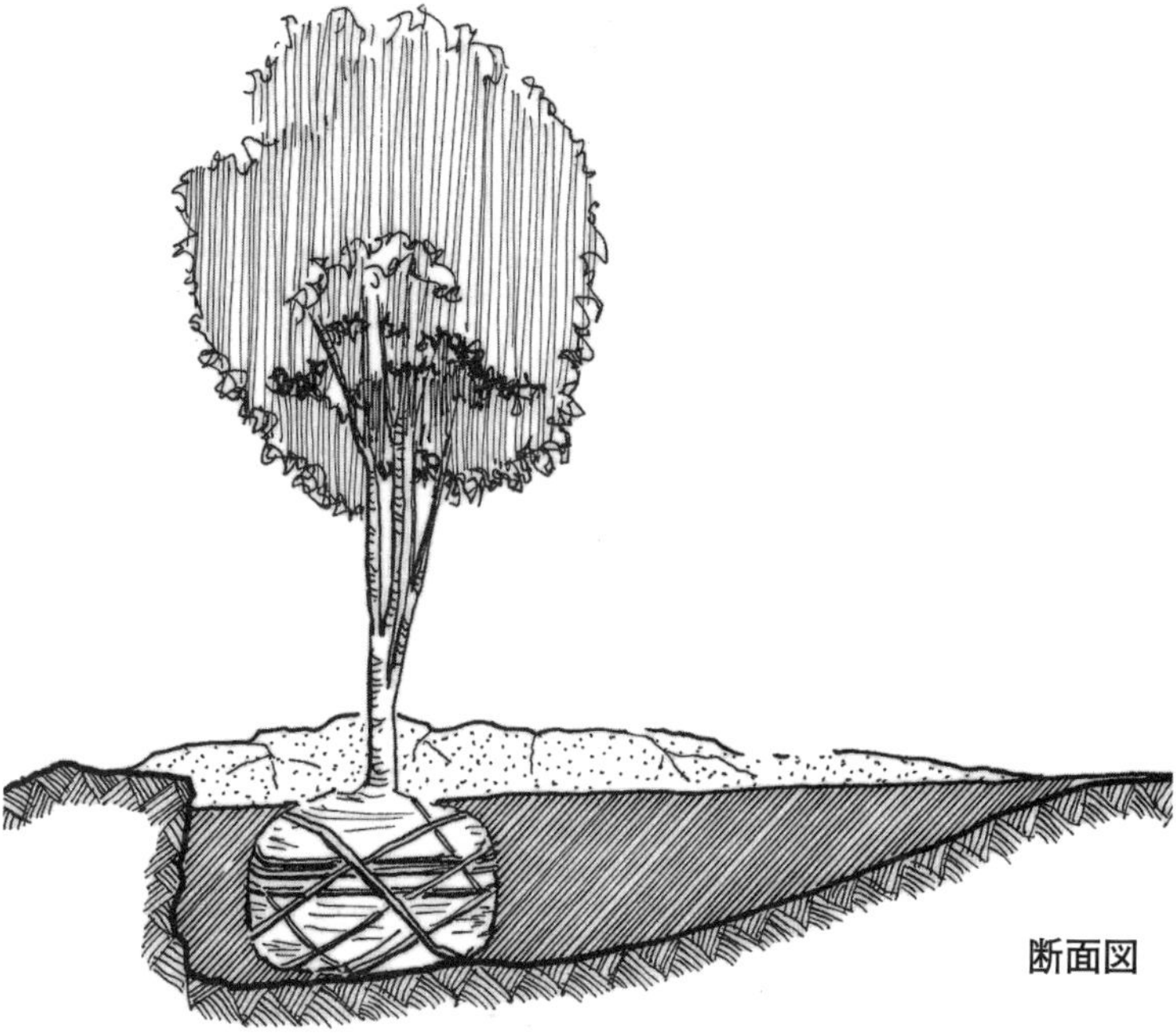

断面図

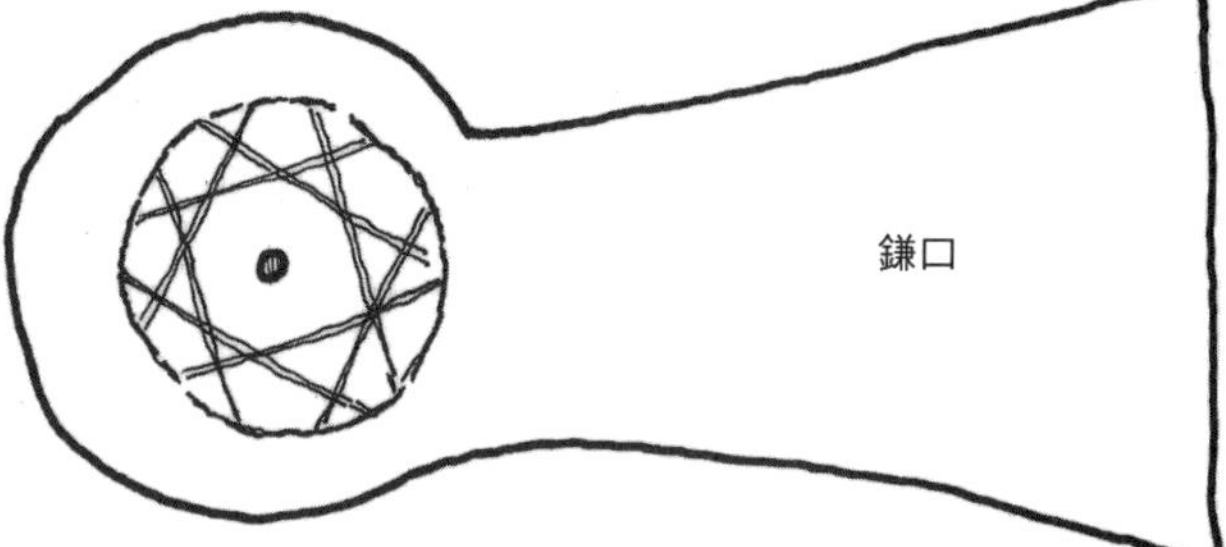

平面図

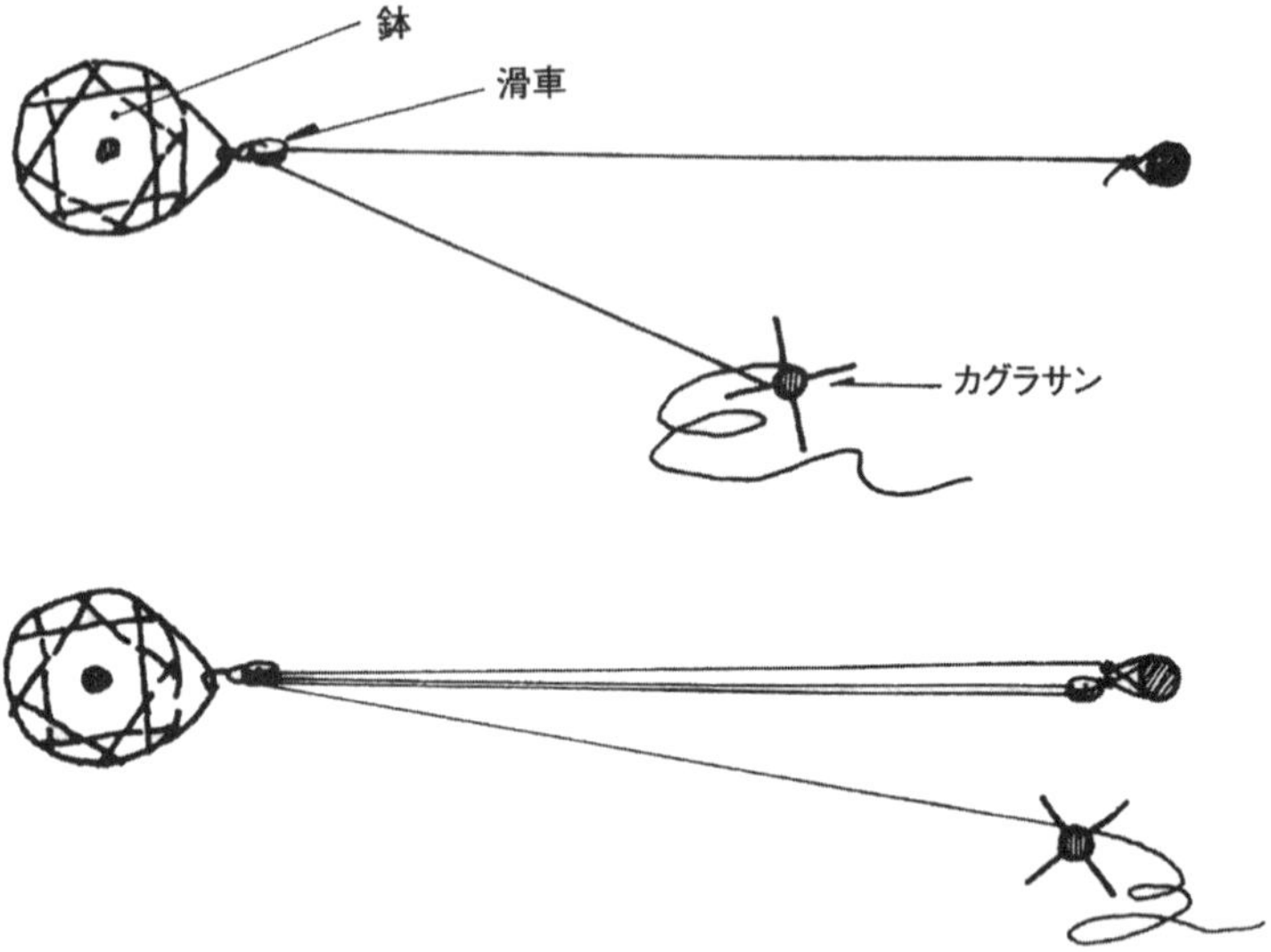

側面図

カグラサン

平面図

る道具です。右ページの下図がそれです。いよいよ運搬です。右ページの上図のように、ロープ、滑車、カグラサンをいろいろ組み合わせて、ソリに載せた樹木を引っ張ります。

下の図は木の方向を変えるときのロープの掛け方です。回そうとする方向と反対の側面にロープを結び、図のように引きます。また、鉢を前後に動かすときは左図のように鉢を回転させながら、動かします。ただ単にロープで引っ張ったのでは動きません。

下の図は2本の棒にロープを結び、このロープの部分を鉢に掛けて、鉢を前方に押し出す方法です。

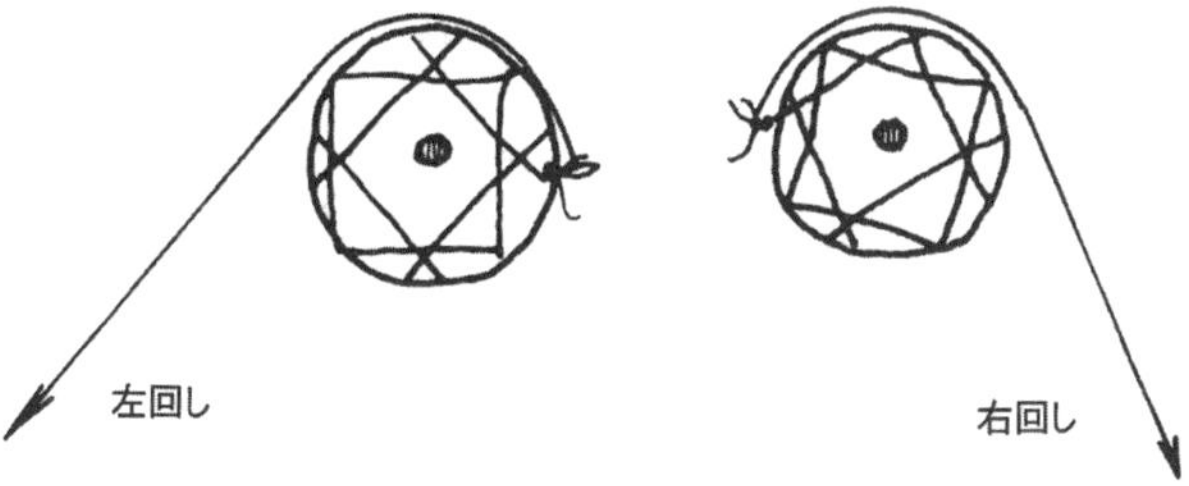

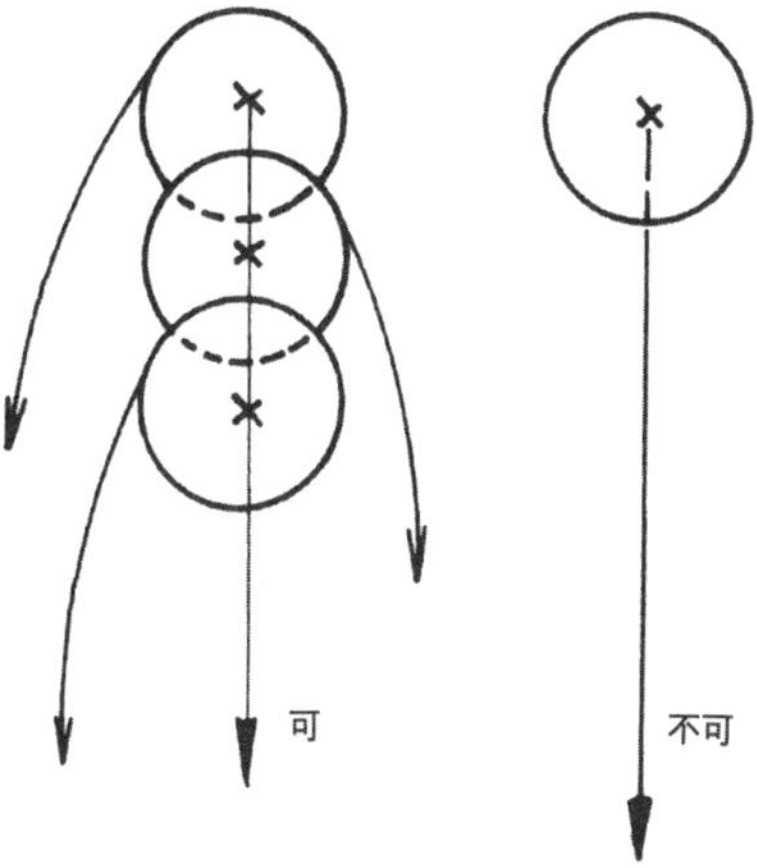

人《ひと》肩《かた》運搬

竿とロープを使い、二人以上で鉢を運搬するときのロープの掛け方です。右図は「ふりがけ」左図は「本玉がけ」の手順です。

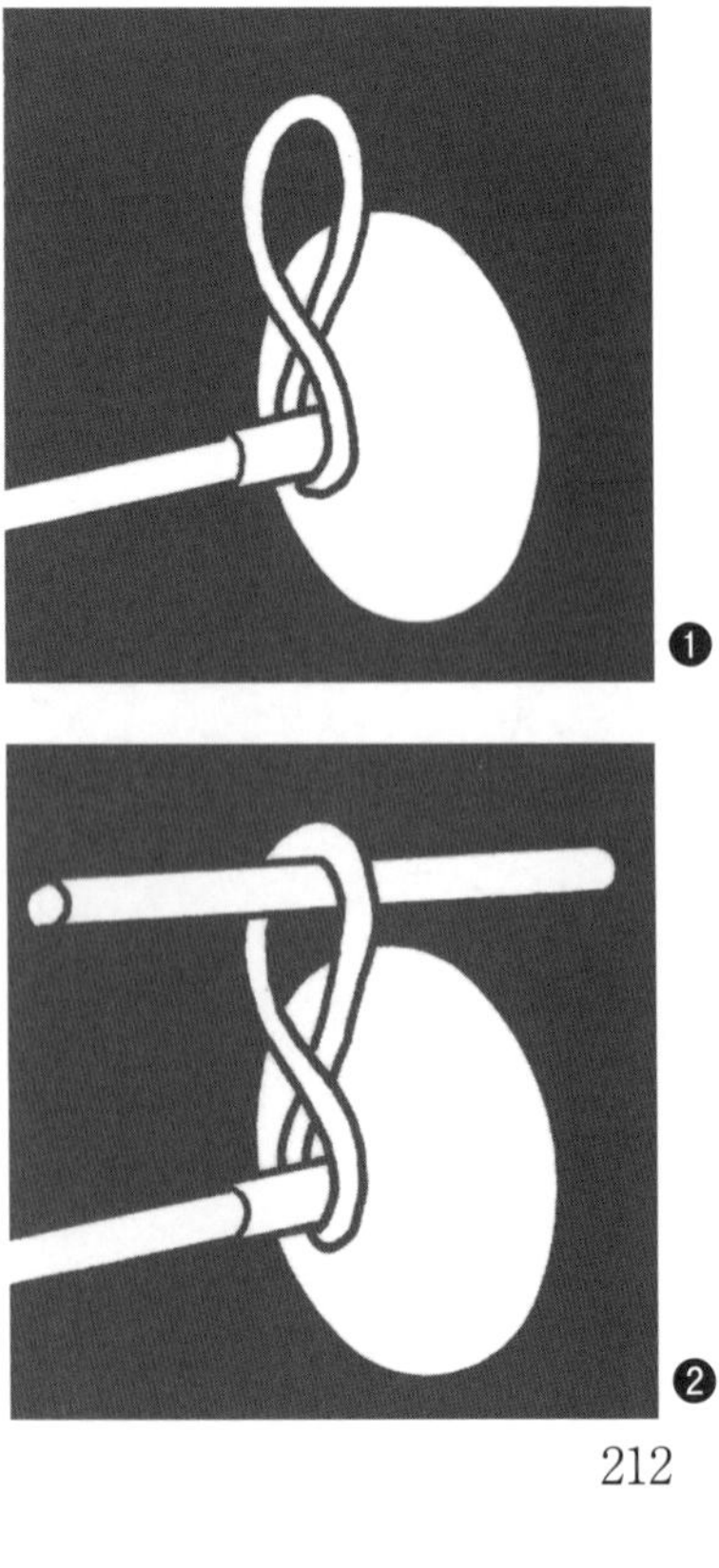

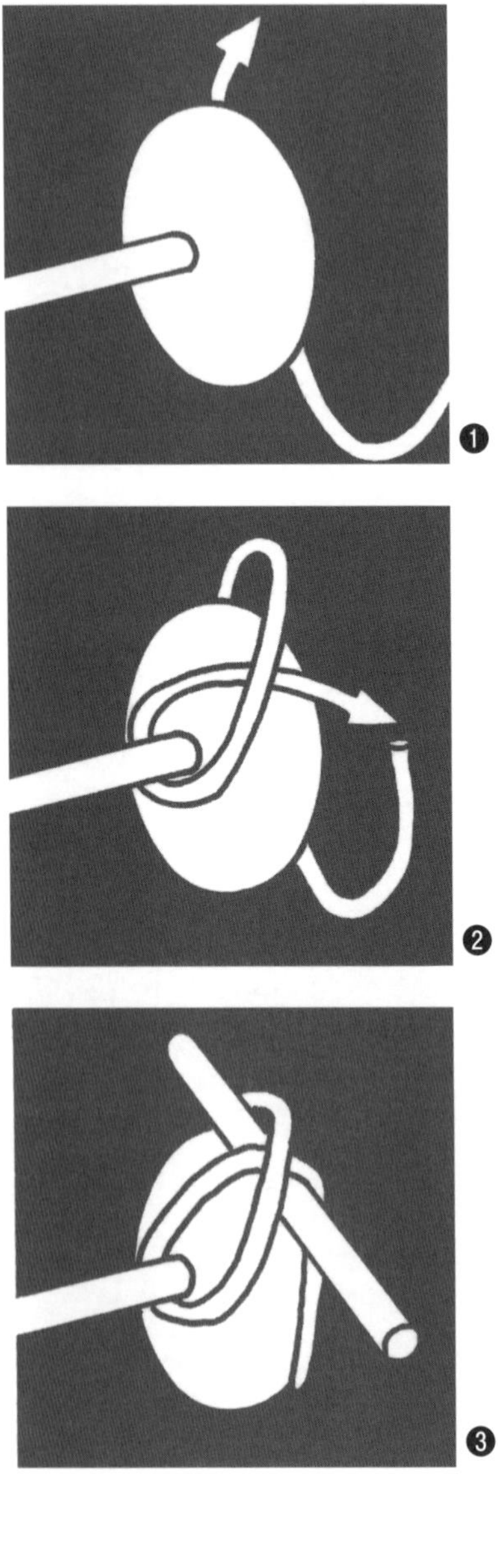

竿2本とロープを使って、四人以上で鉢を運搬する方法で「太鼓がけ」とも呼ばれています。

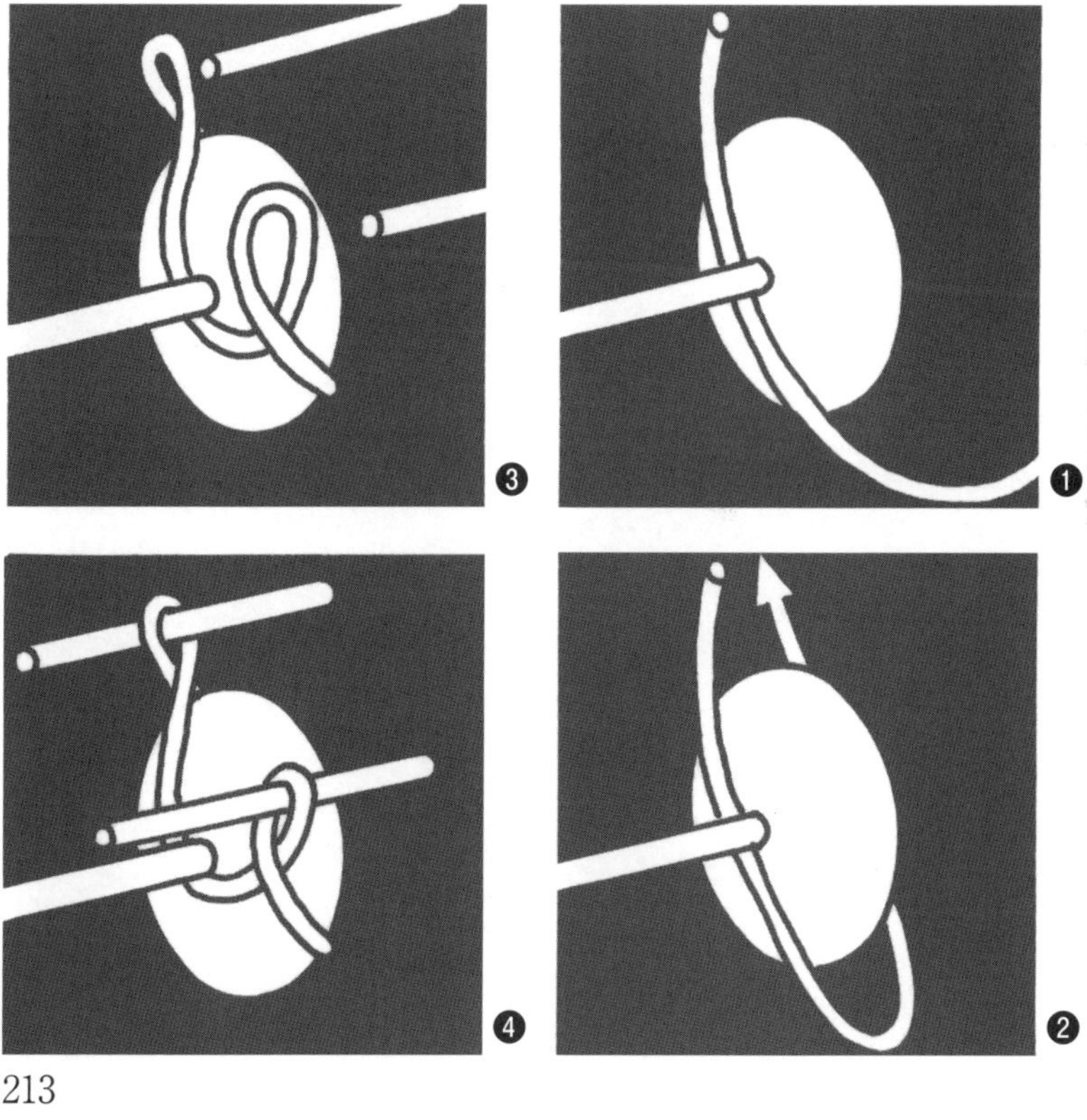

鉢の吊り上げ

樹木を掘り穴から引き上げるときのロープの縛り方です。縛り終えたロープに、クレーンのフックを掛け吊り上げます。

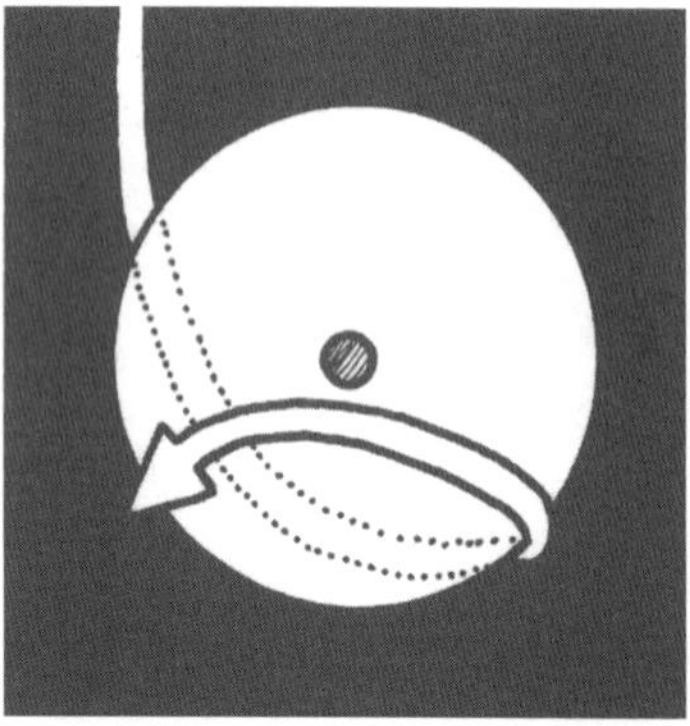

❶

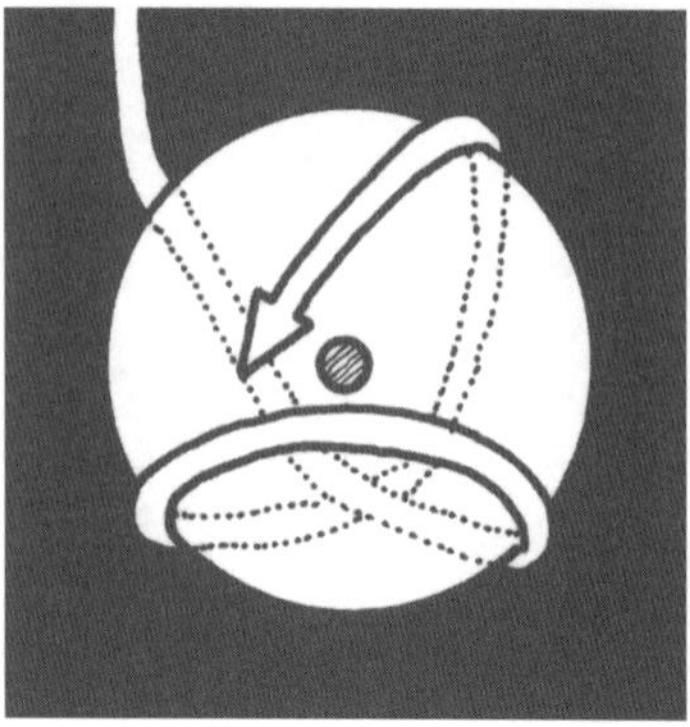

❷

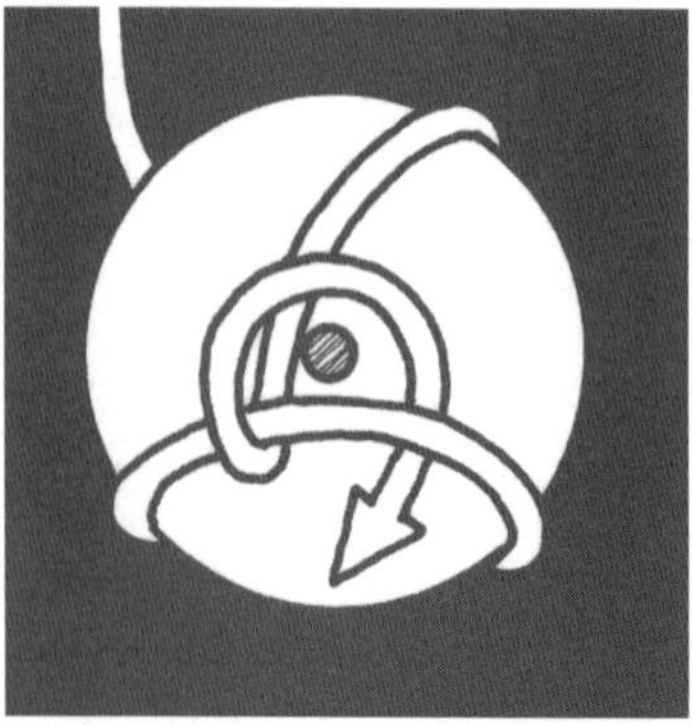

❸

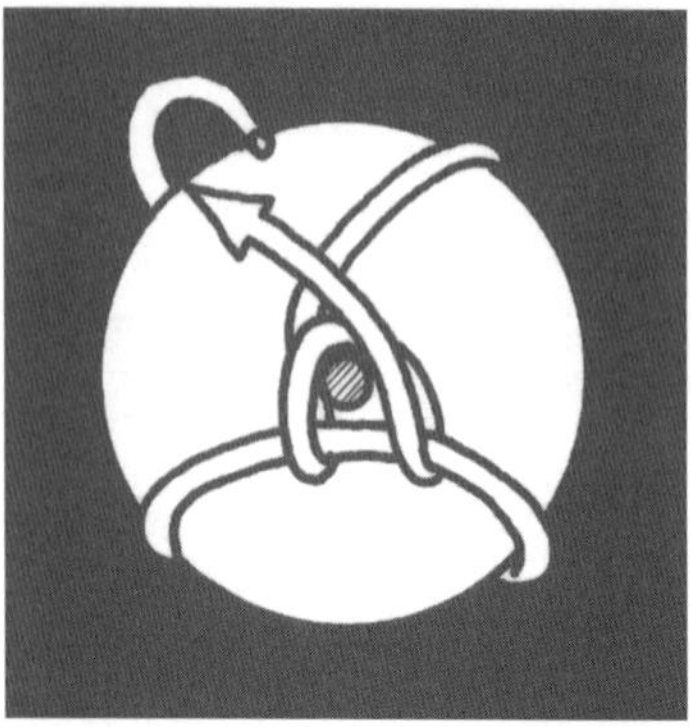

❹

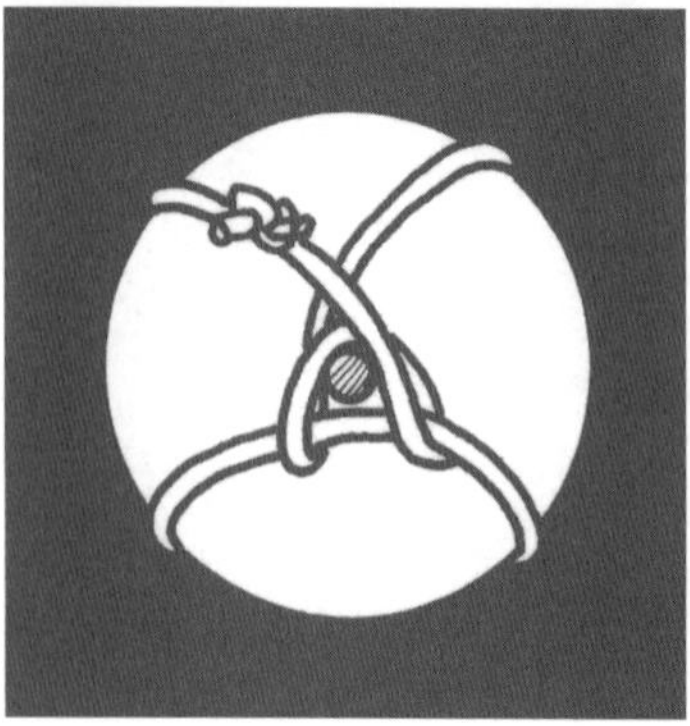

❺

曳《えい》索《さく》結び

丸太を吊り上げるときに用いる結び方です。

写真❶のように「より結び」とし、次に写真❷❸の手順でロープを丸太に掛ければできあがりです。簡単に結べ解けますので作業結びに適します。

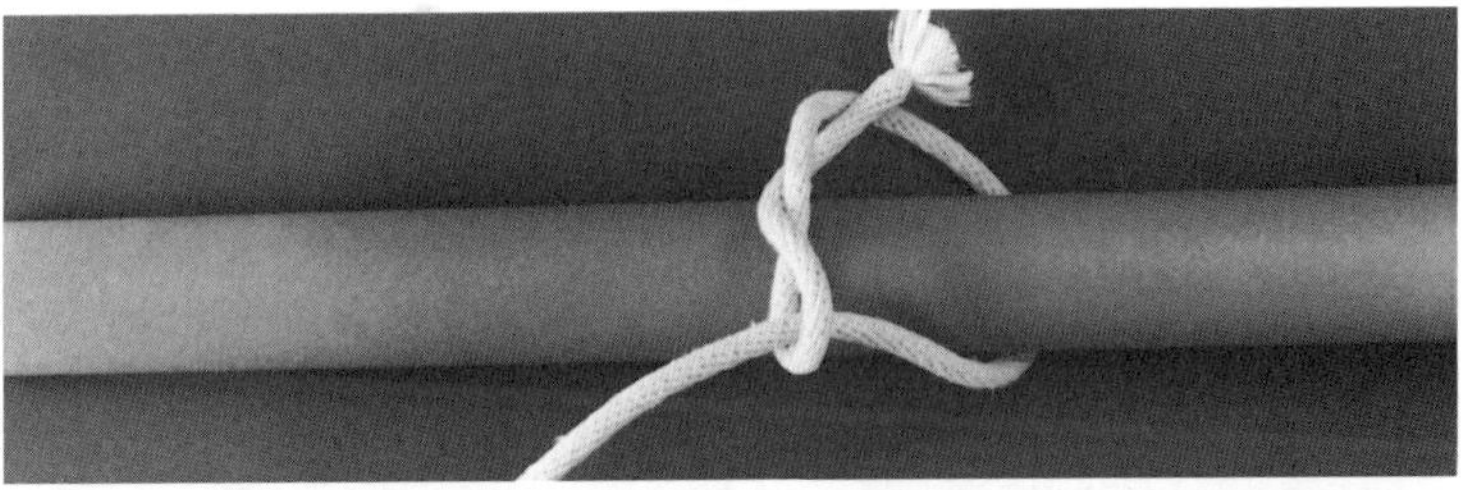

❶

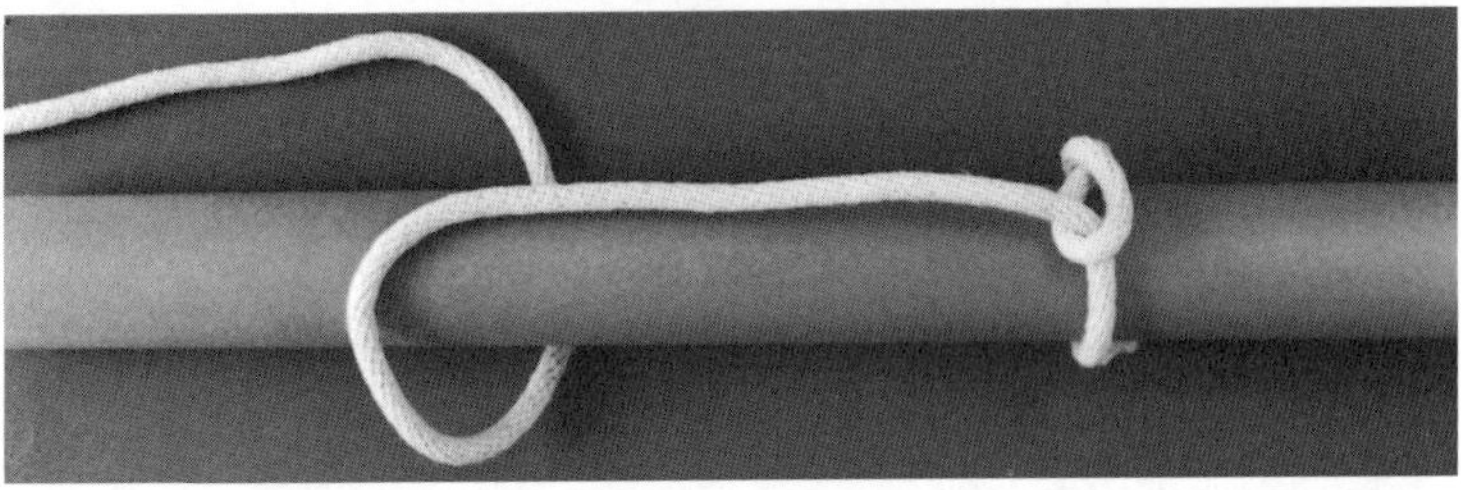

❷

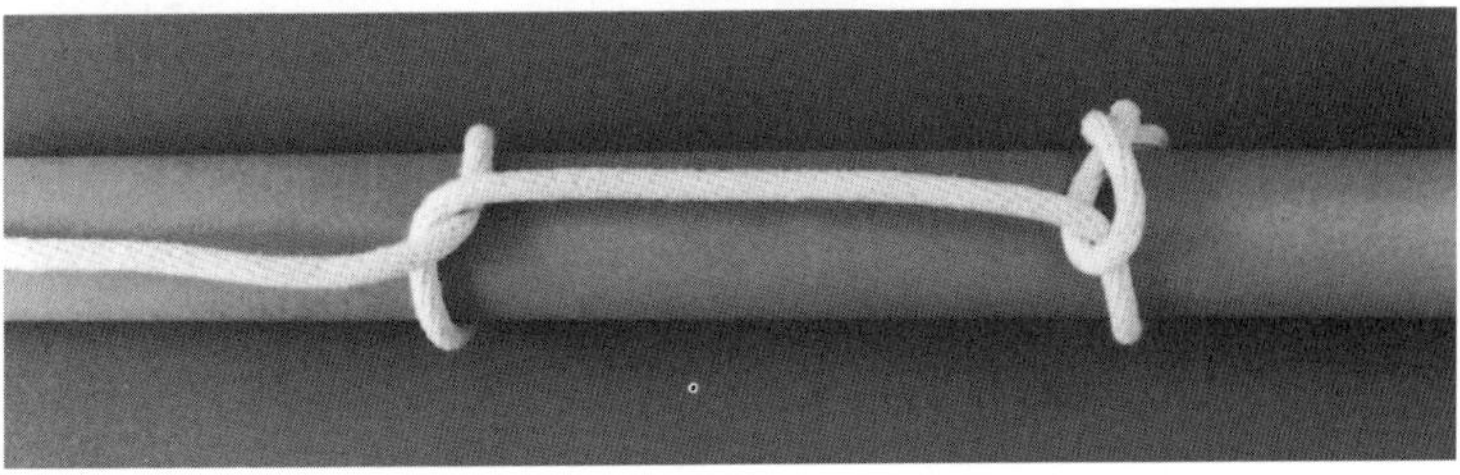

❸

荷の吊り上げいろいろ

丸太やドラム缶の移動に使われるロープの掛け方

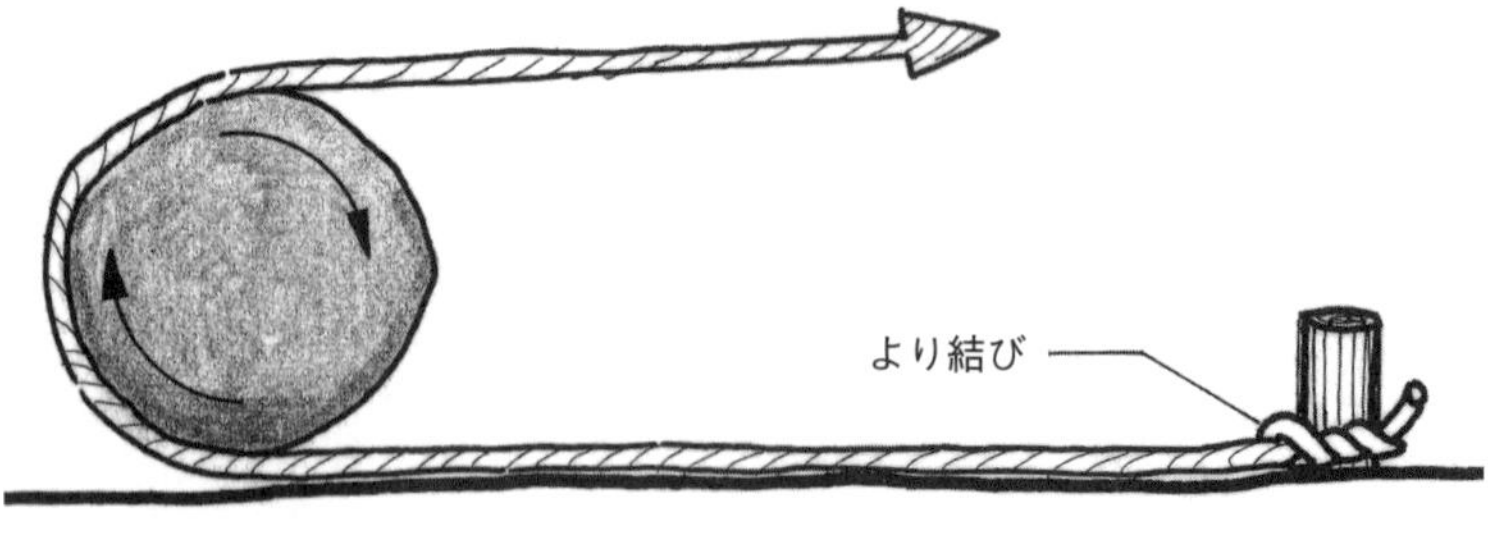

ロープと棒を使用して、石のように重いものを持ち上げて運搬するときのロープワークです。

図①のように、持ち上げようとするものの下にロープを回し「引かせ結び」や「本結び」でロープを輪にします。次に図②のように「ひばり結び」とし、棒を通して持ち上げます。

①
引かせ結び
二重引かせ結び
本結び
②
③

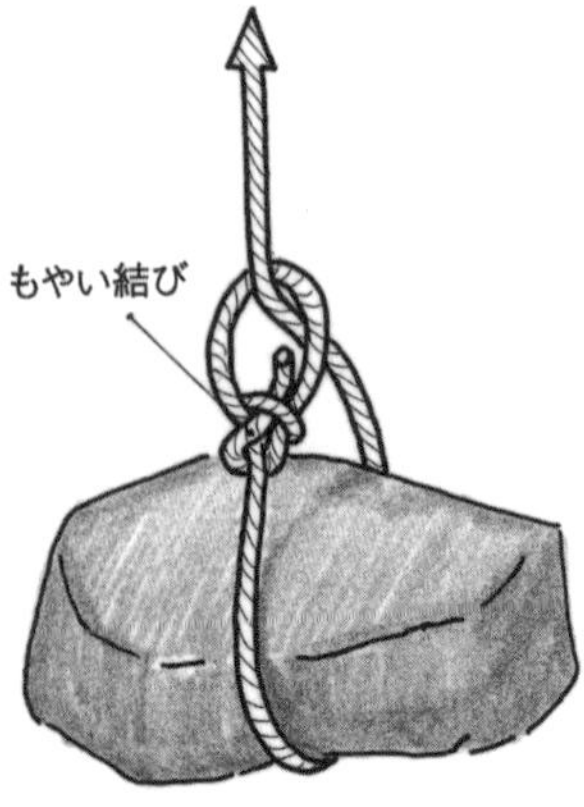
もやい結び

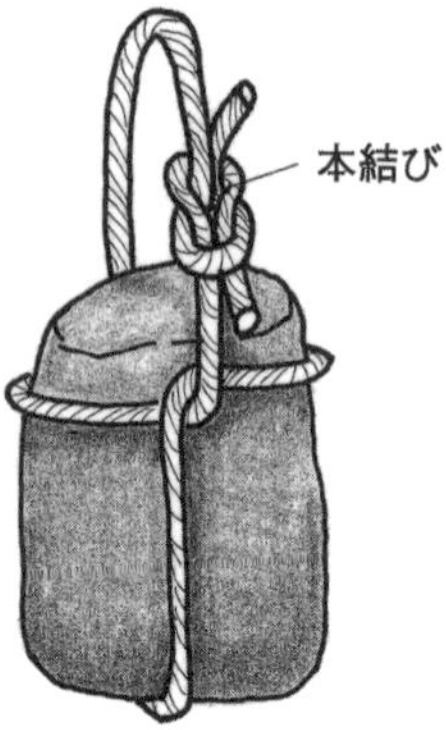
本結び

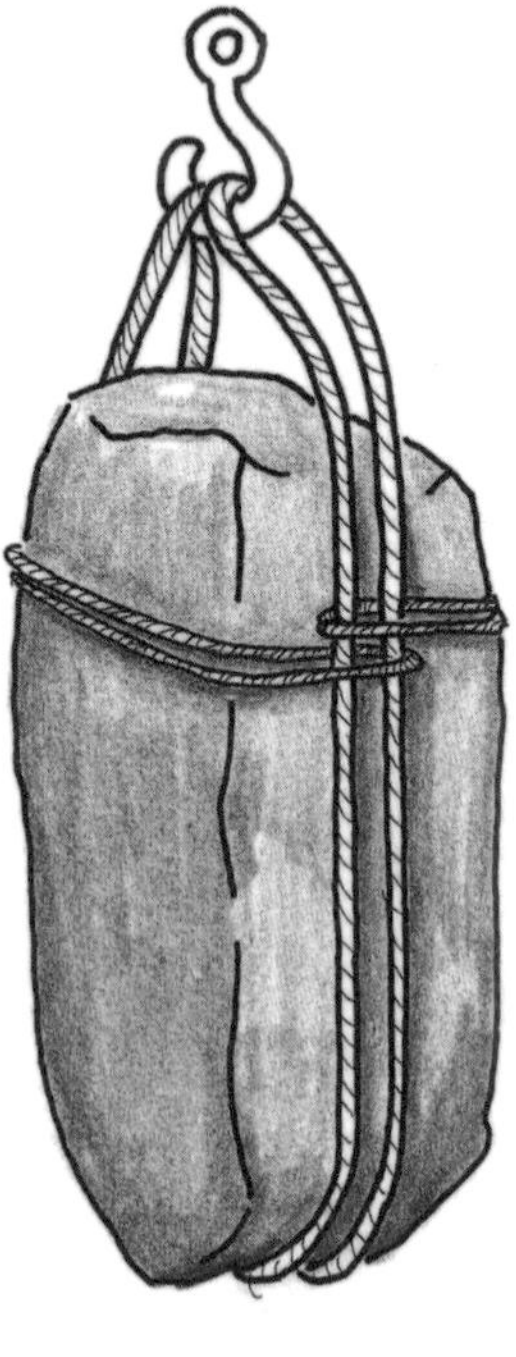

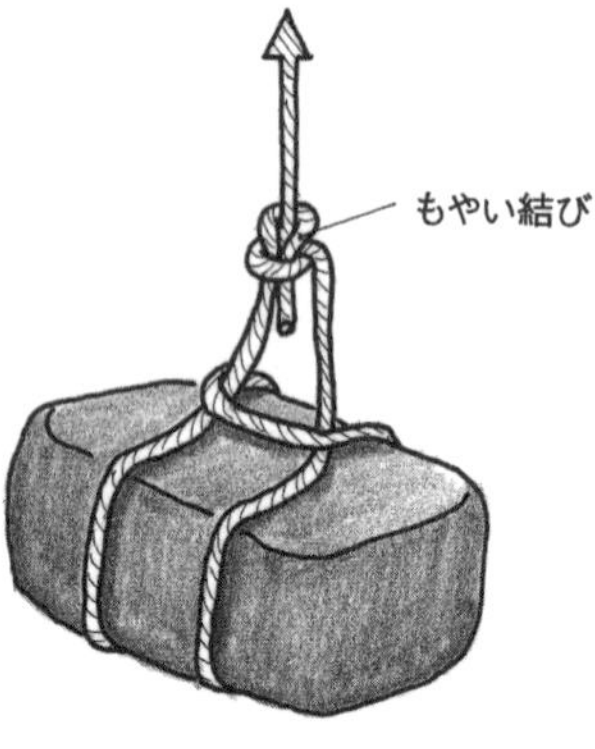
もやい結び

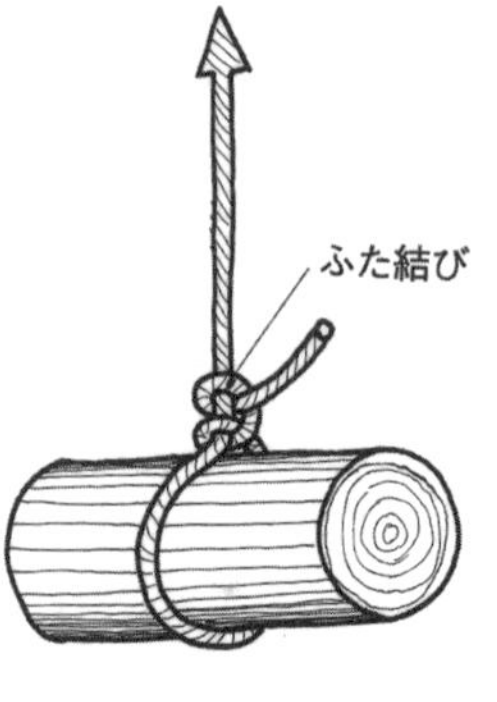
ふた結び

積荷の固定

これから紹介する結びは、トラックの積荷にロープを掛け、積荷をしっかり固定させるために、ロープの途中を縮結して、引き締める方法です。この結びは220ページの「シープ・シャンク」の変形したものです。

まず、ロープの端をトラックの側面にあるリングやフックに結び付けます。結び付けは、左図のように「うのくび結び」で結び、さらに「ひと結び」で止めます。

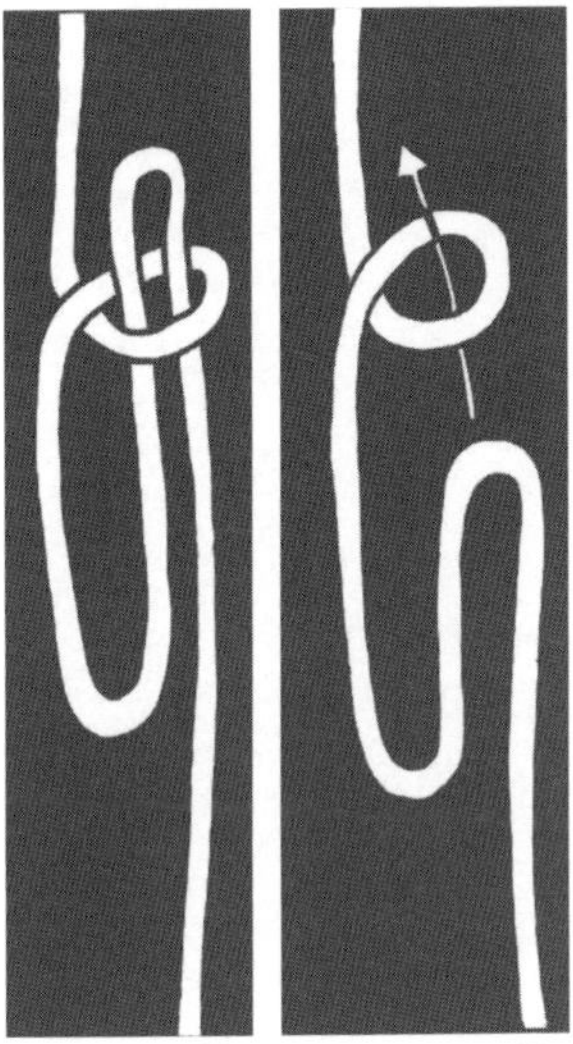

❶ ❷

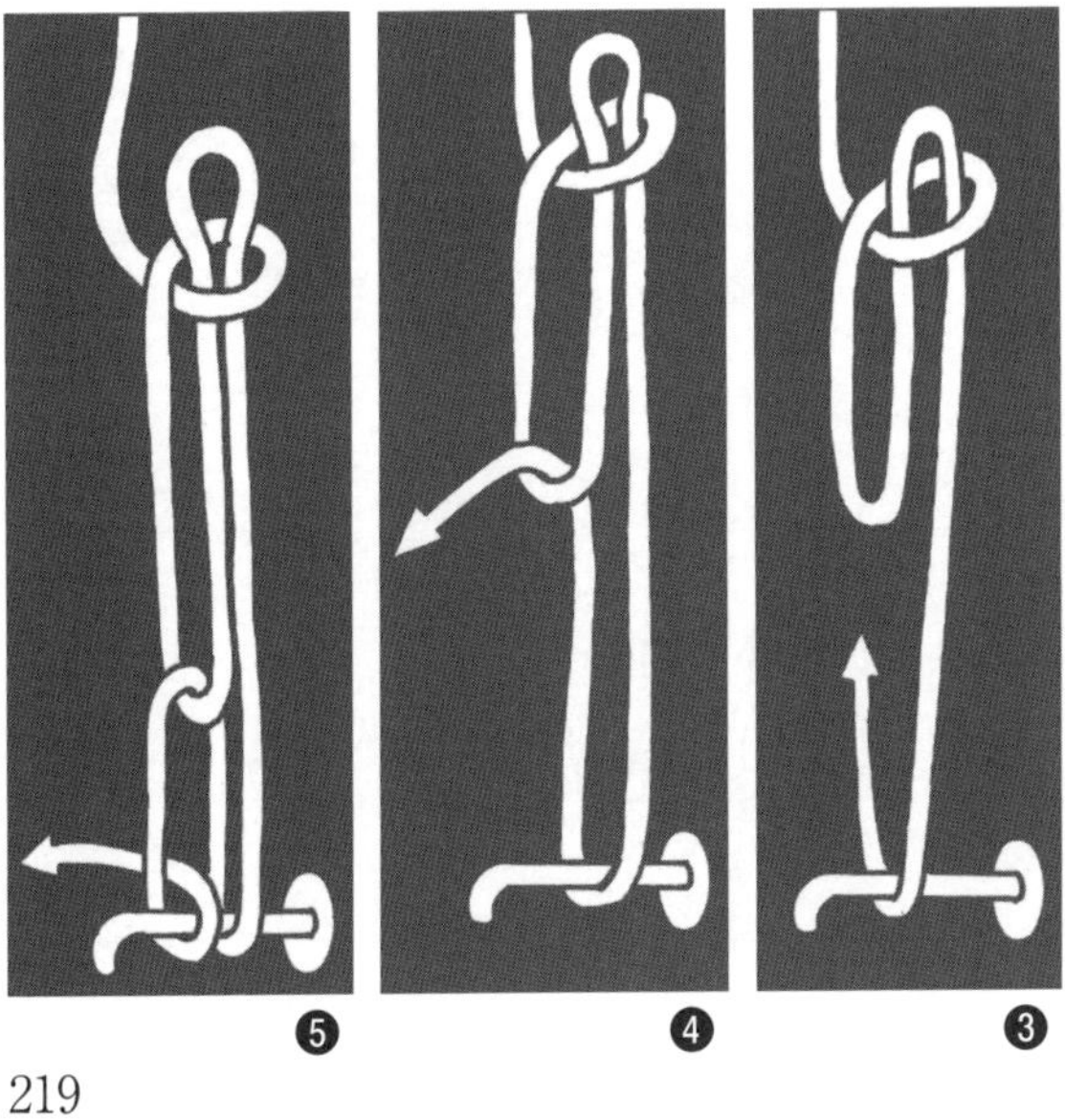

❸ ❹ ❺

シープ・シャンク

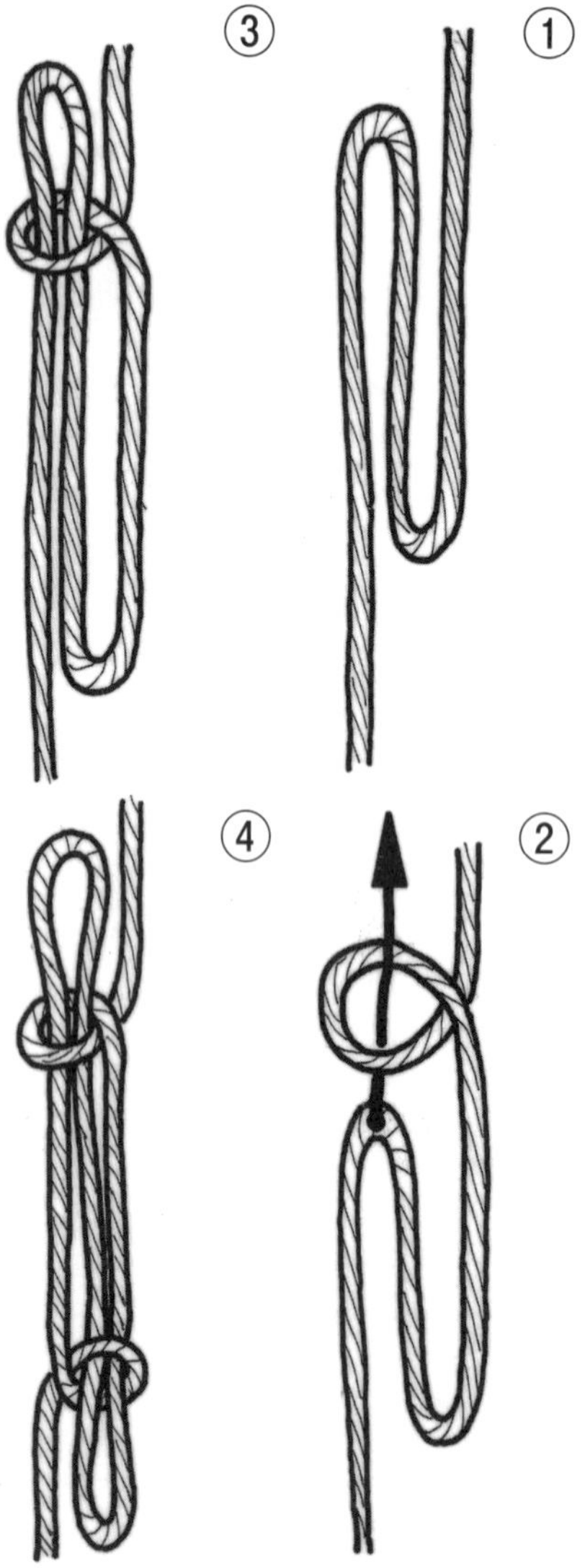

ロープが長すぎるとき、一時的に途中で短くするときに用いる結び方です。棒を咬ませたり、二重に巻くと、より丈夫な結びとなり、応用範囲が一層広がります。

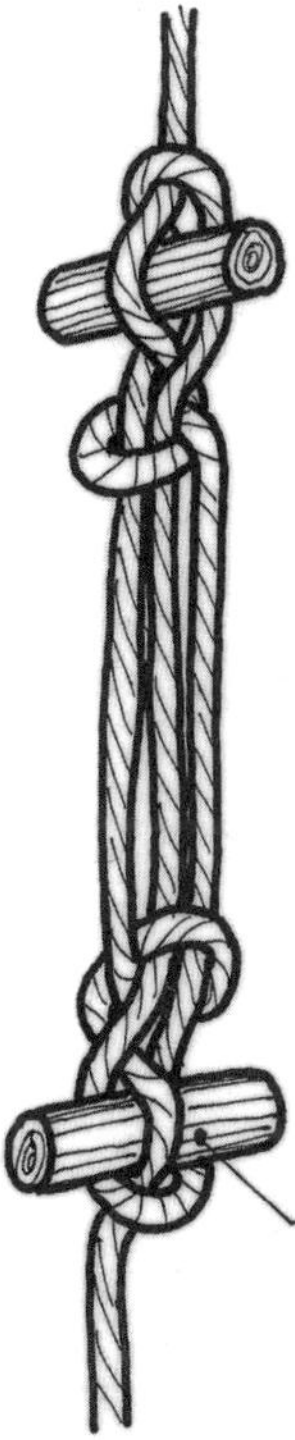

棒を咬ませたもの

二重に巻き込みを丈夫にしたもの

あとがき

旧版の『庭のロープワーク』は、一九八〇年の刊行以来、実に二十八年ものの間、長く読まれ続けてきたロングセラーです。内容がロープワークという庭づくりに欠くことのできない基本技術を網羅したものであるため、世代をも超えて手に取られた読者も多かったようです。

このたび二十八年ぶりに全体的に見直しを進め、もっと解かりやすいようにと心がけながら生まれ変わったのが改訂版の本書です。旧版では「図解の通りに結んだができなかった」という誤りのご指摘もありましたが、それも訂正させていただきました。

巻頭では、カラー口絵とカラーのイラストを新たに加え、ロープワークの奥深さと応用の広さなどにつき、さらに「目で見る」べく、つとめたつもりです。また、カラー口絵でとりあげた「ワラボッチ」と「雪吊り」のつくり方も「目で追える」ように本文ではたくさんの写真を掲載しました。

本書の改訂版刊行を決めて下さった建築資料研究社出版部と今回もご理解ご協力下さった編著者の右田順三さんに厚く感謝いたします。

龍居庭園研究所

改訂新版 目で見る**庭のロープワーク**

発　　行　平成20年５月30日　初版第１刷
　　　　　平成25年11月30日　　　第３刷
編 著 者　右田順三
企画・監修　有限会社 龍居庭園研究所
発 行 人　馬場栄一
発 行 所　株式会社 建築資料研究社
〒171-0014 東京都豊島区池袋2-38-2
Cosmy1ビル4F
TEL03-3986-3239　FAX03-3987-3256
印刷・製本　図書印刷株式会社

ISBN978-4-87460-985-9